集人文社科之思 刊专业学术之声

中國歷史研究院集刊

PROCEEDINGS OF CHINESE ACADEMY OF HISTORY 2020 No.1 (Vol. 1)

高 翔 主编

2020年 **1** 总第1辑

社会科学文献出版社
SOCIAL SCIENCES ACADEMIC PRESS (CHINA)

习近平致中国社会科学院
中国历史研究院成立的贺信

值此中国社会科学院中国历史研究院成立之际，我代表党中央，向你们表示热烈的祝贺！向全国广大历史研究工作者致以诚挚的问候！

历史是一面镜子，鉴古知今，学史明智。重视历史、研究历史、借鉴历史是中华民族5000多年文明史的一个优良传统。当代中国是历史中国的延续和发展。新时代坚持和发展中国特色社会主义，更加需要系统研究中国历史和文化，更加需要深刻把握人类发展历史规律，在对历史的深入思考中汲取智慧、走向未来。

历史研究是一切社会科学的基础。长期以来，在党的领导下，我国史学界人才辈出、成果丰硕，为党和国家事业发展作出了积极贡献。希望我国广大历史研究工作者继承优良传统，整合中国历史、世界历史、考古等方面研究力量，着力提高研究水平和创新能力，推动相关历史学科融合发展，总结历史经验，揭示历史规律，把握历史趋势，加快构建中国特色历史学学科体系、学术体系、话语体系。

希望中国历史研究院团结凝聚全国广大历史研究工作者，坚持历史唯物主义立场、观点、方法，立足中国、放眼世界，立时代之潮头，通古今之变化，发思想之先声，推出一批有思想穿透力的精品力作，培养一批学贯中西的历史学家，充分发挥知古鉴今、资政育人作用，为推动中国历史研究发展、加强中国史学研究国际交流合作作出贡献。

习近平

2019 年 1 月 2 日

中国历史研究院集刊

编辑委员会

中國歷史研究院集刊

2020 年 1 月创刊　　半年刊　　　第 1 辑　　　创刊号　　　1/2020

目　录

Contents

战国楚简中的"𡻈"与"章"及相关诸字

白于蓝　耿　昕

摘　要：战国楚简中"𡻈"、"章"二字字形差异明显，无论是单独成字或用作偏旁，皆罕见混淆。清华简《系年》中的地名"𡻈于"当读作"郭墟"；《越公其事》中"章刃"、"章齐兵刃"之"章"当读作"同"，"章（同）齐"为同义复词。上博简《曹沫之陈》之"缚"亦当读为"同"，训为聚合。清华简《越公其事》中"戟力銍鎗"之"戟"当释为"勇"，读作"用"；"沟潭湁淺"之"潭"当释为"庸"，训为水沟，"湁淺"当读作"皋泽"。清华简《八气五味五祀五行之属》之"潭"当读为"佯"，训为弱。战国楚简中常见之"𣵽"字，右侧"充"旁实即"流"之会意本字，"𣵽"当释为"𤲷"，训为周垣。

关键词：战国楚简　清华简　上博简　转注

战国文字上承商周，下启秦汉，是古文字发展历程重要一环。近年来战国楚简文字材料的不断出土，不仅刺激了战国文字研究，也对其他古文字学分支研究产生了极大影响。对其中疑难字、形近字加以辨析，既是文字考释重点，也是探明汉字源流变化的一把钥匙，并且对相关历史问题的考证起到了积极作用。因此，本文拟对战国楚简当中的"𡻈"与"章"二字进行辨析，以此为基础，进而对一系列战国楚简中相关疑难字形和词语以及历史地名加以考证，以期匡正前谬，并对简牍、文献研究及字词考释工作有所贡献，敬请方家批评指正。

一

《说文》："羣（羣），孰也。从言从羊。读若纯。一曰嚣也。羣，篆文章。"据此，"章"字本是从言从羊的会意字。古文字中"章"字十分常见，甲骨文作"𦎫"（《合集》7947）、"𦎫"（《合集》28917）等形，① 金文作"𦎫"（不期簋，《集成》08.4328）、"𦎫"（章于公戈，《集成》17.11125）等形，② 均从言从羊，可见《说文》对"章"字的构形分析准确可信。

战国楚简中见有两例标准写法的"章"字（见表 1），③ 均出现在上博简《周易》中，整理者释文如下：

六五：章（敦）逷（复），亡（无）悔（悔）。（《周易·复》）

上九：章（敦）艮，吉。（《周易·艮》）④

因有今本参照，且"敦"本是"从攴章声"的形声字，⑤ 可知整理者的释读正确可信。

清华简《封许之命》还见有一例标准写法的"敦"字（见表 1），辞例如下：

亦隹（惟）女（汝）吕丁，䇛（扞）桷（辅）珷（武王），攻敦殷受（纣），咸成商邑。⑥

---

① 参见刘钊主编：《新甲骨文编》（增订本），福州：福建人民出版社，2014 年，第 340—341 页。
② 参见董莲池编著：《新金文编》，北京：作家出版社，2011 年，第 699—701 页。
③ 此两例上下所从均是楚简中"言"和"羊"字的标准写法，参见李守奎编著：《楚文字编》，上海：华东师范大学出版社，2003 年，第 328—329、237—239 页。
④ 马承源主编：《上海博物馆藏战国楚竹书（三）》，上海：上海古籍出版社，2003 年，第 163、202 页。
⑤ 《说文》："敦，怒也。诋也。一曰谁何也。从攴章声。"
⑥ 攻（䚔）字从 ee（网友）在《清华五〈封许之命〉初读》（简帛网，2015 年 4 月 9 日）跟帖（23 楼）读，http：//www.bsm.org.cn/forum/forum.php? mod = viewthread&tid = 3246& extra = &page = 3，2019 年 6 月 15 日。清华大学出土文献研究与保护中心编，李学勤主编：《清华大学藏战国竹简（伍）》下册，上海：中西书局，2015 年，第 118 页。

清华简整理者云：“敦，殷墟卜辞作‘𩫖’，有攻伐之义。”① 诸家均无异议。

清华简《芮良夫毖》还见有两例从“𩫖”之字（见表1），该字左旁从“𩫖”，右旁所从与《说文》“归”字籀文作“⿰止帚”者相同，可隶定为“⿰𩫖⿱帚止”。辞例如下：

天之所⿰𩫖⿱帚止（坏），莫之能枳（支）。天之所枳（支），亦不可⿰𩫖⿱帚止（坏）。

清华简整理者认为，“此‘天之’二句见于典籍，文字上略有出入。《左传》定公元年：‘天之所坏，不可支也。’《国语·周语下》记卫彪傒见单穆公时云：‘周诗有之曰：“天之所支，不可坏也。其所坏，亦不可支也。”昔武王克殷而作此诗也，以为饫歌，名之曰“支”。’‘⿰𩫖⿱帚止’是‘坏’之异体”。② 按，因有《左传》和《国语》相关文字对照，可知该字的确用作“坏”，但就字形而言，该字显然难以看作“‘坏’之异体”。《说文》：“歸（归），女嫁也。从止，从妇省，𠂤声。⿰止帚，籀文省。”按，《说文》云“归”从“𠂤”声，清代诸家并无异议。③ 上古音“𠂤”为端母微部字，“𩫖”为端母文部字。两字双声，韵则阴阳对转，古音十分接近。据此，“⿰𩫖⿱帚止”字很可能就是“归”字异体，唯将所加之“𠂤”声替换成了“𩫖”声。④ 上古音“归”为见母微部字，“坏”为匣母微部字。两字声母同为喉音，韵则叠韵，古音亦十分接近，故简文之“⿰𩫖⿱帚止（归）”可读作“坏”。⑤ 如此解释，在字形和辞例两方面都能够讲通。

① 清华大学出土文献研究与保护中心编，李学勤主编：《清华大学藏战国竹简（伍）》下册，第120页。

② 清华大学出土文献研究与保护中心编，李学勤主编：《清华大学藏战国竹简（叁）》下册，上海：中西书局，2012年，第153页。

③ 参见丁福保：《说文解字诂林》，北京：中华书局，1988年，第2393—2396页。

④ 近年裘锡圭《说从“𡧊”声的从“贝”与从“辵”之字》（《文史》2012年第3辑，第11页）提出“归”字所从之“𠂤”非为声符，但由“⿰𩫖⿱帚止”字观之，此说可疑。“⿰𩫖⿱帚止”字从“𩫖”，而“𩫖”从未有见用作表义偏旁者，仅只用作声符。以此来看，“归”字所从之“𠂤”似亦当以用作声符为宜，否则“⿰𩫖⿱帚止”字之字形就无从解释。

⑤ 郭店简本《缁衣》简41有“厶（私）惠不壞悳（德）”语。陈伟指出，简文之“壞”是“坏”字之异构或讹体（《郭店楚简别释》，《江汉考古》1998年第4期，第68页）。上博简本《缁衣》简21中与该字对应之字作“褱”，可证陈说可信。今本《礼记·缁衣》中与该字对应之字正作“归”。此即“归”、“坏”二字音近可通之例。

表 1　楚简中的"郭"与从"郭"之字

郭	⿰ 上博简《周易》简 19（该字右部残损）、⿰ 上博简《周易》简 49
敦	⿰ 清华简《封许之命》简 3
𩊠	⿰ 清华简《芮良夫毖》简 18、⿰ 清华简《芮良夫毖》简 19

总之，从甲骨文、金文到楚简文字，再到《说文》小篆，"郭"字和"郭"旁在字形上一脉相承，均从㐭从羊会意，变化不大。

二

《说文》："⿱（郭），度也，民所度居也。从回，象城郭之重，两亭相对也。或但从口。"段玉裁注："《释名》曰'郭，廓也。廓落在城外也'。按，城郭字今作郭，郭行而郭废矣。"据此，"郭"实即"城郭"之"郭"之本字。① 《说文》："⿰（墉），城垣也。从土庸声。⿰，古文墉。"据此，"郭"亦即"墉"字之古文。由此可见，"郭"之字形既可表"郭"，又可表"墉"。② 这种关系，应即林沄所云之"转注"。③

古文字中"章"字亦十分常见，甲骨文作"⿻"（《京都》3241）、④ "⿻"（《合集》6）等形，⑤ 金文作"⿻"（章南鼎，《集成》03.1297）、"⿻"（伯章父

---

① 季旭升：《说文新证》，福州：福建人民出版社，2010 年，第 464 页。

② 《说文》另有"⿰（𩙿）"字。《说文》："⿰（𩙿），用也。从㐭从自。自，知臭香所食也。读若庸。"段玉裁注："此与用部'庸'音义皆同。《玉篇》曰'𩙿，今作庸'，《广韵》曰'𩙿者，庸之古文'。"容庚《金文编》（北京：中华书局，1985 年，第 375 页）认为"郭""与庸、𩙿、墉为一字"。按，就目前古文字字形材料来看，"庸"自有其本字，见于甲骨文，作"⿰"（《合集》12839）、"⿰"（《屯南》1022）、"⿰"（《合集》30693）等形（刘钊主编：《新甲骨文编》（增订本），第 213—214 页），与"郭"并不同形。春秋金文中有"郭"字作"⿰"（拍敦，《集成》09.4644），其下部已讹变为"自"形，为《说文》"𩙿"字所本。段注所引《玉篇》《广韵》之"𩙿"亦当为"郭（墉）"字，用为"庸"是其假借义。

③ 林沄：《古文字转注举例》，《林沄学术文集》，北京：中国大百科全书出版社，1998 年，第 35 页。

④ 中国科学院考古研究所：《甲骨文编》，北京：中华书局，1965 年，第 246 页；贝塚茂树编：《京都大学人文科学研究所藏甲骨文字》（以下简称"《京都》"），京都：京都大学人文科学研究所，1959—1968 年。

⑤ 参见刘钊主编：《新甲骨文编》（增订本），第 761 页。

髙,《集成》03.618)等形。① 《说文》小篆之"章",字形与甲骨文、金文一脉相承,当由甲骨文、金文之字形演变而来。由其早期字形来看,"章"字"从口,象城垣四周有亭之形,或省从二亭",② 是一个独体象形字,与会意字之"章"字造字方法不同,字形上亦区别明显。

战国楚简中的"章"最早以表义偏旁的形式进入学界视野。1990 年,包山楚简公布,有两例特殊写法的"城"字(见表 2)引起学界注意,其写法与《说文》"城"字籀文相合,《说文》:"城,以盛民也。从土从成,成亦声。𩫨,籀文城从章"。而其更早的写法则见于金文,作"𩫖"(班簋,《集成》08.4341)、"𩫖"(元年师兑簋,《集成》08.4275.2)等形。③ "城"字此类写法从金文到包山简文再到《说文》籀文一脉相承,可见包山简之"城"字左旁所从亦当是"章"字。"城""章(郭)"义近,故"城"字可从"章(郭)"表义。此类写法的"城"字多次出现于清华简。

包山楚简中虽亦见有"墙"字(见表 2),但学界当时并未意识到该字就是"墙"字。④ 后来郭店楚简公布(见表 2),才由裘锡圭正确释出。⑤ 《说文》:"墙,垣蔽也。从啬爿声。""墙""墉"义近,故"墙"可从"章(墉)"表义。此类写法的"墙"字后来在九店简和上博简中多次出现。

上博简《周易》中还见有一例从"章"表义的"𩫁"字(见表 2)。上博简整理者将之隶定作"𩫁",⑥ 不确。笔者曾指出该字当释为"𩫁"。⑦ 《说文》:"𩫁(𩫁),缺也。古者城阙,其南方谓之𩫁。从章缺省。读若拔物为决引也。"当即此字。此字亦见于清华简《殷高宗问于三寿》。

① 参见董莲池编著:《新金文编》,第 682—684 页。

② 季旭升:《说文新证》,第 464 页。

③ 参见董莲池编著:《新金文编》,第 1876 页。

④ 湖北省荆沙铁路考古队《包山楚简》(北京:文物出版社,1991 年,第 30 页)仅将该字隶定为"牆",未作解释。张守中《包山楚简文字编》(北京:文物出版社,1996 年,第 247 页)收入"存疑字"而未加隶定。

⑤ 荆门市博物馆编:《郭店楚墓竹简》,北京:文物出版社,1998 年,第 218 页。

⑥ 马承源主编:《上海博物馆藏战国楚竹书(三)》,第 207 页。

⑦ 白于蓝:《简牍帛书通假字字典》,福州:福建人民出版社,2008 年,第 209 页。

表 2　楚简中以"啚"为表义偏旁之字

城	《包山楚简》简 2、《包山楚简》简 4 清华简《郑文公问太伯甲》简 7、清华简《郑文公问太伯甲》简 8 清华简《郑文公问太伯乙》简 6、清华简《郑文公问太伯乙》简 7
墙	《包山楚简》简 170、郭店简《语丛四》简 2 《九店楚简》M56 简 48、上博简《孔子诗论》简 28 上博简《三德》简 19、上博简《凡物流形》甲简 27
赣	上博简《周易》简 52、清华简《殷高宗问于三寿》简 28

由上引"城"、"墙"和"赣"三字所从之"啚"旁可以看出，楚简之"啚"旁上部写法虽与"盲"类似，但其下部显然并非"羊"字，与"啚"明显有别。而且其下部与上部总是连为一体，整体字形当是由上引甲骨文和金文之"啚"字字形演变而来。

三

随着上博简和清华简的陆续公布，单独的"啚"字亦十分常见。据笔者统计，共计 10 例（见表 3），根据字形特点，大体可以分为二形，每形又可再细分为二式。其中，A 形 I 式最为常见（7 例），当为楚简中"啚"字之标准写法。曾侯乙钟铭文中见"墉"字作"" （《集成》02.293.4A）、"" （《集成》02.328.5A），① 当即此形所本。A 形 II 式和 B 形均为 A 形 I 式之变体。如果连同上引"城"、"墙"和"赣"字所从之"啚"旁的写法，则其变体更多，但共同特征是其下部所从均非"羊"字。

---

① 参见董莲池编著：《新金文编》，第 1877 页。文字考释参见裘锡圭、李家浩《曾侯乙墓钟、磬铭文释文与考释》（湖北省博物馆编：《曾侯乙墓》，北京：文物出版社，1989 年，附录二，第 559 页）。

表 3　楚简中的"章"字

章	A形	I式	1. 𓏲上博简《从政甲》简 5
			2. 𓏲上博简《从政甲》简 12
			3. 𓏲上博简《曹沫之陈》简 18
			4. 𓏲上博简《内礼》附简
			5. 𓏲清华简《系年》简 71
			6. 𓏲清华简《越公其事》简 11
			7. 𓏲清华简《越公其事》简 20
		II式	8. 𓏲清华简《系年》简 70
	B形	I式	9. 𓏲清华简《系年》简 69
		II式	10. 𓏲清华简《系年》简 92

辞例如下：

1. 《从政甲》：瑂（闻）之曰：从正（政）章五惪（德），匡（固）三折（制），叙（除）十惍（怨）。

2. 《从政甲》：章行不佚（倦），峕（持）善不猒（厌），唯（虽）殜（世）不儠（识），必或智（知）之。①

3. 《曹沫之陈》：城章必攸（修），緅（缮）虜（甲）利兵，必又（有）战心呂（以）兽（守），所呂（以）为伥（长）也。

4. 《内礼》：母（毋）忘姑姊妹而远敬之，则民又（有）豊（礼），肰（然）句（后）奉之中章。

5. 《系年》：齐人为成，以鞥（甗）、骼（铬）、玉笭（爵）与章于之田。②

---

① "唯（虽）"字从周凤五《读上博楚竹书〈从政〉甲篇札记》（朱渊清、廖名春主编：《上海博物馆藏战国楚竹书研究续编》，上海：上海书店出版社，2004 年，第 181 页）读。"儠（识）"字从何琳仪、徐在国释读。参见何琳仪：《第二批沪简选释》，朱渊清、廖名春主编：《上海博物馆藏楚竹书研究续编》，第 448 页。徐在国：《上博竹书（二）文字杂考》，黄德宽、何琳仪、徐在国：《新出楚简文字考》，合肥：安徽大学出版社，2007 年，第 177 页。

② "骼（铬）"字从小狐《读〈系年〉臆札》（2012 年 1 月 3 日）读，参见 http：//www.gwz.fudan.edu.cn/Web/Show/1766，2019 年 6 月 15 日；"笭（爵）"字从暮四郎《释〈系年〉简 71 的"玉爵"》（2012 年 12 月 8 日）读，http：//www.bsm.org.cn/forum/forum.php？mod＝viewthread&tid＝3011，2019 年 6 月 15 日。

6. 《越公其事》：今雺（越）公其故（胡）又（有）繡（带）甲伞（八千）以章刃皆（偕）死?

7. 《越公其事》：边人为不道，或航（抗）御（禦）寡人之諆（辞），不兹（使）达気（气），罗（麄）甲绶（缨）畐（胄），章齐兵刃以攺（捍）御（禦）寡人。

8. 《系年》：既会者（诸）侯，邹（驹）之克乃执南章子、郊（蔡）子、安（晏）子以归。

9. 《系年》：齐三辟（劈）夫＝（大夫）南章子、郊（蔡）子、安（晏）子衛（率）自（师）以会于监（断）道。

10. 《系年》：坪（平）公衛（率）自（师）会者（诸）侯，为坪（平）峇（阴）之自（师）以回（围）齐，焚亓（其）四章，驱（驱）车季＝（至于）东酓（亩）。

上引诸例中，第 3、第 10 两例之"章"字分别出现在"城章"和"四章"这样的固定词语中，上博简和清华简的整理者均释读为"章（郭）"。① 文从字顺，是正确的。

第 8、第 9 两例之"章"字出现在人名"南章子"中。《左传》宣公十七年："齐侯使高固、晏弱、蔡朝、南郭偃会。""南章子"显然就是"南郭偃"，清华简整理者将之释读为"章（郭）"，② 是正确的。

第 1、第 2 例之"章"字，上博简整理者均隶定为"羣"，读作"敦"，认为简 5 之"敦五德"即"敦行五德"，简 12 是"敦行不倦"。③ 由整理者的解释可以看出，显然是将该字当作"章"。何琳仪改释为"塘"，认为"'塘'，《考释》误释为'敦'，'敦'左下从'羊'，与'塘'有别。按，简文'塘'当读

---

① 马承源主编：《上海博物馆藏战国楚竹书（四）》，上海：上海古籍出版社，2004 年，第 254 页。清华大学出土文献研究与保护中心编，李学勤主编：《清华大学藏战国竹简（贰）》下册，上海：中西书局，2011 年，第 177 页。

② 清华大学出土文献研究与保护中心编，李学勤主编：《清华大学藏战国竹简（贰）》下册，第 167 页。

③ 马承源主编：《上海博物馆藏战国楚竹书（二）》，上海：上海古籍出版社，2002 年，第 219、225 页。

'庸'。《说文》'庸，用也。'下文 12 简'庸行不倦，持善不厌。'其中'庸'与'持'对文见义"。① 黄德宽亦指出第 1 例之"章"字"即《说文》'墉'之古文，与'敦'无涉"。② 黄锡全、陈美兰在何、黄二位先生释字的基础上，对第 2 例之"章行"一词作了进一步解释。黄锡全指出，庸行连文，见于《易·乾》及《礼记·中庸》，旧注中均训为"常"。③ 陈美兰指出，简文"庸行不倦"之"庸"，以经籍常见的"经常"义解之是正确的。④ 何琳仪、黄德宽二位先生释字正确，但在第 2 例字义的解释方面当以黄锡全、陈美兰二位先生所说为是。

第 4 例之"章"字，上博简整理者释为"墉"，读作"准"，云："'墉'，西周金文多见，或孳乳为'敦'字，或孳乳为'镎于'之'镎'。此处为'镎'字，与'准'通。……'中墉'，符合水准。"⑤ 整理者显然也是将该字视为"墉"。李锐指出，该字疑当视为"墉"字古文而读为"庸"，其上下文是"然后奉之以中庸"，即"以中庸奉之"。许无咎也有类似说法。⑥ 李、许二位的说法可信。

第 5 例之"章于"，清华简整理者释读为"墉（淳）于"，云："淳于，齐地名，在今山东安丘县东北。"⑦ 诸家均无异议。按，此说并不可信。齐国地处晋国东面，而今安丘地望则又在齐国都城临淄之东南，深入齐国腹地。⑧ 若晋得此地，不仅经营困难，亦随时有被齐国收复的可能。

① 何琳仪：《沪简二册选释》，2003 年 1 月 14 日，http：//www. jianbo. sdu. edu. cn/info/1004/1596. htm，2019 年 6 月 15 日。
② 黄德宽：《〈战国楚竹书（二）〉释文补正》，《学术界》2003 年第 1 期，第 82 页。
③ 黄锡全：《读上博楚简（二）札记八则》，朱渊清、廖名春主编：《上博馆藏楚竹书研究（续编）》，上海：上海书店出版社，2004 年，第 460—461 页。
④ 季旭升主编：《〈上海博物馆藏战国楚竹书（二）〉读本》，台北：万卷楼图书股份有限公司，2003 年，第 83 页。
⑤ 马承源主编：《上海博物馆藏战国楚竹书（四）》，第 229 页。
⑥ 李锐：《读上博四札记（二）》，2005 年 2 月 20 日，http：//www. confucius2000. com，2010 年 7 月 10 日；许无咎：《〈内礼〉札记一则》，2005 年 3 月 1 日，http：//www. jianbo. sdu. edu. cn/info/1011/1696. htm，2019 年 6 月 15 日。
⑦ 清华大学出土文献研究与保护中心编，李学勤主编：《清华大学藏战国竹简（贰）》下册，第 169 页。
⑧ 参见谭其骧：《中国历史地图集》第 1 册，北京：中国地图出版社，1982 年，第 26—27 页。

　　笔者认为，简文之"章于"当读作"郭墟"，指"郭氏虚"（或称"郭氏之墟"）。上古音"于"为匣母鱼部字，"墟"从"虚"声，为溪母鱼部字，两字声母均为喉音，韵则叠韵。古音十分接近，例可相通。北大汉简《周驯》简 68—69："越之城旦发墓于干（邗），吴既为盂，其孰衞〈卫〉阖庐"。北大简整理者读"盂"为"虚"，训为"废墟"，① 即其例。

　　《说文》："郭，齐之郭氏虚。善善不能进，恶恶不能退，是以亡国也。从邑章声。"段玉裁注："郭本国名。虚、墟古今字。郭国既亡谓之郭氏虚。……郭氏虚在齐境内。……郭何以为虚？职是故也。事见《韩诗外传》，《新序》《风俗通》皆同。亦有取此说《春秋》者。按庄二十四年《经》云'赤归于曹，郭公'。《公羊传》曰'赤者何？曹无赤者，盖郭公也。郭公者何？失地之君也'。《谷梁传》曰'赤盖郭公也。何为名也？礼，诸侯无外归之义。外归，非正也'。"《急就篇》第六章："郭破胡。"颜师古注："又齐地有郭氏之墟，盖古国，国灭之后，亦为郭姓。齐有郭荣，此其族也。"据此，古本有郭国，后被齐所灭，其地属齐，称作"郭氏虚"。《太平寰宇记·河北道三·博州·聊城县》："郭城。《隋图经》云：'郭城，即亡国郭氏之墟。'"据此，"郭氏虚"位于博州聊城。山东聊城地望在古黄河东南，济水西北，正处齐晋交接征战之地。《左传》昭公二十年："聊、摄以东，姑、尤以西，其为人也多矣。"杜预注："聊、摄，齐西界也。姑、尤，齐东界也。"② 齐国很有可能在战败之后将此地之田划归晋国。

　　第 6、第 7 两例之"章"字，清华简整理者均释为"章"，读为"敦"。其中，第 6 例之"章刃"一词，整理者引《庄子·说剑》"王曰：'今日试使士敦剑'"为证。③ 王宁认为"敦刃"当读作"推刃"。萧旭认为当读为"顿刃"。④

① 北京大学出土文献研究所编：《北京大学藏西汉竹书（叁）》，上海：上海古籍出版社，2015 年，第 129 页。
② 上博简《竞公疟》简 10："自古（姑）、蚕（尤）以西，翠（聊）、香（摄）以东，其人娄（数）多巳（矣）。"与《左传》可相参。
③ 清华大学出土文献研究与保护中心编，李学勤主编：《清华大学藏战国竹简（柒）》下册，上海：中西书局，2017 年，第 120 页。
④ 参见 http：//www. bsm. org. cn/forum/forum. php? mod = viewthread&tid = 3456&extra =&page = 13，2019 年 6 月 15 日；萧旭：《清华简（七）校补（二）》，2017 年 6 月 5 日，http：//www. gwz. fudan. edu. cn/Web/Show/3061，2019 年 6 月 15 日。

第 7 例之"𡩋齐兵刃",整理者云:"'敦齐'犹敦比,治理。《荀子·荣辱》:'孝弟原悫,軥录疾力,以敦比其事业而不敢怠傲。'兵刃,兵器。《孟子·梁惠王上》:'填然鼓之,兵刃既接,弃甲曳兵而走。'"① 王宁认为"敦齐"当读为"推挤"。萧旭认为"'敦齐'即'端齐',犹言齐整,故引申训治理也。敦齐兵刃,谓齐整其兵器,不杂乱也"。易泉指出"齐刃"一词见于《尉缭子·制谈》"金鼓所指,则百人尽斗。陷行乱阵,则千人尽斗。覆军杀将,则万人齐刃"。②

按,易泉所引书证很具启发性。笔者认为,简文"𡩋刃"、"𡩋齐兵刃"与《尉缭子·制谈》之"齐刃"当为同义,"𡩋刃"和"齐刃"应即"𡩋齐兵刃"的省略说法。由此推测,"𡩋"、"齐"亦当同义,"𡩋齐"当为同义复词。正因如此,方可将"𡩋齐兵刃"省略为"𡩋刃"或"齐刃"。据此,"𡩋刃"似当读作"同刃"。前文指出"𡩋"即《说文》"墉"字古文,"墉"从"庸"声,上古音"庸"为余母东部字,"同"为定母东部字,两字声母同为舌头音,韵则叠韵,例可相通。清华简《良臣》简 7 有"雩(越)王句贱(践)又(有)大同,又(有)範(范)罗(蠡)"语,广濑薰雄指出,人名"大同"即"舌庸",③其说已为学界公认,此即"𡩋(墉)""同"音近可通之例证。甲骨文中"庸"字常作"𤰔"(《合集》27137)、"𤰔"(《屯南》1501)等形,裘锡圭指出其下部所从即"同"字,用作声符。④ 可见,"𡩋(墉)"的确可以读作"同"。《诗·小雅·车攻》:"我马既同。"毛《传》:"同,齐也。"《周礼·地官·大司徒》:"六曰同衣服。"郑玄注:"同,犹齐也。"《广韵·东韵》:"同,齐也。"《左传》

---

① 清华大学出土文献研究与保护中心编,李学勤主编:《清华大学藏战国竹简(柒)》下册,第 124—125 页。

② 参见 http://www.bsm.org.cn/forum/forum.php?mod=viewthread&tid=3456&extra=&page=10,2019 年 6 月 15 日;萧旭:《清华简(七)校补(二)》,2017 年 6 月 5 日,http://www.gwz.fudan.edu.cn/Web/Show/3061,2019 年 6 月 15 日。

③ 广濑薰雄:《释清华大学藏楚简(叁)〈良臣〉的"大同"——兼论姑冯句鑃所见的"昏同"》,2013 年 4 月 24 日,http://www.gwz.fudan.edu.cn/Web/Show/2038,2019 年 6 月 15 日。

④ 参见刘钊主编:《新甲骨文编》(增订本),第 213—214 页;裘锡圭:《甲骨文中的几种乐器名称——释"庸""丰""𩇦"》,《中华文史论丛》1980 年第 2 辑,上海:上海古籍出版社,1980 年,第 68 页;裘锡圭:《裘锡圭学术文集·甲骨文卷》,上海:复旦大学出版社,2012 年,第 36 页。

襄公二十二年："以受齐盟。"杜预注："齐，同也。"《国语·吴语》："背其齐盟。"韦昭注："齐，同也。"《楚辞·九歌·云中君》："与日月兮齐光。"王逸注："齐，同也。"《淮南子·人间》："子发辩击剧而劳佚齐。"高诱注："齐，同也。"《汉书·扬雄传上》："相与齐乎阳灵之宫。"颜师古注："齐，同也。"可见，"齐"、"同"同义，可以互训。"齐同"一词见于典籍，义为统一、相一致。①《东观汉记》卷九《鲍昱传》："以齐同法令，息遏人讼也。"《汉书·外戚恩泽侯表》"常乡侯王恽"下云："以太仆与阎迁、陈崇等八人使行风俗齐同万国功侯，各千户。"《后汉书·秦彭传》："彭乃上言，宜令天下齐同其制。""齐同"为同义复词，词序可颠倒而意思不变，故简文可写作"墉（同）齐"。

综上所述，就目前楚简中"墉"之用例而言，仅在"城墉"、"四墉"、"南墉子"和"墉于（墟）"此四例中用为"郭"，而此四例中前三例之"墉"均与城郭有关，第四例之"墉"则与国名和地名有关。可见，"墉"即便用作"郭"，其用法也相对固定，仅与城郭和国名、地名发生关系，未见其他用法。其他诸例则当释为"墉"，用作"庸"或"同"。

四

楚简中还见 8 例以"章"为声符之字（见表 4）。

表 4　楚简中以"章"为声符之字

慞	1. 郭店简《穷达以时》简 15	戟	5. 清华简《越公其事》简 3
墇	2. 郭店简《六德》简 21		6. 郭店简《成之闻之》简 4
繈	3. 上博简《曹沫之陈》简 33	漳	7. 清华简《越公其事》简 30
臆	4. 上博简《弟子问》简 19		8. 清华简《八气五味五祀五行之属》简 4

辞例如下：

1.《穷达以时》：穽（穷）达以昔（时），學（幽）明不再，古（故）君子慞于㢟（反）吕（己）。

---

① 　罗竹风主编：《汉语大词典》，上海：汉语大词典出版社，1986 年，第 1428 页。

2.《六德》：子也者，会墇长材以事上，胃（谓）之宜（义）。

3.《曹沫之陈》：使人不亲则不縛，不和则不祝（笃），不悫（义）则不备（服）。①

4.《弟子问》：巨（蘧）白（伯）玉偗（侍）唇（乎）？子膞＝女（如）也其圣（声）；子路往唇（乎）？子霝＝（謂謂）女（如）也女（如）戜（谋）。②

5.《越公其事》：虚（吾）君天王，以身被甲冐（胄），戝力鈠鎗（枪），隶（挟）弲秉橐（枹），晳（振）鸣□□□親（亲）辱于募（寡）人之尮＝（敝邑）。

6.《成之闻之》：君子之于誊（教）也，其道民也不悫（浸），则其潭也弗深怣（矣）。

7.《越公其事》：王亲涉沟（沟）潭湎湋，日睛（靖）蓐（农）事以劝怨（勉）蓐（农）夫。

8.《八气五味五祀五行之属》：酸为仌（敛），甘为缓，故（苦）为固，辛为发，咸为潭。

第1例之"憻"字，郭店简整理者隶定为"憻"，未作解释。③ 多数学者在释为"惇"的基础上，或以"惇"字直接训解，或读作"敦"，或读作"淳"。④ 唯朱渊清将该字隶定为"憻"，指出该字当释为"勇"，并引庞朴观点："勇字有从力、从心两字，一表示行为，一表示心态。《穷达》篇之字，当通从心之勇，

---

① "祝（笃）"字从沈培《说古文字里的"祝"及相关之字》，《简帛》第2辑，上海：上海古籍出版社，2007年，第23页。另，《论语·子路》"上好义则民莫敢不服"与简文"不悫（义）则不备（服）"语义相近，可互参。

② 参见白于蓝：《简牍帛书通假字字典》，第196页。

③ 荆门市博物馆编：《郭店楚墓竹简》，第145页。

④ 颜世铉：《郭店楚简浅释》，《张以仁先生七秩寿庆论文集》，台北：学生书局，1999年，第387页；黄人二：《郭店竹简〈穷达以时〉考释》，《古文字与古文献》（试刊号），1999年，第133页；刘钊：《郭店楚简校释》，福州：福建人民出版社，2005年，第169、175页；李零：《郭店楚简校读记》，北京：北京大学出版社，2002年，第86页；李锐：《读上博四札记（二）》，2005年2月20日，http://www.confucius 2000.com，2010年7月10日；池田知久：《郭店楚简〈穷达以时〉研究（上）》，《古今论衡》第4期，台北：台湾"中央"研究院，2000年，第61页。

无疑"；同时指出睡虎地秦简《为吏之道》有"勇"字作"恿"，《说文》"勇"字古文作"恿"，亦均从心表义。① 按，楚汉简中亦见有数例从心之"勇"，如"�"（清华简《芮良夫毖》简 11）、"𢠶"（清华简《芮良夫毖》简 14）、"𢙍"（银雀山汉简《孙子兵法》简 50B）、"𢠵"（居延汉简 4.4A）和"𢙏"（武威医简 87 乙），亦可参。"憻"可以看作"勇"字异体，朱、庞二位先生的看法在字形和文义两方面均可讲通，字形上"恿（勇）"作"憻"当为声符替换，文义上"勇于做某事"亦为典籍常见用例。

　　第 2 例之"墇"字，郭店简整理者隶定为"墇"，未作解释。② 之后多数学者将该字释为"埠"，在此基础上，或以"埠"字直接训解，或读作"惇"，或读作"敦"，或读作"准"，或读作"最"，或读作"汇"。③ 亦有部分学者在释字上提出不同看法，如涂宗流、刘祖信认为从"盲"声而读作"享"；林素清认为从"郭"声而读作"最"；陈伟则释为"墉"；李锐认为从"庸"声而读作"同"，并指出"'会同'一词，古书习见"。④ 笔者认为，在释字上当以陈伟的释法最为合理。"墇"字从土从章，而"章"本即"墉"字古文。"墉"字即从土表义，则"墇"字所从之土旁当为追加之表义偏旁。至于该字之用法，当以李锐的观点最为可取。"墇"读作"同"，与前文将"章齐"读作"同齐"同理。"会

---

① 朱渊清：《释郭墉》，《知识的考古——朱渊清自选集》，上海：上海人民出版社，2012年，第 326—327 页。此外，朱渊清《"时"：儒家运命论思想的核心概念》（《儒林》第 2 辑，济南：山东大学出版社，2006 年，第 84 页）亦有相关论述。

② 荆门市博物馆编：《郭店楚墓竹简》，第 187 页。

③ 廖名春：《郭店简〈六德〉校释札记》，《新出楚简试论》，台北：台湾古籍出版有限公司，2001 年，第 173 页；丁原植：《郭店楚简儒家佚籍四种释析》，台北：台湾古籍出版有限公司，2000 年，第 224 页；刘信芳：《郭店竹简文字考释拾遗》，《江汉考古》2000年第 1 期，第 46 页；颜世铉：《郭店楚简〈六德〉笺释》，《中央研究院历史语言研究所集刊》第 72 本第 2 分，2001 年，第 467 页；李零：《郭店楚简校读记》，第 133 页；刘钊：《郭店楚简校释》，第 114 页；单育辰：《占毕随录之十四》，2011 年 3 月 25 日，http：//www. bsm. org. cn/show_ article. php? id = 1421，2019 年 6 月 15 日。

④ 涂宗流、刘祖信：《郭店楚简先秦儒家佚书校释》，台北：万卷楼图书有限公司，2001年，第 203 页；林素清：《郭店竹简〈六德〉文字新考》，单周尧、陆镜光主编：《语言文字学研究》，北京：中国社会科学出版社，2005 年，第 15 页；陈伟：《郭店竹书别释》，武汉：湖北教育出版社，2003 年，第 116 页；李锐：《读上博四札记（二）》，2005年 2 月 20 日，http：//www. confucius2000. com，2010 年 7 月 10 日。

同"古有会合之义。《尚书·禹贡》:"九河既道,雷夏既泽,灉沮会同。"《水经注·沔水二》:"湖周五十里,城下陂池皆来会同。"可参。

第3例之"繛"字,上博简整理者隶定为"繛",云:"读'敦',有纯厚之义。"① 可以看出,整理者仍是将该字右旁看作"章"。李锐认为该字右旁所从为"章",云"疑亦读为'庸'。'不亲则不庸',对应'不爱则不恒',亲、爱义近,'庸'、'恒'皆有'常'义"。② 单育辰和高佑仁则均赞同整理者读作"敦"的观点,但在具体解释上又有所不同。单育辰认为"《孙膑兵法·善者》'敦三军'之'敦'与此用法相同"。③ 高佑仁则训为"勤勉"。④

笔者认为,李锐的释读可以信从,但其对"庸"字的解释存在两方面问题:第一,其认为简文"不亲则不庸"和"不爱则不恒"存在对应关系,这是不正确的。所谓"不爱则不恒"之"爱"字,原形作"❀"(简48),当隶定为"釆"。单育辰指出:"从《曹沫之陈》用字习惯上看,'釆'都用为'卒'字……故此字应释为'卒'。"⑤其说可信。这就从根本上否定了"庸"与"恒"对应的可能性。第二,其认为"'庸'、'恒'皆有'常'义",也是有问题的,诚如单育辰所言:"'庸'有'平常'义,而没有'恒'的'常'义,故其说误。"⑥正是由于存在以上两方面的问题,其说难以取信于人。笔者曾认为该字似当读作"庸",训为"和"。⑦ 现在看来,亦不确。沈培指出"所谓'不亲则不敦',应当理解成'上(或君)不亲于下(或民)则下(或民)不敦于上(或君)'",⑧

---

① 马承源主编:《上海博物馆藏战国楚竹书(四)》,第264页。

② 李锐:《读上博四札记(三)》,2005年2月21日,http://www.confucius2000.com,2010年7月10日。

③ 单育辰:《〈曹沫之陈〉文本集释及相关问题研究》,硕士学位论文,吉林大学古籍研究所,2007年,第70页。

④ 季旭升主编,袁国华协编:《〈上海博物馆藏战国楚竹书(四)〉读本》,台北:万卷楼图书股份有限公司,2007年,第223页。

⑤ 单育辰:《〈曹沫之陈〉文本集释及相关问题研究》,硕士学位论文,吉林大学古籍研究所,2007年,第65—66页。

⑥ 单育辰:《〈曹沫之陈〉文本集释及相关问题研究》,硕士学位论文,吉林大学古籍研究所,2007年,第70页。

⑦ 白于蓝:《简牍帛书通假字字典》,第252页。

⑧ 沈培:《说古文字里的"祝"及相关之字》,《简帛》第2辑,第26页。

虽然笔者不同意其仍从整理者看法将"繪"读作"敦",但其对整段文字文义的理解和把握则是正确的。笔者认为,简文之"繪"仍当读作"同"。"同"字古有会合、聚积之义。《说文》:"同,合会也。"《诗·豳风·七月》:"嗟我农夫,我稼既同。"郑玄笺:"既同,言已聚也。"《仪礼·少牢馈食礼》:"同祭于豆祭。"郑玄注:"同,合也。"《吕氏春秋·精谕》:"天符同也。"高诱注:"同,合也。"《汉书·地理志》:"同为逆河。"颜师古注:"同,合也。"《诗·小雅·车攻》:"射夫既同。"陈奂《传疏》:"同,犹合也。"《诗·豳风·七月》:"二之日其同。"马瑞辰《传笺通释》:"同之言会合也,谓冬田大合众也。"据此,简文"不亲则不繪(同)"大意是说上(或君)不亲于下(或民)则下(或民)就不聚合于上(或君)之义。下(或民)不紧密团结于上(或君),这在临战之时是十分致命的。

第 4 例之"臏"字,原字下有重文符号"＝",上博简整理者将该字隶定为"臏","读如'惇'或'敦'"。可以看出,尽管整理者将该字之右旁隶定成与"章"形近似,但依旧将之视作"章"旁。季旭升进而指出该字"应隶作'臏'。右旁从'享羊',不从'埻'之古体"。陈斯鹏亦将该字读作"惇"。唐洪志指出"当是从'埻'之古体得声",并在此基础上将简文之"臏＝"读作"雍雍"或"融融",指出"雍雍"可形容声音之美,"融融"也有和美义。侯乃峰从之。[1] 笔者曾认为简文之"臏""似当读作'庸',训为'和'"。[2] 现在看来,当以唐说为优。简文之"臏＝"亦可读作"噰噰",《尔雅·释诂上》:"关关、噰噰,音声和也。"

第 5 例之"戴"字,清华简整理者隶定为"敦",释为"敦",训为"致力"。[3]

---

① 马承源主编:《上海博物馆藏战国楚竹书(五)》,上海:上海古籍出版社,2005 年,第 279 页;季旭升:《上博五刍议(下)》,2006 年 2 月 18 日,http://www.bsm.org.cn/show_ article.php? id = 196,2019 年 6 月 15 日;陈斯鹏:《读〈上博竹书(五)〉小记》,2006 年 4 月 1 日,http://www.bsm.org.cn/show_ article.php? id = 310,2019 年 6 月 15 日;唐洪志:《上博简(五)孔子文献校理》,硕士学位论文,华南师范大学历史文化学院,2007 年,第 50 页;侯乃峰:《上博楚简儒学文献校理》,上海:上海古籍出版社,2018 年,第 268 页。
② 白于蓝:《简牍帛书通假字字典》,第 252—253 页。
③ 清华大学出土文献研究与保护中心编,李学勤主编:《清华大学藏战国竹简(柒)》下册,第 114、115 页。

或认为"《庄子》'敦剑',郭嵩焘解'敦'为治。'敦力'之'力'似当读作'饬',亦治也"。① 按,"敦力"一词典籍未见,更未见有训作"致力"之义者。典籍中亦未见"敦饬"或"敦治"等类似的说法,此二说缺乏书证。该字从戈覃声,似亦当释为"勇"。《说文》"勇"字或体作"勲",楚简中亦见有"勇"字作"勲"(上博简《曹沫之陈》简55)、"勲"(上博简《邦人不称》简3)、"勲"(清华简《郑文公问太伯乙》简9),亦均从戈表义。"勲"或亦即"勇"之异构,仅是将声符"甬"替换为"覃(墉)"而已,在简文中可读作"用"。"用力"一词见于典籍,可指尽力、努力,义同"致力"。《荀子·非十二子》:"偷儒惮事,无廉耻而耆饮食,必曰君子固不用力。是子游氏之贱儒也。"《史记·秦楚之际月表》:"以德若彼,用力如此,盖一统若斯之难也。"《文选·孙楚〈为石仲容与孙皓书〉》:"偏师同心,上下用力。"可参。

第6例之"潭"字,郭店简整理者隶定为"潭",裘锡圭认为"或可释'淳'"。② 裘先生释法得多数学者认同。在此基础上,或以"淳"字直接训解,或读作"敦"。③ 唯陈靖欣和李锐对此提出质疑。陈靖欣指出该字右旁所从为"墉"字古文。李锐则将该字隶定为"潭",指出该字可读为"庸",训为"劳"和"功",认为简文意为君子如果导民不浸,作用就很浅,功劳会很小。④ 按,

---

① 参见 zzusdy:在 ee《清华七〈越公其事〉初读》(简帛网,2017 年 4 月 23 日)跟帖(61楼),2017 年 4 月 27 日。http://www.bsm.org.cn/forum/forum.php? mod = viewthread& tid = 3456&extra = &highlight = % E8% B6% 8A% E5% 85% AC% E5% 85% B6% E4% BA% 8B&page =7,2019 年 6 月 15 日。

② 荆门市博物馆编:《郭店楚墓竹简》,第 167、168 页。

③ 郭沂:《郭店楚简〈天降大常〉(〈成之闻之〉)篇疏证》,《孔子研究》1998 年第 3 期,第 65 页;郭沂:《郭店楚简〈成之闻之〉篇疏证》,姜广辉主编:《郭店楚简研究》(《中国哲学》第 20 辑),沈阳:辽宁教育出版社,1999 年,第 286 页;丁原植:《郭店楚简儒家佚籍四种释析》,第 132 页;涂宗流、刘祖信:《郭店楚简先秦儒家佚书校释》,第 78 页;廖名春:《郭店简〈成之闻之〉篇校释札记》,《新出楚简试论》,第 181 页;刘钊:《郭店楚简校释》,第 139 页;单育辰:《郭店〈尊德义〉〈成之闻之〉〈六德〉三篇整理与研究》,北京:科学出版社,2015 年,第 106—107 页。

④ 陈靖欣:《〈郭店楚简·教(成之闻之)〉文字研究》,硕士学位论文,台湾师范大学国文学系,2005 年,第 10 页;李锐:《读上博四札记(二)》,2005 年 2 月 20 日,http://www.confucius2000,2010 年 7 月 10 日。

释字以陈、李二位观点可信，文义解读以李锐观点可从。"庸"训为"劳"和"功"乃典籍常训。[①] 至于简文之"深"字，当训为高、盛、重等义。《仪礼·觐礼》："深四尺。"郑玄注："深，谓高也，从上曰深。"《左传》文公十二年："请深垒固军以待之。"孔颖达疏："深者，高也。"《战国策·秦策四》："三国之兵深矣。"高诱注："深，犹盛也。"《吕氏春秋·禁塞》："害莫深焉。"高诱注："深，重也。"《国语·晋语三》："秦寇深矣。"韦昭注："深，犹重也。"这些义项置于简文中似均可通。《史记·匈奴列传》："人主因以决策，是以建功不深。""建功不深"与简文"其潭（庸）也弗深"可参。《成之闻之》篇简 9—10 还见有"唯（虽）肰（然），其鴍（存）也不（厚），其重也弗多悇（矣）"语。其中"其重也弗多悇（矣）"与"其潭（庸）也弗深悇（矣）"句式相同，文义似亦相仿。笔者认为该"重"字亦当读作"庸"（上古音"重"与"庸"声母同是舌音，韵则同为东部，古音相近），"其重（庸）也弗多悇（矣）"意即其功劳不会太多。

第 7 例之"潭"字，整理者释为"淳"，认为："淳可能是比盐碱地之'卤'略强的低洼沼泽地。"[②] 在此基础上，汗天山认为当读为"畖（畎）"，指田间水沟。萧旭认为，读为"自"，俗作墩、堆，土堆，简文指沟之隄墩。王宁则认为该字从水郭声，即"漷"字，当读为"壑"。大西克也认为"章"、"章"同形，简文之"所谓'淳'字实为'章'声字，可读为'塘'"。[③] 按，前文指出"章"既为"郭"字，也是"墉"字，故该字右旁的确可以看作"郭"。王宁的说法在字形上更有依据，而且"沟壑"一词典籍习见。但此说仍未为确解，理由有二：第一，据上引楚简中以"章"为声符之字之用例来看，未见有声旁"章"用为

---

① 宗福邦、陈世铙、萧海波主编：《故训汇纂》，北京：商务印书馆，2003 年，第 702 页。
② 清华大学出土文献研究与保护中心编，李学勤主编：《清华大学藏战国竹简（柒）》下册，第 131 页。
③ 参见 http：//www. bsm. org. cn/forum/forum. php? mod = viewthread&tid = 3456&extra = &page =6，2019 年 6 月 15 日；萧旭：《清华简（七）校补（二）》，2017 年 6 月 5 日，http：//www. gwz. fudan. edu. cn/Web/Show/3061，2019 年 6 月 15 日；http：//www. bsm. org. cn/forum/forum. php? mod = viewthread&tid = 3456&extra = &page =11，2019 年 6 月 15 日；大西克也：《〈清华柒·越公其事〉"坳涂沟塘"考》，中国文字学会编：《第三十届中国文字学国际学术研讨会论文集》，2019 年，第 289 页。

"郭"声者。特别是上引《成之闻之》之"潭"字,与该字字形相同,但只能以从"墉"声来解释方为合理。第二,典籍中未见有从"郭"声之字与从"壑"声之字的相通例证。笔者认为,简文此处之"潭"仍当从"墉"声,读作"庸"。《礼记·郊特牲》:"祭坊与水庸,事也。"郑玄注:"水庸,沟也。"孔颖达疏:"庸者所以受水,亦以泄水。"可见,所谓"潭(庸)"亦即"沟",故简文中"沟"、"潭(庸)"可连用,构成同义复词。"潭"或即表"沟"义之"庸"字之专字,故字可从水表义。

至于"潚涂",清华简整理者释"涂"为"涂"。云:"'潚',疑即'泑'字。《山海经·西山经》'不周之山,东望泑泽',郝懿行笺疏:'泑泽,《汉书·西域传》作盐泽。'简文之'泑涂'或即盐碱滩涂。"① 萧旭读作"幽途",认为指偏僻之路。子居读"潚"为"坳",认为"坳涂当只是指田间的坑洼小路"。大西克也认为"坳涂"指低洼的泥地。② 按,以上诸家的解释均忽略了简文"王亲涉沟(沟)潭潚涂"之"涉"字。《诗·鄘风·载驰》:"大夫跋涉。"毛《传》:"草行曰跋,水行曰涉。"《尔雅·释水》:"由膝以上为涉。"《说文》:"涉,徒行厉水也。"《玉篇·水部》:"涉,徒行渡水也。"《汉书·黥布传》:"使布先涉河。"颜师古注:"涉,谓无舟楫而渡也。"先秦典籍中所见之"涉"字,一般与"渡水"有关,未闻有涉"盐碱滩涂"、"偏僻之路"、"坑洼小路"和"低洼的泥地"的说法。

笔者认为,所谓"潚涂"当读作"皋泽"。"潚"从"幽"声,上古音"幽"为影母幽部字,"皋"为见母幽部字。两字声母同为喉牙音,韵则叠韵,古音很近,例可相通。《诗·小雅·鹤鸣》:"鹤鸣于九皋。"毛《传》:"皋,泽也。"《楚辞·招魂》:"皋兰被径兮。"王逸注:"皋,泽也。"《文选·司马相如〈上林赋〉》:"亭皋千里。"李善注引服虔曰:"皋,泽也。"《玉篇·夲部》:"皋,泽

---

① 清华大学出土文献研究与保护中心编,李学勤主编:《清华大学藏战国竹简(柒)》下册,第131页。

② 萧旭:《清华简(七)校补(二)》,2017年6月5日,http://www.gwz.fudan.edu.cn/Web/Show/3061,2019年6月15日;子居:《清华简七〈越公其事〉第四章解析》,2018年5月14日,http://www.xianqin.tk/2018/05/14/440,2019年6月15日;大西克也:《〈清华柒·越公其事〉"坳涂沟塘"考》,中国文字学会编:《第三十届中国文字学国际学术研讨会论文集》,2019年,第289页。

也。"《广韵·豪韵》："皋，泽也。"《说文》："皋，气皋白之进也。"段玉裁注："皋有训泽者，《小雅·鹤鸣》《传》曰：'皋，泽也。'泽与皋析言则二，统言则一。"至于"滏"字，该字原形作"𤃋"，整理者将之释为从土涂声之"涂"。不确。该字从水圣声，应即"涂"之异构。清华简中"余"字或作"𡓥"（《汤处于汤丘》简 11）、"𡓥"（《管仲》简 30）等形，与"𤃋"字右旁近似。清华简中还见有两例"悆"字作"𢗁"（《越公其事》简 45）、"𢙁"（《越公其事》简 46），所从"余"旁亦可参。据此，该字或许就是"涂"字。上古音"涂"为定母鱼部字，"泽"为定母铎部字。两字双声，韵则对转，古音亦很近，例可相通。武威汉简《仪礼》中常假"舍"为"释"。① "舍"与"涂"同从余声，② "释"与"泽"则同从"𦋺"声。这是简文之"涂"可读作"泽"的直接例证。此外，宜脂鼎铭文中有"余其臧金"语，谢明文读"余"为"择"。工𢊺王姑𨔶譄反之元子剑铭文有"余乓（厥）可（嘉）金"语，马晓稳亦读"余"为"择"。③ 均可信从。上博简《𣏌大王泊旱》简 9、10、15 见有官名"中余"，陈伟读作"中谢"或"中射"。其说可信。该官名亦见于清华简《楚居》简 16 当中，作"审㺀"，整理者亦从陈伟说法读为"中谢"。④ "㺀"从"余"声，"谢"从"射"声，而典籍中从"𦋺"声之字与从"射"声之字亦常互通。⑤《古文四声韵》卷一"涂"字下引《籀韵》有字作"𣖔"，李春桃指出"该形应是'戲'字的隶古定形体……《尚书·梓材》：'惟其涂塈茨。'又：'惟其涂丹臒。'正义：'二文皆言戲即古涂字。'段玉裁《古文尚书撰异》以为孔本'涂'原作'戲'"。⑥ 其说可信。可见，"涂"可读作"泽"。据此，所谓"潚（皋）滏（泽）"亦是同

---

① 白于蓝：《简帛古书通假字大系》，福州：福建人民出版社，2017 年，第 292 页。
② "舍"字本从"余"声，参见季旭升：《说文新证》，第 452 页。
③ 谢明文：《新出宜脂鼎铭文小考》，《中国文字》新 40 期，台北：艺文印书馆，2014 年，第 206 页；马晓稳：《吴越文字资料整理及相关问题研究》，博士学位论文，吉林大学古籍研究所，2017 年，第 18 页。
④ 陈伟：《〈简大王泊旱〉新研》，《简帛》第 2 辑，第 266—267 页。清华大学出土文献研究与保护中心编，李学勤主编：《清华大学藏战国竹简（壹）》下册，上海：中西书局，2010 年，第 182、192 页。
⑤ 高亨：《古字通假会典》，济南：齐鲁书社，1989 年，第 892—894 页。
⑥ 李春桃：《古文异体关系整理与研究》，北京：中华书局，2016 年，第 178 页。

义复词，与"洵（沟）潭（庸）"正可相对。"涉泽"一词见于典籍。《抱朴子·诘鲍》："涉泽而鸥鸟不飞，入林而狐兔不惊。"《晋书·赵至传》："涉泽求蹊，披榛觅路。"均其例。

清华简《越公其事》简28、简56还分别见有如下两段简文：

洫洼沟（沟）壇之杠（功），王𫒯亡（无）好。

王乃徛（趣）孚＝（致于）沟（沟）壇之工（功），乃徛（趣）取𤲬（戮）于后至后成。

此两段简文之"沟（沟）壇"显然是与前引简30之"沟（沟）潭"对应。关于"壇"字，整理者读作"塘"，认为"洳、涂、沟、塘皆为沟塘沼泽之类"。萧旭和子居均认可整理者读"壇"为"塘"的看法，但具体解释又有所不同。萧旭认为"不指沟池，应指堤岸，字亦作隄"。①子居认为"先秦'塘'字义为堤岸，并无池泽义……塘为挡水的堤坝"。②按，"壇"从阳声，上古音"阳"为余母阳部字，与余母东部之"庸"双声，韵部关系密切。③清华简《耆夜》简3—4有"乐乐旨酒，悬（宴）以二公；𦁲（慈）尼（仁）𢕪（兄）俤（弟），庶民和同；方臧（壮）方武，穆＝（穆穆）克邦；稦（嘉）箺（爵）速歕（饮），后箺（爵）乃从"语，④正是以阳部之"邦"和东部之"公"、"同"、"从"相叶。可见，"壇"仍当读作"庸"，训为沟。

第8例之"潭"字，清华简整理者释为"淳"，云："淳，《广雅·释诂》：

---

① 萧旭：《清华简（七）校补（二）》，2017年6月5日，http：//www.gwz.fudan.edu.cn/Web/Show/3061，2019年6月15日。

② 子居：《清华简七〈越公其事〉第四章解析》，2018年5月14日，http：//www.xianqin.tk/2018/05/14/440，2019年6月15日。

③ 关于"东阳合韵"的问题，可参见罗常培、周祖谟：《汉魏晋南北朝韵部演变研究》第1分册，北京：科学出版社，1958年，第51页；李方桂：《上古音研究》，北京：商务印书馆，1980年，第73页；李学勤：《论史墙盘及其意义》，《考古学报》1978年第2期，第152页；金毅：《〈韩非子〉韵读与校刊》，《语言学论丛》第14辑，北京：商务印书馆，1987年，第104页。

④ 清华大学出土文献研究与保护中心编，李学勤主编：《清华大学藏战国竹简（壹）》，上海：中西书局，2010年，第150页。

'渍也。'咸为淳，《黄帝内经·素问》作'咸耎'。……《黄帝内经·素问》：'辛散，酸收，甘缓，苦坚，咸耎，毒药攻邪。……此五者，有辛酸甘苦咸，各有所利，或散或收，或缓或急，或坚或耎，四时五脏，病随五味所宜也。'"①按，据《素问》之"或坚或耎"，可知"耎"与"坚"对应。相关内容亦见于《黄帝针灸甲乙经》："此五味者，各有所利，辛散，酸收，甘缓，苦坚，咸软。""耎"作"软"。《汉书·王吉传》："数以耎脆之玉体犯勤劳之烦毒。"颜师古注："耎，柔也。"《玉篇·车部》："软，柔也。"《广韵·狝韵》："软，柔也。"《资治通鉴·汉纪四十八》："而软弱易制。"胡三省注："软，柔也。"据此，笔者认为，简文之"潭"当读为"恙"。上古音"恙"亦为余母阳部字，与"阳"双声叠韵。"潭"既可通"壃"，则亦可读作"恙"。前文指出"潭"或即表"沟"义之"庸"字之专字，而"庸"本从用声。②上博简《柬大王泊旱》简 23 有"君王元君＝（君，君）善，夫＝（大夫）可（何）恙枰（诤）"语，陈剑读"恙"为"用"。③ 其说可信。"恙"亦从羊声，这是简文之"潭（庸）"可读作"恙"之直接例证。《广雅·释诂一》："恙，弱也。"《慧琳音义》卷五八"阳病"注："恙，弱也。"《广韵·阳韵》："恙，弱也。"《集韵·阳韵》："恙，弱也。"《广雅·释诂一》："柔，弱也。"《淮南子·原道》："志弱而事强。"高诱注："弱，柔也。"可见，"耎"、"软"、"柔"、"恙"和"弱"五字同义，故《黄帝内经·素问》之"耎"和《黄帝针灸甲乙经》"软"在简文中可写作"潭（恙）"。

综上所述，战国楚简中的"䇞"和"章"，就字形而言，判然有别，并不同字。就用法而言，二者在战国楚简中并未相混，且用各有当。

五

《说文》："𩰾（融），炊气上出也。从鬲，虫省声。𩰾，籀文融不省。"战国

---

① 清华大学出土文献研究与保护中心编，李学勤主编：《清华大学藏战国竹简（捌）》下册，上海：中西书局，2018 年，第 158、159 页。

② 裘锡圭：《甲骨文中的几种乐器名称——释庸、丰、鞀》，《中华文史论丛》1980 年第 2 辑，第 68 页。

③ 陈剑：《上博竹书〈昭王与龚之脽〉和〈柬大王泊旱〉读后记》，《战国竹书论集》，上海：上海古籍出版社，2013 年，第 130 页。

楚简帛中常见有一个用作"融"而字形却与"融"之小篆和籀文均不相同的字，据笔者统计，共计16例（见表5）。① 根据其字形特点，大体可以分为三形。其中Ⅰ形A式最为常见，其左旁从"稾"，右旁所从为二"虫"相叠之形，当为该字在战国楚简帛中之标准写法；Ⅰ形B式应即Ⅰ形A式之变体，仅是将其左右偏旁位置互换；Ⅱ形和Ⅲ形亦左旁从"稾"，但Ⅱ形在其右旁二重叠之"虫"形中间加一"○"形，Ⅲ形则在二重叠之"虫"形上部加一"口"旁。金文中西周中期的癲钟铭文中见有字作"䖵"（《集成》01.246）、"䖵"（《集成》01.253），当即Ⅰ形A式字形所本；春秋时期的邾公钘钟铭文中亦见有字作"䖵"（《集成》01.102），② 当即Ⅰ形B式字形所本。战国楚简帛中"流"字亦见有两种常见形体，分别作"䍃"（郭店简《缁衣》简30）、"䍃"（清华简《楚居》简3），③ 其右旁所从分别与该字Ⅰ形A式和Ⅱ形完全相同，故该字可隶定为"稾"。

表5 楚简帛中的"稾"字

Ⅰ形	A式	䖵包山简217、䖵包山简237 䖵新蔡简甲三83、䖵新蔡简甲三188、197 䖵上博简《融师有成氏》简5、䖵上博简《融师有成氏》简7 䖵清华简《说命下》简2、䖵清华简《八气五味五祀五行之属》简5 䖵《楚帛书》甲篇行6
	B式	䖵望山一号墓简123
Ⅱ形		䖵新蔡葛陵简乙一22、䖵新蔡葛陵简乙一24
Ⅲ形		䖵上博简《周易》简25

---

① 表5中仅列13例字形，因为新蔡简中还见有三例残字，分别作"䖵"（简零254、162）、"䖵"（简零288）、"䖵"（简零560、522、554），整理者根据残存字形和上下文例均隶定为"稾"，读作"祝融"之"融"。按，此三字右旁均存在不同程度的残损，难以确定其字形到底是属于表中哪一形。

② 参见董莲池编著：《新金文编》，第684页。

③ 参见李守奎编著：《楚文字编》，上海：华东师范大学出版社，2003年，第646页。沈奇石：《上海博物馆藏战国楚竹书（1—9）文字编》，硕士学位论文，华东师范大学中国语言文学系，2019年，第730—731页。马继：《清华大学藏战国竹简1—8文字编》，硕士学位论文，华东师范大学中国语言文学系，2019年，第1386页。

表 5 诸形，除上博简《周易》和清华简《说命下》两例外，其他诸例均用作神名"祝融"之"融"。① 上博简《周易》和清华简《说命下》两例分别出现在如下之辞例当中：

《周易·颐》："六四：逶（颠）颐，吉，虎视鞑＝，其猷（欲）攸＝（逐逐），亡（无）咎。"

《说命下》："少（小）臣居夐（俊）才（在）朕备（服），余隹（惟）命女（汝）敓（说）鞑朕命。"

上博简《周易》之"鞑"字，原形右旁上部从"口"。古文字中"口"旁常用作羡符，无实在意义，该形所从之"口"当属同类现象。原整理者将该形隶定为"鼍"，认为"疑'蜳'字，与'眈'音近"。② 按，该形左旁从"章"，与"蜳"字无涉。该字原文下有重文符号"＝"，今本《周易》与之对应的字是"眈眈"，马王堆汉墓帛书本与之对应的字是"沉沉"。"眈"与"沈"均从尤声，上古音"尤"为余母侵部字，"融"为余母冬部字。两字双声，韵则冬侵合韵，故可相通。

清华简《说命下》之"鞑"字，原整理者隶定为"蠹"，读作"融"，引《释名》训作"明"。③ 暮四郎和黄杰认为当读作"庸"，训为"用"。④ 按，暮、

① 湖北省荆沙铁路考古队：《包山楚简》，第34、36、56页；湖北省文物考古研究所、北京大学中文系编：《望山楚简》，北京：中华书局，1995年，第78、102页；饶宗颐、曾宪通编著：《楚帛书》，香港：中华书局，1985年，第301页；贾连敏：《新蔡葛陵楚墓出土竹简释文》，河南省文物考古研究所编著：《新蔡葛陵楚墓》，郑州：大象出版社，2003年，第191、194、202页；马承源主编：《上海博物馆藏战国楚竹书（五）》，第322—323页；清华大学出土文献研究与保护中心编，李学勤主编：《清华大学藏战国竹简（捌）》下册，第158—159页。

② 马承源主编：《上海博物馆藏战国楚竹书（三）》，第171页。

③ 清华大学出土文献研究与保护中心编，李学勤主编：《清华大学藏战国竹简（叁）》下册，第128—129页。

④ 暮四郎：《初读清华简叁笔记（草稿）》，2013年1月5日，http://www.bsm.org.cn/forum/forum.php? mod = viewthread&tid = 3020&highlight = % E5% 88% 9D% E8% AE% 80% E6% B8% 85% E8% 8F% AF% E7% B0% A1% E5% 8F% 81% E7% AD% 86% E8% A8% 98% EF% BC% 88% E8% 8D% 89% E7% A8% BF% EF% BC% 89，2019年6月15日；黄杰：《读清华简（三）〈说命〉笔记》，2013年1月9日，http://www.bsm.org.cn/show_ article. php? id = 1799，2019年6月15日。

黄二位先生说法可从。"用朕命"的说法见于典籍。《逸周书·商誓》:"肆予明命汝百姓,其斯弗用朕命,其斯尔冢邦君商庶百姓,予则□刘灭之。"即其例。

关于"毓"和"流"字所从"㐬"旁之来源,目前学界的主流看法是来自"毓(育)"字右旁所从。① "毓"字甲骨文作"𣫍"(《屯南》469)、"𣫍"(《怀特》1369)等形,② 金文作"𣫍"(毓且丁卣,《集成》10.5396.2)、"𣫍"(吕仲仆爵,《集成》14.9095)等形,③ 其早期字形从女(或每)从倒子和血滴,整体字形像母亲产子之形。就字形而言,"毓"早期字形右下所从与"毓"之Ⅱ形右旁以及"流"字从"○"者之右旁近似,故学界的主流看法有一定字形依据。尽管如此,仍有部分学者如颜世铉和李家浩对此说提出质疑,通过字形比对,指出"流"字所从之"㐬"旁与"毓"字所从之"㐬"来源并不相同。④ 按,颜、李二位先生的观点可信。在他们论述的基础上,尚可补充论述以下四点。

第一,"毓"字最早见于前引西周中期铜器瘨钟当中,而在同为西周中期的铜器中亦见有"毓"字,作"𣫍"(班簋,《集成》08.4341)、"𣫍"(墙盘,《集成》16.10175),其右下所从显然是由倒子和血滴之形演变而来,却与瘨钟"毓"字右旁所从明显不同。瘨钟"毓"字右旁明显是从一正一倒之二虫之形。前引春秋时期邾公鈺钟之"毓"字,其左旁所从亦为二虫,仅是将一正一倒之二

① 何琳仪:《战国古文字典》,北京:中华书局,1998年,第222页;刘钊:《读郭店楚简字词札记》,武汉大学中国文化研究院编:《郭店楚简国际学术研讨会论文集》,武汉:湖北人民出版社,2000年,第79页;李天虹:《上海简书文字三题》,朱渊清、廖名春主编:《上博馆藏战国楚竹书研究》,上海:上海书店,2002年,第380—381页;曾宪通:《再说"蚩"符》,《古文字研究》第25辑,北京:中华书局,2004年,第243页;高智:《释古文字中的"蚩"及相关文字》,中国古文字研究会第十四次年会论文,2004年11月;苏建洲:《试论〈上博三·周易〉的融及其相关的几个字》,2004年5月8日,http://www.jianbo.sdu.edu.cn/info/1011/1490.htm,2019年6月15日;苏建洲:《楚简"融"字构形再议》,2008年12月16日,http://www.gwz.fudan.edu.cn/Web/Show/567,2019年6月15日;季旭升:《说文新证》,第1014页。
② 参见刘钊主编:《新甲骨文编》(增订本),第823—825页。
③ 参见董莲池编著:《新金文编》,第2170页。
④ 颜世铉:《楚简"流"、"逸"字补释》,谢维扬、朱渊清主编:《新出土文献与古代文明研究》,上海:上海大学出版社,2004年,第151页;李家浩:《楚简所记楚人祖先"妭(鬻)熊"与"穴熊"为一人说——兼说上古音幽部与微、文二部音转》,《文史》2010年第3期,第7页。

虫之形演变为二虫上下相叠之形。

第二，"毓"字本从倒子，但古文字中同从倒子的还见有"弃"字。① 楚简中"弃"字十分常见，作"𠬝"（上博简《用曰》简4）、"𣶒"（清华简《系年》简4）等形，② 与《说文》古文"弃"字作"𠫑"者相合，其所从倒子之头部和身体部分总是连为一体，从未见有身首异处者，而"毓"和"流"字所从之"𠫓"旁上部则头部与身体部分明显分离，身首异处。此外，中山王𨟭大鼎铭文中"曩（早）弃群臣"之"弃"作"𠬝"，中山王𦙞嗣圆壶铭文中"霝=（潚潚）流霝（涕）"之"流"字作"𣻒"。同为中山器，"弃"字上部所从与"流"字右上所从亦明显不同。

第三，从字形演变序列上看，"毓"字由瘐钟之形演变为邾公钰钟之形，再演变为表5之Ⅰ形A式，最后演变出带"○"之Ⅱ形，是符合该字时代早晚关系的合理演变序列。而若"毓"字之右旁是由"毓"字之右旁演变而来，则只能认为表5中带"○"之Ⅱ形时代最早（其所带之"○"表示倒子之头部），之后删除"○"而演变为瘐钟之形，再演变为邾公钰钟之形，最后演变为Ⅰ形A式，这种字形演变序列与目前所见"毓"字之时代早晚关系明显矛盾。

第四，"毓"是会意字。从会意字的表意功能上看，"毓"字从女（或每）从倒子和血滴之形，以表生育。但倒子和血滴之形若脱离了女（或母）则无法表示生育之义。因此，单纯以倒子和血滴之形来表示整体之"毓"字，并将之用作"毓"和"流"字之声符，这种现象恐怕还需要深入探讨，况且我们至今亦从未见到过一例"毓"和"流"字有从未简省之完整的"毓"形的情况。

总之，"毓"和"流"所从之"𠫓"旁和"毓"字所从之"𠫓"旁起初来源并不相同。"毓"字所从之"𠫓"旁来自倒子和血滴之形。至于"毓"和"流"字所从之"𠫓"旁，笔者认为本象二虫相向或前后游移之形，可能是"流"字之会意本字，从水之"流"则是在此基础上增加义符而成的形声字。

① 《说文》："𠦂（弃），捐也。从廾推𠦒弃之，从云。云，逆子也。𠫑，古文弃。𥝢，籀文弃。"
② 李守奎编著：《楚文字编》，第248页。沈奇石：《上海博物馆藏战国楚竹书（1—9）文字编》，第299—300页；马继：《清华大学藏战国竹简1—8文字编》，第548页。

《广雅·释诂一》:"流,行也。"《礼记·中庸》:"故君子和而不流。"郑玄注:"流,犹移也。"《周礼·考工记·弓人》:"寒奠体则张不流。"郑玄注:"流,犹移也。"《尚书·禹贡》:"二百里流。"伪孔《传》:"流,移也。"《管子·侈靡》:"则民不流矣。"尹知章注:"流,移也。"《汉书·礼乐志》:"美其欢心而不流其声音。"颜师古注:"流,移也。"《尚书·舜典》:"流宥五刑。"孔颖达《疏》:"流,谓徙之远方。"《孟子·万章上》:"舜流共工于幽州。"朱熹《集注》:"流,徙也。"《希麟音义》卷一〇"流遁"注引《切韵》:"流,迁也。""流"字这些义项,盖均为二虫相向或前后游移之形之引申。

吴振武指出,金文之"竞"字有"从'誩'从二'大'夹一'〇'"者,"二'大'夹一'〇'者,象二人争球形",[①] 此说颇有理致。《说文》新附:"毬,鞠丸也。"《玉篇·毛部》:"毬,毛毬也。"笔者认为,前引"流"字有从"〇"者,其所从之"〇"即"毬"字之象形本字。"毬"、"流"音近,故"流"可以将"〇(毬)"用作追加之声符。

上古音"流"为来母幽部字,"融"为余母冬部字。两字声母同为舌音,韵则对转,古音十分接近,故楚简中之"靠"常可读作"融"。《荀子·劝学》:"昔者瓠巴鼓瑟,而流鱼出听。"《大戴礼记·劝学》"流"作"沈"。《荀子·君子》:"则士大夫无流淫之行。"王先谦《集解》:"《群书治要》'流'作'沈',二字通用。"故上博简《周易》之"靠",在今本中写作"眈",而在马王堆汉墓帛书本中又写作"沈"。据此亦可知,联绵词"流湎"实即"沈湎"。

《说文》:"𠫓(𠫓),不顺忽出也。从到子。《易》曰:'突如其来'。如不孝子突出,不容于内也。凡𠫓之属皆从𠫓。𠫐,或从到古文子,即《易》'突'字。"可见,《说文》认为"𠫓"即倒子,而"𠫐"即"𠫓"之或体。《说文》"𠫓(𠫓)"部下总共收有"毓"、"疏"两个字,分别云:"𦐱(育),养子使作善也。从𠫓肉声。《虞书》曰:'教育子。'𣯩,育或从每。""𬤊(疏),通也。从𠫓从疋,疋亦声。""毓"字从倒子之形表义,因有甲骨文和金文等字形材料相印证,绝无问题。但"疏"字何以从倒子之形表义而训为"通",则很令人费解。其实,"疏"字所从之"𠫓"旁,恐怕亦是与"靠"、"流"二字所从之"𠫓"

---

① 吴振武:《新见西周再簋铭文释读》,《史学集刊》2006 年第 2 期,第 86 页。

旁来源相同，而非来源于"毓"字所从之倒子之形。《庄子·刻意》："精神四达并流。"成玄英《疏》："流，通也。"《周易·乾·彖传》："品物流形。"焦循《章句》："流，亦通也。"可见"流"与"疏"均可训为"通"，故"疏"可从"㐬（流）"表义。

　　清华简《祭公之顾命》篇中还见有二字作"𩰫"（简 3）、"𡈁"（简 15），在原简文中分别用作"魂"和"辜"。[1] 可见此二字左旁所从之"员"和"古"显然是用作声符。[2] 至于其右旁所从，若认为是来自"毓"字所从之倒子和血滴之形，则很难分析字形。若是声符，则上古音"育（毓）"为余母觉部字，与匣母文部之"员"和见母鱼部之"古"声韵俱隔；若是义符，则倒子和血滴之形在此二字中到底表何义，恐亦无从解释。笔者认为，此二字与"疏"字同例，其右旁均从"㐬（流）"表义，可隶定为"𩰫"与"𡈁"。

　　"𩰫"可释为"运"。《说文》："运，迻徙也。"《文选·卢谌〈赠刘琨〉》："大钧载运。"吕延济注："运，移也。"《文选·陆倕〈新漏刻铭〉》："又可以校运算之睽合。"刘良注："运，移。"《尔雅·释诂下》："运，徙也。"《庄子·逍遥游》："是鸟也，海运则将徙于南冥。"陆德明《经典释文》引简文云："运，徙也。"《方言》卷一二："日运为躔。"郭璞注："运，犹行也。""运"字这些义项，与前引"流"字之义项完全吻合。《文选·潘岳〈寡妇赋〉》："四节运而推移。"李周翰注："运，流也。"直接训"运"为"流"。可见，"㐬（流）"实可用作"运"字之表义偏旁。《庄子·天运》："天运。"陆德明《释文》："司马作天员。"《墨子·非命上》："譬犹运钧之上。"孙诒让《闲诂》："运、员音近古通。"典籍中从"军"声之字与从"员"声之字亦常可互通。[3] 可见，"员"实可用作"运"字之声符。总之，将"𩰫"字释为"运"，从形声两方面都可以讲得通。

———————————

[1] 清华大学出土文献研究与保护中心编，李学勤主编：《清华大学藏战国竹简（壹）》下册，第 174 页。

[2] "辜"从"古"声，自可与从"古"声之字相通。"魂"从"云"声，典籍中"云"及从"云"声之字与"员"及从"员"声之字常可互通，参见高亨：《古字通假会典》，第 107—108 页；白于蓝：《简帛古书通假字大系》，第 1360—1363 页。

[3] 参见高亨：《古字通假会典》，第 109、115 页；白于蓝：《简帛古书通假字大系》，第 1364 页。

至于"毓"字，可释为"遐"。从声符上看，典籍中从"古"声之字与从"叚"声之字常可互通。《诗·大雅·旱麓》："遐不作人。"《潜夫论·德化》引"遐"作"胡"。《仪礼·士冠礼》："永受胡福。"《初学记·礼部下》引"胡"作"遐"。即其例。从义符上看，前引"流"字有行、移、徙、迁等训，均有动态意向，而"遐"字在典籍中常训为"远"，[1] 故"遐"字从"㐬（流）"表义亦不足为怪。"遐"之从"㐬（流）"表义，与"远方"之"远"从"辵"表义属于同类现象。

当前学界之所以会认为"犟"和"流"字所从"㐬"旁来源于"毓（育）"字右旁所从，一方面固然是因为"毓"早期字形右下所从与"犟"之Ⅱ形右旁以及"流"字从"○"者之右旁近似，另一方面也可能是受了《说文》对"流"字字形分析的影响。《说文》："𣲖，水行也。从𣴩㐬。㐬，突忽也。𣲖，篆文从水。"可见《说文》认为"流"是一个从𣴩从㐬的会意字，而"㐬"则是倒子，表"突忽"之义。笔者认为，《说文》对"流"字的字形分析特别是对"㐬"字字义的解释迂曲难懂，令人费解。究其根源，恐怕就是源自《说文》将"犟"和"流"所从之"㐬"旁与"毓"字所从倒子和血滴之形之"㐬"混为一谈所致。

春秋晚期曾媵嬭朱姬簠有字作"🉀"（《新收》530 盖铭）、"🉀"（《新收》530器铭），清华简中亦见有字作"🉀"（《楚居》简 2）、"🉀"（《摄命》简 7）、"🉀"（《摄命》简 28），包山简和望山简中还见有字作"🉀"（包山简 35）、"🉀"（包山简 217）、"🉀"（包山简 237）、"🉀"（望山 M1 简 121）。以上诸形，从女从㐬（流），可隶定为"妭"。有学者认为该字就是"毓"字，[2] 而其右旁所从与"犟"、"流"二字所从之"㐬"完全同形。这似乎为"犟"、"流"二字所从之"㐬"旁就是由"毓"所从之"㐬"演变而来提供了字形依据。但实际情况可能正好相反。上古音"毓"为余母觉部字，"流"为来母幽部字。两字声母同为舌音，韵则对转，古音十分接近，故"妭"可以看作"毓"字之异体。[3] 也就是说

---

① 宗福邦、陈世铙、萧海波主编：《故训汇纂》，第 2304 页。

② 郭永秉：《帝系新研——楚地出土战国文献中的传说时代古帝王系统研究》，北京：北京大学出版社，2008 年，第 215—216 页。

③ 李家浩：《楚简所记楚人祖先"妭（鬻）熊"与"穴熊"为一人说——兼说上古音幽部与微、文二部音转》，第 11 页。

真实情况可能是原本为会意字的"毓"字，在春秋晚期的南方楚系文字当中已经演变为一个从女充（流）声的形声字。上引包山简和望山简中之"娹"字均用作楚先"鬻熊"之"鬻"，而在新蔡葛陵楚简中该字作"𥛔"（甲三 188、197），从示表义，右旁所从与"娹"字右旁带"○"者同形，可隶定为"祪"。曾宪通指出，若将"娹"、"祪"二字之"女旁、示旁视为声符，恐有不妥；宜作为形符看待（氏名、神名多有之）"，同时指出此二字右旁所从才是声符。① 其说可信。"祪"字的出现，亦可证"娹"字当分析为是一个从女充（流）声的形声字。需要说明的是，秦系文字的情况与楚系有所不同。《说文》小篆之"𣎑（毓）"，应当就是由上引甲骨文和金文中之"毓"字直接演变而来。

上博简和清华简中还见有一字，作"𧥓"（上博简《孔子诗论》简 8）、"𧮫"（清华简《系年》简 81）等形，② 该字从言充（流）声，可隶定为"𧮫"，多用为"谗"。③《荀子·大略》："流言灭之。"杨倞注："流言，谓流转之言，不定者也。"《尚书·金滕》："乃流言于国。"孔颖达《疏》："流言者，宣布其言使人闻之，若水流然。"《资治通鉴·汉纪二十》："流言飞文哗于民间。"胡三省注："放言于外以诬人曰流言。"故有学者指出该字可能就是"流言"之"流"之专字。④ 上古音"流"为来母幽部字，"谗"为从母侵部字，两字声母舌齿邻纽，韵部关系密切。⑤《荀子·劝学》："昔者瓠巴鼓瑟，而流鱼出听。"《韩诗外传》卷六"流"作"潜"，而典籍中从"朁"声之字与从"兓"声之字亦常可互通。⑥ 故"𧮫（流）"可读作"谗"。

最后，笔者对"巚"字的释字问题谈点看法。该字当分析为从章充（流）

① 曾宪通：《再说"𢎑"符》，《古文字研究》第 25 辑，第 248 页。

② 沈奇石：《上海博物馆藏战国楚竹书（1—9）文字编》，第 183 页；马继：《清华大学藏战国竹简 1—8 文字编》，第 315 页。

③ 白于蓝：《简帛古书通假字大系》，第 635 页。

④ 黄德宽、徐在国：《〈上海博物馆藏战国楚竹书（一）孔子诗论〉释文补正》，《安徽大学学报》2002 年第 2 期，第 3 页。

⑤ 关于"幽侵对转"的问题，参见章太炎：《国故论衡》上卷《小学十篇·成均图》，北京：商务印书馆，2015 年，第 23 页；李新魁：《汉语音韵学》，北京：北京出版社，1986 年，第 341—344 页；施向东：《试论上古音幽宵两部与侵缉谈盍四部的通转》，《天津大学学报》1999 年第 1 期，第 20—25 页。

⑥ 高亨：《古字通假会典》，第 243、262 页；白于蓝：《简帛古书通假字大系》，第 1371 页。

声，循形音义以推考，当释为"璙"。从字形上看，"𪟝"字从"章（墉）"表义，《说文》："墉，城垣也"。《说文》："垣，墙也。从土亘声。𪲔，籀文垣从章。""垣"之籀文亦从"章（墉）"表义。前引楚简中六例"墙"字亦均从"章（墉）"字表义。据此，"𪟝"当与墙垣有关。① 从字音上看，"璙"从"尞"声，上古音"尞"为来母宵部字，"流"为来母幽部字。两字双声，韵部关系密切，音近可通。《玉篇·玉部》："璙，《说文》云'垂玉也，冕饰'。又美金也，亦作镠。"《集韵·萧韵》："镣、镠，《说文》'白金也'。或从翏。"这是异体的例子。《楚辞·惜往日》："临沅湘之玄渊兮，遂自忍而沈流；卒没身而绝名兮，惜壅君之不昭；君无度而弗察兮，使芳草为薮幽；焉舒情而抽信兮，恬死亡而不聊。""昭"与"流"相叶。《墨子·亲士》："是故天地不昭昭，大水不潦潦，大火不燎燎，王德不尧尧者，乃千人之长也。""昭"又与"潦"、"燎"相叶。这是叶韵的例子。《左传》成公十三年："勠力同心。"陆德明《经典释文》："勠力，相承音六，嵇康力幽反，吕静《韵集》与飂同，《字林》音辽。"《庄子·知北游》："油然，漻然，莫不入焉。"陆德明《经典释文》："漻然，音流，李音砾。"这是注音的例子。此外，联绵词"寥落"或作"辽落"、"牢落"，"流落"或作"留落"，② 王念孙指出"'留落'者'牢落'也。……牢字古读若留，故'牢落'通作'留落'，今人言'流落'，义亦相近也"。③ 可见"辽落"亦即"流落"。据此，"充（流）"可以用作"璙"字之声符。从字义上看，《说文》："璙，周垣也。"段玉裁注："谓垣之围帀者也。《西都赋》曰：'缭以周墙，四百余里。'《西京赋》曰：'缭亘绵联。'薛注：'缭亘犹绕了也。'"《广雅·释宫》："璙，垣也。"王念孙疏证："璙之言缭绕也。"《玉篇·土部》："璙，周垣也。"

---

① "垣"字籀文从"章"表义，而《说文》小篆"垣"字则从土表义；前引楚简中六例"墙"字均从"章"字表义，而《玉篇·土部》"墙，疾羊切。垣墙，正作墙"，"墙"则从土表义；前引"城"字从金文到包山简文以及《说文》籀文中亦均从"章"表义，而《说文》小篆"城"字则亦从土表义。这说明"章"字字形过于繁复，用作表义偏旁时会被"土"旁所取代。因此，"𪟝"字所从之"章"旁演变为"璙"字所从之土旁，也是不足为怪的。
② 朱起凤：《辞通》，长春：长春出版社，1982年，第2498—2499页。
③ 王念孙：《读书杂志·汉书第十六·连语》，南京：江苏古籍出版社，2000年，第409—410页。

《集韵·筱韵》："塝，周垣。""塝"之字义与"嶹"字从"章（塘）"表义亦完全吻合。可见，将"嶹"释为"塝"，在形音义三方面都可以讲得通。

　　附记：近日《安徽大学藏战国竹简（一）》（上海：中西书局，2019 年）出版，该书中见有两例"鹑"字作"𩾃"（简 92）、"𩾃"（简 92），一例"淳"作"𣶒"（简 46）。此二字所从之"章"旁的确已经讹变为"章"。此外，该简中还见有三例"墙"字，分别作"𡑞"（简 85）、"𡒄"（简 86）和"𡒄"（简 86）。此三例"墙"字所从显然仍旧是"章"而并未讹变为"章"。这种现象表明，安大简的抄写者的确是将"章"误当为"章"来使用了。笔者认为，即便如此，就整体而言，文字的书写其实更多地体现着一种共性，不能因个别人写错字而将之当作普遍现象，不能据此认为所有的战国楚地学者均已将"章"与"章"二字混用，而且安大简抄手水平不高，常有错字，已为学界通识。

　　〔作者白于蓝，华东师范大学中国文字研究与应用中心教授；作者耿昕，华东师范大学中国文字研究与应用中心博士研究生。上海　200241〕

　　　　　　　　　　　　　　　　　　　　　　　（责任编辑：窦兆锐）

《宋史·周必大传》疏证

王瑞来

摘　要：知人论世，传统正史自是权威，然或囿于编纂之际文献难征，或出自编纂之人识见之偏，列传难以传真完备，而后世刊刻流传，又不免鲁鱼之讹。鉴此，纠谬补缺正为不可或缺之基础研究。今以南宋中期重要政治人物周必大之《宋史》本传为个案，利用传世文献及出土资料溯源辨流，求实补正，由此或可详细窥见正史之生成过程以及缺失之隐幽，亦可揭示各种表象背后之复杂因素。今仿传统之经史注疏，为此作业，既冀略助宋代历史研究之深入，亦为正史补注之稍作尝试。

关键词：周必大　《宋史》　碑志行状　纠谬补缺　史注

引　言

传统治学方式，大多体现于经典注疏传笺之中。《春秋》三传，此其例也。儒学经典之外，复有为史书纠谬补缺者，亦注疏体。为史书作注，不在释语辞，理训诂，而注重辨讹误，补史实，成功之作，古有裴松之《三国志》注。裴注《三国志》，去时代未远，史书史料得寓目者尚多，有史才史识又有心为之，诚非难事。后世注史，暌隔已久，则殊非易事。好在大数据时代，有各种资料库存在，业已摆脱上穷碧落下黄泉般辛苦爬梳之手工操作，文史研究亦犹自农耕时代跃入工业时代。大数据时代已改变工具书之概念，资料检索之便利，让许多种类之索引、辞书丧失存在意义，然带有辨析之资料汇集，数据库之单纯检索、机械反映尚难以取代。此类作业，之于文史研究仍具有基础价值。研治儒学经典，传统作业方式向有注、疏、传、笺等各种形式，且又有特定含义与惯例，诸如唐人便有"疏不破注"之成例。本文则仅借用"疏证"为题，与传统之经书注疏无涉，而系广义之注史，以勘误补缺为主。自我作古，创例为史书疏证。

　　经历南宋高、孝、光、宁四朝之名臣周必大，其生平事迹不仅散见于存世之各种南宋史籍，更集中记载于其子周纶所撰年谱、墓志以及李壁所撰行状、楼钥前后所撰两通神道碑。神道碑与行状直接为宋朝国史所取资，成为其主要来源。将源自宋朝国史之《宋史·周必大传》与上述文献以及周必大文集相比勘，通过追源溯流，可以考察《宋史》本传在编撰过程中之史料取舍，并可发现编撰乃至流传之际所产生之讹误。《宋史》列传如何通过择取公私史料最终形成，亦即国史列传之生成史，则可由《宋史·周必大传》与相关文献比勘之作业获得个案具现。在大数据时代，导入先进技术，运用多种方式，承继传统治学优势，最大限度统合各种史料，辨析真伪正误，为深入研究历史奠定坚实基础，当为今后学术之必由之路。基于此一认识，因作疏证如下。此一疏证，亦为详细补注《宋史》之尝试作业。《周必大传》载于《宋史》卷三九一，本疏证以中华书局 1977 年出版之点校本为底本。

疏　证

　　周必大字子充，一字洪道〔一〕，其先郑州管城人〔二〕。祖诜，宣和中倅庐陵〔三〕，因家焉。父利建，太学博士〔四〕。必大少英特，父死〔五〕，鞠于母家，母亲督课之〔六〕。

【疏证】

〔一〕**周必大字子充一字洪道**　周纶撰《宋故左丞相少傅赠太师益国周公墓志》（以下简称《周公墓志》）载："先公讳必大，字子充，初字洪道。"按，据此可知，"洪道"乃为必大初字，"子充"为后来所改易，非有二字并行。

〔二〕**其先郑州管城人**　楼钥撰《宋故少傅观文殿大学士致仕益国公食邑一万五千六百户食实封五千八百户赠太师谥文忠周公神道碑》（按，此为赵彦逾题盖者，又载《攻媿集》卷九四，以下简称《周公神道前碑》）载："世为郑州管城县人。"又，清欧阳棨刊《周益国文忠公集》所记必大自署里贯均作"东昌"，近年四川大学出版社出版之整理本《周必大全集》亦仍之。按，据《北京图书馆藏中国历代石刻拓本汇编》第四十二册所载《周衍题名》及《周利建等题名》，当为"东里"之误。东里为郑州古地名，《论语·宪问》便有"东里子产润色之"之语。

〔三〕**祖诜宣和中倅庐陵**　楼钥撰《周公神道前碑》："宣和中，祖为吉州通判，因家焉。"楼钥撰《宋故少傅观文殿大学士致仕益国公赠太师谥文忠周公神道碑》（按，此为章良能奉敕书者，《攻媿集》载卷九三，原与前碑同题，四库本易题为《忠文耆德之碑》，并以如下按语说明改动理由："按此标题本与后卷自撰者同在当日，原题应只此六字。"以下简称《周公神道后碑》。前后碑皆同者，合称《周公神道前后碑》）："宣和中，祖通判吉州，因家焉。"周纶撰其父《周必大年谱》则云："建炎二年（1128）戊申，是岁，大父秦公倅庐陵。"检《周益国文忠公集》卷五九《平园续稿》一九《吉州通判厅记》载："（郑临）拓题名记示某曰：公大父秦国公，以宣和七年（1125）春居是官，尝行州事，逾四考乃得代。士民怀德，因请家焉。旧厅载新，是宜为记。"宋制一考为一年，从文中言"逾四考乃得代"可知，必大祖父周诜自宣和七年担任吉州通判，一连在职四年，年谱云"建炎二年戊申，是岁，大父秦公倅庐陵"，盖指在任之后期，而非起始之年。

〔四〕**父利建太学博士**　必大于《周益国文忠公集》卷七二《平园续稿》三二《谭宣义孚先墓志铭》载："昔我先太师秦国公暨我伯父金紫光禄大夫，与君伯父朝奉郎赠中大夫讳观光同登政和八年（1118）进士第。"又于《周益国文忠公集》卷一九《省斋文稿》一九《先太师潭州益阳县清修寺留题记》载："靖康丁未五月一日，高宗皇帝即位改元于南京。八月四日，先太师以前太学博士被旨使荆湖南北路，与提点刑狱官遍行所部会计金谷，事载日历。时年三十有六。"

〔五〕**父死**　周纶撰年谱于建炎三年己酉内载："是岁，车驾在维扬，大父秩满入觐，皇考随侍，薨于扬州。""未一星终，先君即世，先夫人奉大母硕人居吉，于是伯姊生十年，某甫四岁，亡弟岁未周，遭世多艰。"

〔六〕**母亲督课之**　楼钥撰《周公神道前碑》载："外祖给事中靓知平江府。靖康元年（1126），公生于郡治。幼孤，归信州外家，从汴人陈持学。太夫人躬督诵书，率至夜分。十三而太夫人卒。"周纶撰年谱于绍兴八年（1138）戊午载："正月乙巳，皇姚秦国夫人薨。二月壬申，权厝于州北茶山。"《周公神道后碑》载："公幼而孤，十三又遭内艰。"必大于《周益国文忠公集》卷三六《省斋文稿》三六《先夫人王氏墓志》内详述："时某齿少长矣。先夫人躬督诵书，常至夜分，未辨色则以杖警于榻，使卧而覆之。又教以属对赋诗，已而曰：举业非吾习也。为择汴人陈先生，特使从之。先生弟子以百数，先夫人一衣之华，一味之甘，辄命某奉焉。先生叹曰：有母如此，吾忍负之？故教某甚切。其不能有所成者，某质凡也。"按，靖康元年丙午，至绍兴八年戊午，必大恰为年十三。

绍兴二十年，第进士〔一〕，授徽州户曹〔二〕。中博学宏词科〔三〕，教授建康府〔四〕。除太学录〔五〕，召试馆职〔六〕，高宗读其策，曰："掌制手也〔七〕。"守秘书省正字〔八〕。馆职复召试自此始〔九〕。兼国史院编修官〔一〇〕，除监察御史〔一一〕。

【疏证】

〔一〕**绍兴二十年第进士**　按，《周益国文忠公集》卷一〇《省斋文稿》一〇所载《省试策》三道，自注系年明确记为"绍兴二十一年"。周纶所撰年谱于绍兴二十一年辛未内载："是岁，公擢进士第。"检《宋史》卷三〇《高宗纪》，绍兴二十年未曾开科取士，于绍兴二十一年四月内则载："丁亥，赐礼部进士赵逵以下四百四人及第、出身。"周纶所撰《周公墓志》载："绍兴二十一年擢进士第，授徽州司户参军。"陈骙《南宋馆阁录》卷七载："周必大字子充，赵逵榜进士。"据此可知，本传记必大"绍兴二十年，第进士"误。

〔二〕**授徽州户曹**　周纶撰年谱于绍兴二十一年戊午载："是岁，公擢进士第，授左迪功郎、徽州司户参军。"周纶撰年谱载有此后本传阙书履历："绍兴二十二年壬申，是秋，齐述叛，公徙居于吉。冬，权赣州雩都县尉。"按，权赣州雩都县尉之事，行状、神道碑均不载，然必大本人则有记载，《周益国文忠公集》卷二一《省斋文稿》二一载有写于绍兴二十二年之《权雩都尉回交代严县尉第启》。又据周纶撰年谱载："绍兴二十三年癸酉，是岁，公亲迎于平江之昆山。"楼钥撰《周公神道前碑》亦载："娶王氏，监察御史葆之女，封益国夫人。"

〔三〕**中博学宏词科** 应博学宏词科之前，必大初次遭遇仕途之重大挫折，本传略而未书。周纶撰年谱于绍兴二十六年丙子载："正月庚戌，子纶生。六月己亥晦，北邻王运属家火，延烧数十家。公坐是去官。时外舅王公守广德，公挈家过之，因少留。"李壁所撰周必大行状详载此事："登绍兴二十一年进士第，授徽州司户参军，改差监行在和剂局门。与运属王其姓者共席屋数椽，王不戒于火，延烧及公家。官知火自王氏，以其连姻台察不敢问，执公苍头，抑使伏辜，公坐是免去。朝士劝公直之，公不校也。"必大于《周益国文忠公集》卷一五《省斋文稿》一五《跋初寮王左丞赠曾祖诗及竹林泉赋》自述："绍兴丙子，抱关京局，又毁于火。恫伤乃心，寤寐弗敢忘。"此外，必大更于《词科旧稿自序》详载此事："绍兴丙子四月，予任行在和剂局门官，适乳媪姚氏病甚，问占黑象，其繇云：药不蠲疴，财伤官磨。困于六月，盍祈安和？此人数为予画卦影，多验。五月旦，姚媪果没，深以六月为忧。迨晦日，同僚举酒相庆，而是夕焚庐之祸作。初所居在漾沙坑，与运属王某共席屋数椽，动息相闻。王夜醉奏圉，其婢插纸灯于壁，火燃而走，延烧首及予家。老幼已熟寝，比惊悟，小儿方在襁褓，仅能挈之以逃，生计一空。其实被焚才数十室，而周枢密茂振麟之为著作佐郎，亦与焉。其从叔方崇执法殿中，而冯舜韶为监察御史，宰相欲媚方崇，张大其事，以为茂振地，自三省、枢密院至三衙皆致银绢，未阅月迁著作郎，随擢起居舍人。时临安帅韩尚书仲通知火自王氏，以其为冯舜韶妻弟，不敢问，执予小童，抑使伏辜。于是三省勘会，周某系见任官，不能谨防火烛，致延烧民居，理宜惩戒，有旨放罢。朝士多劝予讼冤，力既不敌，又卦影明言财伤官磨，岂复尤人？"翌年，必大应博学宏词科高中。李心传《建炎以来系年要录》卷一七六绍兴二十七年二月丁未条载："礼部贡院奏，应博学宏词科左迪功郎周必大合格，诏堂除建康府府学教授。"堂除者，乃不经吏部铨选，径由宰相任命。周纶撰年谱于绍兴二十七年丁丑内载："是岁，公中博学宏词科，差充建康府府学教授，循左修职郎。"年谱尚录制词："敕：左迪功郎、新差充建康府府学教授周必大：国家自绍圣以来，设词学一科，搜取异能之士。行之既久，所得为多。肆朕中兴，斯文益振。今试于春官者数十辈，而尔以粹文独与斯选。拔尤若此，升秩匪褒。姑游泮宫，以俟甄擢。可特授左修职郎，差遣如故。"制词注有草制者："周麟之行。"检周麟之《海陵集》，制词载卷一五。

〔四〕**教授建康府**　周纶撰年谱于绍兴二十八年戊寅内载："二月癸巳到任。"宋周应合《景定建康志》卷二八《儒学志》一所载稍详："周必大，修职郎，绍兴二十八年二月初二日到任，三十年二月十四日除太学录。"按，《景定建康志》所记到任日期与年谱正相合。

〔五〕**除太学录**　周纶撰年谱于绍兴三十年庚辰内载："二月癸酉，除太学录。"年谱尚录有叶谦亨所行制词："左修职郎周必大，右可特授依前左修职郎、太学录，填见阙。敕：左文林郎蒋芾等，朕恢复学校，崇重师儒，惟采择之加详，故除授之不数。以尔芾问学渊源甲科之选，其谈经师席，以迪多士。以尔必大藻思骏发，词学之英。其录于学事，以肃规矩。夫科目，名也；职业，实也。朕既以名取之，必试之以事，庶考尔之实焉。尚勉之哉。可依前件。"年谱亦于是年记载到任日期以及寄禄官升迁："四月庚戌供职，六月循左文林郎。"按，年谱所记除太学录之"二月癸酉"，与前引《景定建康志》所记"二月十四日"不合。二月十四日乃为二月癸亥，癸酉为二十四日。盖为误记后干支推算之误。又，《建炎以来系年要录》卷一八四记在绍兴三十年二月庚申条内。庚申为十一日，亦不确。

〔六〕**召试馆职**　周纶撰年谱于绍兴三十年庚辰内载："九月丁丑，公召试馆职。戊戌，入和宁门，赴学士院试策。"按，必大《周益国文忠公集》卷一一一《省斋文稿》一一《试馆职策》前录有公文："近准尚书省札子，三省同奉圣旨，周某、程大昌并召试馆职，札送院者。本院已选定今月二十四日早引试，今撰到策题一道，谨录呈进，如得允当，乞速批降付学士院施行。奉御宝批依。"其后注云："绍兴庚辰九月。"据此，年谱所记日期似有误。绍兴三十年九月丙子朔，戊戌当为二十三日，非公文所记"二十四日"。

〔七〕**高宗读其策曰掌制手也**　楼钥撰《周公神道前碑》载："高宗称奏篇，谓他日可掌制。"《周公神道后碑》亦载："高宗见奏篇，曰：他日可掌制。"李壁撰行状载："奏篇上，高宗称其文，谕丞相云：他日可令掌制。"《周益国文忠公集》卷一一《省斋文稿》——除必大《试馆职策》外，尚录有翰林学士洪遵所撰策题："祖宗以三馆育天下之英才，推择之重，视汉之藏室、唐之瀛洲为不足道，故必阅视其人，然后命之。则有事于此者，非但若场屋进士以为取科级而已。今天下之事多矣，而其大者三焉：曰兵，曰吏，曰财。兵自比年狃于无事，阅习之不以时，豢养之不以道。将姑息而不变与？则懈弛因循，不足以致一日之用。议者或欲汰癃弱，革滥冒，作而新之，则张皇纷更之虞在所虑。吏员猥并，文武官在选过二千辈，率以三人守一官而不足。置之而不问与？则淹滞失职，非所以待四方之士。议者或欲裁任子，柅流品，改而张之，则少恩变古之讥在所恤。岁入有限，调度日增，有司供亿之不支，民力困匮而无已。一意于爱民与？则养兵赡国，不足以为卒岁之计。议者或欲谨逋敛、严征榷以济之，则竭泽无鱼之忧在所先。此皆今日之急务，吾君为之寝而不寐。当馈而叹，亦学士大夫所宜有献也。愿闻至当之说，将以复于上。"

〔八〕**守秘书省正字** 周纶撰年谱于绍兴三十年庚辰内载："（九月）癸卯，除秘书省正字。"年谱尚录有杨邦弼所行制词："左文林郎行太学录周必大等，特授依前左文林郎、秘书省正字。敕左文林郎、行太学录周必大等，兰台图书之府，英俊是储。然预游其间者，必试之而后用。朕所以遵祖宗之训也。以尔必大文词之伟，早掇异科。尔大昌问学之优，有声庠校，兹命策之翰苑，酬对可观，并辍成均之联，往正中秘之籍。益思涵养，以俟简求。可依前件。"陈骙《南宋馆阁录》卷八于"正字"内载："周必大（绍兴）三十年十月除。"按，据上述年谱，必大除正字当在九月。又，《建炎以来系年要录》卷一八六于绍兴三十年九月载："壬寅，太学录周必大、太学正程大昌并为秘书省正字，以学士院召试合格也。馆职复故事召试自此始。上览必大策，大善之，谕辅臣：他日当令掌制。"《要录》所记早年谱一日。

〔九〕**馆职复召试自此始** 必大于《周益国文忠公集》卷一八〇《杂著述》一八《二老堂杂志·馆职召试》载："绍兴己卯，谏官何溥请馆职学官皆试而后除。学官固不容试，馆职人亦以为惮，遂碍进拟。久之，王十朋始以大魁直除校书郎不试。未几，阙员浸多，遂召刘仪凤、朱熙载。既而二人皆辞改他官，复召予与程大昌试。"

〔一〇〕**兼国史院编修官** 李壁撰行状载："明年，兼国史院编修官。"楼钥撰
《周公神道前碑》载："三十一年，改左宣教郎、兼权国史院编修官。"
《周公神道后碑》亦载："除秘书省正字，次年改左宣教郎、兼权国史院
编修官。"周纶撰年谱于绍兴三十一年辛巳内所记除授时间稍详："四月
庚午，改授左宣教郎。十月丁亥，兼国史院编修官。"

〔一一〕**除监察御史** 陈骙《南宋馆阁录》卷八于"正字"内载："周必大（绍
兴）三十二年五月为监察御史。"对此，《周益国文忠公集》卷一四《省
斋文稿》一四《御笔千字文跋》有必大自述："壬午夏，察官陈良祐引执
政汪澈荐举之嫌，出台为郎。五月，御笔除臣监察御史。"周纶撰年谱于
绍兴三十二年壬午内载："五月庚子，除监察御史。"年谱尚录有唐文若
所行制词："敕：左宣教郎、秘书省正字、兼权国史院编修官周必大：朕
招选时髦，储之册府，以须不次之用，盖亦居久而后察也。尔华赡之文，
灿于给札；笃实之论，具于奏篇。斯固察识之矣。擢居宪府，助朕耳目，
孰曰不宜？汝其雍容台评，茂著贤业，其日新于誉处，式务称于所蒙。
可特授依前左宣教郎，守监察御史。"依惯例，必大对此除授上奏辞免。
《周益国文忠公集》卷一二二《历官表奏》载有《辞免察官奏状》，且于
奏状后注有朝廷回覆："五月五日，三省同奉圣旨不允。"按，五月五日
为任命之次日。《建炎以来系年要录》卷一九九亦于绍兴三十二年五月庚
子条载："秘书省正字兼国史院编修官周必大守监察御史。"

孝宗践祚，除起居郎〔一〕。直前奏事，上曰："朕旧见卿文，其以近作进〔二〕。"
上初御经筵，必大奏："经筵非为分章析句，欲从容访问，裨圣德，究治体〔三〕。"
先是，左右史久不除，并记注壅积，必大请言动必书，兼修月进〔四〕。乃命必大
兼编类圣政所详定官〔五〕，又兼权中书舍人〔六〕。侍经筵，尝论边事，上以蜀为
忧，对曰："蜀民久困，愿诏抚谕，事定宜宽其赋〔七〕。"应诏上十事，皆切时弊〔八〕。

【疏证】

〔一〕**孝宗践祚除起居郎** 周纶撰年谱于绍兴三十二年壬午内载："六月，孝宗即

位。七月己酉，皇帝亲祼太庙，摄光禄丞行事。壬戌，覃恩转左奉议郎。八月戊寅，皇帝诣德寿宫，奏上太上皇帝、太上皇后尊号册宝。奉敕举太上皇后尊号宝行事。丁亥，除起居郎。"年谱尚载有唐文若所行制词："敕：左奉议郎守监察御史周必大：典谟不作，惟勋华授受之心，与夫一时赓歌出治之道，世果得而传耶？国家继继承承，赫然若前日事，固足以上追千载而无惭。予惟夙夜祗惕，以无忘元首股肱之戒，实自兹始。尔高词懿学，拔自名场。兹副简求，冠于螭陛。言动之记，汝得以亲承；论思之职，汝得以参与。稽古在昔，二美斯存。尚勉猷为，以光述作。可特授依前左奉议郎，试起居郎。"《周益国文忠公集》卷一二二《历官表奏》载有必大《辞免起居郎奏状》，内云："左奉议郎、监察御史臣周某状奏：右臣今月二十三日准尚书省札子，三省同奉圣旨，除臣起居郎，日下供职者。"朝廷回覆亦见于奏状后自注："八月二十四日，三省同奉圣旨不允。"按，二十三日正为年谱所记"丁亥"。

〔二〕**直前奏事上曰朕旧见卿文其以近作进** 李壁撰行状载："直前奏事，上曰：朕数年前见卿文，有近作可多进来。"楼钥撰《周公神道前碑》载："直前奏事，上曰：朕旧见卿文，有近作进来。此眷注之始也。"《周公神道后碑》亦载："直前奏事，上曰：朕旧见卿文，可进近作。"

〔三〕**上初御经筵必大奏经筵非为分章析句欲从容访问裨圣德究治体** 李壁撰行状载："属初御经筵，公奏：祖宗置经筵非为分章析句，正欲人主从容访问，以裨圣德，究治体，惟陛下留意。"楼钥撰《周公神道前碑》载："侍立讲筵，奏：劝讲非为分章析句，正欲从容访问，以裨圣聪，究治体。"

〔四〕**先是左右史久不除并记注壅积必大请言动必书兼修月进** 楼钥撰《周公神道前碑》载："又奏比岁史官不备，故记注多阙。欲先自六月十一日修纂，前未备者并修之。"此事《周公神道后碑》不载。李壁撰行状则详载此事："先是，左右史不常置，而记注多阙书，公奏：乞断自今年六月十一日以后，先次修纂，每月投进，其积压未修者依旧疾速带修，庶几陛下始初清明，言动必书，足以示后。"按，孝宗六月十日乙亥即位，十一日乃即位之次日。检《周益国文忠公集》卷一五三《承明集》一载有必大亲撰《起居注稿》两篇，是为宋朝起居注之宝贵遗存。

〔五〕**乃命必大兼编类圣政所详定官**　李壁撰行状载："兼编类圣政，以正得失。"楼钥撰《周公神道前碑》载："兼编类圣政所详定官。"对此，周纶撰年谱于绍兴三十二年壬午内所记稍详："九月丁未，兼编类圣政所详定官。"

〔六〕**又兼权中书舍人**　李壁撰行状载："时暂权给事中，兼权中书舍人。"楼钥撰《周公神道前后碑》所记同。此事周纶撰年谱于绍兴三十二年壬午内所记稍详："（九月）丁巳，兼权中书舍人，又时暂兼权给事中。"按，以上仕履，必大于《周益国文忠公集》卷一六五《杂著述》三《归庐陵日记》回顾："绍兴壬午，寿皇初政，予自御史擢起居郎，兼权中书舍人、圣政所详定官。"

〔七〕**侍经筵尝论边事上以蜀为忧对曰蜀民久困愿诏抚谕事定宜宽其赋**　李壁撰行状载："讲筵留身，论边事，上曰：淮南不足忧，所忧者蜀耳。公奏：蜀民久困征求，愿降诏抚谕，许以事定宽其力。"楼钥撰《周公神道前碑》载："尝论边事，上以蜀为忧，对曰：蜀民久困征求，愿降诏抚谕，许以事定宽其力。"按，此事《周公神道后碑》不载。

〔八〕**应诏上十事皆切时弊**　楼钥撰《周公神道前碑》载："应诏条上十事，皆切中时病。其一严铨试之法。又奏群臣六参，除朔望过宫外，勿改旧制。至今行之。"《周公神道后碑》所载略同，按，此事李壁撰行状不载。

　　权给事中，缴驳不辟权幸〔一〕。翟婉容位官吏转行碍止法，争之力〔二〕，上曰："意卿止能文，不谓刚正如此〔三〕。"金索讲和时旧礼，必大条奏，请正敌国之名，金为之屈〔四〕。

【疏证】

〔一〕**权给事中缴驳不辟权幸**　楼钥撰《周公神道后碑》载："有未便者不惮极论，上亟奖叹。公亦曰：陛下有纳谏之资，故臣辈各思自竭。"

〔二〕**翟婉容位官吏转行碍止法争之力**　李壁撰行状载："婉容翟氏位官吏转行有碍止法者，公言：上皇扈从之赏，陛下登极之恩，事体至重，然法当回授者未尝转行，岂容掖廷奉事之人独越此例?"楼钥撰《周公神道前后碑》仅记"论翟婉容位官吏转行碍止法事"，所详不及行状。

〔三〕**上曰意卿止能文不谓刚正如此**　李壁撰行状所载关联事项颇详："上曰：朕初以卿止能文，不谓刚正如此。公奏：近日前报政侍从，并依敕复职名，其间亦有不合人望当缴者。上曰：固然，卿论事但令适中，朕无不从也。崇国王夫人位手分罢去，差钱塘县贴书填其阙，公奏：四方闻知，谓敕差贴书，无乃伤国体乎？蔡仍复官，公具奏：蔡下阴贼险狠，远出京右，使其子得以赦原，丞籥郎选，则宿奸巨蠹之后，皆可并缘以进，失政刑矣。有诏求言，公奏：名器轻假，无甚此时。陛下试命有司，取毕仲衍《中书备对》，以熙宁官吏之数校今日之籍，逐项比类，修写成图，则多寡盖可见矣。又云：祖宗朝甚重诸路总管、钤辖、将、副将差遣，或待有功之士，或储将帅之才。乞下枢密院，自今进拟，先取本人脚色联粘于敕黄之前，照祖宗旧法，毋使背戾。虽有内降，亦须依此。又云：朝廷知外虞之当先，而忘诸道之无备，愿于湖南、二广、福建量屯军马数百，控扼要害。遴诸州都监之选，而稍重其权，使禁军渐知阶级。"楼钥撰《周公神道前碑》载："上曰：初谓卿止能文，不谓刚正如此。公奏：前宰执、侍从依敕复职，亦有不合人望，当缴奏者。上曰：固然。卿论事但令适中，朕无不从也。"楼钥撰《周公神道后碑》载："上曰：初止谓卿能文，不谓刚正如此。此其被眷注之始也。"《周益国文忠公集》卷四六《跋金给事彦亨文稿》必大自述细节云："甫至榻前，上迎劳云，朕初止谓卿能文，适金安节说卿欲论婉容位转行碍止法事，不谓卿刚方如此，可便进文字来。"

〔四〕**金索讲和时旧礼必大条奏请正敌国之名金为之屈**　按，此事宋人刘时举《续宋中兴编年资治通鉴》卷八、《宋史全文》卷二三下均记在绍兴三十二年七月，《宋史》卷三三《孝宗纪》记在九月庚子，与必大《周益国文忠公集》卷一三四《奏议》所载《同翰苑给舍议北事状》云"准绍兴三十二年九月七日尚书省札子节文，九月七日，三省枢密院同奉圣旨，敌人来索旧礼，及中原归正之人源源不绝，宜各以己见指陈定论者"为同日。当以九月为是，"七月"或为"七日"之讹。李壁撰行状所载此事颇详："时金人来索旧礼，上命从臣条对，公奏：太上皇向以佑陵未卜、慈宁未还，一旦以讲好之故，宁亲宁神，两遂所欲，礼虽屈而志则伸矣。今彼以数寸之檄邀我厚礼，而遽听之，安知不谓我怯而继以难从之请乎？今使之行，臣愿再以敌国之礼尝之。彼纳吾使，吾又何求？如必俟旧而后受，则告之曰：太上皇帝前日之屈为亲也，今通好于用兵之后，主上欲以何名而屈，北朝欲以何名而受？愿以为请。彼虽贪利无厌，亦将思所处矣。论者韪之。"楼钥撰《周公神道前碑》亦载："金人来邀旧礼，诏从臣指陈定论。公率同列奏：向者佑陵未卜，慈宁未返，以讲好之故，宁亲宁神，两遂所欲，礼虽屈而志则伸。今而遽许之，必谓我怯，将有难塞之请。使者之行，当再用邻国之礼。彼或有辞，则告以通好于用兵之后，以何名而屈，以何名而受耶？"必大与翰林承旨洪遵、给事中金安节、中书舍人唐文若四人同上《翰苑给舍议北事状》云："右臣等窃度今日之势，非惟中国利在速和，而虏意未尝不欲和也。前日使者先至，近者书词虽嫚，而卒章寔致志焉，情状略可见矣。然又惧我测其实而有轻彼之心也，故倡为大言，邀索旧礼。吾若直情径行，而不示以开纳之意，则边备未固，国用方匮，亟与之战，能无殆乎？若因其咫尺之书，遽为之屈，安知不乘我之怯，继以难从之请？不与是废前功也，与之尚何以为国？故臣等以为莫若折衷斯二者，而婉辞以应之，使彼有以借口，而吾可以纾难，其庶几乎？昔庆历中，契丹挟西夏之扰，无故而请地请婚，其求非不大也，仁宗一再遣使，稍增岁币遂已。为今之计，谓宜效此。遣使若有定论，则书辞未当遽屈，而使指可以密授，或许岁遗金缯如前日之数，或许稍归侵地如海、泗之类。使彼无意于和，则虽用旧礼何益？或有意也，得此亦可以借口而来议矣。使介往复，动涉数月。吾于其间，汲汲然以内修外攘为事。他日以战则克，以和则固，此上策也。若夫归正之人，招之非计也，拒之不能也。惟申谕边帅，继自今勿以赏格诱之斯可矣。迂阔之言，未敢以为至当也。惟陛下择焉。谨录奏闻，伏候敕旨。"按，此事当时意见纷纭。《续宋中兴编年资治通鉴》卷八所录吕中评论云："此壬午应敌之议也。名曰应敌，实则议和。戊午之议和之已定也，壬午之议和之未定也。秦桧外则交敌，内则要君。其议已定于三日思虑之时，既定而犹议之，是特欲塞众人之口耳。今敌方索故疆、取旧人、争旧礼，其从与否未决也。然和议已定之时，上自宰执，下至有司，外至诸将，皆争言其不可。是当时人伦尚明，人心尚正也。今和议犹未定，此正诸公陈大义之秋也。而洪迈（瑞来按，当为洪遵之误）、金安节、唐文若、周必大共为一议，张震自为一议，张阐自为一议，陈良翰自为一议，言和者多，言不可和者少。岂非士大夫为桧所蛊，其议论反不如前日之正也？《春秋》许九世复仇，而再世遽不问乎？今不过论礼之轻重，地之取予，币之多寡，以为和议之成与否，而君父不共戴天之仇则置而不问也。惟张震、张阐之论近正，而宰执独无表章以听，谓和之自我耳。史浩立备守之说，不过迁延以就和耳。此张浚之志所以不获伸也。"吕中视必大等人意见为主和，有所批评。此乃当时舆论，非如行状所云"论者题之"。盖与此一因素有关，楼钥后来再度撰写之《周公神道碑》，于此事不置一词。

曾觌、龙大渊得幸，台谏交弹之，并迁知阁门事，必大与金安节不书黄〔一〕，且奏曰："陛下于政府侍从，欲罢则罢，欲贬则贬，独于二人委曲迁就，恐人言纷纷未止也〔二〕。"明日宣手诏，谓："给舍为人鼓扇，太上时小事，安敢尔！"必大入谢曰："审尔，则是臣不以事太上者事陛下。"退待罪〔三〕，上曰："朕知卿举职，但欲破朋党、明纪纲耳〔四〕。"旬日，申前命，必大格不行，遂请祠去〔五〕。

【疏证】

〔一〕**曾觌龙大渊得幸台谏交弹之并迁知阁门事必大与金安节不书黄**　《宋史》卷三三《孝宗纪》于隆兴元年（1163）三月载此事："甲寅，复以龙大渊知阁门事，曾觌同知阁门事，给事中、中书舍人留黄不行。"金安节时任给事中，必大为中书舍人。周纶撰年谱于隆兴元年癸未内载："三月甲辰，同金给事安节缴龙大渊、曾觌除知阁指挥。戊午入奏，以迁祔乞祠主管台州崇道观。"楼钥撰《周公神道后碑》载："龙大渊、曾觌除知阁门事，公与给事中金公安节同奏：大渊罢副都承旨，觌罢带御器械，俱为知阁。若以攀附旧恩，尚有可诿。正以搢绅指目，台谏有言，外议方喧，而除命遽加，非舍己从人之义。有旨：罢剧就闲，已允公论，尚兹回缴，可特依奏。既而再除，公曰：前已反汗，今复申命，岂复但已！格除目不下。"按，此事与时相史浩之关联背景，宋胡矩修、方万里纂《宝庆四明志》卷九有所透露："先是，龙大渊、曾觌积怒于（史）浩，金安节、周必大又缴其知阁门事词头，二人皆浩所荐，大渊、觌愈憾，浩以情告。"

〔二〕**且奏曰陛下于政府侍从欲罢则罢欲贬则贬独于二人委曲迁就恐人言纷纷未**
止也 按，此为必大与金安节《缴驳龙大渊曾觌差遣状》之节略，奏状载
于《周益国文忠公集》卷九九《掖垣类稿》六，全文如下："准中书门下省
送到录黄一道，龙大渊除知阁门事、曾觌权知阁门事，令臣等书读者。右，
臣等闻，舜之称尧有曰：稽于众，舍己从人。夫尧以如神之智，其臣莫及，
彼众人区区之见，岂能裨赞万一哉？然帝终不咈百姓，以从己欲，是乃所
以为圣也。圣人于己欲尚且能舍，而况进退小臣，岂系轻重，何必咈谏争
之忠言，违天下之公议乎？臣等于大渊、觌功过能否初不详知，但见搢绅
士民指目者多，又闻台谏相继有言，臣等亦不知其所劾何事也。今大渊罢
副都承旨。觌罢带御器械，并以阁门处之，论职事则或舍剧而就闲，论班
次则皆迁矣。向使二人不因纷纷摧置此地，尚有可诿曰恩也。顾外议方喧
而除命遽加，论者必谓陛下自即位以来，凡台谏有所弹奏，虽两府如叶义
问，大将如成闵，以至侍从要官，欲罢则罢，欲贬则贬，一付公论，略无
适莫，独于二人乃为之迁就讳避，殆非帝尧稽于众、舍己从人之义也。臣
等若奉明诏，则臣等负中外之谤。大臣若不开陈，则大臣来中外之责。陛
下若不俯从，则恐中外纷纷未止也。况二人者，攀附惟旧，过此以往，事
君之日甚长，倘其谨畏有加，何患身不富贵？今若轻犯众怒，不少退听，
是陛下将欲爱之，适所以害之，非计也。所有录黄，臣等未敢书读，谨随
状缴进以闻，伏候敕旨。"按，奏状自注所上日期为"三月十三日"，与年
谱所记甲辰同。

〔三〕**明日宣手诏谓给舍为人鼓扇太上时小事安敢尔必大入谢曰审尔则是臣不以**
事太上者事陛下退待罪 李壁撰行状所载颇详："翌日，公又奏入云：适蒙
宰相宣示御札，谓臣等为人扇动，议论群起，且以在太上时小事不敢如此，
则是臣等不以事太上皇帝者事陛下，专徇流俗，轻渎圣明，死有余责。臣
等见归家待罪。有旨无罪可待。"按，待罪状载于《周益国文忠公集》卷九
九《掖垣类稿》六，为三月十四日之《同金给事待罪状》及十八日《再同给
事乞罢黜状》，并分别自注有朝廷回覆。前状为："三月十五日，三省同奉圣
旨，不允，无罪可待。"后状为："三月十八日，三省同奉圣旨，不允。"

〔四〕**上曰朕知卿举职但欲破朋党明纪纲耳** 李壁撰行状载："上从容语公曰：朕

察卿务举职，但朕欲破朋党、振纪纲耳。"

〔五〕**旬日申前命必大格不行遂请祠去** 李壁撰行状载："未几二相道上意，再除两知阁，公曰：命令反复尤不可。遂留除命不下，上章乞祠，差主管台州崇道观。"楼钥撰《周公神道前碑》亦载："公曰：前已反汗，今复申命，岂敢但已！格除目不下。右揆以闻，越三日不获命，以信州迁奉请祠，两任主管台州崇道观。"按，《周益国文忠公集》卷一二二《历官表奏》载有《乞宫观奏状》，状后自注有朝廷回覆："三月二十八日，三省同奉圣旨，依所乞差主管台州崇道观，任便居住。"实际离开临安，据《周益国文忠公集》卷一六四《龙飞录》所记，已至四月，"四月壬戌，奉祠出都"。而《周益国文忠公集》卷一六五《归庐陵日记》于此一事件在时间与细节上所记尤详："三月甲辰，晴。同金给事彦亨缴驳龙大渊、曾觌除知阁指挥。近台谏交章论列二人怙宠妄作，既而止罢大渊副都承旨，而觌自带御器械，并有此迁。又中书舍人张真甫之出，颇涉大渊。外议纷然，故论之。乙巳，二相呼召都堂，宣示御札，大略谓，给舍论大渊等，盖为人鼓惑，议论群起。在太上时小事，岂敢如此？同彦亨归家待罪。丁巳，被旨，无罪可待。己酉，再同彦亨入奏，乞罢。庚戌，再被旨不允，仍令宰执谕旨，早参假。壬子，同彦亨参假，讲筵留身谢。上曰：朕察卿务举职，但朕欲破朋党，振纪纲耳。卿第安心。甲寅，二相道上意，已再除两知阁，且云给舍想已无他。予曰：前降指挥，大渊别与差遣，觌依旧带御器械。今据申命，岂敢但已？遂留除命不下。乙卯，在揆奏后省不书二知阁录黄，上令龙大渊与在京宫观。既批旨，御笔令且止。丙辰，三省再奏龙大渊既未与宫观，欲且用朝命止差权阁门，凡百与正除无异，但不繇后省尔。上再三不可，云且待。戊午，常朝退，欲就讲筵纳札子乞祠，会有旨权住讲，遂入奏。己未，御批，依所乞，三省拟职名以进。御批，更不除职名，龙大渊改干办皇城司。庚申，受敕，主管台州崇道观，以状申尚书省，乞免谢辞。四月朔辛酉，辎重登舟。壬戌出暗门，寓宝成寺。予以庚辰岁三月二十八日到阙，今以是日离后省，四月二日供职太学，今以是日出门，适三年矣。"

久之，差知南剑州〔一〕，改提点福建刑狱〔二〕。入对〔三〕，愿诏中外举文武之才，区别所长为一籍，藏禁中，备缓急之用〔四〕。除秘书少监、兼直学士院〔五〕，兼领史职〔六〕。郑闻草必大制，上改窜其末，引汉宣帝事。必大因奏曰："陛下取汉宣帝之言，亲制赞书，明示好恶。臣观西汉所谓社稷臣，乃鄙朴之周勃，少文之汲黯，不学之霍光。至于公孙弘、蔡义、韦贤，号曰儒者，而持禄保位，故宣帝谓俗儒不达时宜。使宣帝知真儒，何至杂伯哉？愿平心察之，不可有轻儒名〔七〕。"上喜其精洽，欲与之日夕论文〔八〕。

【疏证】

〔一〕**久之差知南剑州**　据周纶撰年谱，必大自隆兴元年两任主管台州崇道观，至乾道四年（1168），方除权发遣南剑州。担任祠禄官已达六年，故曰"久之"，其间磨勘转左朝奉郎。李壁撰行状载："乾道四年，除权发遣南剑州，未赴。"楼钥所撰《周公神道前后碑》同。虽未赴，然必大署衔已使用此一官职。如《周益国文忠公集》卷二八《省斋文稿》二八《静晖堂记》末即署："五年十月十四日，左朝奉郎、新权发遣南剑州军州事周某记并书。"按，由周必大之经历可见，宋代官员之自署，亦有待阙差遣与赴任差遣之别，治史者须当留意辨析。

〔二〕**改提点福建刑狱**　楼钥所撰《周公神道前碑》载："六年，改福建路提点刑狱公事。"周纶撰年谱于乾道六年庚寅内载："是岁，南剑阙到，当奏事。四月丁亥，舟发永和。戊戌，至丰城。己亥，得省札改除闽宪。五月己亥，抵昆山。六月丁丑，祗受告命。"据此可知，未赴知南剑州之原因系尚无空阙。任命两年后之乾道六年终于有阙可以赴任。然赴任途中，又改任福建路提点刑狱公事。所替知南剑州为何人之阙及何以途中改任福建路提点刑狱公事，事实由必大奏札可以窥见。《周益国文忠公集》卷一二二《历官表奏》所载三月二十一日《乞未赴南剑申省札子》云："左朝奉郎、新权发遣南剑州周某札子，昨准往差权发遣南剑州替王冈，待阙已及二年，依近制合赴行在奏事。缘某旧有心气之疾，近来发歇不常，触事愦忘。见往他处寻访医药，若不自度，勉强前去，不惟到阙之日，定失朝仪，亦虑临民之际，决致瘝旷。欲望朝廷特与敷奏，改授祠庙差遣，或许改替已差下人刘敏求。庶几他日所患瘳平，尚能效犬马之力。伏候指挥。"对此，朝廷答复亦见于札子之末："三省勘会巳降指挥，除福建路提刑，填见阙。今札付新除福建路提点刑狱公事周朝奉，遵巳降指挥，疾速前来奏事讫，前去之任。准此。"年谱录有王梱所行制词："敕：左朝奉郎、权发遣南剑州军州、主管学事兼管内劝农事周必大：朕分遣使轺，敷求民瘼。谓与其试材于疏远埋微之士，则孰若借重于践扬望实之人。兹遒原隰之行，乃得丝纶之旧。将令远俗，识我近臣。尔文捈春华，学推武库。蜚声场屋，两枝仙桂之相高；寓直禁林，三峡词源之争骛。自厌承明之直，久嗟太史之留。兹俾按于祥刑，姑少观于儒效。其谨六条之察，俾无庶狱之冤。仡讫外庸，嗣膺殊渥。可特授依前左朝奉郎、权发遣福建路提点刑狱公事、兼本路劝农提举河渠公事，填现阙，仍借绯。"对于此一任命，五月十五日，必大以"福建"之"建"犯其父"利建"讳而上奏推辞。《周益国文忠公集》卷一二二《历官表奏》所载《乞避私讳申省札子》云："左朝奉郎周某准尚书省札子，三月二十五日，三省同奉圣旨，除某福建路提点刑狱公事，填见阙。伏念某去国八年，复叨委使，感戴上恩，岂应辞避？但某父名利建，建与本路名号相犯。既非所嫌之字，即与偏讳不同。兼某近以心气旧疾时复发作，方辞典郡，敢冒察刑？欲望朝廷检会前札及今来乞避私讳事理，特与敷奏，畀以祠禄，或改授一待阙差遣，庶几愚分得以少安。缘再准省札，令疾速前来奏事讫，前去之任，不敢稽违朝命，见迤逦至前路，听候指挥。"对此，朝廷答复："吏部供到检准《绍兴令》，诸府号官称犯父祖嫌名及二名偏犯者皆不避。勘会本官父名利建，即系二名偏犯，依条不合回避申闻事。右札付新除福建路提点刑狱公事周朝奉，遵巳依札下事理，疾速奏事讫，前去之任。准此。"

〔三〕**入对** 周纶撰年谱乾道六年庚寅内载："是日（六月丁丑），入北关门。七月壬辰，入和宁门，对于后殿。"周纶记述当源自周必大本人之《奏事录》两处记载："（六月）丁丑，早祗受告命，寻抵临安闸。饭后入北关门，权寓普惠院。""（七月）壬辰，平明入和宁门，对于后殿。"《奏事录》收录于《周益国文忠公集》卷一七〇。

〔四〕**愿诏中外举文武之才区别所长为一籍藏禁中备缓急之用** 李壁撰行状载："入对，论：人才平居选择则易，缓急求之实难，愿深诏执事杂举中外文武之才，区别所能，总为一籍，藏之禁中，副在二府，无事之日预加审核，或有任使，按图而取。上然之。"

〔五〕**除秘书少监兼直学士院**　何异《宋中兴学士院题名》载："周必大乾道六年七月以新福建路提点刑狱公事除秘书少监兼权直院。"陈骙《南宋馆阁录》卷七亦于秘书少监"乾道以后六人"下载："（周必大）六年七月除。"楼钥所撰《周公神道前碑》载："执政奏拟秘书少监，上可之，仍令兼直学士院。"周纶撰年谱于乾道六年庚寅内载："（七月）丙申，除秘书少监兼直学士院。"年谱录有郑闻所行制词："敕：左朝奉郎周必大：士之致远，器识为先。古有格言，朕尝三复。故虽以科目取士，而不专以文艺用也。尔以儒术第进士，奋词业，应为时用，常显于朝矣。比观入对，益知涵养。兹释宪台之寄，俾从道山之游。峻直鉴坡，职清地邃。维少令参太史之事，庶资直谅；而北门当视草之任，正繄才华。若夫是古而非今，矜名以眩实，如俗儒所为者，朕实鄙之。宜知所趋，以对休命。可特授依前左朝奉郎、试秘书少监兼权直学士院。"《周益国文忠公集》卷一二二《历官表奏》载有必大《辞免秘书少监兼权直学士院奏状》："左朝奉郎、新权发遣福建路提点刑狱公事臣周某状奏，右臣今月十八日准尚书省札子，三省同奉圣旨，除臣秘书少监兼权直学士院者。冒膺兼组，增震孤衷。窃以贰职仙蓬，摄官禁苑，俱为清选，专用名儒。伏念臣早误圣知，中归农亩。八岁倾心于天日，一朝稽首于轩墀。辱临遣之温言，将遄驱于暑路。忽叨政命，大过初心。惟旧学之素迁，加比年之病忘。虽厚恩未报，讵敢忘魏阙之存？然薄技无堪，恐难寓禁林之直。固有令行而或反，仰祈人欲之曲从。所有上件恩命，臣未敢祗受，谨录奏闻，伏候敕旨。"对此，朝廷答复："七月二十三日，三省同奉圣旨不允。"关于此一任命之经纬，周必大《周益国文忠公集》卷一七〇《奏事录》载："乙未，早，台辞毕，即出涌金门。芮国器、沈持要、范致先置饯于柳洲。李秀叔彦颖吏部继至。俄报有奉常兼西掖之除，既而乃少蓬、翰苑也。闻执政进见乞留，上曰：甚好，但恐立异耳。初拟少蓬，他日兼掌制，上曰：便令兼内制可也。"

〔六〕**兼领史职**　李壁撰行状载："除秘书少监、直学士院、兼国史院编修官。"楼钥所撰《周公神道后碑》亦载："陛对，留为秘书少监，兼直学士院，兼国史院编修官。"按，必大秘书少监，兼直学士院与兼国史院编修官非为同时所除。周纶撰年谱于乾道六年庚寅内载："（七月）丙申，除秘书少监兼直学士院。是日，又受磨勘转左朝散郎告。九月戊子，兼国史院编修官、兼实录院检讨官。"陈骙《南宋馆阁录》卷六"故实"载必大任秘书少监时行事："光馆钱，乾道五年，秘书少监周必大仿翰林旧规光院钱参立。监修、提举初至一百二十千，迁转一百千。提举秘书省初至一百千，迁转七十千。初入馆十千，他官再兼史职同。侍从修史初至二十千，迁职转官二十千，迁二府一百千。本省迁职，若转官十千，选人改官倍之。本省迁他职十五千，迁侍从倍之。本省别加兼职十千，迁官别加兼职同。史馆迁职，若转官十千，修史侍从倍之。祖父母、父母封叙二十千，封至夫人者三十千。以下三馆通用：亲族同官十五千，异姓有服亲十千；知贡举五十千，考试二十分之一；奉使视职任轻重而定多寡之数，止于一百千；锡赍二十分之一，止于一百千；生子三十千；荫补十五千；子弟登科二十千。一月之内两遇以上者，止从一多。"按，此记"乾道五年"不确。

〔七〕**郑闻草必大制……不可有轻儒名**　楼钥所撰《周公神道前碑》具载此事："初，郑闻草公制，上改首尾词，公奏：陛下取汉宣帝之言，亲制赞书，明示好恶，敢因训词推广圣意。臣观汉社稷臣，乃在乎周勃之鄙朴，汲黯之少文，霍光之不学。至于儒者持禄保位，则公孙弘辈实为之，故宣帝嫉之，以为俗儒不达时宜，盖有激而云尔。使宣帝求真儒用之，何至杂霸哉！陛下以汉为鉴，则士风趋向归于正矣。"

〔八〕**上喜其精洽欲与之日夕论文**　对此，楼钥所撰《周公神道前碑》载有孝宗具体言论："上曰：卿学术精深，记问该博。又尝曰：平昔所蕴，可以自见矣。自此当日夕与卿论文。"

德寿加尊号，必大曰："太上万寿，而绍兴末议文及近上表用嗣皇帝为未安。按建炎遥拜徽宗表，及唐宪宗上顺宗尊号册文，皆称皇帝。"议遂定〔一〕。赵雄使金，赍国书，议受书礼。必大立具草，略谓："尊卑分定，或较等威；叔侄亲情，岂嫌坐起！"上褒之曰："未尝谕国书之意，而卿能道朕心中事，此大才也〔二〕。"

【疏证】

〔一〕**德寿加尊号必大曰……皆称皇帝议遂定** 李壁撰行状载："加上德寿徽号，公以高宗万寿而册文称嗣皇帝为嫌，因阅建炎以后遇节朔遥拜徽宗表本止称皇帝，按唐宪宗上顺宗尊号册文亦止称皇帝，议遂定。"楼钥所撰《周公神道前碑》载："加上德寿尊号，公谓：太上万寿，而绍兴末议文及近上表例用嗣皇帝为未安。按建炎以后遥拜徽宗表及唐宪宗上顺宗尊号册文，皆称皇帝。议遂定。"《周公神道后碑》所载略同。按，必大本人于此事经纬有详细记录，《周益国文忠公集》卷一七四《杂著述》一二《玉堂杂记》上载："太上初逊位，上尊号，时陈丞相康伯当国，集议定，命学士洪景严遵撰议文，然后降诏。某时任察官，心知其非而无由改。乾道六年，郊祀礼成，加上尊号。某在翰苑，始引唐故事，乞上帅群臣过宫表请。既允，然后降诏。国朝止有人主上母后尊号，故册文称嗣皇帝。靖康上教主道君之号，徐丞相处仁已命汪彦章藻代作册文，会有疆事不及行礼。绍兴三十二年，初上德寿尊号，乃承例用嗣皇帝。乾道六年，既上表加乞上尊号，而院吏写表亦称嗣皇帝，私谓未安。谨按唐明皇传位后，颜真卿议肃宗不当于宗庙称嗣皇帝，况亲奉表德寿乎？以白虞丞相允文，丞相难之，必令寻例。某思建炎以后遇节朔遥拜徽宗表，是时翰苑多名士，必不误用，乃督吏搜旧牍。明日果得表本一册，止称皇帝。又按韩文《顺宗实录》载宪宗上顺宗尊号，册文亦称皇帝臣某，此最可据。其议遂定。"

〔二〕**赵雄使金赍国书议受书礼必大立具草……卿能道朕心中事此大才也** 楼钥所撰《周公神道前碑》载："赵丞相雄以中书舍人奉使，贺金主生日，宗室伯骕为介。御札生辰使兼赍国书一封，理会受书。公立具草，有云：尊卑分定，或校等威，叔侄情亲，岂嫌坐起？后四日对秘殿，上曰：朕未尝谕国书之意，而卿能道朕心中事，可谓大才。"按，《周公神道后碑》并李壁撰行状不载此事，然必大本人于此事有详细记录。《周益国文忠公集》卷七〇《平园续稿》三〇《和州防御使赠少师赵公伯骕神道碑》载："十一月己巳，某夜直玉堂，大珰霍汝弼出御札云：生辰使兼赍国书一封，理会受书，卿可拟进。立具草付弼，明言：尊卑分定，或校等威，叔侄情亲，岂嫌坐起？上批付宰执商议。二札并得家藏。后四日，召见褒谕云：卿能道朕心中事。"又于《周益国文忠公集》卷一四《省斋文稿》一四《孝宗皇帝撰国书御笔跋》详记细节："乾道六年冬，诏差赵雄、赵伯骕充金国贺生辰使。十二月二十四日，夜直玉堂，内侍霍汝弼持御笔来，令例外撰国书，二鼓进入。二十七日得旨来密对，二十八日早，自东华门行修廊，屈曲过小阁两重，皆垂画帘，复转一小阁，前临清池，中有假山。上坐杌子，再拜起居讫。蒙奖谕云，前日朕未曾宣谕卿以国书之意，而卿能道朕心中事，可谓大才。"按，由此事可见，碑志及史传之所载，原本出自传主本人者亦为数不少。

兼权兵部侍郎〔一〕。奏请重侍从以储将相，增台谏以广耳目，择监司、郡守以补郎官〔二〕。寻权礼部侍郎、兼直学士院，同修国史、实录院同修撰〔三〕。

【疏证】

〔一〕**兼权兵部侍郎**　周纶撰年谱于乾道七年辛卯内载："五月乙亥朔，兼权兵部侍郎。"《周益国文忠公集》卷一二二《历官表奏》一载有必大《乞改作时暂兼权兵部侍郎札子》："具位周某札子，今月一日，准尚书省札子节文，三省同奉圣旨，周某兼权兵部侍郎。缘上件职事元系太府少卿查籥兼权，目今虽在建康府，其兼职自合依旧。欲望朝廷特与敷奏，止令某时暂兼权，候查籥回日罢，庶几事体为允。伏候指挥。"对此，朝廷答覆："五月四日，三省同奉圣旨依。"

〔二〕**奏请重侍从以储将相增台谏以广耳目择监司郡守以补郎官**　按，此为必大《论四事》中之前三事。李壁撰行状载："七年，兼权兵部侍郎，奏四事：曰重侍从以储将相，曰增台谏以广耳目，曰择监司、郡守以补员郎之阙，曰久任监司、郡守。上曰：皆今日要务也。"《周益国文忠公集》卷一三五《奏议》二《内引札子》载有《论四事》全文，其目为：一曰重侍从，以储将相。二曰增台谏，以广耳目。三曰择曾任监司、郡守人，补郎员之缺。四曰久任监司、郡守，责事功之成。论四事题下注有上奏日期："乾道七年四月六日。"据此可知，《论四事》之奏当在兼权兵部侍郎之前，《宋史》本传并李壁撰行状均将时序误倒。然楼钥所撰《周公神道前后碑》则不误。

后碑载："七年奏四事：重侍从以储将相，增台谏以广耳目，郎官专以旌外庸，监司、郡守皆当久任。上称以为要务。兼权兵部侍郎。"又，据必大本人札子所记，第三事"择曾任监司、郡守人，补郎员之缺"之"曾任"，为行状、碑志、本传所无。

〔三〕**寻权礼部侍郎兼直学士院同修国史实录院同修撰**　李壁撰行状载："上问：越谋吴甚难，何也？奏曰：越已为吴所残，勾践男为吴臣，女为吴妾，以小复大，以弱报强，此其所以甚难。然观其与范蠡谋吴，固有先后之序，非如后世规模不定，侥幸战胜。上曰：卿议论甚当朕心，朝夕除卿侍从。退即有旨，除权礼部侍郎，仍兼直学士院，升同修国史、实录院同修撰。"楼钥所撰《周公神道前碑》所记简略："除权礼部侍郎，仍兼直学士院，升同修国史实录院修撰。"《周公神道后碑》略同。何异《宋中兴学士院题名》载："（周必大乾道）七年七月除权礼部侍郎，依旧兼权。"周纶撰年谱于乾道七年辛卯内载："七月壬辰，除权礼部侍郎。丁酉，有旨仍兼权直学士院，升同修国史实录院同修撰。"据此可知，必大除权礼部侍郎，与兼权直学士院，升同修国史实录院同修撰非为同时。年谱所记由必大自记可证。《周益国文忠公集》卷一二二《历官表奏》一《辞免权礼部侍郎奏状》载："左朝散郎、试秘书少监、兼国史院编修官、实录院检讨官、兼权直学士院、兼权兵部侍郎周某状奏，右臣今月十九日，准尚书省札子节文，三省同奉圣旨，周某可除权礼部侍郎，日下供职者。"又同卷《辞免升同修国史实录院同修撰奏状》载："左朝散郎、权尚书礼部侍郎、兼权直学士院臣周某状奏，右臣准尚书省札子，七月二十四日，三省同奉圣旨，差臣同修国史、实录院同修撰，通不出三员之数者。"按，七月十九日与七月二十四日正为年谱所记之壬辰与丁酉之日。然所除虽不同时，范成大所行制词则同，此由年谱载录可知："敕：朕远稽载郁之文，监于二代，孰副维寅之命？金曰伯夷。是咨能贤，俾贰掌礼。左朝散郎、试秘书少监兼权直学士院兼国史院编修官实录院检讨官、兼权兵部侍郎周必大：尚古作者，为时闻人。德性守于宫庭，常特立独行而不顾；文声谐于韶濩，有一唱三叹之遗音。朕凤闻其摛藻之工，尝试以出纶之任。乃方羊而难进，虽回远以益光。逮兹再见之期年，安有用贤而累日。丞跻禁列，以赞春卿。夫问揖逊之仪者，何足以治神人，听铿锵而已者，何足以被动植。其颐中和之致，来资制作之成。益尊见闻，嗣有选任。可特授依前左朝散郎、权尚书礼部侍郎、兼权直学士院兼权修国史实录院同修撰。"

一日，诏同王之奇、陈良翰对选德殿〔一〕。袖出手诏〔二〕，举唐太宗、魏征问对，以在位久，功未有成，治效优劣，苦不自觉，命必大等极陈当否〔三〕。退而条陈："陛下练兵以图恢复而将数易，是用将之道未至；择人以守郡国而守数易，是责实之方未尽。诸州长吏，倏来忽去，婺州四年易守者五，平江四年易守者四，甚至秀州一年而四易守，吏奸何由可察，民瘼何由可苏〔四〕！"上善其言，为革二弊〔五〕。江、湖旱，请捐南库钱二十万代民输，上嘉之〔六〕。

【疏证】

〔一〕 **一日诏同王之奇陈良翰对选德殿** 按，必大《周益国文忠公集》卷一三六《奏议》三《答选德殿圣问奏》之自注云："八月六日，上召吏部侍郎王之奇、太子詹事陈良翰及某三人同对选德殿。"据此可知，事在乾道七年八月六日。由自注尚可知王之奇、陈良翰二人分别为吏部侍郎与太子詹事。楼钥《周公神道前后碑》所记同，李壁撰行状则不载此事。

〔二〕 **袖出手诏** 必大《答选德殿圣问奏》之自注记作"袖出御笔一通"。楼钥《周公神道前碑》记作"袖出御札"。

〔三〕 **举唐太宗魏征问对以在位久功未有成治效优劣苦不自觉命必大等极陈当否** 按，此系御笔内容之概括，必大《答选德殿圣问奏》前引录有御笔全文："贞观十六年，太宗问魏征曰：朕克己为政，仰止前烈。至如积德、累仁、丰功、厚利四者，常以为称首。朕皆庶几自勉，人苦不能自见，不知朕之所行，何等优劣？征曰：德仁功利，陛下兼而行之。然则内平祸乱，外除戎狄，是陛下之功。安诸黎元，各有生业，是陛下之利。由此言之，功利居多。德与仁，愿陛下自强不息，必可致也。朕即位以来，于今十年，功则未能有成。至于安养黎元，俾遂生业，正今日之急务。朕未尝不以为自治之良策，然所行优劣，亦苦不自知。卿各极陈其当否。凡有未至，悉情毋隐。若夫仁德，帝王之高致，朕亦不敢自居，方以魏征之言为龟鉴耳。"

〔四〕**陛下练兵以图恢复而将数易……民瘼何由可苏** 按，楼钥《周公神道前后碑》所记较《宋史》本传简略，李壁撰行状所载虽未提及选德殿问，然所记差详："公奏：陛下练兵以图恢复，而用将之道或未尽。择人以守郡国，而责实之方或未至。且如江州一军，自陛下即位始付苗定，其后咸方继之。甫一年而定复至，又数年王明继之，甫半年而皇甫倜又继之。池州一军，始付时俊，其后王琪继之，甫半年而秦琪继之，才十月而吴总继之。数易如此，平居犹虑其乏事，何暇议进取哉？诸州长吏倏来忽去，且以二浙言之，婺州四年之间易守者五，平江四年之间易守者四，又其甚则秀州一年而四易守。用度何为而不窘，吏奸何为而不滋，民瘼何由而可苏？"审必大原奏，与《宋史》本传相关者，其一为："今陛下虽乘中兴之后，然北虏地大人众，非隋末四方分裂之比。虏酋虽曰不德，然亦未至虐用其民，又非如隋之失人心也。彼所据者中原，我所有者东南耳。以今准古，图治固难。然而练兵以图恢复，而用将之道或未尽；择人以守郡国，而责实之方或未至。今之急务，无乃在此乎？"其二为："又诸州长吏，倏来忽去，迎送靡定。且以二浙言之，婺州四年之间，易守者五。平江四年之间，易守者四。又其甚则秀州，一年而四易守矣。用度何为而不窘？吏奸何为而不滋？民瘼何由而可苏？"必大原奏可补行状者，于"才十月而吴总继之"之后，有"又十月而郭刚继之"一句。

〔五〕**上善其言为革二弊** 李壁撰行状载："上旋召公谓曰：卿近所论甚善。朕方力革二者之弊。"楼钥所撰《周公神道前碑》载："上嘉纳，且曰：方图力革二弊。"

〔六〕**江湖旱请捐南库钱二十万代民输上嘉之** 李壁撰行状载："公又言：江、湖大旱，嗣岁尚远，而诸州赈济之策已尽，须朝廷于南库支拨一二十万缗代民租。臣非不知大农匮阙，然艰食则盗起，盗起则调兵，当是时能惜费乎？上曰：闻所未闻。公再拜谢曰：臣惟以不欺事陛下。上曰：正赖卿裨补不逮耳。"按，行状记孝宗"闻所未闻"，楼钥所撰《周公神道前碑》记作"卿议论殊善，使朕闻所未闻"。

兼侍讲〔一〕，兼中书舍人，未几，辞直学士院，从之〔二〕。张说再除签书枢密院，给事中莫济封还录黄〔三〕，必大奏曰："昨举朝以为不可，陛下亦自知其误而止之矣。曾未周岁，此命复出。贵戚预政，公私两失，臣不敢具草〔四〕。"上批："王曦疾速撰入。济、必大予宫观，日下出国门〔五〕。"说露章荐济、必大，于是济除温州，必大除建宁府〔六〕。济被命即出，必大至丰城称疾而归〔七〕，济闻之大悔。必大三请祠，以此名益重〔八〕。

【疏证】

〔一〕 **兼侍讲** 周纶撰年谱于乾道七年辛卯内载："九月己卯，兼侍讲。"且录有林机所行制词："敕：朕当万几之暇，玩好都捐；探六艺之归，圣贤是对。光复金华之故事，博延虎观之诸儒。左朝散郎、权尚书礼部侍郎、兼权直学士院兼同修国史实录院同修撰、赐紫金鱼袋周必大，富赡词源，酌焉不竭。渊澄学海，测之益深。曩以才华而收宏博之科，今以器识而处直清之任。茂膺兹选，孰曰不宜。夫会有本源，岂在于断句离章之末？约归简易，庶明于至德要道之端。罄尔多闻，副予逊志。可特授依前左朝散郎、权尚书礼部侍郎、兼直学士院兼同修国史实录院同修撰兼侍讲，赐如故。"《周益国文忠公集》卷一二二《历官表奏》一收录有必大《辞免兼侍讲奏状》，奏状后记有朝廷回覆："九月九日，三省同奉圣旨不允。"按，九月己卯为八日，朝廷次日回覆。《辞免兼侍讲奏状》之后，尚有必大就任后《谢侍讲表》。

〔二〕 **兼中书舍人未几辞直学士院从之** 楼钥所撰《周公神道前碑》载："八年，权中书舍人。"周纶撰年谱于乾道八年壬辰内具体记载："正月庚辰，时暂兼权中书舍人。"检《周益国文忠公集》卷一二二《历官表奏》一收录有必大《乞免兼中书舍人札子》："臣昨奉圣旨，以赵雄同知贡举，差臣摄行西掖文书。臣以时暂，不敢辞避。近者赵雄丁忧，复令臣依旧兼权。缘臣兼职已多，才不能给，决致瘝旷，上累圣知。今林机送伴来归，韩元吉已尝摄事，欲望圣慈免臣兼权。取进止。"札子后记有朝廷回覆："二月三日，奉圣旨依。"楼钥所撰《周公神道后碑》载："八年，兼中书舍人，固辞，且言：外制之设，正欲谨于出令。凡有未当，欲其缴奏，非专责以词翰也。卒因缴奏而遂免兼。"

〔三〕**张说再除签书枢密院给事中莫济封还录黄**　楼钥所撰《周公神道前碑》载：
"时权给事中莫济再封还御笔。"

〔四〕**必大奏曰……臣不敢具草**　楼钥所撰《周公神道前碑》载："张说再除签书
枢密院，王之奇赐出身并命，公当草不允诏，奏谓：昨者举朝以为不可，
陛下欣然听纳。尝云兹事诚误，旋即改命。曾未周岁，复有此除，贵戚预
政，公私两失。若谓西府间以武臣，愿择大将有威望者畀之。臣非欲专任
文吏也。且当是时，之奇亦曾论奏，今乃与说同升，恐亦未当遽受也。臣
未敢具草。"按，《周益国文忠公集》卷一〇五《玉堂类稿》五载必大《缴
张说王之奇辞免西府奏》："乾道八年二月十六日，准御封付院张说、王之
奇辞免各除签书枢密院事奏札，并奉御批降诏不允。臣流落之余，蒙陛下
收拾拔擢，置在华近，逾一年半矣。碌碌备位，补报阙然。夙夜惭惧，无
以自处。倘有所见，若又不言，陛下虽欲赦之，如众论何？臣窃见昨除张
说签枢，举朝皆曰不可，陛下欣然听纳，旋即改命。曾未周岁，复有此除。
群言纷纷，今犹昔也。盖以贵戚预政，公私两失，不若坐享高爵厚禄之为
安。陛下神圣，固已洞照，谅说亦自深晓此理，何待臣言也？若谓西府当
间以武臣，则愿于大将中择有威望，可以运筹折冲者畀之，谁敢异议？臣
非欲专任文吏也。或云缘大臣荐用王之奇，因而有此并命。虽未可信，然
去年群臣争论之际，传闻圣谕云，兹事诚误。以此观之，用说非陛下意，
不为无据。且当是时，王之奇亦云曾入文字，今却与说同升。不知之奇以
为是耶？非耶？亦未当遽受也。臣在隆兴初，与说同侍殿陛，近又与之奇
同在六部，情分颇熟，素无嫌隙。今非乐为仇怨，自取摈斥，盖义所当言，
不得不效论思之万一耳。昔唐元和间，白居易在翰林，奉宣草严绶江陵节
度使、孟元阳右羽林统军制，皆奏请裁量，未敢便撰。本朝元祐中，帅臣
避免拜之礼，执政辞迁秩之命，苏轼当撰答诏，亦尝言其不可，卒如所请。
今除用执政，非节度统军免拜迁秩比也。臣虽视居易、轼无能为役，顾职
守，其可废哉？所有二人辞免不允诏书，臣未敢具草。取进止。"此事周纶
撰年谱于乾道八年壬辰内载："二月癸丑，张说、王之奇除签枢，并上章辞
免新命。公入奏未敢撰不允诏草。"

〔五〕**上批王曦疾速撰入济必大予宫观日下出国门**　《宋史》卷三四《孝宗纪》

乾道八年二月载："癸丑，以安庆军节度使张说、吏部侍郎王之奇并签书枢密院事。侍御史李衡、右正言王希吕交章论说不可为执政，不报。礼部侍郎兼直学士院周必大不草答诏，权给事中莫济封还录黄，诏并与在外宫观。丙辰，诏罢王希吕，与远小监当，寻诏与宫观。丁巳，李衡罢为起居郎。"《宋史》卷三九《李衡传》载："时给事中莫济不书敕，翰林周必大不草制，右正言王希吕亦与衡相继论奏，同时去国，士为《四贤》诗以纪之。"《宋史》卷四七《张说传》载："八年二月，复自安远军节度使提举万寿观，签书枢密院事。侍御史李衡、右正言王希吕交章论之，起居郎莫济不书录黄，直院周必大不草答诏，于是命权给事中姚宪书读行下，命翰林学士王曮草答诏。未几，曮升学士承旨，宪赠出身，为谏议大夫。诏希吕合党邀名，持论反覆，责远小监当。衡素与说厚，所言亦婉，止罢言职，迁左史，而济、必大皆与在外宫观，日下出国门。"周纶撰年谱于乾道八年壬辰内载："乙卯，有旨与在外宫观，日下出国门。"必大《缴张说王之奇辞免西府奏》贴黄附注云："是日，圣旨与在外宫观。又有旨，今日下出门。"按，是日即《缴张说王之奇辞免西府奏》所云"乾道八年二月十六日"，与年谱所记"乙卯"相合。楼钥所撰《周公神道前碑》载："时权给事中莫济再封还御笔，遂俱与外祠。又趣公出门，匹马便面，翩然径行。"何异《宋中兴学士院题名》亦载："（周必大乾道）八年二月，在外宫观。"

〔六〕**说露章荐济必大于是济除温州必大除建宁府** 《宋史》卷四七《张说传》载："九年春，说露章荐济、必大，于是二人皆予郡，必大卒不出。"周纶撰年谱于乾道九年癸巳内载："正月除知建宁府。"此下且录有王淮所行制词："敕：左朝散郎、赐紫金鱼袋周必大：言语侍从之臣，朕所望以朝夕论思、日月献纳者也。间有均佚于外顾，顾瞻在列，念之不忘。况尝典朕三礼，分直北门，以有显庸者乎？式图尔居，莫如南服。尔宏才奥学，独步一时。大册雄文，推高两禁。簪笔入侍，知无不为。乃眷贤劳，久安祠观。建宁吾潜藩，其俗健武而尚气，可以义服，不可以力胜，顾岂轻畀哉？昔王仲舒为苏州刺史，唐穆宗谓其文可思，最宜为诰。朕于汝，几是矣。善抚吾民，嗣有异宠。可特授依前左朝散郎、知建宁军府事、提举学事兼管内劝农事，替任文荐，到任成资，阙赐如故。"周密《癸辛杂识》别集卷下《周莫论张说》载："周必大子充、莫济子齐，坐缴张说枢密之命，皆投闲，张说乃露章荐之，两人皆得郡国，周得建宁，莫得温。莫意欲往，周迁延不进。喻子才有书言激实生患，故东汉有士大夫之祸。盖必以温为是，建为非。汪圣锡报云：东汉之患生于激，西汉之患生于养，方今患在养，不患在激也。"

〔七〕**必大至丰城称疾而归**　周纶撰年谱于乾道九年癸巳内载："公再请祠，不允。八月戊辰，挈家离吉，舟次丰城，复以疾告。九月丁巳，提举江州太平兴国宫。"

〔八〕**必大三请祠以此名益重**　李壁撰行状载："九年，除知建宁府，三请祠，提举江州太平兴国宫。"楼钥所撰《周公神道前碑》载："九年，除知建宁府，再辞，不允。中道引疾，提举江州太平兴国宫，天下愈高之。"按，"名益重"与"天下愈高之"，皆显示士大夫政治下舆论对士大夫正当言行之保护。此与北宋范仲淹三次贬谪却被誉为一次比一次光彩之"三光"一脉相承。

久之，除敷文阁待制兼侍读〔一〕、兼权兵部侍郎〔二〕、兼直学士院〔三〕。上劳之曰："卿不迎合，无附丽，朕所倚重〔四〕。"除兵部侍郎〔五〕，寻兼太子詹事〔六〕。奏言："太宗储才为真宗、仁宗之用，仁宗储才为治平、元祐之用。自章、蔡沮士气，卒致裔夷之祸。秦桧忌刻，逐人才，流弊至今。愿陛下储才于闲暇之日〔七〕。"

【疏证】

〔一〕**久之除敷文阁待制兼侍读**　李壁撰行状载："（淳熙）二年，除敷文阁待制，兼侍讲。"据行状，此前"淳熙元年（1174），除右文殿修撰，未几召赴行在"。楼钥所撰《周公神道前碑》载："淳熙元年，除右文殿修撰。说罢，召还，除敷文阁待制兼侍讲。"必大除敷文阁待制、侍讲具体时间，《宋会要辑稿·职官》六之七〇载："（淳熙二年三月）二十二日，右文殿修撰周必大除敷文阁待制、兼侍讲。"《周益国文忠公集》卷一二二《历官表奏》一载有必大《除待制辞免奏状》，状首云："右臣准尚书省札子，三月二十二日，三省同奉圣旨，除臣敷文阁待制、侍讲者。"周纶撰年谱则记在癸卯。按，"三月二十二日"正为年谱所记"癸卯"。同卷尚收录有必大《谢待制侍讲表》。必大除敷文阁待制、侍讲，年谱载有汤邦彦所行制词："敕：簪笔禁林，执经帝幕。有议论从容之益，无簿书倥偬之劳。自非名儒，不在兹选。朝请郎、充右文殿修撰、赐紫金鱼袋周必大，挺刚方之操，守端静之规。早脱颖于群英，即遍仪于华贯。起嗣真祠之逸，来膺宣室之咨。朕方稽二帝三王之心，以图康乂；尔惟富六艺百家之学，宜共讲明。爰锡赞书，俾跻重席。兹益亲于昼接，其备告于辰猷。可特授依前朝请郎，充敷文阁待制、侍讲赐如故。"据以上所引文献，知《宋史》本传记必大所除为"侍读"不确，当为"侍讲"。

〔二〕**兼权兵部侍郎**　楼钥所撰《周公神道前碑》载："六月，兼权兵部侍郎。"周纶撰年谱详记日期："六月壬戌，兼权兵部侍郎。"

〔三〕**兼直学士院**　何异《宋中兴学士院题名》载："周必大淳熙二年八月以敷文阁待制侍讲兼直院。"楼钥所撰《周公神道后碑》载："八月，兼直学士院。"对此，周纶撰年谱亦详记日期："八月丁卯，兼直学士院。"《周益国文忠公集》卷一二二《历官表奏》一载有必大《辞免兼直学士奏状》，状后记有朝廷回覆："九月二日，三省同奉圣旨不允。"

〔四〕**上劳之曰卿不迎合无附丽朕所倚重**　楼钥所撰《周公神道前碑》载："称公持重，不迎合，无附丽。"《周公神道后碑》所记略同，然李壁撰行状所载差详："上曰：朕知卿文学固久，今卿不迎合，无附丽，朕所倚重。"

〔五〕**除兵部侍郎**　何异《宋中兴学士院题名》载："（周必大淳熙二年）闰九月，除兵部侍郎。"楼钥所撰《周公神道前碑》载："除兵部侍郎，仍兼侍讲。"周纶撰年谱于淳熙二年乙未内详载日期："闰九月癸丑，除兵部侍郎。丁巳，兼侍讲。"据此可知，"兼侍讲"乃为除兵部侍郎之后再兼任。对此，《周公神道前碑》"除兵部侍郎，仍兼侍讲"连书不确，《宋史》本传则漏书再兼侍讲之事。除兵部侍郎与再兼侍讲，年谱分别载有制词。程大昌所行除兵部侍郎制词云："敕：国家之设武部，职固简于周官；论思之属从臣，任特隆于汉制。惟兼需于猷告，是每叹于才难。朝请郎、充敷文阁待制侍讲、兼权兵部侍郎、兼直学士院、赐紫金鱼袋周必大，事几先见其微，议论不负所学。粤从闲馆，召置西清。资尔文以黼黻予言，藉尔识以讨谟古义。间者五兵之虚位，尝令三组以交垂。迨此暇时，具尺籍伍符而不调；乃能极意，夕修昼访而有明。既不当积日以为功，亦何待为真于满岁。其祇新渥，以究远谟。教民而可以即戎，固无忌于率典；敬王则不陈非道，其益务于高心。可特授依前朝请郎、试尚书兵部侍郎、兼直学士院，赐如故。"萧燧所行兼侍讲制词云："敕：朕惟总揽万几之余，探赜六经之粹。于《春秋》系事，虽因广记而备言，然褒贬成文，莫非惩恶而劝善。畴咨宏博，入奉燕闲。朝请郎、试尚书兵部侍郎、兼直学士院、赐紫金鱼袋周必大，名擅儒宗，学臻圣域。自遍仪于禁路，实备竭于嘉猷。既侍金华之讲，以浚其渊源；又参玉堂之直，以摅其藻丽。肆为真于武部，爰申命于迩英。俾加绅绎之勤，以助缉熙之益。载念仁皇可传之法，深明仲尼不刊之书。丁度开其端，宋绶继其后。皆尝以从容之际，而见乎答问之间。朕仰遵列祖之规模，方资折冲；尔其考三传之同异，以广发挥。益思古训之稽，庶获多闻之效。可特授依前朝请郎、试尚书兵部侍郎、兼侍讲兼直学士院，赐如故。"

〔六〕**寻兼太子詹事**　《周益国文忠公集》卷一二三《历官表奏》二载有必大《辞免兼詹事奏状》，状首云："右臣准尚书省札子，十月十八日三省同奉圣旨，差臣兼太子詹事者。"《宋会要辑稿·职官》七之三一于淳熙二年内详载日期："十月十八日，以兵部侍郎周必大兼太子詹事。十二月二十五日，除吏部尚书、兼翰林学士，依旧兼。"周纶撰年谱于淳熙二年乙未内记在"十月丙申"。按，"十月丙申"乃十九日，年谱所记与《辞免兼詹事奏状》小异。明人董斯张辑《吴兴艺文补》卷一八载有程大昌《周必大辞免兼詹事不允诏》："敕：昔省所奏辞免兼太子詹事恩命事具悉。朕东宫僚非正人不与，卿践端直，乃众论所宜。鉴观推逊之言，具见卑牧之意。李勋之屈资受业，曰求旧则有之；绮里之伟冠从游，亦博致为贵矣。其务究思于辅翼，是云有益于元良。岂必辞荣，始名美德？所辞宜不允。故兹诏示，想宜知悉。"

〔七〕**奏言太宗储才为真宗仁宗之用……愿陛下储才于闲暇之日**　按，《宋史》本传所引札子乃为大意概括，全文见于《周益国文忠公集》卷一三八《奏议》五《兵部侍郎选德殿对札子》二首之《乞储人才》，文不长，移录如下："臣闻富人之造居室也，率种木于数十年之初，故未尝有求而无之之患，况夫兴事造业，贻谋万世，其可不储材于闲暇，而欲取具于斯须乎？前事布在方策，臣不敢泛论，且以本朝观之。太祖、太宗搜揽豪杰，恢张四维，凡作成之方，无所不用其至。及真宗、仁宗之世，名卿才大夫磊落相望，是其效也。仁宗丁时太平，增光前烈，尤以涵养士类为急。自治平至元祐，悉获其用。厥后章惇、蔡京相继秉政，专为身谋，靡思国计，方且沮士气以坏风俗，奖谀谄以植党与，卒令裔夷谋夏，所从来远矣。太上中兴，一洗前弊。绍兴初，将相卿士得人为多。既而秦桧以患失之心，济忌嫉之性，同己者用，异己者逐，人才衰落，贻患至今。使陛下欲复古则将相未能仰副隆旨，欲养民则守令未能布宣宽诏，当馈而叹萧、曹，抚髀而思颇、牧，抑有由也。臣愚，欲望圣慈明谕二府，为国长虑，博求文武之英，布列中外。近而言之，可使收功于当世。远而言之，又将为利于无穷。厥今要务，孰大于此？昔西汉苏令发欲遣大夫，使逐问状，时大夫无可使者，召盩厔令尹逢拜谏大夫遣之。王嘉因言今诸大夫有才能者甚少，宜预蓄养可成就者，则士赴难不爱其死。临事仓卒乃求，非所以明朝廷也。嘉言可取，惟陛下念焉。取进止。”札子题下必大自注有所上日期：“淳熙二年闰九月二十八日。”由此可知，必大上乞储人才札子，当在兼太子詹事之前，本传录于兼太子詹事之后，时序失当。

上日御毬场，必大曰：“固知陛下不忘阅武，然太祖二百年天下，属在圣躬，愿自爱〔一〕。”上改容曰：“卿言甚忠，得非虞衔橛之变乎？正以仇耻未雪，不欲自逸尔〔二〕。”升兼侍读〔三〕，改吏部侍郎〔四〕，除翰林学士〔五〕。

【疏证】

〔一〕**上日御毬场必大曰固知陛下不忘阅武然太祖二百年天下属在圣躬愿自爱**

李壁撰行状载：“他日公奏：臣闻陛下日御毬场，固知不忘阅武。然太祖二百年之天下，属在圣躬，愿为社稷自爱。”楼钥所撰《周公神道前碑》载：“又奏：闻陛下日御毬场，固知不忘阅武。然太祖二百余年之天下属在圣躬，可不自爱？”

〔二〕**上改容曰卿言甚忠得非虞衔橛之变乎正以仇耻未雪不欲自逸尔**　李壁撰行

状载："上作色曰：卿言甚忠，得非忧衔橛之变乎？朕每次须再三审视前后，兼南方无好马，非西北比。正缘仇耻未雪，不欲自逸耳。"楼钥所撰《周公神道前碑》载："上作色曰：卿言甚忠，得非忧衔橛之虞乎？正以仇耻未雪，不欲自逸耳。"按，行状与神道碑云"作色"，似较本传"改容"语重。

〔三〕**升兼侍读** 《宋会要辑稿·职官》六之七〇载："（淳熙）三年九月二日，以兵部侍郎、兼直学士院、兼太子詹事、兼侍讲周必大升兼侍读，礼部侍郎、兼同修国史、兼实录院同修撰李焘兼侍讲。"周纶撰年谱于淳熙三年丙申内载："九月甲辰，兼侍读。"年谱尚录有刘孝韪所行制词："敕：朕延宏博之英，侍清闲之燕，以六经载道，既详究于指归；顾列圣贻谋，其可忘于矜式。宜就升于位次，俾进读于朕前。觊大起于治功，岂直为于观美？朝散大夫、试尚书兵部侍郎、兼侍讲、兼直学士院、兼太子詹事、管城县开国男、食邑三百户、赐紫金鱼袋周必大，蚤以高明之学，遍扬华近之途。正直不同，多所论思之益；文章有体，形于播告之修。自参簪笔之联，屡在横经之列。访问多至中夕，启沃盖非一朝。时方率由于旧章，必求明习于故事。系众所望，非卿而谁？选耆儒以质史疑，朕岂愧开元之主？读宝训而先政体，尔当如康定之臣。可特授依前朝散大夫、试尚书兵部侍郎、兼直学士院、兼太子詹事、兼侍读，封赐如故。"《周益国文忠公集》卷一二三《历官表奏》二载有必大《辞免升兼侍读奏状》，状首云："右臣准尚书省札子节文，九月二日，三省同奉圣旨，周某升兼侍读者。"按，是年九月二日即九月甲辰。

〔四〕**改吏部侍郎** 何异《宋中兴学士院题名》载："（周必大淳熙）三年十二月除吏部侍郎并依旧直院。"周纶撰年谱于淳熙三年丙申内载："（十二月）乙未，除吏部侍郎。"《周益国文忠公集》卷一二三《历官表奏》二载有必大《辞免吏部侍郎奏状》，状首云："右臣准尚书省札子节文，十二月二十四日，三省同奉圣旨，周某可除吏部侍郎日下供职者。"按，是年十二月二十四日正为乙未。

〔五〕**除翰林学士** 何异《宋中兴学士院题名》载："（周必大淳熙）四年五月除翰林学士。"周纶撰年谱于淳熙四年丁酉内载："（五月）丁卯，除翰林学士。"且录有刘孝题所行制词:"敕:朕考唐室之制,重翰苑之臣。谓文诰悉由中书,或有稽时之弊。以供奉改称学士,实专密命之司。逮我本朝,用为故事。恩礼加异,缙绅所荣。既非他才之可居,宜求已试而后用。朝请大夫、试尚书吏部侍郎、兼直学士院、兼太子詹事、兼侍读、管城县开国子、食邑五百户、赐紫金鱼袋周必大,心醇而履正,学广而问多。早决异科,遍仪禁路。虽平居周密,不言温木之名;而议事雍容,时号粲花之论。洊寓銮坡之直,屡当缛典之行。掩盛事于前闻,布大喜于天下。凡号令一出其手,犹卜筮罔不是孚。副予遴简之怀,庸正久虚之席。岂特资于润色,益欲备于畴咨。裁大议于中,是为内相之职;举至治之要,毋忘夜对之时。尚追配于古人,以永有于休誉。可特授依前朝请大夫、充翰林学士、知制诰、太子詹事、兼侍读,封赐如故。"《周益国文忠公集》卷一二三《历官表奏》二载有必大《辞免翰林学士奏状》,状首云:"右臣准尚书省札子,五月二十八日,三省同奉圣旨,除臣翰林学士,日下供职者。"是年五月二十八日正为丁卯。按,本传将不同时期之任命升兼侍读、改吏部侍郎、除翰林学士连书,过于疏略。又,周纶撰年谱于淳熙四年丁酉内载,是年七月甲子,必大兼修国史,并载有刘孝题所行制词。此亦为本传失书。

久雨,奏请减后宫给使,宽浙郡积逋,命省部议优恤〔一〕。内直宣引,论:"金星近前星,武士击毬,太子亦与,臣甚危之〔二〕。"上俾语太子,必大曰:"太子人子也,陛下命以驱驰,臣安敢劝以违命,陛下勿命之可也〔三〕。"

【疏证】

〔一〕**久雨奏请减后宫给使宽浙郡积逋命省部议优恤** 楼钥所撰《周公神道前后碑》不载此事,李壁撰行状载:"十月久雨,公上言:阴雨已逾两旬,甚妨收刈。伏闻太祖朝以久雨谓左右曰:后宫止三百余人,当更放数十人。今禁中给使虽少,不知可用太祖故事否?浙中诸郡积欠颇多,不知可降旨少宽期限否?其余更有宽恤事件,望令三省及户部日下条具取旨。"按,行状所记节录自必大札子。《周益国文忠公集》卷一四○《奏议》七《隐岫对札子》五首之四《论阴雨札子》云："臣窃见阴雨已逾两旬，甚妨收刈。陛下焦心劳思，德音屡下。决遣囚系，蠲免房缗。申诏有司，精加祈祷。而雨意未止，愈勤宸念。臣职在论思，恨无愚者之虑少裨万一。辄以三事，冒昧陈献。伏闻太祖朝以久雨，谓左右曰，后宫止三百余人，当更放数十人。今禁中给使虽少，不知可用太祖故事否？此一事也。近岁员多阙少，到堂及到部官发泄艰滞，不知可诏三省及吏部刷具人数，随宜措置拨遣否？此二事也。陛下裕民之心甚切，而州县奉行多有不至。闻浙中诸郡见催积欠颇急，不知可降指挥，少宽期限否？其余更有宽恤事件，望令三省及户部日下条具取旨施行。此三事也。臣诚迂陋，然怀不自已，亲书奏闻。或有可采，乞赐裁择。庶几人心欢悦，指期晴霁。伏取进止。"札子注有日期："淳熙四年十月十七日。"

〔二〕**内直宣引论金星近前星武士击毬太子亦与臣甚危之**　楼钥所撰《周公神道前后碑》所载无"内直宣引"一句，李壁撰行状所记有，盖本传之所据。行状载："又奏：九月闻天文不顺，且闻金星近前星。上曰：止是略近，已戒太子勿近外人。奏曰：天道高远，当论人事。武士击毬，太子亦与，臣甚危之。"

〔三〕**上俾语太子必大曰太子人子也陛下命以驱驰臣安敢劝以违命陛下勿命之可也**　李壁撰行状载："上曰：卿可语太子。奏曰：太子人子也，陛下命使驰驱，臣安敢劝以违命？陛下勿命之可也。"

乞归，弗许。上欲召人与之分职〔一〕，因问："吕祖谦能文否？"对曰："祖谦涵养久，知典故，不但文字之工〔二〕。"除礼部尚书兼翰林学士〔三〕，进吏部兼承旨〔四〕。诏礼官议明堂典礼〔五〕，必大定圜丘合宫互举之议〔六〕。被旨撰《选德殿记》及《皇朝文鉴序》〔七〕。必大在翰苑几六年，制命温雅，周尽事情，为一时词臣之冠〔八〕。或言其再入也，实曾觌所荐，而必大不知。

【疏证】

〔一〕**乞归弗许上欲召人与之分职**　楼钥所撰《周公神道后碑》不载，前碑仅记"屡乞去"，李壁撰行状所记略同本传而差详，盖出同源："公屡乞去，上勿许，且奏：陛下用臣太过，位序浸高，未免招致人言。且苏轼在此官，犹请郡至八九，臣实何人，敢不知惧？上曰：待召人令与卿分力。"

〔二〕**因问吕祖谦能文否对曰祖谦涵养久知典故不但文字之工**　楼钥所撰《周公神道前碑》载："屡乞去，上问文士可代者，闻吕祖谦能文。公谓翰苑须用有学问者。祖谦涵养既久，习知典故，史院甚得其力，不但文字之工也。"李壁撰行状载："因问吕祖谦能文，公奏祖谦不但能文，极知典故，翰苑须常用有学问之人，乃为有补。"按，此为必大奖掖"东南三贤"之一吕祖谦之实证。

〔三〕**除礼部尚书兼翰林学士**　何异《宋中兴学士院题名》载："（周必大淳熙）五年十二月，除礼部尚书兼翰林学士。"李壁撰行状载："五年十二月，除礼部尚书，兼翰林学士。"周纶撰年谱于淳熙五年戊戌内记此事详载日期："十二月癸巳，除礼部尚书兼翰林学士。"且录有陈骙所行制词："敕：朕稽德于乾文，惟亨嘉之会以合礼；求治于履象，惟上下之辨以定民。实待人而后行，故设官而是掌。莫重文昌之位，用先清庙之才。翰林学士、中奉大夫、知制诰、兼太子詹事、兼侍读、兼修国史、管城县开国子、食邑五百户、赐紫金鱼袋周必大，识达显微，学穷因造。商瑚夏琏，可方其质之温；虞韨周章，宜比其文之丽。与闻封拜之久，宜居出纳之尊。予欲正国以权衡则汝承，予欲纳民于防范则汝助。毋鄙有蒸以为末，毋轻绵蕝以为迂。秩宗本直清，既已归于姜伯；为命工润色，岂欲舍于国侨？可特授依前中奉大夫、试礼部尚书、兼翰林学士、兼太子詹事、兼侍读、兼修国史，封赐如故。"《周益国文忠公集》卷一二四《历官表奏》三载必大《辞免礼书兼翰林苑奏状》，状首云："右臣今月四日，准尚书省札子节文，三省同奉圣旨，周某可除礼部尚书兼翰林学士，日下供职者。"按，是年十二月四日正为年谱所记癸巳。

〔四〕**进吏部兼承旨**　对此，楼钥所撰《周公神道前后碑》仅书一句："除吏部尚书兼翰林学士承旨。"何异《宋中兴学士院题名》载："（周必大淳熙）六年十一月，除吏部尚书兼翰林学士承旨。"李壁撰行状亦记有月份："十一月，除吏部尚书，兼翰林承旨。"周纶撰年谱于淳熙六年己亥内详细记有日期："十一月丙辰，除吏部尚书，兼翰林学士承旨。"且录有郑丙所行制词：

"敕：天官综叙群才，翰苑对扬密旨。冠侍臣之首选，极儒生之至荣。非望高于一时，竭身兼于二任？太中大夫、试礼部尚书、兼翰林学士、兼侍读、兼太子詹事、兼修国史、管城县开国伯、食邑八百户周必大，德全至粹，道造大原。早躔殊科，事朕初载。发言抗论，严徐皆义理之文；摛藻揆庭，常扬得制诰之体。总领数职，勤劳百为。劝读迩英，直笔东观。春官典礼，履声直上于星辰；东宫为僚，国木自成于羽翼。比恩欤以求佚，为眷怀而少留。宜司铨部之崇，仍陟金銮之长。岂惟人才品藻，若水鉴之清明；抑使号令文章，还古风而粹正。往祗茂渥，益励远猷。可特授依前太中大夫、试吏部尚书、兼翰林学士承旨、兼侍读、兼太子詹事、兼修国史，封如故。"《周益国文忠公集》卷一二四《历官表奏》三载必大《辞免吏部尚书兼翰林院学士承旨奏状》，状首云："右臣今月二日准尚书省札子，三省同奉圣旨，除臣吏部尚书兼翰林学士承旨，日下供职者。"按，淳熙六年十一月二日正为年谱所记丙辰。

〔五〕**诏礼官议明堂典礼**　李壁撰行状载："六年，诏礼官详议明堂典礼。"

〔六〕**必大定圜丘合宫互举之议**　楼钥所撰《周公神道前碑》载："六年，诏礼官详议明堂典礼。公奏：祀帝祀天，以祖宗配，此前朝已行之制。世俗止诵《孝经》之语，未尝深考其义，致以今日为疑。由是定圜丘合宫互举之议。"后碑所记较此为略。李壁撰行状载："公奏：祀帝祀天以祖宗配，此本朝已行之制。但世俗诵《孝经》之语，未尝深考其义，致以合宫为疑。故前郊李焘申请，虽经群臣集议，寻为异说所夺。今既明降旨挥，即与臣下启请不同。若或中辍，理为未安。由是圜丘、合宫始互举云。"按，《周公神道前碑》与行状所引议论，均出《周益国文忠公集》卷一四二《奏议》九必大所撰之《论明堂》。文不长，移录如下："臣伏观明诏，令礼官详议明堂典礼，见条具奏闻外，臣窃惟祀帝如祀天，皆以祖宗配食。此仁宗已行之制，深合于礼。况明堂不专严父，具存神宗圣训、司马光等正论。但世俗不能遍知典故，只诵《孝经》之文，未尝深考其义，致以今日为疑。故前郊李焘申请虽经群臣集议，寻为异说所夺。今既明降指挥，即与臣下起请不同。若复中辍，理或未安。臣意望圣慈旦夕作一宛转达知太上皇帝，仍候将来降御札日，详载古谊。庶几杜绝不知者之说，实为允当。臣先事妄言，伏候罪谴。取进止。"然据题下注"淳熙六年三月，不曾上"可知，《周公神道前碑》与行状所引援据之必大议论，乃为必大家人提供之未公开奏疏。宋潜说友《咸淳临安志》卷三《郊之仪》亦记此事："孝宗皇帝即位以来，四举郊礼。盖当时议者惑于严父之说，不敢议及宗祀。淳熙三年，权礼部侍郎李焘始以为请，不果行。六年，礼部尚书兼翰林学士周必大与诸儒再引焘议。其说曰：宗祀文王，乃在成王之世，则明堂不专以父配。所谓严父者，盖指周公推本武王之志，追尊文王之功。自周公言之，故曰严父。今若特举秋飨，于礼为允。诏从之。是年九月辛未，遂合祭于明堂，奉太祖、太宗配如绍兴礼。"

〔七〕**被旨撰选德殿记及皇朝文鉴序**　宋潜说友《咸淳临安志》卷一《选德殿》载："孝宗皇帝建以为射殿，御坐后有大屏，分画诸道，列监司、郡守为两行，各标职位姓名，又图华夷疆域于屏阴。诏学士臣周必大为记并书。"《选德殿记》收录于《周益国文忠公集》卷一一〇《玉堂类稿》一〇。文末跋语云："此记淳熙戊戌闰六月十四日进呈于倚桂殿。至九月五日，上遣中使李裕文携至所居，宣旨令写进，欲刻之石。盖留禁中八十日，往往黏置屏间，其迹尚存。寻命修内司石工张隽刻石，十一月十日立于殿上。臣某谨记。"又同卷收录有《皇朝文鉴序》及《缴进文鉴序札子》。周纶撰年谱于淳熙六年己亥内载："二月丙午，得旨撰《文鉴序》。四月辛卯，进呈《文鉴序》。"楼钥所撰《周公神道前碑》载："后进呈《皇朝文鉴序》，上曰：卿之文，在廷莫及，真匠手也。"

〔八〕**必大在翰苑几六年制命温雅周尽事情为一时词臣之冠**　李壁撰行状载："公之为文温纯雅正，不厉声色，自足如意，近世代言得体，无出公右。"

除参知政事〔一〕，上曰："执政于宰相，固当和而不同。前此宰相议事，执政更无语，何也？"必大曰："大臣自应互相可否。自秦桧当国，执政不敢措一辞，后遂以为当然。陛下虚心无我，大臣乃欲自是乎？惟小事不敢有隐，则大事何由蔽欺〔二〕。"上深然之。久旱，手诏求言。宰相谓此诏一下，州郡皆乞振济，何以应之，约必大同奏。必大曰："上欲通下情，而吾侪阻隔之，何以塞公论〔三〕。"

【疏证】

〔一〕**除参知政事**　何异《宋中兴学士院题名》载："（周必大淳熙）七年五月除参知政事。"李壁撰行状并楼钥所撰《周公神道前后碑》均记"七年五月，除参知政事"，周纶撰年谱于淳熙七年庚子内则详载日期"戊寅，又授参知政事告"，且录有郑丙所行制词："敕：尚书喉舌之司，命令由之出纳；大臣股肱之任，纪纲赖以维持。宜得时髦，俾参国柄。通议大夫、试吏部尚书、兼翰林学士承旨、兼侍读、兼太子詹事、兼修国史、管城县开国伯、食邑八百户周必大，性端而道直，才周而识宏。文追作者之风，学通时务之要。黄钟谐众律，备涵太极之和；砥柱屹中流，坐阅百川之注。朕自初载，擢于近涂。谋猷悉罄于忠嘉，操履克全于坚正。承明三入，精白一心。黄麻似六经之醇，久掌丝纶之命；天官据群才之会，独专冰鉴之明。经帏日效于论思，宫尹首资于调护。总领众职，勤劳数年。枚数廷臣，无出其右。博稽人望，素已允孚。延登两社之崇，协赞万微之化。尔其开众正之路，通群下之情，调娱尽纳于泰和，豫备迄成于整暇。噫！名盛而人斯责望，益宜砥节以守公；本强则朝有精神，允赖折冲而压难。钦予时训，同底丕平。可特授依前通议大夫、参知政事，进封荥阳郡开国侯，加食邑四百户，食实封一百户。"《周益国文忠公集》卷一二五《历官表奏》四载有必大《辞免参知政事札子》，首云："臣今月十七日，准尚书省札子，奉圣旨除臣参知政事，特降中使宣押赴都堂治事者。"按，淳熙七年五月十七日正为年谱所记戊辰。围绕除参知政事，同卷尚载有必大《辞免参知政事表》《谢参知政事表》《谢太上皇帝表》《谢东宫笺》《辞免正谢赐衣带鞍马札子》。《周益国文忠公集》卷三九《省斋文稿》三九则载有《初除参政赠三代东宫三少告庙祝文》。

〔二〕**上曰执政于宰相固当和而不同……则大事何由蔽欺**　楼钥所撰《周公神道前碑》载："上曰：近见卿遇事殊不依违，执政之于宰相事任非远，自当和而不同。公曰：韩琦、欧阳修殿上日有所争，退则欢然无间，最为可法。后又尝曰：前此宰相议事，执政更无语，今乃肯各述所见。公奏：大臣自应互相可否，秦桧用事，执政至不敢措一辞，后遂以为当然。臣尝以绍兴初圣语示同列，勉其协济。况陛下虚心无我，惟恐臣下不言，人臣乃欲自是乎？惟小事不敢有隐，则大事何缘蔽欺？"据此可知，本传乃将必大与孝宗两段对话节略概括为一段。

〔三〕**久旱手诏求言……而吾侪阻隔之何以塞公论**　楼钥所撰《周公神道前碑》载："八月，以久旱，御笔付三省求直言。初，回奏虑所在因是皆有赈济之请，公言：上明目达聪，而吾侪不能将顺，独不愧于心乎？万一上自行之，或以此奏示外，岂不获罪公议？相亚从之。"李璧撰行状所记稍详："八年八月，以久旱降亲笔付三省求直言，丞相回奏谓熟多旱少，今此诏一下，所在皆有赈济之请，何以应之？约公通签进入，公言：上明目达聪，欲通下情，而吾侪阻隔不行，万一上自行之，且以此奏示人，岂不获罪公论？相亚从之。"比较本传，行状、神道碑所记乃强调避免个人担责。

有介椒房之援求为郎者，上俾谕给舍缴驳，必大曰："台谏、给舍与三省相维持，岂可谕意？不从失体，从则坏法。命下之日，臣等自当执奏。"上喜曰："肯如此任怨耶？"必大曰："当予而不予则有怨，不当予而不予，何怨之有！"上曰："此任责，非任怨也〔一〕。"除知枢密院〔二〕。上曰："每见宰相不能处之事，卿以数语决之，三省本未可辍卿也〔三〕。"

【疏证】

〔一〕**有介椒房之援求为郎者上俾谕给舍缴驳……非任怨也**　李璧撰行状载："有介宫闱之援而求为郎者，上令公谕给舍缴驳，公奏：台谏、给舍与三省相维持，岂可谕意？不从失体，从则坏法。命下之日，臣等自当执奏。上喜曰：卿等肯如此任怨，甚善。公奏：不与其所当与，谓之任怨；不与其所不当与，何怨之有？上曰：此所谓任责，非任怨也。"楼钥所撰《周公神道前碑》亦载："有恃长乐之援求为郎者，上俾谕给舍。公奏：台谏、给舍与三省相维持，岂可谕意？不从则失体，从之则坏法。命下之日，臣等自当执奏。上曰：卿等肯如此任怨。公曰：当与而不与，则有怨，不当与而不与，何怨之云？上叹曰：此所谓任责，非任怨也。"按，本传乃整合行状、神道碑所记略加修饰。三者均突出必大欲维护台谏、给舍与三省互相制约之制度而防微杜渐。

〔二〕**除知枢密院** 李壁撰行状并楼钥所撰《周公神道前后碑》均记"九月，知枢密院事"，周绰撰年谱于淳熙九年壬寅内则详载"九月庚午，除知枢密院事，门司李肃宣押赴院治事。丁亥，受告，仍进封荥阳郡公，加食邑四百户"。且录有宇文价所行制词："敕：朕由祖宗之旧章，分文武之二柄。虽庙堂无甲兵之问，每思远以忧深；而凤夜惟宥密之基，宜责专而任重。畴咨近弼，晋长洪枢。通奉大夫、参知政事、同提举详定一司敕令、荥阳郡开国侯、食邑一千七百户、食实封三百户周必大，学造精微，气全刚大。自登名于贤级，遂接武于清班。问古今则富于崔、高，掌诏诰则求之元、白。极礼乐文章之选，罄论思献纳之忠。独步鑾坡，久陪经幄。言天下事足以任股肱之寄，从吾子游足以成羽翼之功。爰绎师虞，陟参机政。讲求时病，屡试囊中之方；通达事情，不拘纸上之语。载嘉丕绩，无愧昔人。厚重如勃而文有余，明断如瑜而才则过。是用畀以本兵之柄，俾收盖世之勋。肆予之垂拱仰成，赖尔之谋猷入告。噫！制挺挞秦、楚，特兵家一胜之常；广厦论唐、虞，有庙算万全之策。往祗明训，同底丕平。可特授依前通奉大夫、知枢密院事，进封荥阳郡开国公，食邑四百户，食实封一百户如故。"《周益国文忠公集》卷一二六《历官表奏》五载有必大《辞免知枢密院事札子》《辞免知枢密院事表》及《谢表》《谢太上皇帝表》《谢东宫笺》。

〔三〕**上曰每见宰相不能处之事卿以数语决之三省本未可辍卿也** "未"，本传原作"末"。按，"未可辍卿"乃为任命必大知枢密院事之理由。此误，《宋史》点校本已据李壁撰行状并楼钥所撰《周公神道前后碑》改正。楼钥所撰《周公神道前碑》载："上曰：卿才堪其任，三省本未可辍卿。每见难处之事，卿以数语决之，可谓敏矣。"李壁撰行状载："上谓公曰：每见宰相所不能处之事，卿以数语决之，三省本未可辍卿也。"本传所载全同行状，可见因袭之形迹。

山阳旧屯军八千，雷世方乞止差镇江一军五千，必大曰："山阳控扼清河口，若今减而后增，必致敌疑。扬州武锋军本屯山阳者，不若岁拨三千，与镇江五千同戍〔一〕。"郭杲请移荆南军万二千永屯襄阳，必大言："襄阳固要地，江陵亦江北喉襟。"于是留二千人〔二〕。上谕以"金既还上京，且分诸子出镇，将若何?"必大言："敌恫疑虚喝，正恐我先动。当镇之以静，惟边将不可不精择〔三〕。"

【疏证】

〔一〕**山阳旧屯军八千……与镇江五千同戍** 此事楼钥所撰《周公神道后碑》不载，前碑云："楚州旧屯军八千，雷世方乞止差镇江军五千人。公奏：山阳控扼清河口，韩世忠实屯重兵。今无故减戍，他时或增，必致虏疑。扬州武锋军有众八千，本屯山阳，若岁拨三千同戍，诚为两便。"李壁撰行状载："山阳旧屯军八千，雷世方请止差镇江一军五千人，上欲许之，公奏：山阳控扼清河口，绍兴初韩世忠尝屯重兵于彼，若无故减戍，他时旋增，必致敌疑。今扬州武锋军有众八千，本屯山阳，若岁拨三千人同镇江一全军往戍，似为两便。"按，比较本传所记，行状多出"上欲许之"、"绍兴初韩世忠尝屯重兵于彼"之事实。《周公神道前碑》亦无"上欲许之"之记。可见本传主要援据史料，乃为《周公神道前碑》。

〔二〕**郭杲请移荆南军万二千永屯襄阳必大言襄阳固要地江陵亦江北喉襟于是留二千人** 楼钥所撰《周公神道前碑》载："郭杲请移江陵万二千人，与其孥永屯襄阳，公言：止当以兵之半分戍。杲谓襄阳为要地，而江陵亦在江北，为吴楚喉衿。争辩甚力，乃许万人，且令骑兵尽行。"此事李壁撰行状所载尤详："郭杲请移江陵兵万二千人并家属永屯襄阳，公言：江陵兵一万八千人，自来半戍襄阳，今谓襄阳极边，为门户之要，殊不知江陵亦在江北，为吴楚喉衿。或金以数万人缀襄阳之师，自随、郢直走荆南，则奈何? 上曰：正为军士家属在荆南，恐或捣虚，牵连士卒心。公奏：如此，则江陵遂弃之乎? 争甚力，上乃许杲万人而留八千于江陵。"比较以上三种记载，《周公神道前碑》所载"杲谓襄阳为要地，而江陵亦在江北，为吴楚喉衿"，当为必大所言，此有行状可证。本传已改正此误。又，万人移戍襄阳，三种记载无异辞，然留屯兵数行状记作"八千"，与神道碑、本传不同。

〔三〕**上谕以金既还上京且分诸子出镇将若何必大言敌恫疑虚喝正恐我先动当镇之以静惟边将不可不精择** 楼钥所撰《周公神道前碑》载："宣谕：金主避暑寿安，所徙器用倍多，且分诸子出镇。或谓欲至东都，秋间议过上京。

公奏当豫为之备甚详。上称公：通练军政，深副朕擢用之意。公谢曰：臣本以文墨受知，岂能晓畅武事？误蒙任使，不敢不勉。彼方恫疑虚喝，正恐我或先动。所当精择边将，镇之以静。"据此可知，本传"金"下当夺一"主"字。按，本传乃孝宗与必大几次议论之短缩，李壁撰行状所载略可窥见全貌："盱眙报虏酋今岁避暑寿安宫，所徙器用倍常时，且分诸子出镇，上谓公此必有避位意，公奏：当预为之备，如淮上万弩手近密令州郡置籍，而诸路民兵缺于教阅，内外诸军亦久无升进，欲并拟一指挥，令捧精习武艺者解发赴行在。宰执三衙亲行阅试，高者补一两资，余第支赏给，亦所以示不忘武备之意。上曰：便是，恐人谓放下。公尝奏：祖宗时大臣奏事榻前，互相可否。今陛下虚心无我，有所未至，惟恐臣下不言，岂容人臣却护短自是？夫惟小事不敢于榻前有隐，则大事无由欺蔽矣。上深以为然。公言：近探报虏酋却欲至东京，秋冬议过上京，乞密下诸将究实，且降亲札付蜀中三大帅，令条具攻守之策以闻。公奏事次，上独命留身，宣谕云虏既过上京，秋间或传位兴兵，卿留心军政，甚副朕擢用之意。公奏：臣本以文墨荷圣知，戎务本非所习，误蒙任使，不敢辞耳。今彼恫疑虚喝，正恐我或先动，所当镇之以静。惟边将不可不精择，山阳最为重地，正当虏粮道。今止与寻常州郡一等用人，缓急窃恐误事。"

拜枢密使〔一〕。上曰："若有边事，宣抚使惟卿可，他人不能也〔二〕。"上诸军升差籍，时点召一二察能否，主帅悚激，无敢容私〔三〕。创诸军点试法，其在外解发而亲阅之〔四〕。池州李忠孝自言正将二人不能开弓，乞罢军。上曰："此枢使措置之效也〔五〕。"金州谋帅，必大曰："与其私举，不若明扬。"令侍从、管军荐举〔六〕。或传大石林牙将加兵于金，忽鲁大王分据上京，边臣结约夏国。必大皆屏不省，劝上持重，勿轻动。既而所传果妄。上曰："卿真有先见之明〔七〕。"

【疏证】

〔一〕**拜枢密使**　楼钥所撰《周公神道前碑》载："六月，拜枢密使。"后碑所记同。周纶撰年谱于淳熙十一年甲辰内详载："六月庚申，文德殿宣麻，除枢密使，御药邓从训宣押赴院治事。有旨立班恩数并依宰臣。辛酉，御药谢安道宣押赴新班。壬戌，邓从训赐不允批答。癸亥，门司刘光祖赐不允断章批答。己巳，殿门受告，仍加食邑一千户。"且录有李巘所行制词："门下：斗极之临四海，中经天绰之熙；神枢之斡万兵，右躔政途之峻。眷我爽邦之哲，率时基命之严。暨阐迪于贤猷，盍登昭于使范。饬宣丕号，告锡治廷。通奉大夫、知枢密院事、荥阳郡开国公、食邑二千六百户、食实封六百户周必大，端亮而粹夷，笃诚而宏裕。问学贯九流之邃，文章追三代之醇。早会休辰，寝敷美业。洪钟发虡，隐然天地之和；华玉昭庭，允矣邦家之宝。雅积经纶之望，进毗密勿之谟。管摄群微，治克先于上策；辑柔四外，势端在于本朝。阅岁方深，运筹滋劭。朕大明陟典，申简茂荣。趣升位次之崇，增畀事权之重。提纲斯在，肃太武于本兵；衍渥维新，极隆名于宥府。移兹多邑，益以真租。载示殊褒，载昭良绩。於戏！德有常而立武，要资政事之修；机不密则害成，当谨谟猷之告。往究规恢之蕴，讫臻励翼之勋。繄若元臣，讵烦深诏。可特授枢密使，依前通奉大夫，加食邑一千户食，实封四百户，封如故。主者施行。"《周益国文忠公集》卷一二七《历官表奏》六载有必大《辞免枢密使札子》《辞免枢密使表》《辞免枢密第二表》《谢表》《谢太上皇帝表》，《周益国文忠公集》卷三九《省斋文稿》三九载有必大《初除枢密使加赠三代三公告庙祝文》。

〔二〕**上曰若有边事宣抚使惟卿可他人不能也**　楼钥所撰《周公神道前碑》载："上曰：卿在西府光前绝后，若有边事，宣抚使惟卿可，他人不能也。"后碑所记同。李壁撰行状载："上曰：卿在西府，备殚忠劳，若有边事，宣抚使惟卿可，他人不能也。"

〔三〕**上诸军升差籍时点召一二察能否主帅悚激无敢容私**　楼钥所撰《周公神道前碑》载："呈诸军升差籍，公奏：已及一季，欲间召一二，虽不专用此取人，亦因以察其能否，使主将不敢容私。上令赴枢密院审察。"后碑不载此事。李壁撰行状所载稍详："公奏：诸军升差置籍，今已一季，合行点召，虽不专以此取人，亦因以察其能否，使之不测，则主帅自不敢行私。诏令赴密院审察。"按，神道碑与行状所记，乃为必大上奏，本传所记乃为所施行之效果。此种异同虽有官方国史与私家碑状关注不同之因素，然亦由于本传节略不当所致。

〔四〕**创诸军点试法其在外解发而亲阅之**　行太常寺主簿兼权太常博士刘弥正所撰《谥议》载："在枢笔五年，如增山阳、江陵之戍，遴选边方之帅守，创行内外诸军点试之法，申严民兵万弩手之教阅，抑未尝一日少弛武备也。"

〔五〕**池州李忠孝自言正将二人不能开弓乞罢军上曰此枢使措置之效也**　楼钥所撰《周公神道前碑》载："后池州李思孝自言正将二人不能开弓，乞与罢军。上曰：此皆枢使措置之效。"后碑不载此事。李壁撰行状所载稍详："池州李思学自陈本军正将二人不能开弓，窃恐被点唤，乞与罢任，上曰：此法甚好，皆枢密使措置之效。"按，"李忠孝"，神道碑与行状所记各异，《宋史》点校本已出校指出此一异同。检《周益国文忠公集》卷一四八《奉诏录》三必大枢密使任内奏疏《论秦嵩田世雄两易交割》有云"李思孝自鄂赴召"，似从神道碑作"李思孝"是。

〔六〕**金州谋帅必大曰与其私举不若明扬令侍从管军荐举**　楼钥所撰《周公神道前碑》载："金州谋帅，公欲令侍从、管军荐举。上曰：大帅当自上除授。公曰：舜用九官，皆咨四岳，与其私荐，不若明扬。若能考实，孰敢妄举？"《周公神道后碑》载："十二年，金州谋帅，公欲合侍从、管军荐举。上曰：军帅当自上除授。公曰：舜用九官，皆咨四岳。与其私荐，不若明扬。若能考实，孰敢妄举？"李壁撰行状所载稍异："金州阙帅，公奏欲令侍从管军荐举，上云：大帅自合朝廷除授，卿等且更求人。公曰：舜用九官，并咨四岳。用否在上，何嫌之有？与其暗荐，不若明扬。仁宗用台臣，至于列所荐人姓名，已乃考实，谁敢妄举？"按，神道碑"自上除授"与行状"自合朝廷除授"略有不同。

〔七〕**或传大石林牙将加兵于金……卿真有先见之明**　楼钥所撰《周公神道前碑》载："先是，御笔：大石契丹欲加兵于虏，果有之，在我岂得漠然？固不可违誓，或有衅端，何以为词？公奏：彼一方小警，何至移文宿、泗？若果有衅，何患无词？急在间探精审耳。至是又论结约夏国事，公奏：顷尝因任令公帛书通信，金以示范成大，夏国难保如此，似未可也。后又报忽鲁大王据上京，上问公，公奏：兹事体大，当随机应之。未几，上谕公：所传皆妄，枢使真有先见之明矣。"《周公神道后碑》简略记载："御笔尝谓大石契丹欲加兵于虏，又论结约夏国，又有忽鲁窃据上京之报。公奏：但当严备，随机应之。未几，上谕公所传皆妄，真有先见之明矣。"李壁撰行状所载稍详："盱眙奏报大石林牙领兵犯金国，虏下宿、泗等州堤备，御笔赐公等曰：大石契丹欲兴兵，不如所传则已，有之，则在我岂得漠然？他日我径举兵则违誓约，若因衅则将何以为词？公奏：虏中多诈，彼一方小警，何至移文近边？若果有衅，临时不患无词，所急在于间探精审耳。明年，上又谕公以吴挺约结夏国事，公奏：陛下念世仇之未报，思境土之未复，规摹宏远，夙夜不忘。臣备位于兹，无以少副使令，每切惭负。但夏人自来翻覆，乾道中王炎尝因任令公用帛书通好，随即密送金虏，范成大奉使日，雍遂出以示之。其难保如此，结约似未可轻。若雍易世，亲离众叛，天相圣明，决有机会。……楚州报虏中忽鲁大王占据上京，上批问公曰：虏若中分其国，宜预画计策。公奏：兹事体大，譬如弈棋，须随着应之，若遂先举，恐贻后忧。他日上谕公：近北使到阙，询问其三节人，皆云忽鲁年已六十余，囚于僧舍，前所报大石林牙亦是妄传，枢使可谓先见之明。"按，据行状所载可知，传大石兴兵，结约夏国，忽鲁窃据上京，乃不同时期发生之不同事件，本传与神道碑合而述之。

淳熙十四年二月，拜右丞相〔一〕。首奏："今内外晏然，殆将二纪，此正可惧之时，当思经远之计，不可纷更欲速〔二〕。"秀州乞减大军总制钱二万，吏请勘当，必大曰："此岂勘当时耶？"立蠲之〔三〕。封事多言大臣同异，必大曰："各尽所见，归于一是，岂可尚同？陛下复祖宗旧制，命三省覆奏而后行，正欲上下相维，非止奉行文书也〔四〕。"

【疏证】

〔一〕**淳熙十四年二月拜右丞相** 李壁撰行状载："十四年二月，拜右丞相。"楼钥所撰《周公神道前碑》所载稍详："十四年二月乙亥，宣谕：卿在枢筦，凡事无不经心，更旬日拜相，后人难继。丁亥，拜右丞相，寻兼提举国史院会要所、敕令所。"后碑所记略同。周纶撰年谱于淳熙十四年丁未内详细记载拜相过程："二月丁亥，文德殿宣麻，转光禄大夫、右丞相，加食邑一千户、食实封四百户。御药刘兴祖宣押赴都堂治事。庚寅，门司郑大亨赐不允批答。癸巳，御药刘兴祖赐不允断来章批答。甲午五更，御药黄迈宣押赴朝立新班，提举国史院、提举编修国朝会要、提举敕令。己亥，殿门受告。"年谱尚载李巘所行制词："门下：分政柄于东西，久重枢廷之任；咨庙谟于左右，并崇宰路之瞻。乃眷鸿儒，实严宥命。越在本兵之长，进登次相之尊。爰告昕朝，式敷坦制。正议大夫、枢密使、荥阳郡开国公、食邑五千六百户、食实封一千八百户周必大，行醇而守正，识茂而宪周。经纶包万变之微，综汇洞群言之奥。修身有道，审观君子之枢机；正色在朝，稔著贤人之德业。运帷筹于密勿，增国体于安强。天下之务惟几沉，究英谋之秘；儒者之效已试寖，更华岁之多。兹畴弼直之良。务简忠劳之最。熙帝之载，礼特厚于奋庸；代天之工，职敢轻于理物。匪资硕望，孰懋宏猷？仪图尔能，夹辅予治。乾台彪列，象益炳于六符；庙铉燮和，势更隆于九鼎。峻陟文渊之秩，申开采邑之封。稽于崇阶，萃此徽渥。於戏！唐、虞建官之制，莫先百揆之司；周、召作辅之勋，实出群贤之表。予欲上参于盛际，汝其远绍于前修。阴阳调则庶类遂其宜，刑政清则蒸民乐其业。内俾纪纲之大振，外臻疆宇之永宁。咸思翊赞之方，庸体倚毗之意。尚恢绩用，奚俟训辞？可特授光禄大夫、右丞相，依前荥阳郡开国公，加食邑一千户、食实封四百户。主者施行。"《周益国文忠公集》卷一二八《历官表奏》七载有必大《辞免右丞相札子》，首云："臣伏睹今月十五日制书，授臣光禄大夫、右丞相加食邑实封，特降中使宣押赴都堂治事者。"按，淳熙十四年二月十五日正为丁亥。同卷尚有相关《辞免右丞相札子》《东宫札子》《辞右丞相表》《第二辞表》《谢表》《谢太上皇帝表》。又，同卷《辞免兼职札子》云："臣准省札二月二十二日奉圣旨，差臣提举国史院、提举编修国朝会要所、提举敕令所。"据此可知，兼职任命系在拜相七天之后。

〔二〕**首奏今内外晏然殆将二纪此正可惧之时当思经远之计不可纷更欲速** 楼钥所撰《周公神道前碑》载："上谕以擢用人才及委任之意，公奏：东府事繁，非西枢比，自古鲜有无事时。今赖陛下勤政，内外晏然，殆将二纪。此正可惧之时，当思经远之计。"后碑所记略同。李壁撰行状所载稍详："公奏：臣不才备位，初无设施，惟奉行成算。今陛下勤政，内外宁谧二十余年，此正可惧之时，当思经远之计。臣欲具要务，取自圣裁，若其可行，当与王淮等协济，亦不敢纷更欲速。上曰：锐则易怠，国家无事时，正宜修明政理。"刘弥正所撰《谥议》亦载："既登相位，又言今内外宁谧二十余年，此正可惧之时，当思经远之计，杜渐防微，忧深思远。"

〔三〕**秀州乞减大军总制钱二万吏请勘当必大曰此岂勘当时耶立蠲之** 楼钥所撰《周公神道前碑》载："秀州乞权减大军总制钱二万余缗，吏拟勘当。公曰：此岂勘当时耶？奏蠲之。"后碑不载此事。李璧撰行状所载略同。本传"立蠲之"之"立"，当为修史者之润饰。

〔四〕**封事多言大臣同异……正欲上下相维非止奉行文书也** 按，此事李璧撰行状不载，楼钥所撰《周公神道前碑》载："封事多言大臣同异，公奏：岂可尚同？要当各尽所见。臣每谓同心体国，苟有未然，虽面相诘责，何害？止欲归于是耳。若人才邪正，政事得失，安危治忽所系，自当反覆论难。陛下复祖宗密白之制，使三省官覆奏而后行，正欲斟量可否，上下相维，非止奉行文书也。"后碑所记略同。本传所本，盖出于此。

高宗升遐，议用显仁例，遣三使诣金。必大谓："今昔事殊，不当畏敌曲徇。"止之〔一〕。贺正使至，或请权易淡黄袍御殿受书，必大执不可，遂为缟素服，就帷幄引见〔二〕。十五年，思陵发引，援熙陵吕端故事，请行，乃摄太傅，为山陵使〔三〕。明堂加恩，封济国公〔四〕。

【疏证】

〔一〕**高宗升遐议用显仁例遣三使诣金必大谓今昔事殊不当畏敌曲徇止之** 楼钥所撰《周公神道前碑》载："初欲用显仁例遣三使，公固谓事体不同，不当曲徇。"后碑不载此事。李璧撰行状所载稍详："高宗上仙，朝廷欲用显仁例，遣三使如虏中，公固执不可，谓今昔事体不同，不当畏人而曲狗（徇）。"

〔二〕**贺正使至或请权易淡黄袍御殿受书必大执不可遂为缟素服就帷幄引见** 楼钥所撰《周公神道前碑》载："后正旦使将至，或请权易淡黄袍御殿受书，然后素帷见使者。公力陈不可，止以缟素引见，使者果心服。"后碑所记同，李璧撰行状不载此事。

〔三〕**十五年思陵发引援熙陵吕端故事请行乃摄太傅为山陵使**　楼钥所撰《周公神道前碑》载："思陵发引，公奏：陛下既行三年之丧，又用七月之制，永熙故典，吕端一相，犹摄太傅亲往，而有司欲用显仁旧例，非是。遂再拜请行，乃以公摄太傅。"李壁撰行状所载稍详："十五年，太上山陵，公奏当如祖宗旧法，置使五人。首相意不欲，礼官又引绍兴显仁例。公言：今陛下既用七月之制，又行三年之丧，山陵岂可不用大臣？永熙陵差吕端摄太傅，是时一相尚且亲往。昭慈在会稽，仓卒间犹命枢臣为总护使，又差执政张守监掩攒宫。旧章著明，昭然可考。臣备位宰司，当行。乃以公摄太傅，如端故事。"周纶撰年谱于淳熙十五年戊申内载："甲寅，高宗梓宫进发，摄太傅，持节前导灵驾及奠谥宝，监掩攒宫。四月辛未，回达江下，内侍梁彬传宣抚问，赐银合茶药。"

〔四〕**明堂加恩封济国公**　楼钥所撰《周公神道前碑》与李壁撰行状载此事同本传："明堂加恩，进封济国公。"周纶撰年谱于淳熙十五年戊申内载："九月己亥，明堂大礼，朝献景灵宫，初献官。辛丑，大享明堂，充大礼使。辛酉，正谢，进封济国公，加食邑一千户、食实封四百户。"年谱尚载有李巘所行制词："门下：明堂布政之宫，饬亲承于神祀；大臣事君以道，咨咸享于天心。眷言显相之贤，属举宗祈之礼。繄首崇于使范，爰踵锡于灵厘。丕号播修，群工典听。光禄大夫、右丞相、荥阳郡开国公、食邑六千六百户、食实封二千二百户周必大，高明而博达，端亮而醇深。以儒者之宗，苞古今而会极；负天下之重，懋凤夜以奋庸。方颙钧轴之司，深峻阶符之望。朝伦金穆，政体日新。繇心德之交孚，措邦家之底义。粤此季秋之缛，冠于列辟之趋。灵琐揭虔，肃分于嘉荐；总期昭报，祗协于精禋。辨章咸秩于弥文，励翼具敷于硕画。肆兹拜贶，迄用告成。方歆至治之馨香，宜溥湛恩之汪濊。顾惟宅揆，可后疏荣？稽畴公社之华，进启国封之渥。衍荒圭食，陪实井腴。以昌大猷，以蕃徽数。於戏！恭默而赉予弼，敢忘尊帝之诚？缉熙而单厥心，庸倚佐王之效。尚钦斯训，益缵乃勋。可特授依前光禄大夫、右丞相，进封济国公，加食邑一千户、食实封四百户。主者施行。"

十一月，留身乞去，上奖劳再三〔一〕。忽宣谕："比年病倦，欲传位太子，须卿且留。"必大言："圣体康宁，止因孝思稍过，何遽至倦勤。"上曰："礼莫大于事宗庙，而孟飨多以病分诣；孝莫重于执丧，而不得自至德寿宫。欲不退休，得乎？朕方以此委卿。"必大泣而退〔二〕。十二月壬申，密赐绍兴传位亲札〔三〕。辛卯，命留身议定。二月壬戌，又命预草诏，专以奉几筵、侍东朝为意〔四〕。拜左丞相、许国公〔五〕。参政留正拜右丞相〔六〕。壬子，上始以内禅意谕二府〔七〕。二月辛酉朔，降传位诏〔八〕。翼日，上吉服御紫宸殿。必大奏："陛下巽位与子，盛典再见，度越千古。顾自今不得日侍天颜。"因哽噎不能言，上亦泫然曰："正赖卿等协赞新君〔九〕。"

【疏证】

〔一〕 **十一月留身乞去上奖劳再三** 李璧撰行状载："公奏：久尘政路，自思陵归，即欲求去，缘京镗使北，争执礼文，屡蒙宣谕，恐彼中因贺生辰却求报，复令臣任责，是以迁延少待。今人使已行，求去无嫌，愿乞骸骨归山林。上奖劳再三。"楼钥所撰《周公神道前碑》载："仲冬之初，留身，奏：臣归自陵下，即欲求外。缘京镗使回，圣虑来贺者求报，复令臣少待。人使已行，愿乞骸骨。上奖劳再三。"后碑略记作"仲冬之初，奏乞骸骨"。周纶撰年谱于淳熙十五年戊申内详载日期："十一月乙未，公留身乞罢政。"

〔二〕 **忽宣谕……朕方以此委卿必大泣而退** 楼钥所撰《周公神道前碑》载："忽宣谕：比年病倦，欲传位太子，卿须且留。公奏：圣体康宁，止因孝思稍过，岂应遽尔倦勤？上曰：礼莫大于事宗庙，而孟飨多以病而分诣，孝莫大于执丧，而不得日至德寿。欲不退休，得乎？朕方以此委卿。公泣而退。"后碑所记略同。李璧撰行状文字稍异："（孝宗）曰：朕比年殊觉病倦，欲传位太子，卿须且留数年。公奏：陛下圣体方康强，只缘哀毁太过，何遽及此？上曰：礼莫大于事宗庙，而病不能自力，每直孟享，往往分诣；孝莫大于宁亲，而德寿宫隔远，不得日至，欲不退休，得乎？朕方以此委卿。公泣而退。"周纶撰年谱于淳熙十五年戊申内所载事实则可稍补神道碑、行状之事实："上宣谕传位太子之意，朕方以此委卿，不须留札子。"按，据神道碑、行状所记，知本传所记"不得自至德寿宫"之"自"当为

"日"字之形误。

〔三〕**十二月壬申密赐绍兴传位亲札** 楼钥撰《周公神道前碑》载："十二月壬申，密赐绍兴传位亲札。"后碑同。李壁撰行状所载稍详："十二月壬申，上密付绍兴三十二年太上传位亲札。"

〔四〕**辛卯命留身议定二月壬戌又命预草诏专以奉几筵侍东朝为意** 楼钥撰《周公神道前碑》载："辛卯，留身，议定二月壬戌之吉。又命公草诏，专以奉几筵、侍东朝为意。"后碑同。李壁撰行状仅载此事后半："上命公草诏，宜以侍几筵奉东朝为意。"周纶撰年谱不载此事。按，据神道碑"议定二月壬戌之吉"，可知本传点校本标点"辛卯，命留身议定。二月壬戌，又命预草诏"为误。二月壬戌乃为议定之内禅之日，非命必大草诏之日。此误由本传下文于必大任左相之时序亦可证。必大所草禅位诏载《周益国文忠公集》卷一二一《政府应制稿》淳熙十六年内："朕以菲质，循尧之道。兢业万几，历岁弥长。荷两仪九庙之德，边鄙不耸，年谷顺成，底于小康。爰自宅忧以来，勉亲听断，不得日奉先帝之几筵，躬行圣母之定省，固已慊然于怀。况乎春秋寖高，思释重负。皇太子某，仁孝聪哲，久司匕鬯。军国之务，历试参决。宜付大宝，抚绥万邦。俾予一人，获遂事亲之心，永膺天下之养，不其美欤？皇太子可即皇帝位，朕当移御重华宫。故兹诏示，想宜知悉。"题下注云："正月二十日拟进。"

〔五〕**拜左丞相许国公** 《宋史》卷二一三《宰辅表》于淳熙十六年载："正月己亥，周必大自右丞相、济国公除特进、左丞相、许国公。"李壁撰行状载："十六年正月，拜特进、左丞相，进封许国公。"楼钥撰《周公神道前碑》载："十六年正月己亥，拜左丞相。"后碑同。周纶撰年谱于淳熙十六年己酉内详载任相辞谢等一系列活动："正月己亥，文德殿宣麻，转特进、左丞相，进封许国公，加食邑一千户，食实封四百户。壬寅，御药关礼宣押缀新班。是日，以制词不自安乞祠，径过灵芝寺。关礼宣押赴堂，复出灵芝寺。癸卯，御药郑邦宪宣押赴国忌行香，出北关，泊仁和馆。御药张安仁宣押归私第。丙午，后殿奏事退，乞免从驾。御药黄迈就殿门传旨上马，相继行马。从驾回，宣押至私第。丁未，李巘知宁国府，黄迈就堂赐批答不允。己酉，门司李彦正批答。己未，正谢。"且载有李巘所行制词：

"门下：帝咨百揆以亮工，盖取众贤之协；王命六官而分职，莫如冢宰之尊。朕稽述洪猷，仪图俊德。眷弼谐于政体，俾登冠于台司。诞有明缙，格于公听。光禄大夫、右丞相、济国公、食邑七千六百户、食实封二千六百户周必大，道推先觉，行迪大儒。禀直方之气，而济以疏通之才；廓高远之识，而辅以醇正之学。瞭若蓍龟之兆，理灼见于古今；确然金石之姿，节靡渝于夙夜。践更二府，酬酢万几。自特进于国钧，乃备宣于贤韫。谋谟乎上，足以康庶事；表厉乎下，足以正群工。阴阳理而物遂其宜，社稷安而国蒙其利。比繇颛任，期以首台。望深峻于中朝，位宜崇于上相。紫绶金印之宠，即廊肆以不移；黄耳玉铉之辉，与泰符而增焕。褒扬斯至，倚属匪轻。政已治则尤务于调和，势以安则当思于振饬。肆华资之超进，仍名社之序升。衍拓爰租，申陪真食。并从令典，式备优恩。於戏！仲虺为左相于汤，实懋日新之德；高平观故事于汉，益明时用之宜。化惟久可以有成，志惟坚可以有立。使茂业克安于万世，则令名无愧于前人。勉迪训言，钦承眷意。可特授特进，进左丞相，封许国公，加食邑一千户、食实封四百户。主者施行。"《周益国文忠公集》卷一二九《历官表奏》八于淳熙十六年内载有必大《辞免左丞相札子》，自注日期为"正月八日"，正为上述所记之"己亥"。同卷尚收录有必大《辞免左丞相第二札子》《东宫札子》《乞去第一札子》《乞去第二札子》《乞去第三札子》《乞去第四札子》《辞免左丞相表》《第二辞表》《谢东宫笺》，《周益国文忠公集》卷三七《省斋文稿》三七收录有必大《迁左相府设醮青词》。

〔六〕**参政留正拜右丞相** 《宋史》卷二一三《宰辅表》于淳熙十六年正月己亥载："留正自参知政事兼同知枢密院事迁通奉大夫，除右丞相。"

〔七〕**壬子上始以内禅意谕二府** 楼钥撰《周公神道前碑》载："壬子，始因奏事宣谕二府：旬日当内禅。"后碑载："壬子，因奏事，始谕二府旬日当内禅。"

〔八〕**二月辛酉朔降传位诏** 楼钥撰《周公神道前碑》载："二月辛酉朔，降传位诏。"后碑同。《宋史》卷三五《孝宗纪》于淳熙十六年载："二月辛酉朔，日有食之。壬戌，下诏传位皇太子。"按，壬戌乃二月二日。

〔九〕**翼日上吉服御紫宸殿……上亦泫然曰正赖卿等协赞新君** 李壁撰行状载：

"二月壬戌内禅，公奏：陛下圣寿康宁，巽位与子，古今盛典，再见本朝，中外同庆。臣等辅政无状，自此不得日侍天颜，无任依恋之至。哽噎几不能言，上亦泫然曰：正赖卿等协赞新君。"楼钥撰《周公神道前碑》载："翌日，上吉服御紫宸殿，公奏：陛下巽位与子，古今盛典，再见圣朝，中外同庆。臣等辅政无状，自此无由日侍天颜，无任依恋之至。哽噎几不能言，上亦泫然曰：正赖卿等协赞新君。"后碑同。按，"翌日"之记，行状不载，仅见神道碑。由此亦可见本传主要因袭神道碑之形迹。

光宗问当世急务，奏用人、求言二事〔一〕。三月，拜少保、益国公〔二〕。李巘草二相制，抑扬不同，上召巘令帖麻改定，既而斥巘予郡。必大求去〔三〕。

【疏证】

〔一〕**光宗问当世急务奏用人求言二事**　楼钥撰《周公神道前碑》载："光宗问当世急务，公奏用人、求言二事。"后碑同，亦与本传同。李壁撰行状略详："光宗即位，公奏：陛下初政，用人求言为急，如前宰执侍从首合咨访。后三日，御笔批出降诏，从公请也。"按，求言指挥亦为必大所拟。《周益国文忠公集》卷一二一《政府应制稿》淳熙十六年内载《拟求言指挥》："前宰执：临御云初，方求谠论。惟时旧弼，敢后咨询？伫闻嘉谋，以辅不逮。可令学士院降诏。在外侍从：纂承伊始，下诏求言。侍从旧人，理宜咨访。其殚所蕴，附递以闻。"《宋会要辑稿·后妃》二之二四尚载光宗即位后之行事，可补本传之缺："淳熙十六年二月二十五日，三省、枢密院奏事，上曰：皇后合得恩泽可并减半，庶省名器侥幸。周必大等奏：此陛下盛德事，臣等恭承圣谕，不任叹仰。"

〔二〕**三月拜少保益国公**　楼钥撰《周公神道前后碑》载："三月，拜少保、益国公。"全同本传。李壁撰行状略详："三月，升少保、益国公。累奏乞回授，上不许，降诏面谕至三四。"《宋史》卷三六《光宗纪》于淳熙十六年内载："三月壬辰，以周必大为少保。"周纶撰年谱于淳熙十六年己酉内详载："三月辛卯，文德殿宣麻，转少保，进封益国公，加食邑一千户、食实封四百户。"《宋会要辑稿·职官》一之七载："淳熙十六年三月二日，特进、左丞相、许国公周必大可特授少保，依前左丞相，进封益国公。"按，年谱所记早于《宋史》本纪及《宋会要》一日。年谱尚载有倪思所行制词："门下：朕祗奉慈谋，钦承丕绪。任大守重，岂夙夜之敢康；谟明弼谐，繄股肱之攸赖。眷予上宰，为国宗臣。既久翊于熙朝，兹首禅于初政。宜疏异渥，以答殊勋。爰辑廷绅，诞扬诏綍。特进、左丞相、许国公、食邑八千六百户、食实封三千户周必大，忱恂而博达，端亮而粹夷。经济之才足以开物而成务，渊源之学始于诚意而正心。顷自机廷，晋登揆路。修明百度，虽小物而克勤；酬酢万微，遇大事而能断。民瞻益耸，国势愈强。仰惟寿皇，将举内禅。厥既传之以道，又复遗之以贤。乃升冠于冢司，俾务成于圣计。属兹继体，方庆泽之广覃；其于褒功，讵徽章之可后？肆升华于亚保，庸增重于元台。并开大国之封，申衍爰田之食。式昭眷遇，深厚倚毗。於戏！圣贤相逢治毕张，宿已彰于成效；后臣克艰政乃乂，今方仔于嘉猷。益究乃心，奚俟多训。可特授少保，依前左丞相，进封益国公，加食邑一千户、食实封四百户，仍令所司择日备礼册命，主者施行。"对此，年谱且记"公五具辞免，皆降诏不允"。必大表奏均载《周益国文忠公集》卷一三〇《历官表奏》九淳熙十六年之下，有《辞免少保札子》《辞免表》《再辞免表》《再辞免札子》《第三辞札子》《第四辞札子》《辞免册命札子》《谢除少保表》《谢重华宫表》。

〔三〕**李巘草二相制抑扬不同上召巘令帖麻改定既而斥巘予郡必大求去**　按，李壁撰行状并楼钥撰《周公神道前后碑》均不载此事。《续编两朝纲目备要》卷一仅于淳熙十六年载："会李巘草制失指得罪，乃命礼部侍郎尤袤直学士院。"检《永乐大典》卷一三四九六引《建炎以来朝野杂记》佚文详载此事："孝宗将倦勤，周益公自右揆转首台，而留仲至以参预爰立，时李景山巘以锁闼直禁林，并草二制，而于益公制中多所训饬，至有患失、容身之语。益公不自安，三上章力辞，又四章求去。其辞免第二札子有中外臣庶明知两相制书抑扬不同，在于人情宁免观望，盖指此也。奏入，上召景山入对，令贴麻改定。又亲批其奏云：朕登庸元辅，委任尤深。遽上词章，实难从允。既命载之答诏，益公复言所训饬乃与蒋芾所草洪适制并同，恐是一时遣词循用前例。蒋子礼草洪景伯右仆射制略云：毋独附于亲旧，期公选于贤能。毋朋比以徇私，毋依违而患失。毋取充位，必既厥心。毋思容身，必任其责。景伯坐此随即被劾，居位仅七十日而去。后两月，子礼自中书舍人入除签书枢密院事。因以非才求去。会胡子远侍御入对，及景山事。上曰：朕何尝令如此措辞。遂批出李巘与郡。明日，将上乞除职名。上不许。景山既去，乃以倪正父著作兼翰林权直，而尤延之侍郎兼直学士院。尤延之，益公所引也。二月，光宗受禅。"据此可知，李巘草二相制当在淳熙十六年正月己亥之时，然本传记于二月光宗受禅之后，殊为不当。又，"批出李巘与郡"，由周纶撰年谱于淳熙十六年己酉内载"李巘知宁国府"亦可窥知。

何澹为司业，久不迁，留正奏选之。澹憾必大而德正，至是为谏长，遂首劾必大〔一〕。诏以观文殿大学士判潭州〔二〕。澹论不已，遂以少保充醴泉观使〔三〕。判隆兴府，不赴〔四〕，复除观文殿学士、判潭州〔五〕，复大观文〔六〕。坐所举官以贿败，降荥阳郡公〔七〕。复益国公〔八〕，改判隆兴〔九〕，辞，除醴泉观使〔一〇〕。

【疏证】

〔一〕 **何澹为司业久不迁留正奏选之澹憾必大而德正至是为谏长遂首劾必大** 按，此事行状与神道碑均语焉不详，《续编两朝纲目备要》卷一淳熙十六年所载稍详："五月，左丞相周必大罢。必大与留正并相，议论素不相合，上受禅之初，必大已有罢意。时罗点以奉常兼修注，上密遣访可为言事官者，点荐朝士叶适等八人，皆意向与周必大类者，由是不果用。于是谢谔自左谏议迁中丞，何澹自权兵侍除右谏议。澹初与必大厚，为司业二年不迁，殊怏怏。正既相，白用为祭酒，故德之。至是首上疏攻必大，必大求去，再请而遂罢，故必大第二状中有'右揆贤德，中外具瞻'之语，盖谓是也。"按，"上受禅之初，必大已有罢意"，此所记"罢意"，当非必大之意，而系光宗之意。一朝天子一朝臣，虽说是政治惯例，其间亦有光宗之意向。

〔二〕 **诏以观文殿大学士判潭州** 《续编两朝纲目备要》卷一淳熙十六年五月载："初罢，除观文殿大学士，判潭州。"《宋史》卷三六《光宗纪》淳熙十六年五月载："丙申，周必大罢为观文殿大学士，判潭州。"李壁撰行状载：

"公在位稍久，士之有求而不获者多望公，公为是惧，求去甚力，上不许。既而谏官有言，公请益坚，诏以观文殿大学士判潭州。"楼钥撰《周公神道前碑》载："五月，求去甚力。既而谏省有言，请益切。除观文殿大学士，判潭州。"周纶撰年谱于淳熙十六年己酉内载："五月乙未，乞解机政，降诏不允，宣押如仪。丙申，入第二、第三、第四奏。是日，谏议大夫上殿。丁酉，除观文殿大学士、判潭州。"按，丁酉为丙申之次日。《周益国文忠公集》卷一三○《历官表奏》九收录有必大五月八日《辞免除职判潭州札子》。五月八日为丁酉。年谱尚录有倪思所行制词："门下：三孤洪化，允资弼亮之谟；十国为连，更赖蕃宣之略。任虽殊于内外，宠不异于始终。爰即昕廷，诞扬丕号。少保、左丞相、益国公、食邑九千六百户、食实封三千四百户周必大，量宏而识远，德钜而才全。文高黼黻之华，学富经纶之妙。忠勤体国，孜孜而无不为；通敏济时，绰绰乎有余裕。系天下之重望，结慈宸之深知。预大政而执洪枢，迭司二柄；骤次相而登上宰，光辅两朝。舜传有诏于诒谋，益赞克禅于继治。肆升亚保，增峻元台。肱股良而庶事康，方观成效；纪纲张而众目举，甫立宏规。俄遽露于需章，愿亟还于相印。谕旨丁宁而莫夺，陈情坚确而弗移。既雅志之重违，在茂恩而宜厚。是用付以长沙之巨屏，俾作牧于上游。宠以书殿之大名，仍通班于左棘。罔替眷怀之渥，式昭体貌之优。进退有光，观瞻咸耸。於戏！作舟楫汝用，惜不为于朕留；毋金玉尔音，尚乐啴于我告。勉祗明训，益懋外庸。可特授观文殿大学士，依前少保，判潭州军州事、兼管内劝农营田使、充荆湖南路安抚使、马步军都总管，益国公、食邑、食实封如故施行。"

〔三〕**谗论不已遂以少保充醴泉观使**　李壁撰行状载："言者不已，遂以少保奉祠而归。孝宗遣中使赐公金器，劳问有加。"楼钥撰《周公神道前碑》载："言者不已，副端助之，遂以少保充醴泉观使而归，孝宗赐金器劳问。"周纶撰年谱于淳熙十六年己酉内载："寿皇御笔赐金器、香茶。戊戌，再上辞免，仍乞以元官奉祠。殿中侍御史乞因辞勉从所请。是日，除醴泉观使。"《周益国文忠公集》卷一三○《历官表奏》九收录有必大《谢除醴泉观使表》。按，光宗罢免必大，孝宗歉然赐金器等慰问，其间之政治考量，颇见折射。

〔四〕**判隆兴府不赴** 李壁撰行状载："绍熙改元，判隆兴府，辞不赴。"神道碑同。周纶撰年谱于绍熙元年（1190）庚戌内载："十月戊申，除判隆兴府。公入奏，再辞免，降诏宜不允。"年谱尚载有倪思所行判隆兴府制词："敕：潜藩督府，夙推地望之雄；旧弼名臣，不替眷怀之厚。属兹谋帅，宣谓得贤。爰锡褒缛，式昭茂渥。少保、充醴泉观使、益国公、食邑九千六百户、食实封三千四百户周必大，身端而行备，学富而才华。才无施而不宜，言所底而可绩。光辅两朝之治，具著忠忱；独高三事之班，允膺休宠。自祠庭之均逸，亦岁籥之已更。眷言江湖之都，上应翼轸之次。与我共理，实藉于循良；视邦选侯，莫如于名德。是用起之闲适，任以蕃宣。孤棘所临，俾方维之增重；乡枌是统，在昼绣以尤荣。既素稔于民情，宜易施于善政。噫！召伯之教明于南国，有遗爱之不忘；韦丹之功被于八州，尚良规之可考。勉祗明命，无愧昔人。可依前少保，特授判隆兴军府事、兼管内劝农营田使，充江南西路安抚使、马步军都总管，封食实封如故。"《周益国文忠公集》卷一三一《历官表奏》一〇收录有必大《辞免判隆兴府札子》，首云："臣今月二十日准尚书省札子，十月二十七日三省同奉圣旨，周某可判隆兴府，免奏事，疾速之任。"按，十月二十七日正为戊申。《周益国文忠公集》同卷收录有《再辞免判隆兴府第二札子》，首云："臣近具奏辞免判隆兴府恩命，正月二日恭奉十二月十二日诏书，所辞宜不允者。"此札子后录有倪思撰允诏。据此可知，辞免判隆兴府之任已至绍熙二年正月。

〔五〕**复除观文殿学士判潭州** 楼钥撰《周公神道前碑》载："二年，除观文殿学士、判潭州，亲理郡政，不以简贵自居。罢倍税牙契钱二十万缗。"李壁撰行状载："除观文殿学士、判潭州。郡有倍税牙契钱，岁约二十万缗，公亟罢之。"周纶撰年谱于绍熙二年辛亥内载："八月壬午，除观文殿学士、判潭州。"年谱尚载有倪思所行判潭州制词："敕：书殿通班，无若延恩之俊；价藩作屏，尤推连帅之崇。眷言寅亮之贤，久遂燕闲之适。肆申前命，用起旧人。少保、充醴泉观使、益国公、食邑九千六百户、食实封三千四百户周必大，经纶全才，羽翼宿望。光辅重华之治，进位冢司；亲逢一道之传，弼予初政。乃刓章而有请，祈上印以归休。宠以学士之隆名，畀以长沙之巨镇。旋易祥源之使领，洊阅岁华；近剖豫章之守符，屡勤谕旨。莫移素守，姑遂雅怀。朕惟均劳逸者，虽人主之恩；分忧顾者，实大臣之谊。是用再颁初诏，俾殿上游。噫！周公分东陕之权，益使侯方之重；召伯明南国之教，坐观民俗之醇。尚体眷怀，丞祗褒渥。可依前少保，特授观文殿学士、判潭州军州事，兼管内劝农营田使，充荆湖南路安抚使、马步军都总管。封食实封如故。"《周益国文忠公集》卷一三一《历官表奏》一〇收录有必大《辞免除观文殿学士判潭州札子》，首云："臣九月六日准省札，八月十一日，三省同奉圣旨，周某可除观文殿学士、判潭州。"按，八月十一日为丁亥，年谱作"八月壬午"不确。

〔六〕**复大观文**　李壁撰行状载："明年六月，复大观文。"周纶撰年谱于绍熙三年壬子内载："六月甲子，受复观文殿大学士告。"年谱尚载有倪思所行复观文殿大学士制词："门下：朕序进臣工，率循彝宪。惟延恩之峻职，在书殿以最高。惟学士之大名，非旧弼而莫畀。春予亚保，作牧上游。爰播明缗，洊颁前命。少保、观文殿学士、判潭州军州事、兼管内劝农营田使、充荆湖南路安抚使、马步军都总管、益国公食邑一万六百户、食实封三千八百户周必大，道隆致主，德盛格天。颛魁柄于两朝，用密藏于辅赞；典方维于十国，绩蔼著于藩宣。声实愈孚，眷怀深厚。朕若稽皇祐，加奖昌朝，始创紫宸之穿班，用极鸿儒之殊宠。矧如宿望，有迈昔贤。故于上印之时，尝焕出纶之渥。兹申初诏，殆逾华衮之荣；式茂新恩，尽复青毡之旧。以示至公之道，以昭驭贵之权。丕釜民瞻，增雄帅阃。於戏！贤者素轻乎富贵，夫岂计得失之间？朝廷莫重于名器，盖将寓黜陟之典。往祗猷训，益懋勋庸。可依前少保，特复观文殿大学士，判潭州军州事、兼管内劝农营田使、充荆湖南路安抚使、马步军都总管、益国公，食邑食实封如故。主者施行。"楼钥撰《周公神道前后碑》记作"三年四月，复元职"不确。

〔七〕**坐所举官以赃败降荥阳郡公**　楼钥撰《周公神道前碑》载："七月，坐所举官以赃败，降荥阳郡公。"李壁撰行状载："七月，坐举官不实，降授荥阳郡公。"对此，《宋史》卷三六《光宗纪》所载稍详："庚申，监文思院常良孙坐赃配海外，益国公周必大坐缪举良孙，降荥阳郡公。"周纶撰年谱于绍熙三年壬子内载："七月庚申，坐举监文思院常良孙，降荥阳郡公。"年谱尚载有倪思所行降荥阳郡公制词："门下：国家设荐举之科，所以广求才之路；严保任之法，所以惩失实之愆。欲昭示于至公，爰必行于近列。眷时旧弼，允谓宗臣。偶累知人之明，可逃绌爵之罚？肆敷训告，用协彝章。少保、观文殿大学士、判潭州军州事、兼管内劝农营田使、充荆湖南路安抚使、马步军都总管、益国公、食邑一万六百户、食实封三千八百户周必大，德茂恢洪，道存忠恕。班莫高于九棘，寄方重于十连。以人事君，凤著秉钧之日；举贤报国，晚坚推毂之诚。属一时管库之卑，乃再世台臣之后。徒知名阀之是取，弗悟伪言之见欺。既贪墨之有闻，寻察觉而奚及？虽非深咎，难废薄惩。稍镌公社之封，仍厚邑租之入。庶申儆戒，靡替眷怀。於戏！过可知仁，已初心之曲谅；复斯无悔，尚后效之勉图。其体隆宽，以绥吉履。可依前少保、观文殿大学士、判潭州军州事、兼管内劝农营田使、充荆湖南路安抚使、马步军都总管，降荥阳郡开国公，食邑食实封如故。主者施行。"《周益国文忠公集》卷一三一《历官表奏》一〇收录有必大《降郡公谢表》，首云："臣某言，伏奉制命，以臣举常良孙改官犯入己赃，降荥阳郡开国公，臣已望阙谢恩祗受讫者。"

〔八〕**复益国公** 楼钥撰《周公神道前碑》载："四年八月，复旧封。"后碑同。李壁撰行状载："又明年八月，复益国公。"周纶撰年谱于绍熙四年癸丑内载："八月丙辰，受复益国公告。"年谱尚载有倪思所行复益国公制词："门下：行法由近而始，厥既示天下以公；知人自昔所难，要当谅君子之过。罚已臻于满岁，宜俾复于旧封。诞布明缗，式孚群听。少保、观文殿大学士、判潭州军州事、兼管内劝农营田使、充荆湖南路安抚使、马步军都总管、降荥阳郡开国公、食邑一万六百户、食实封三千八百户周必大，德全而才钜，识远而量宏。勋在两朝，望尤高于左棘；政成九牧，咏咸美于甘棠。顷景慕于前修，肆矜录其后裔。遂乖保任，有昧贤愚。缪举必惩，罚虽加于绌爵；阅时云久，恩可后于涤瑕。爰按邦彝，叙还公社。以谨驭臣之典，以彰补过之休。於戏！胙土分茅，兹全归于赐履；推贤报国，其勿替于初心。茂对宠光，益殚忠荩。依前少保、观文殿大学士、判潭州军州事、兼管内劝农营田使、充荆湖南路安抚使、马步军都总管，持叙复益国公，食邑食实封如故。主者施行。"《周益国文忠公集》卷一三二《历官表奏》一一收录有必大《谢复益国公表》。

〔九〕**改判隆兴** 楼钥《攻媿集》卷三八载有《判潭州周必大判隆兴府》制词，此制年谱亦载："敕：诏起东山，已报长沙之政；符分南服，尚提新府之封。乃眷元台，载扬明训。少保、观文殿大学士、判潭州军州事、兼管内劝农营田使、充荆湖南路安抚使、马步军都总管、益国公，食邑一万六百户、食实封三千八百户周必大，阃深而肃括，坚正而裕和。极论思献纳之工，尽辅赞弥缝之用。始终一节，光显三朝。进退百官，聚英才而在列；总领众职，任大事以不疑。方安蕊馆之闲，往镇藩方之远。眷怀不替，委寄则均。政化流行，有类上公之分陕；威名孚洽，共期大老之归周。惟此南昌，尤为要地。爰命三孤之重，式遄十乘之行。矧尔寓居之乡，实今赐履之下。既喜衮衣之寖近，抑知昼锦之有光。先声所临，群听自耸。噫！令行庭户，当还带牛佩犊之风；福及京师，更致自叶流根之效。来绥四国，式宪万邦。可依前少保，观文殿大学士、特授判隆兴军府、兼管内劝农营田使、充荆湖南路安抚使、马步军都总管、封、食实封如故。"

〔一〇〕**辞除醴泉观使** 楼钥撰《周公神道前碑》载："冬，易镇隆兴。五年，力求奉祠。"李壁撰行状载："改判隆兴。复再入奏祈免，除醴泉观使。"周纶撰年谱于绍熙五年甲寅内载："正月庚午，至吉。戊寅，判隆兴府告至。丁亥，拜辞免不允诏，入第二奏。二月丁巳，受醴泉观使敕。"又，据年谱所记，是年八月甲寅，必大由少保转升少傅，年谱尚载有楼钥所行授少傅制词："门下：朕祗膺骏命，寅绍丕图。旧弼偶藩，甫遂内祠之佚；霈恩进律，是升亚傅之崇。乃辑群工，用敷涣号。少保、观文殿大学士、充醴泉观使、益国公、食邑一万六百户、食实封三千八百户周必大，道隆而德备，实茂而声闳。自有书契以来，悉能该综；首以词章之选，入践清华。西掖北门，周旋累岁。高文大册，震耀四方。逮参柄于事枢，寻进专于国柄。谋谟经远，任社稷以不疑；精神折冲，抚华夷而咸肃。久辞相印，起殿帅垣。退为绿野之游，自适东山之志。眷冲人之嗣服，方歌求助之诗；想元老以兴怀，尝下乞言之诏。兹颁异数，就陟孤卿。夏篆通厘，班寖高于左棘；衮衣赤舃，礼增焕于三槐。仍衍故封，并增真食。於戏！叹股肱之美庸，加贰公洪化之名；进药石之规式，究致君泽民之蕴。尚孚明命，毋有遐心。可特授少傅，依前观文殿大学士、充醴泉观使、益国公，加食邑一千户、食实封四百户。令所司择日备礼册命。主者施行。"按，以上年谱所载制词脱阙之处，据《宋宰辅编年录》卷一九补。《周益国文忠公集》卷一三二《历官表奏》一一收录有必大撰于二月之《谢醴泉观使表》。

宁宗即位，求直言，奏四事：曰圣孝，曰敬天，曰崇俭，曰久任〔一〕。庆元元年，三上表引年，遂以少傅致仕〔二〕。

【疏证】

〔一〕**宁宗即位求直言奏四事曰圣孝曰敬天曰崇俭曰久任** 楼钥撰《周公神道前碑》载："主上践阼，诏求言于旧弼。公奏四事，曰圣孝，曰敬天，曰崇俭，曰久任，皆讦谟也。"后碑载："主上登极，求言于旧弼。公奏圣孝、敬天、崇俭、久任四事，皆切于世用。"李壁撰行状载："今上即位，诏求直言，公奏陈四事：曰圣孝，曰敬天，曰崇俭，曰久任。且欲仿靖康时谭世绩主管龙德宫，寿皇时命钱端礼为德寿宫使故事，遴选太上旧臣一二人，使侍燕闲、从游幸，以广陛下之孝。本朝提举司天监，皆委近臣，如神宗初年用司马光，元丰间用王安礼，今莫若择侍从之忠直者提举太史局。此诚格天之一端。"《周益国文忠公集》卷一四五《奏议》一二载《醴泉观使准诏言事一首回奏》，首云："臣伏准七月二十一日求言诏书一道。臣恭惟皇帝陛下临御大宝，圣德日新。博询谠言，图回盛治。不遗老臣，特下玺书之宠。臣伏读感凛，无所容身。自当披肝沥胆，上禆初政之万一。但臣连年抱病，今夏绝而复苏。心剿形瘵，气息仅属。平昔既无嘉谋远虑可补大猷，况衰残垂尽之时，安能有所献纳？谨陈四事，仰塞明诏。"此下具载本传所记四事。

〔二〕**庆元元年三上表引年遂以少傅致仕** 楼钥撰《周公神道前碑》载："庆元元年（1195），公于是年七十矣，三上表引年，遂以少傅致仕。"后碑略同。李壁撰行状载："庆元元年三上表告老，诏以少傅致仕。"必大所上《乞致仕》三表载于《周益国文忠公集》卷一三三《历官表奏》一二庆元元年之下。楼钥《攻媿集》卷四三载有《少保周必大再乞致仕依已降指挥不允诏》。获允后，必大有《谢致仕表》，亦载于《周益国文忠公集》卷一三三《历官表奏》一二庆元元年之下。周纶撰年谱于庆元元年乙卯内载："公年七十，正月丁亥朔，三上表乞引年致仕。七月庚寅，宣麻，转少傅致仕，加食邑一千户、食实封四百户。"且载有倪思所行制词："门下：援礼经而告老，大臣所以循止足之规；稽邦典以疏恩，人主所以茂褒崇之渥。朕眷怀耆旧，渴想高风。扬于大庭，竦乃群听。少保、观文殿大学士、充醴泉观使、益国公、食邑一万一千六百户、食实封四千二百户周必大，才宏而识远，行峻而气和。其学以致知为先，其文以明道为本。有一德如伊尹，任重保衡；亮四世如毕公，望隆寿俊。身虽系于轩冕，心常乐乎丘樊。顷辞洪井之麾，复领祥源之使。年龄甫及，筋力未衰，而乃叠贡封章，恳还官政。朕惟赐几而不得谢，盖具著于前彝；垂车以保其荣，殆难从于雅志。勉谕优贤之旨，莫回勇退之祈。念重违于悃诚，宜优加于体貌。是用升班孤傅，载申成命之休；增赋爰田，仍衍真租之食。以示宠光之备，以昭名节之全。孰不叹息于贤哉，足以兴起乎闻者。於戏！进夫棘位，益资洪化之谟；迎以蒲轮，尚有乞言之礼。惟深于道者，无殆辱之累；惟忠于国者，何仕止之殊。往绥寿祉之多，勿替谋猷之告。可特授少傅，依前观文殿大学士、益国公致仕，加食邑一千户、食实封四百户，令所司择日备礼册，命主者施行。"《宋史》卷三七《宁宗纪》于庆元元年载："秋七月壬辰，加周必大少傅。"按，七月壬辰，后年谱所记庚寅两日。楼钥《攻媿集》卷四二尚载有《新除少傅周必大辞免不允诏》："卿三朝元老，身佩安危。退处东山，直欲弃置人间事，顾岂以爵秩为心哉？朕初临御，注想不忘。下诏乞言，疏恩进律，亦可以见朕意矣。覃霈之颁，无远弗届，安有达尊如卿而可但已？保傅一间，不必固辞。逊章甚力，非朕所望。"《攻媿集》同卷尚收录有两通《周必大再辞免少傅不允不得再有陈请诏》。

先是，布衣吕祖泰上书请诛韩侂胄，逐陈自强，以必大代之〔一〕。嘉泰元年，御史施康年劾必大首唱伪徒，私植党与，诏降为少保〔二〕。自庆元以后，侂胄之党立伪学之名，以禁锢君子，而必大与赵汝愚、留正实指为罪首〔三〕。

【疏证】

〔一〕**先是布衣吕祖泰上书请诛韩侂胄逐陈自强以必大代之**　楼钥撰《周公神道前碑》载：“嘉泰元年（1201），布衣上书及公姓名。”后碑同。李壁撰行状载：“嘉泰元年，有以布衣上书及公姓名者。”《宋史》卷三七《宁宗纪》于庆元六年九月载：“甲子，婺州布衣吕祖泰上书，请诛韩侂胄、苏师旦，逐陈自强等，以周必大代之。诏杖祖泰，配钦州牢城。”《续编两朝纲目备要》卷六亦于庆元六年九月载：“是月十一日甲子，进士吕祖泰投匦上书论韩侂胄，其言略曰：道与学，自古所恃以为国也。丞相汝愚，今之有大勋劳者也。立伪学之禁，逐汝愚之党，是将空陛下之国，而陛下不之悟耶？陈自强何人也，徒以侂胄童孺之师而躐致禁从。陛下旧学之臣，若龟年等，今安在哉？苏师旦，平江之吏胥，周筠，韩氏之厮役，人户知之，今师旦以潜邸随龙，周筠以皇后亲属俱至大官。不知陛下在潜邸时，果识所谓苏师旦者乎？椒房之亲，果有厮役之周筠者乎？其自尊大而卑陵朝廷，一至于此也！愿陛下亟诛侂胄及苏师旦、周筠，而罢逐陈自强之徒。故大臣在者，独周必大可用，宜以代其任，不然事将不测。书出，中外大骇。”据《宋史》本纪及《续编两朝纲目备要》可知，吕祖泰上书在庆元六年九月十一日，前引神道碑及行状并《宋史》卷四五五《吕祖泰传》记在嘉泰元年不确。

〔二〕**嘉泰元年御史施康年劾必大首唱伪徒私植党与诏降为少保**　《宋史》卷三八《宁宗纪》于嘉泰元年二月载：“癸巳，监察御史施康年劾少傅、观文殿大学士致仕周必大首倡伪学、私植党与，诏降为少保。”《宋会要辑稿·职官》七三之二八详载：“（嘉泰元年二月）十二日，少傅、观文殿大学士周必大特降一官。以监察御史施康年言：比年以来，伪学之徒无所忌惮，深根固蒂，皆缘必大尚享亚傅之崇爵、秘殿之隆名，望赐镌褫，俾中外皆知其倡伪植党、欺世盗名。”据上可知，本传“首唱伪徒”之“徒”，当为“学”字之误。周纶撰年谱于嘉泰元年内载：“二月，监察御史觉察吕祖泰上书，及公姓名，特降少保。”且录有邵文炳所行降少保制词：“敕：大臣从故里之安，务曲全于优礼；王者审治朝之听，曾可废于公言？肆予纂绍于丕图，稽古率循于兹道。有众弗协，固难独私。少傅、观文殿大学士、益国公致仕、食邑一万四千六百户、食实封五千四百户周必大，身受国恩，名推时望。文章议论，早膺烈祖之选抡；典礼时几，尤重慈皇之注倚。岁月推移于三纪，风云感会于千龄。翁九德以敷施，宁分同异；襄二人而有合，罔间初终。庶全天下之为公，不愧先民之时若。乃拂协和之义，浸雁奋昵之偏。驯致狂生，扇成伪习。视群才之进退，分私党之盛衰。沿类相从，殆水流而火就；畅萌以泯，几阴长而阳消。慨流弊之及今，谓造端之自汝。尤指元台之重，欲遄退傅之归。自为明哲之保身，则异于是；有匪《春秋》之责备，不在兹乎？骇舆论之沸腾，溢台评之枚数。独念辞荣之久，固应用罚之宽。姑抑穿班，庸儆有位。弃人间事而学轻举，知久忘宠辱之惊；引里俗讥而志穷愁，谅一洗爱憎之累。尚休晚末，无负隆宽。可特降授少保，依前观文殿大学士、益国公致仕，食邑、食实封如故。"《周益国文忠公集》卷一三三《历官表奏》一二亦载有必大《谢降官表》，首言："臣某言，伏奉告命，降授少保，依前观文殿大学士致仕，臣已望阙遥谢祗受讫者。"

〔三〕**自庆元以后侂胄之党立伪学之名以禁锢君子而必大与赵汝愚留正实指为罪首**　宋沧洲樵叟《庆元党禁》于首末伪党共五十九人列宰执四人："赵汝愚、留正、王蔺、周必大。"《庆元党禁》又载："嘉泰元年辛酉春二月己亥，议者又言伪学之徒余孽未尽革，愿于听言用人之际，防微杜渐。制：观文殿大学士致仕、益国公周必大降充少保，依旧职致仕。"

　　二年，复少傅〔一〕。四年，薨，年七十有九〔二〕。赠太师〔三〕，谥文忠〔四〕。宁宗题篆其墓碑曰"忠文耆德之碑"〔五〕。

【疏证】

〔一〕**二年复少傅**　楼钥撰《周公神道前碑》载："嘉泰元年，布衣上书及公姓名，台评降一官。明年，乃复。"后碑同。李壁撰行状载："嘉泰元年，有以布衣上书及公姓名者，言者论公，降一官，次年复少傅。"周纶撰年谱于嘉泰二年壬戌内载："十二月，内批复元官。"《周益国文忠公集》卷一三三《历官表奏》一二收录有必大《辞免复少傅》状，首云："少保、观文殿大学士致仕、益国公周某状，十二月十八日巳时，准尚书省递到札子，十二月九日奉圣旨，周某、留正并特与复元官致仕。"周纶撰年谱又于嘉泰三年癸亥内载："正月丙子，受复少傅告。"且录有颜棫所行制词："门下：混同天下而一之中，宣示大公之道；体貌大臣而励其节，载疏驭贵之恩。眷言绿野之英，偶丽丹书之籍。复孤卿而际旧，涣宠数以维新。播告大廷，诞敷明命。降授少保、观文殿大学士、益国公致仕、食邑一万四千六百户、食实封五千四百户周必大，闳深而简重，温裕而刚方。博物洽闻，贯百家九流之奥；高文大册，追三代两汉之醇。思陵爱其有制诰之才，孝庙识其真宰辅之器。赞虞舜垂裳之制，久邕于明谟；泝神禹若帝之初，力禅于新政。庶官无旷，百职惟熙。恳辞机务之繁，旋俾保厘之重。衣锦动故乡之喜，建旄升亚傅之崇。进退可观，始终罔间。时事靡闻于挂口，家居惟乐于著书。骇匹夫狂悖之上闻，乃片言讹误之并及。既有疑于三至，始薄褫于一阶。朕方建皇极而融会于党偏，尊重闱而濡泱于庆施。申念先朝之遗老，仅同下国之灵光。宁屈彝章，以全晚节。属外亲之诣阙，在更生初岂与知；贬宫保以居闲，矧彦博已尝得谢。爰侈便蕃之渥，尽还寅亮之联。仍方社之旧封，示安居之伟观。於戏！福威惟辟，朕庶几偕命偕复之公；明哲保身，尔固无三仕三已之累。益绥寿履，祗服恩私。可特复少傅，依前观文殿大学士、益国公致仕、食邑一万四千六百户、食实封五千四百户。主者施行。"

〔二〕**薨年七十有九**　楼钥撰《周公神道前碑》载："四年十月庚寅朔薨，年七十有九。"李壁撰行状载："四年十月一日薨，年七十有九。"周纶撰年谱于嘉泰四年甲子内载："十月旦，公薨于正寝，享年七十有九。"

〔三〕**赠太师**　楼钥撰《周公神道后碑》载："遗奏既闻，上为震悼，辍朝二日，赠太师，赙银绢各千，累食邑一万五千六百户，食实封五千八百户。"李壁撰行状载："讣闻，上辍朝两日，赠太师，赙银千两、绢千匹。"周纶撰年谱于嘉泰四年甲子内载："遗奏闻，上辍朝两日。赠太师，赙银绢一千匹两。"年谱尚收录有李大异所行赠太师制词："敕：朕遵先王之法言，念今日祖风之未远；感故国之乔木，叹当时朝士之无多。眷言调鼎之英，久遂挂冠之适。忽遗言之来诒，讵悫册之可稽？故少傅、观文殿大学士致仕、益国公、食邑一万五千六百户、食实封五千八百户周必大，智周万殊，学镜千古。以文华国，岂惟庄、骚、太史之工？以道事君，屡展稷、契、皋陶之画。初振词臣之誉，旋畴真宰之庸。既练习于国章，尤精通于世务。亮众采于台极，烈祖恃为股肱；捧大明于天衢，圣父资其羽翼。顷以棘班之峻，往分帅阃之权。虽饯于郿者，有以册申伯之勋；然浴乎沂者，无以夺曾点之志。遂致大夫之事，聿观晚节之香。爵列三孤，寄傲每存于林壑；年几八袠，研精弗倦于简编。云胡一鉴之亡，莫起两楹之梦。锡之密印，襚以衮衣。於戏！我咸成文王之功，靡忘绳武；尔尚式周公之训，宜俾为师。赉于窆封，服我光命。可特赠太师，余如故。"

〔四〕**谥文忠** 楼钥撰《周公神道前碑》载："寻赐谥文忠。"周纶撰年谱于开禧三年（1207）丁卯内载："二月辛酉，赐谥文忠。"《周益国文忠公集》附录卷三载有刘弥正申撰《谥议》，末云："宜请谥曰文忠。谨议。"又载有宣教郎、守秘书省著作郎、兼沂王府小学教授、兼权考功郎官许奕撰《覆谥》，末云："今来本官合行定谥，候敕命指挥下日，出给谥告付本家，仍牒照会。伏候指挥，二月十五日三省同奉圣旨依尚书吏部故任少傅、观文殿大学士致仕、益国公、食邑一万五千六百户、食实封五千八百户、赠太师周必大牒，奉敕宣赐谥曰文忠。"按，必大获谥已在去世三年之后，本传与赠太师连书不确。

〔五〕**宁宗题篆其墓碑曰忠文耆德之碑** 周纶撰年谱于嘉定元年（1208）戊辰内载："十一月，内侍张延庆传旨，宣赐御书'忠文耆德之碑'六字，并诏词臣撰书碑铭。"按，"诏词臣撰书碑铭"，即《周益国文忠公集》附录卷四所载楼钥撰《宋故少傅观文殿大学士致仕益国公食邑一万五千六百户食实封五千八百户赠太师谥文忠周公神道碑》（前碑），以及卷五所载楼钥撰《宋故少傅观文殿大学士致仕益国公赠太师谥文忠周公神道碑》（后碑）。楼钥撰《周公神道后碑》载："至嘉定元年，公之子纶告于朝曰：先臣备位首相，既葬而隧碑未立，敢泣以请。天子曰：嘻，此四朝之宗臣也。谥以'文忠'，御书'忠文耆德之碑'以赐，且诏臣钥为之文。"

自号平园老叟〔一〕，著书八十一种，有《平园集》二百卷〔二〕。尝建三忠堂于乡，谓欧阳文忠修、杨忠襄邦乂、胡忠简铨皆庐陵人，必大平生所敬慕，为文记之，盖绝笔也〔三〕。一子，纶〔四〕。

【疏证】

〔一〕**自号平园老叟** 李壁撰行状载："闲居十五年，自号平园老叟，筑堂名曰玉和，公自序云：四气和谓之玉烛，方今贤和于朝，物和于野，遂使皤然一叟，得侁老于和气之内。则知公虽从容绿野，坐远世氛，而其心未尝一日不在朝廷也。"

〔二〕**著书八十一种有平园集二百卷** 楼钥撰《周公神道后碑》载："平日著述，为书十余种，总为二百卷，行于世。"楼钥撰《周公神道前碑》则载有书名："有《省斋文稿》《别稿》《平园续稿》《掖垣丛稿》《玉堂类稿》《词科旧稿》《政府应制稿》《历官表奏》《奏议》《奉诏录》《承明集》《玉堂杂记》《龙飞录》《亲征录》及《闲居纪录》等书，总二百卷，藏于家。其行于世者已多，属文之士传诵以为模楷。公之文不待赞扬，微至题跋之语，考古证今，岁月先后，通彻明白，读者叹服。"李壁所撰行状详载卷数："公有《省斋文稿》四十卷，《平园续稿》四十卷，《省斋别稿》十卷，《词科旧稿》三卷，《掖垣类稿》七卷，《玉堂类稿》二十卷，《政府应制稿》一卷，《历官表奏》十二卷，《奏议》十二卷，《奉诏录》七卷，《承明集》十卷，《辛巳亲征录》一卷，《壬午龙飞录》一卷，《癸未日记》一卷，《闲居录》一卷，《丁亥游山录》三卷，《庚寅奏事录》一卷，《壬辰南归录》一卷，《思陵录》二卷，《玉堂杂记》三卷，《二老堂诗话》二卷，《二老堂杂志》五卷，《玉蕊辨证》一卷，《乐府》一卷，《书稿》十五卷。"按，观行状与神道碑所载必大文集细目，参核现存必大著述，未及本传所记"八十一种"，然多于《周公神道后碑》所记"十余种"。

〔三〕**尝建三忠堂于乡谓欧阳文忠修杨忠襄邦乂胡忠简铨皆庐陵人必大平生所敬慕为文记之盖绝笔也** 楼钥撰《周公神道前碑》载："末为《三忠堂记》，谓欧阳文忠、杨忠襄、胡忠简，皆郡人也，精确简严，几于绝笔。呜呼！一代风流，于焉尽矣。"按，《周益国文忠公集》卷六〇《平园续稿》二〇收录有此文，全题为《庐陵县学三忠堂记》。文末志曰："嘉泰四年八月 日。"又，《庐陵县学三忠堂记》云："庐陵宰赵汝厦即县庠立三忠祠，岁时率诸生祀焉。"据此可知，三忠堂非必大所创建，本传云"建三忠堂于乡"不确。

〔四〕**一子纶** 李壁撰行状载："子纶，朝请大夫、行大理司直。"楼钥撰《周公神道前碑》载："一子，即纶也，朝请大夫，行大理司直。"稍后执笔之《周公神道后碑》载："一子，即纶也，朝请大夫、新知筠州军州事。"

结　语

正史列传详细疏证，古今鲜有人为，以上《宋史·周必大传》疏证则属尝试。疏证目标之一，为探史源。即通过现存文献，考史传所述史实之源头。疏证目标之二，为辨正误。检核同一史实之相关文献记载，辨史传所述史实之正误。疏证目标之三，为观取舍。比勘传主生平行事之诸种记载，明史臣编纂之际之取舍。疏证目标之四，为补史实。检视相关文献，补史传记述之简略及缺失。疏证目标之五，是正本传以外与之相关史实。疏证目标之六，是排比相关史料，以见对同一事件、人物之不同评价。这类疏证，实为以史传为主线，为传主作生平事迹长编。

作为个案，透过《宋史·周必大传》之疏证，则可概见正史列传之主要原始史源，大多来自传主家人提供之行状以及墓志、神道碑等所谓石刻史料。此类史料述纪年行历较为准确，然于叙事多曲笔，评价多美化。此乃文体性质使然，无足多怪。正史编纂之际，史臣于这类史料或有沿袭，或有取舍。进入正史之原始史料，因获史臣加笔辨析，遂使单一来源之史料成为复合重层之多源记载，就此而言，正史或有优于其他史料之处。

具体而言，行状以及碑志乃至题名类之石刻石料，无论是曾经入石，还是停留于文献，皆有不可替代之史料价值。比如，由周必大之子所撰墓志可知，必大初字"洪道"，后易为"子充"，而非如《宋史》本传所云"一字洪道"之两字并行。又如清欧阳棨刊刻周必大文集，均将其里贯记作"东昌"，然据周必大曾祖衎及其父周利建等题名石刻，正确表记当为"东里"。"东里"作为古称也有文献依据。由此可知，因字形相近，"东昌"当为"东里"在传抄刊刻过程发生之讹误，而这种讹误又对后世研究者造成误导。然如无题名石刻，证误则只能停留于推测阶段。

当然，石刻史料亦有其局限性，由于各种复杂因素，对于不利于墓主之负面事实，行状、碑志多会回避。此类史实之阙书则使史像缺乏完整性，而依据多重复合史料构成之正史列传，在一定程度上则或多或少对石刻文献的缺失有所弥补。比如，《宋史》本传记载"或言其再入也，实曾觌所荐，而必大不知"，即表明周必大再入翰苑是由其激烈反对之政敌曾觌所推荐，此一事实全然不见于周必大之墓志、行状、神道碑。

无中难以生有，行状、碑志是正史主要依据之史源，而行状、碑志之史实缺失亦在一定程度上影响到正史列传之史像完整。鉴此，知人论世，除行状、碑志这样第一手文献，以及正史等二次加工文献之外，还应利用各种数据库，驱使全部相关史料，竭泽而渔，方可近真。然数据库亦不可盲信，有时仅仅录入关键词，则难以发现隐讳较深之史实。比如周必大与王淮同为宰相，两人关系微妙。关于这方面，无论是行状、碑志，还是《宋史》本传皆无反映。只能深入周必大文集，仔细阅读周必大本人之叙述文字，方可体会一二。如《宋史》本传记载周必大于"（淳熙）十五年，思陵发引，援熙陵吕端故事，请行，乃摄太傅，为山陵使"，行状、碑志亦皆记载有此事。本该左相王淮担任之山陵使，为何由右相周必大担任？由文集中周必大自述可知，王淮担心担任山陵使之后可能会按惯例被罢相，才避事由周必大担当。此种隐秘非深入发掘史料、辨析文献则难以发现。

为正史列传疏证，于其中重要人物，尤当优先为之。南宋周必大，历仕南宋高、孝、光、宁四朝，在孝宗朝长期为相，系南宋前中期历史之见证者、亲历者。笔者接续唐宋变革之历史观察，力倡宋元变革论，认为南宋政治与经济重心在江南合一，商品经济繁荣，地域社会强盛，社会开始新一轮转型，中国历史由此历经明清，步入近代，走到今天。由此一历史认识出发，宋元变革之起点南宋之前中期重要政治人物周必大，便成为《宋史》列传疏证之首选。以上疏证，较之《宋史·周必大传》，既可准确翔实考察周必大之生平，又可围绕周必大生平史料排比，概见一个时代之政治面相，同时亦可观察到许多政治隐秘，如宦官、近臣势力之升降，党争之纠合，地方人事、政经诸相等。为南宋前中期历史研究进行基础作业，乃为此作之主旨。与此同时，亦冀为正史列传详细疏证尝试示例。

主要援引文献（以引述先后为次）

[1] 周纶：《宋故左丞相少傅赠太师益国周公墓志》，载高立人编：《庐陵古碑录》，南昌：江西人民出版社，2007年。

[2] 楼钥：《宋故少傅观文殿大学士致仕益国公食邑一万五千六百户食实封五千八百户赠太师谥文忠周公神道碑》（简称《周公神道前碑》），载清欧阳棨刊本《周益国文忠公集》附录卷四；又见《攻媿集》卷九四，题为《少傅观文殿大学士致仕益国公赠太师谥文忠周公神道碑》，《景印文渊阁四库全书》第1153册，台北：台湾商务印书馆，1986年。

[3] 楼钥：《宋故少傅观文殿大学士致仕益国公赠太师谥文忠周公神道碑》（简称《周公神道后碑》），载清欧阳棨刊本《周益国文忠公集》附录卷五；又见《攻媿集》卷九三，题为《忠文耆德之碑》。

[4] 周纶：《周必大年谱》，载清欧阳棨刊本《周益国文忠公集》卷首。

[5] 周必大：《周益国文忠公集》，清欧阳棨刊本。

[6] 周必大：《周必大全集》，白井顺、王蓉贵点校，成都：四川大学出版社，2017年。

[7] 北京图书馆金石组编：《北京图书馆藏中国历代石刻拓本汇编》第42册，郑州：中州古籍出版社，1990年。

[8] 脱脱等：《宋史》，北京：中华书局，1985年。

[9] 陈骙：《南宋馆阁录》，张富祥点校，北京：中华书局，1998年。

[10] 李壁：《周必大行状》，载清欧阳棨刊本《周益国文忠公集》附录卷二。

[11] 李心传：《建炎以来系年要录》，胡坤点校，北京：中华书局，2013年。

[12] 周应合：《景定建康志》，《宋元方志丛刊》，北京：中华书局，1990年。

[13] 刘时举：《续宋中兴编年资治通鉴》，王瑞来点校，北京：中华书局，2014年。

[14] 佚名：《宋史全文》，汪圣铎点校，北京：中华书局，2016年。

[15] 何异：《宋中兴学士院题名》，《藕香零拾》本。

[16] 董斯张辑：《吴兴艺文补》，《续修四库全书》，上海：上海古籍出版社，1996年。

［17］徐松辑：《宋会要辑稿》，舒大刚、尹波等点校，上海：上海古籍出版社，2014 年。

［18］周密：《癸辛杂识》，吴企明点校，北京：中华书局，1988 年。

［19］潜说友：《咸淳临安志》，《宋元方志丛刊》，北京：中华书局，1990 年。

［20］佚名编：《续编两朝纲目备要》，汝企和点校，北京：中华书局，1995 年。

［21］徐自明撰，王瑞来校补：《宋宰辅编年录校补》，北京：中华书局，1986 年。

［22］解缙等编：《永乐大典》，北京：中华书局，1986 年。

［23］楼钥：《攻媿集》，《景印文渊阁四库全书》第 1152—1153 册。

［24］沧洲樵叟：《庆元党禁》，《景印文渊阁四库全书》第 451 册。

［25］刘弥正：《周必大谥议》，载清欧阳棨刊本《周益国文忠公集》附录卷三。

［26］许奕：《周必大覆议》，载清欧阳棨刊本《周益国文忠公集》附录卷三。

〔作者王瑞来，四川大学讲座教授、日本学习院大学东洋文化研究所研究员〕

（责任编辑：周 群 高智敏）

清代"西藏佛教世界"范围问题再探[*]

——以满人与藏传佛教的关系为中心

钟　焓

摘　要：自 20 世纪 80 年代以来，某些国外学者提出了"西藏佛教世界"所覆盖的人群不仅包括藏、蒙族群，还包括清朝满洲上层在内的广大满人的观点，并逐渐在海外学界取得主流地位。这一论点值得反思和批评。一是清朝君权的形成基础与"西藏佛教世界"所流行的君权理论及其实践并无密切关系，国外学者的相关解读多系对历史证据的曲解和误释，故有必要在明辨史实的基础上详尽剖析其得失。二是从整体而言，历史上满人群体接受黄教信仰的程度远不能与蒙藏群体相比，藏传佛教并未发展为其全民性信仰。三是所谓的"西藏佛教世界"在立论过程中刻意放大历史上汉人与非汉族群之间的宗教文化差异，所以无法客观反映清代各民族之间文化交流的基本趋势。事实上，基于统治需要，清朝统治者并没有在本族群中推广藏传佛教。

关键词：满人　藏传佛教　政教关系　宗教信仰

在国外清史学界及相关领域中，存在强调藏传佛教（Tibetan Buddhism）对清朝政治进程起过作用的思路倾向，除了学术因素外，还与 20 世纪 50 年代以后，藏传佛教在西方社会中的迅速传播与广受信众追捧密切相关。具体而论，这种重估藏传佛教在清史中重要地位的学术观点，主要反映在由两位美日学者开辟的研究模式中。首先是 1979 年格鲁普（Samuel M. Grupper）在印第安纳大学完

---

* 本文获得中央民族大学中国边疆民族历史研究院 2019 年资助项目支持，并承两位匿名专家提出详细修改意见，特此致谢。

成答辩、以入关前盛京大黑天庙宇信仰崇拜为主题的未刊博士论文。其主要观点后来以评论文章的形式发表，集中探讨入关前努尔哈赤和皇太极父子皈依藏传佛教，并充分吸收藏传佛教中关于君权的统治理论，将之塑造为后金—清朝君权合法性的基本来源，进而奠定了有清一代皇室与藏传佛教高层结成平等结盟式的"施供关系"以共同统治内陆亚洲的模式。因此，用作者的概括来说，研究清代宗教历史如果不考察皇室信奉藏传佛教问题，那么就是颇不合适的，至于此前那些清史专家因为主要只能满足于引用汉文史料来探究满人的宗教信仰，故他们的研究成果仅仅触及了问题的边缘而远非其核心实质。① 也正是在这篇论文中，作者不时揭出"西藏佛教世界"的概念，并以之涵盖以皇族为中心的特定满人群体。

他的观点在不少美国清史学者的著作中得到拓展和发挥。例如罗友枝（E. S. Rawski）先在与何炳棣讨论清朝历史特性的文章中，指出清朝遵循辽、西夏和元朝的先例，以藏传佛教作为其统治的象征语言；② 后来又在专著中着力表现满洲统治阶层在政治上对黄教的赞助庇护性，并强调清朝皇帝积极从藏传佛教的统治观念中汲取政治资源来维护其统治合法性。③ 而卫周安（J. Waley-Cohen）在一篇美国清史研究综述中称，早在入关前，皇太极就已将自己定位成文殊菩萨化身，以后的清朝皇帝更是如此。④ 征引发挥该论断的英语论文数量堪称庞大，甚至可以说美

---

① S. M. Grupper, *The Manchu Imperial Cult of the Early Qing Dynasty: Texts and Studies on the Tantric Sanctuary of Mahākāla at Mukden*, Ph. D. Disseration, Indiana University, 1979. 其主要观点见于作者发表的论文，"Manchu Patronage and Tibetan Buddhism during the First Half of the Ch'ing Dynasty: A Review Article," *Journal of the Tibet Society*, Vol. 4, 1984.

② E. S. Rawski, "Presidential Address: Reenvisioning the Qing: The Significance of the Qing Period in Chinese History," *The Journal of Asian Studies*, Vol. 55, No. 4, 1996, p. 838. 当然辽朝并未接受藏传佛教，其境内流行的密教信仰只是唐朝汉地密宗的孑遗而已。

③ 参见罗友枝：《清代宫廷社会史》，周卫平译，北京：中国人民大学出版社，2009 年，第 313—317 页。

④ 卫周安：《"新清史"》，董建中译，收入刘凤云等编：《清朝的国家认同——"新清史"研究与争鸣》，北京：中国人民大学出版社，2010 年，第 401—402 页。正是由于越来越多的美国清史研究成果开始聚焦于藏传佛教在清代历史中所起的作用这一主线，所以有的国内学者甚至认为，"新清史"在本质上就是一个基于喇嘛教的知识体系如何挑战儒家知识体系的知识社会学问题。参见张亚辉：《宫廷与寺院：1780 年六世班禅朝觐事件的历史人类学考察》，北京：中国藏学出版社，2016 年，第 214 页。

国学界绝大多数从藏传佛教的角度重新审察清史的论述，均不同程度地受到其影响，但几乎不见对其观点进行辩驳的商榷之作。以上现象反映出格鲁普的基本见解，已渐渐成为美国清史学界普遍遵从的定论性观点。

第二位学者是日本藏学家石滨裕美子，她同样主张以满—蒙—藏三大政治群体共享的"佛教政治"思想为基础的"西藏佛教世界"论，意在揭示其与覆盖内地（她将之等同于中国）"汉字文化圈"的巨大差异。① 按她本人后来的总结，提出该"西藏佛教世界"论的"学术意义"在于既克服、纠正了传统"汉字文化圈"的文献记载对于清代蒙藏历史的种种偏见和忽视，同时也批判了作为民族国家的现代中国一直以来所宣扬的"统一多民族国家"等观念的历史错位，即信仰藏传佛教并恪行"佛教政治"的满人统治集团，与黄教僧侣上层之间的平等盟友关系，绝非统治与被统治所能概括。与格鲁普类似，她也认为在涉足清政府与蒙藏族群的关系时，仅仅使用二手的汉文史料是不够的，更关键的是要利用满、蒙、藏等语种的一手资料。②

两者间的微妙差异在于，此前美国学者设定的"西藏佛教世界"仅仅包括了以皇族为代表的满洲上层，并未论及它是否同时涵盖满洲大众；而石滨氏的"西藏佛教世界"论基本覆盖了整个满人群体。正因如此，推崇其学说的杉山清彦将清朝半数以上的领土都标识在"蒙古西藏佛教世界"范围内，不仅囊括了整个藏区和内外蒙古，甚至还延伸至巴尔喀什湖以东的天山北路和满人发祥地——东北的一部分，同时按照他的解说，清朝君主在面对黄教上层时，其形象正是以文殊菩萨化身自居的大施主，这与其面对汉人臣民时高高在上的皇帝身份迥然不同。③

---

① 石濱裕美子：《チベット仏教世界の歴史的研究》，東京：東方書店，2001 年；石濱裕美子：《チベット仏教世界の形成と展開》，小松久男編：《中央ユーラシア史》，東京：山川出版社，2000 年，第 245—276 頁。日本有学者以为，其研究模式是迄今日本清史学界批判"中国中心主义"最为突出的例证，凸显出要洞察清属内亚的历史真相就有必要采用以达赖喇嘛等黄教高层为中心的佛教世界的原理来了解清朝与蒙藏地区之间的关系。参见岸本美绪：《"后十六世纪问题"与清朝》，《清史研究》2005 年第 3 期。

② 石濱裕美子：《チベット仏教世界の一部としてのモンゴル理解の必要性について》，吉田順一監修：《モンゴル史研究：現状と展望》，東京：明石書店，2011 年，第 227—230 頁。

③ 杉山清彦：《大清帝國の支配構造》，岡田英弘編：《清朝とは何か》，東京：藤原書店，2009 年，第 132—149 頁；《大清帝國の形成と八旗制》，名古屋：名古屋大學出版會，2015 年，第 400—401、409—410 頁。

如果依从此说，那么占清朝幅员半数以上的内亚地区均悄然脱离皇权政治的运行轨道。类似接受上述"西藏佛教世界"包括范围的冈洋树也在承认满洲上下普遍接受藏传佛教的前提下，肯定皇帝—王公与藏传佛教教团之间构成了有别于官僚统治的"施供关系"。[1] 专攻西藏佛教艺术史的森雅秀则从近似的"西藏文明圈"的角度指出，清代"满州"（原文如此）地区深受西藏文化的影响，故历代皇帝皆是虔诚的藏传佛教信徒。[2]

　　综上可知，由美、日学者分别提出的"西藏佛教世界"论已经在其各自学术圈内流行，这也可视为此前早就出现的、以凸显宗教在历史上所起作用的"施供关系"论的继续发展，其中新颖之处在于从民族的角度将清代满人也纳入所谓的藏传佛教世界中。对于"施供关系"的评价，我国学界业已认真回应，此处不必重复讨论，[3] 惟"西藏佛教世界"的范围是否涵盖满人的问题，目前尚缺乏详尽评论，这正是本文写作的要义所在。因为相关理论成立的先决条件，就是当时大多数满人俨然已经成为藏传佛教尤其是其中格鲁派（黄教）的忠实信众，否则"西藏佛教世界"的范围问题就必须重新考虑。至于上述"西藏佛教世界"理论的其他要素，则因主题所限，本文暂不涉及。

　　以下按时代先后次序，重点讨论从后金时期直至清中叶满人与藏传佛教的历史关系。这是因为那些支持"西藏佛教世界"包括满人说的国外学者主要集中考察 17—18 世纪，相当于从后金开国前后直到乾隆时期。同时在这一学术回应的过程中，仍集中在皇室与藏传佛教的关系上，这不仅是因为目前已知的史料更多地从上层的角度展现了清代政教关系，同时也考虑到 16 世纪以降，藏传佛教在北亚得以迅速传播的根本原因，正是遵循了"自上而下"的宣教模式。以传教效果最佳的蒙古地区为例，藏族僧人首先致力实现了像俺答汗这样的蒙古上层王公贵胄的虔诚皈依，然后再借助后者手中的政治权力，逐步推动佛教

---

[1]　岡洋樹：《清朝の満洲・モンゴル統治》，《朝倉世界地理講座——大地と人間の物語》2《東北アジア》，東京：朝倉書店，2009 年，第 135 頁。

[2]　森雅秀：《チベットの佛教美術とマンダラ》，名古屋：名古屋大學出版會，2011 年，第 3 頁。

[3]　此类观点具体反映在孟庆芬、张云、石硕、张羽新等先生的研究成果中，有关的综合性梳理参见安子昂：《藏传佛教与清朝国家关系的回望与反思》，达力扎布主编：《中国边疆民族研究》第 10 辑，北京：中央民族大学出版社，2016 年，第 242—251 页。

在基层大众的普及，直至最后彻底完成对萨满教等传统信仰的取代与整合；甚至在这一过程中还发生了蒙古王公遵照喇嘛授意，没收焚毁萨满的传统翁衮神像，以此来强制推行佛教的现象。① 如果说藏传佛教在满人中间，也要取得像在蒙古地区那样可观的宣教成果的话，那么其成功的关键是取得以清朝君主为中心的满洲统治阶层不遗余力的支持及配合，否则单凭僧侣集团有限的力量，显然无法实现让满人大众从萨满教信仰改宗对其而言本为外来宗教的藏传佛教。因此，考察各个时期清朝皇室对于藏传佛教的立场态度，就具有十分重要的意义。而在具体考察的过程中，我们不仅要对国外学者业已引证的史料重作检证，还拟进一步引入其尚未使用的各种材料扩大研究视野，以最终得出相对客观的研究结论。

首先来看努尔哈赤时代女真与藏传佛教的实际关系。

一、努尔哈赤时代女真与藏传佛教的关系辨析

事实上，虽有国外学者推测天命时期的努尔哈赤受到过藏传佛教的显著影响，并已拥有文殊化身的形象，且当时后金盛行的萨满教在形式上也受到了喇嘛教的影响，可惜并未列举具体论据，以致无法对此说的允当与否进行验证。② 从表面上看，努尔哈赤确实优待尊崇包括喇嘛在内的僧人群体，并对当时后金内和尚与喇嘛混居的寺院场所明令予以保护，③ 但是仅凭以上史实还无法证明他尊崇藏传佛教，不过在对此持肯定立场的格鲁普看来，下列材料的出现确实可以证明

---

① 图齐、海西希：《西藏和蒙古的宗教》，耿昇译，天津：天津古籍出版社，1989年，第398—402页。近期的研究对于佛教压制萨满教的观点有所调整，强调佛教集团为了达到争夺信徒并使之改宗的目的，故重点打击萨满信仰中的翁衮（神像）崇拜，而对该信仰体系中那些并不与佛教教义明显抵触的内容则采取灵活适度的包容立场，尤其是在萨满传统向来显著的内蒙古东部地区。参见 K. Kollmar-Paulenz, "Forming a Mongolian Buddhist Identity: The Biography of Neichi Toin," in J. Elverskog, ed., *Biographies of Eminent Mongol Buddhists*, Halle: IITBS GmbH, 2008, pp. 20–23.
② 石橋崇雄：《マンジュ（manju，滿洲）王朝論——清朝國家論序説》，森正夫等編：《明清時代史の基本問題》，東京：汲古書院，1997年，第296頁。
③ 张羽新：《努尔哈赤与喇嘛教》，《西藏民族学院学报》1983年第2期。该文指出后金内佛教的突出特征是和尚、喇嘛同居一寺，故汉传佛教与藏传佛教的区分界限并不鲜明。

努尔哈赤与藏传佛教之间有紧密关系。

日本学者鸳渊一率先释读了两通立于辽阳的清初前后多语种合璧碑文，即刻立于天聪四年（1630）的满汉双语《大金喇嘛法师宝记》和顺治十五年（1658）的满、汉、蒙三文《大喇嘛坟塔碑文》，其内容均系纪念首位前来后金宣教，并受到努尔哈赤礼遇的西藏僧侣打儿罕囊素喇嘛。① 格鲁普对碑文内容的了解即完全借助鸳渊一的释读，但又在此基础上作了诸多阐释。② 他尤其重视时间较早的《大金喇嘛法师宝记》，该记虽是用满汉双语写成，但由于满文部分漫漶严重，故学界主要凭借对碑文汉文部分的释读。铭文中提到囊素喇嘛来到后金所受到的优待时，称"及到我国，蒙太祖皇帝敬礼尊师，倍常供给"。这句话的含义是说努尔哈赤出于对该僧的礼遇尊重，故以超过通常生活标准优待他。格氏却作了颇富主观色彩的发挥，先将文中表示礼仪、礼节等义项的"礼"字曲解成"仪式"（ritual），然后又把这种仪式想象为喇嘛高僧对君主传授秘法的灌顶（initiation）一类的行为，即努尔哈赤在政治性的正式场合下向囊素喇嘛学习了秘法仪轨的内容，双方由此结成了藏传佛教中常见的、协调世俗统治者与宗教领袖两方利益的"施供关系"。格氏为了论证己说，还刻意把碑额中的"大金喇嘛法师"，解读为后金政权授予了囊素喇嘛"大金国国师"的高规格名号，称它堪与当初元朝赠予的萨迦派宗教领袖的待遇相比。这种将地位相对普通的"法师"，等同于国家重要宗教领袖及政治人物"国师"的理解，当然纯属臆断。③

实际上，格氏上述严重违背原文含义的理解，纯系为了给他主观设想的清太祖时期的政教关系寻找论据。依照藏传佛教中"施供关系"的实践情况，君主与

---

① 鸳渊一:《遼陽喇嘛墳碑文の解説》,《内藤博士還歷祝賀支那學論叢》, 京都: 弘文堂, 1926 年, 第 327—371 頁。以后国内学者李勤璞对碑文内容的具体释读及其含义作过若干补正, 参见其长文《斡禄打儿罕囊素: 清朝藏传佛教开山考》, 先后分 4 期连载于《蒙古学信息》2002 年第 3 期至 2003 年第 2 期。

② S. M. Grupper, "Manchu Patronage and Tibetan Buddhism during the First Half of the Ch'ing Dynasty: A Review Article," pp. 53–55, 68–71. 其中前一部分是他对天命朝政教关系的正文论述, 相当于观点的铺陈; 后一部分则属于对相关碑文内容的具体理解及发挥, 系对前面观点的支撑性注释文字, 故阅读其文时需要将两部分内容结合参考。

③ 有关国师一词的特定含义, 参阅 P. Pelliot, "Les 国师 Kouo-che ou *Maîtres du Royaume* dans le Bouddhisme Chinois," *T'oung Pao*, Vol. 12, 1911, pp. 671–676.

宗教领袖常常要"互酬"性地赠予对方名号,既然后金国主授予了囊素喇嘛"国师"之号,那么反过来,宗教领袖也应该将相应的政治头衔加持在君主身上,从而使君主获得统治合法性,这样才足以构成一种理想的政教关系。可是按照《满文老档》及其史源《旧满洲档》所记,囊素喇嘛迟至天命六年(1621)五月(阴历)才来到后金与努尔哈赤见面,① 而后者早在多年之前就已称汗了,其间似乎没有一个身为国师的囊素喇嘛向其授予君主名衔的时机。为弥缝这一纰漏,格鲁普采取"未找到证据不等于没有证据"的思路,再度主观判定囊素喇嘛早在1621年之前就来过后金,并向努尔哈赤传授了灌顶仪式,尽管准确时间难予勘定,但不能因为没有直接史料表明其在1616年努尔哈赤称庚寅汗(genggiyen han)的场合下发挥过作用,就否认后金政权早在建立之初即与藏传佛教团体结成了密切关系。为此他特地举出以下理由作为旁证。

第一,他注意到《满文老档》和《旧满洲档》中天命七年三月记事下关于囊素喇嘛临终前口授遗嘱的文字前有一句背景性的插叙,称其"因听说庚寅汗善加奉养的事,从前来过两次",故相信此人还在天命六年投奔后金之前,就已造访过努尔哈赤并为其灌顶。这一推断是否合理,不妨通过分析相关内容的满语表述来解决。所谓"从前来过两次"对应的《满文老档》和《旧满洲档》中满语原文转写为:sucungga(初)juwe(二)jergi(度)jifi(来)genehe(去)。② 需要特别指出的是,该句最后的单词 genehe 是动词词根 gene- 的一般过去形式(词尾 + he),而在满语语法常见的几种过去时态里,一般过去时恰恰表现的是不久前才发生过的动作,如果要表示在较长时间前发生的动作,则需采取肯定过去时和曾经过去时。因此,从该动词的构词时态上观察,它对应的正是此前一年囊素喇嘛投奔金国后近半年内曾两度前来参拜努尔哈赤,而绝不能认为它是发生在天命七年之前颇久的事,尤其不应把它和首次出现庚寅汗号的1616年联系起来。换言之,我

---

① 相关译文参见中国第一历史档案馆整理:《内阁藏本满文老档》,沈阳:辽宁民族出版社,2009年,第19册,第73页;相关原文也见于台北"故宫博物院"刊印的《满文原档》(此系《旧满洲档》在台湾的再版)第2册"张字档",台北:沉香亭企业社,2006年,第100—101页。

② 中国第一历史档案馆整理:《内阁藏本满文老档》,第17册,第222页;原文参见《满文原档》第2册"张字档",第519页。

们应尊重满文史料中努尔哈赤与囊素喇嘛初见于天命六年五月的原始记载。所以，格氏提出的第一项证据无效。

第二项理由是他注意到庚寅汗的满语形式 genggiyen han，其原意为"光明汗"，这让他联系到蒙古君主汗号中有类似含义的格根汗（gegen qan），故认为前者来自后者，均反映了藏传佛教"光明"观念在君权思想中的体现。然后他举出一个自认为能够确凿成立的证据，来说明有关先例早就出现在 14 世纪的元朝，反映了当时宗教领袖在君主即位仪式上授予后者汗号的情况，努尔哈赤在 1616 年得到庚寅汗头衔一事在性质上即与之相当，也是欲通过此类仪式为自己增添转轮王的光环。囊素喇嘛后来得到相应的优厚待遇，是因为其生前在努尔哈赤汗位授予仪式上起到过重要作用。那么他列举的元朝例证是什么呢？这就是 1819 年成书的藏文史书《蒙古佛教史》，其称元英宗硕德八剌即位时，得到了格坚皇帝（gegan rgyal-po）之名。[1]

可惜这一论断同样不能成立。首先，依据成书时间更早的《元史》中相关本纪，硕德八剌死于南坡之变后，新即位的泰定汗先是为其上汉文庙号英宗，继而上蒙古语庙号格坚皇帝。[2] 当然不少元朝皇帝的蒙古语庙号是沿袭生前的尊号，其间情况较为复杂，不宜一概而论。而以专门分析这类庙号是否在生前已用的洪金富的论文来看，英宗死后才出现格坚皇帝的庙号说目前所遇到的疑障相对较少。洪氏只列举了一条理由来质疑它，即认为从情理上考虑，参与杀害英宗的泰定帝似乎不大可能为前者追赠一个生前从未使用过的蒙古语名号。[3] 然而，所谓泰定帝事先参与南坡之变的弑君阴谋说法本身即有不少问题，似不宜单纯采用一项极富争议的说法来推翻《元史》本纪中的记事。[4] 相反《元史》中的《泰定帝即位诏》直接称已去世的英宗为硕德八剌，而对成宗、武宗和仁宗却以其生前可能即已采用的尊号完泽笃、曲律和普颜笃相呼，这确实让人怀疑格坚一名本为生

[1] 格氏此处引用的是德国学者胡特（G. Huth）较早刊布的一个附有藏语原文的德译本，这一内容参阅固始噶居巴·洛桑泽培：《蒙古佛教史》，陈庆英、乌力吉译，天津：天津古籍出版社，1990 年，第 13 页。
[2] 《元史》卷 28《英宗纪一》、卷 29《泰定帝纪一》，北京：中华书局，1976 年，第 633、646 页。
[3] 洪金富：《元朝皇帝的蒙古语称号问题》，《汉学研究》（台北）第 23 卷第 1 期，2005 年。
[4] 相关的讨论参见杨讷：《泰定帝与南坡之变》，北京大学中国古代史研究中心编：《庆祝邓广铭教授九十华诞论文集》，石家庄：河北教育出版社，1997 年，第 97—102 页。

前尊号说的分量。① 与之类似的证据还见于泰定帝即位后，泰定元年（1324）三月十三日，颁发的致藏区朵甘思某寺的豁免税务圣旨最后列举的此前元朝诸帝中，英宗的名称也是直接写作硕德八剌，迥异于世祖、成宗、武宗、仁宗的名字薛禅、完泽笃、曲律、普颜笃；但在同年十月二十三日所写的另一道发给西藏某寺的同类诏书中，英宗的名称却被改写为格坚可汗，与其他皇帝所用尊号（即国语庙号）相匹配。② 而《元史》相关本纪将英宗被追赠国语庙号格坚的时间系于泰定元年的四月，恰恰位于上述两道诏书的时间间隔内，这不正好暗示了本纪记载的这一时间是有根据的吗？

其次，所谓元朝皇帝的蒙古语名号乃其在即位礼仪上由喇嘛僧人所授的说法系出杜撰，属于不了解相应称汗礼仪的程序与内容产生的误判。③ 根据 14 世纪伊利汗国史书《瓦萨夫书》的记载，元武宗后来的庙号曲律汗确实是在其即位仪式中，当其坐上大汗的宝座后，再由参加仪式的众位亲属显贵在致贺祝福后共同奉上。④ 显然萨迦派帝师不可能凭一己之力，起到决定性作用，而且像曲律这样含义为"俊杰"、缺乏佛教色彩的典型蒙古语称号，也非不甚熟悉蒙古文化底蕴的西藏帝师所能提出。要之，元朝皇帝对藏地宗教领袖的尊敬有加，并不意味着这一时期的皇权或汗权已经转型为佛教化的意识形态产物，即君主的即位必须取得帝师喇嘛的宗教扶持才具有转轮王一般的统治合法性。

最后，虽然满语中的"庚寅"（genggiyen）所包含的义项至为丰富，既可以表示具体物体的明亮、晶莹、清澈等，还可以表示天气的晴朗清明和人物的性格品质，尤其是被用于表现君主的睿智和英明，但始终罕见与佛教相关联的此词用例。⑤ 事实

① 《元史》卷 29《泰定帝纪一》，第 638 页。

② 栗林均、松川節：《『西藏曆史檔案薈粹』所收パスパ文字文書》，仙臺：東北大學東北アジア研究センタ，2016 年，第 19、31 頁。

③ 关于元朝皇帝即位礼仪的研究，参见周良霄：《蒙古选汗仪制与元朝皇位继承问题》，元史研究会编：《元史论丛》第 3 辑，北京：中华书局，1986 年，第 31—46 页；罗新：《黑毡上的北魏皇帝》，北京大学中国古代史研究中心编：《田余庆先生九十华诞颂寿文集》，北京：中华书局，2014 年，第 414—429 页。

④ Hammer-Purgstall über. , *Geschichte Wassaf's*, Band4, Wien: Verlag der Österreichischen Akademie der Wissenschaften, 2013, S. 276.

⑤ 安双成主编：《满汉大辞典》，沈阳：辽宁民族出版社，1993 年，第 942 页。更多的关于该词的用例参见河内良弘编著：《滿洲語辭典》，京都：松香堂書店，2014 年，第 443—444 頁。

上，当满语中需要表达佛教语境下的"光明"概念时，常用另一个看似与 genggiye 的含义有些相近的词 eldengge（轩昂、光辉之义），[①] 如《金光明最胜经》的满语对译形式即 Aisin eldengge ten-i wesihun umesi etehe han sere nomun。不仅如此，甚至很可能与 genggiyen 存在词源关系的蒙文词语 gegen 同佛教政治的关联也远远没有格鲁普想象得那样密切。以时代较早的《蒙古秘史》为例，与 gegen（光明）存在词源关联并且在概念含义上也难以区分的 gere ~ gerel（光泽、明亮），曾被作为关键词汇用于仅修饰成吉思汗夫妇幼年时的相貌特征"目中有火，面容有光"（nidun-tur-iyen qaltu，ni'un-tur-iyan geretu），这显然是只有《蒙古秘史》内最重要的人物才可具备的面貌特征。[②] 考虑到《蒙古秘史》成书较早，书中几乎没有佛教文化因素的存在，所以像上述 gegen 和 gere ~ gerel 这类义项与"光明"有关的形容政治人物的词语在此处出现与藏传佛教并无关系。类似地，晚至 17 世纪初的《阿勒坦汗传》在提到俺答汗的名号格根（gegen）阿勒坦汗时，前面所加修饰语是 tngri yin köbegün sür yeke tü，含义是（作为）天子具有的赫赫威力（的）。[③] 这里修饰格根阿勒坦汗的两个关键词"天子"（tngri yin köbegün）和"赫赫威力"（sür yeke）也均与佛教政治文化无涉，尤其是蒙语中的 sür 一词原本与北亚萨满教中的神秘力量有关，后来被指代福运。[④] 据此可见，以上用例中的 gegen（光明）一词并不带有特征鲜明的藏传佛教因素。何况还有必要说明的是，藏传佛教中的"光明"本身是一个十分抽象的思辨性概念，其作为一切事物之源又与教义中关于"心"（精神力量）的认知联系在一起。[⑤] 所以不可轻率地把缺乏佛教文化内涵的满语 genggiyen 和蒙古语 gegen 与之进行联

[①] 河内良弘编著：《滿洲語辞典》，第 314 頁。

[②] M. Weiers，"Mit Feuer in den Augen，mit Glanz im Gesicht，" in M. Weiers，*Miscellanea Eurasiatica Eurasische Miszellen*，Wiesbaden：Harrassowitz，2017，S. 16. 相关的"目中有火，面容有光"用例分别见于额尔登泰乌云达赉：《蒙古秘史校勘本》第 62、66、82、114、149 诸节，呼和浩特：内蒙古人民出版社，1980 年，第 65、70、103、184、306 页。

[③] 吉田顺一等：《『アルタン゠ハーン傳』訳注》，東京：風間書房，1998 年，第 158 頁。珠荣嘎汉译本作"天子雄威"，参阅珠荣嘎译注：《阿勒坦汗传》，呼和浩特：内蒙古人民出版社，1991 年，第 108 页。

[④] L. Bazin，"Un concept chamanique *altaïque*：*sur*，force psychique，" *Turcica*，Vol. 19，1987.

[⑤] 图齐、海西希：《西藏和蒙古的宗教》，第 90—92 页。

系比附，以致一看到上述词语在政治名号中出现就判定它们均系佛教君权的反映和表现。

总之，格鲁普的学说无论是在立论的大前提上，即 17 世纪的后金君权其实只是元朝佛教化君权的翻版或重生，还是就具体的小前提而言，即他对前述满汉文史料的诸多推断，均充斥着明显而严重的误读与曲解，因此自然也都是不能成立的。不过他的这一学说长久以来被奉为定论，被其国不少学者采用。如艾鸿章在 2010 年出版的新著中仍对努尔哈赤从囊素喇嘛处接受了灌顶仪式一事确信不疑，并称后者是前者的宗教导师（guru）。① 至于柯娇燕（P. K. Crossley）更是在其专著中完全接受格氏的基本推理，认为努尔哈赤在 1616 年获得庚寅汗的称号既是佛教思想作用于君权实践的对应产物，同时又承袭了元朝皇帝留下的政治遗产。② 濮德培（Peter C. Perdue）也相信努尔哈赤从 1616 年开始使用的天命纪年正是继承了最初由忽必烈确立，后来在 16—17 世纪蒙古人那里复苏的"政教二道"政治理念。③ 这同样强调佛教在后金汗权中的重要地位。而在完整剖析了格氏的推理证据链后，对于这些附和之说就容易鉴别了。

格氏的观点既然无法成立，那么我们又该如何定位努尔哈赤与囊素喇嘛的关系呢？通过对相关记载进行贴近语境的分析或许有助于找到准确答案。首先看前述鸳渊一研究过的另一通多语合璧《大喇嘛坟塔碑文》（1658），其中汉文部分将囊素喇嘛投奔后金不及半年即与世长辞的经历，表述为"恩养未儿，竟入涅槃"，这就给人以重要启发。清初官方认为，努尔哈赤与囊素喇嘛的关系适合用"恩养"来定位，"恩养"确切指什么呢？为此还需要进一步推敲上述碑文满文部分的对应表述，结果发现，满文以 gosime ujire 进行对译。④ 它们分别是动词 gosi-（"降恩"）和 uji-（"喂养、养育"）的副动词和将来时形态，意在表示本欲长期养育（uji-）斯

---

① J. Elverskog, *Buddhism and Islam on the Silk Road*, Philadelphia：University of Pennsylvania Press，2010，p. 318，No. 121. 相似的表述参见 E. S. Rawski, *Early Modern China and Northeast Asia：Cross-Border Perspectives*，Cambridge：Cambridge University Press，2015，p. 112.

② P. K. Crossley, *A Translucent Mirror：History and Identity in Qing Imperial Ideology*，Berkeley：University of California Press，1999，pp. 210 – 211.

③ Peter C. Perdue, *China Marches West：the Qing Conquest of Central Eurasia*，Cambridge：The Belknap Press of Harvard University Press，2005，p. 123.

④ 鸳渊一：《遼陽喇嘛墳碑文の解説》，第 357—358 頁。

人，却未想到其会突然辞世。① 虽然该碑文的书写时间已是入关后，然撰写时间更早的《满文老档》及《旧满洲档》在交代囊素喇嘛的投奔动机时，也说他获悉努尔哈赤的奉养之善（genggiyen han i ujire kundulere sain），故两度前来投拜。

据此可见，在后金盛行的政治观念中，身为君主的汗王和前来投靠的喇嘛结成"养育"（uji-）和"前来投拜"（gene-）的关系。而前者又可以和 1616 年八旗贝勒大臣给努尔哈赤所上的汗号：天授养育诸国（部）庚寅汗（abka geren gurun be ujikini seme sindaha genggiyen han）联系起来。该汗号成立的背景缘于当时后金并非基于部落间的平等联盟，而是建立在努尔哈赤对周邻各部的征伐基础上。在此过程中，按照收养氏族成员的惯例，凡属被武力征服或主动归附的各国（部），均被视作收养（uji-），所以努尔哈赤的君主地位犹如被收养者的汗父，②自然也就理所当然地接受他人的"投拜"（gene-）。由此可见，构成"养育"（uji-）的双方只是一种君主与臣仆之间统治与服从的关系，并无彼此平等互酬的联盟寓意。③ 再具体到囊素喇嘛的个案，前引《满文老档》与《旧满洲档》叙及囊素喇嘛在天命六年五月投奔后金时，努尔哈赤给予的接待规格是设盛宴（amba sarin sarilaha）以款待之。④ 其实举办筵席正是入关前女真君主"恩养"前来归附

---

① 从语法功能上看，这里的副动词 gosi-（"降恩、疼爱"）是起修饰谓语动词 uji-（"喂养、养育"）的作用，因为这两个动作不是同时发生，而是有先后之分，即君主对前来投诚者先施以恩爱使其宽心，再用具体的物力豢养之。在入关之前，这两个动词前后连用或并列使用时，常表示后金君主对部属的体恤，使其得到可以满足生活需求的手段与物质，以体现君主的恩爱之情，同时要求下属知恩图答，竭力为君主立功效劳。参阅谷井俊仁：《一心一德考——清朝政治正当性的论理》，李济沧译，《日本中国史研究年刊》（2007 年度），上海：上海古籍出版社，2009 年，第 247—249 页。原文发表于 2005 年。
② 蔡美彪：《大清国建号前的国号、族名与纪年》，《历史研究》1987 年第 3 期。
③ 狄宇宙在 2012 年发表的论文中认为"养育"（uji-）在早期满洲国家中的政治含义尚未得到探讨，显然没有参考此前蔡美彪和谷井俊仁的相关论述，不过他也认为当该词涉及"庇护"之类概念时，其实表达的是要建立一种政治权力（political authority）的原则。Nicola Di Cosmo, "From Alliance to Tutelage: A Historical Analysis of Manchu-Mongol Relations before the Qing Conquest," *Frontiers of History in China*, Vol. 7, No. 2, 2012, p. 191.
④ 相关部分的满文转写参见中国第一历史档案馆整理：《内阁藏本满文老档》，第 17 册，第 128 页。另外当两人初见时，努尔哈赤对喇嘛表示善意的举动是执手相接（lama i gala be jafame acafi），这与后金君主时常以抱见礼接见地位较高的投诚归降人员的惯例相似，均属于 gosi-（"降恩、疼爱"）范畴的体现。

者典型的仪式化表现。例如皇太极在天聪九年二月曾下谕曰："近日以来，唯频频筵宴察哈尔新附诸臣，故前出师北京之役归顺各官及自大凌河城来降各员，尚未筵宴。虽得新附之员，然旧附者不可忘之。"① 随后即设宴专门招待大凌河归附的原明朝一方的各级官员 90 人。可见囊素喇嘛享受的待遇与后来投诚后金的明朝降官及察哈尔蒙古并无区别，并未超出通常君臣关系的殊荣，甚至前述《大金喇嘛法师宝记》中的"倍常供给"一语，也只是上述"恩养"关系的体现。

然而格鲁普居然将之误解成努尔哈赤对囊素喇嘛在自己的称汗仪式上所起突出作用的酬劳，可谓对当时后金政治生活缺乏深入的了解。试问，倘若囊素喇嘛果真享有如此之高的帝师般地位，那么在其去世前后的天命六年十月，并无重大军国要务缠身的努尔哈赤为何不亲临探视，待他去世后又没有专程前往吊唁？因此，从官方对囊素喇嘛临终事宜的低调处置上看，努尔哈赤仅将之视作寻常归附人员对待，根本不是一个曾经在政权发展中发挥过关键作用的重要人物所应得的哀荣。而在北方少数民族中，这种通过"养育"确定主从关系的事例更早见于《隋书·突厥传》中，当启民可汗向隋朝皇帝上表时，即称"臣种末为圣人先帝怜养"，表明突厥对于隋朝曾经一度存在过的依附关系。综上所论，在天命年间的政治生活中，囊素喇嘛的投奔与原女真各部首领归附努尔哈赤性质相近，所以他与努尔哈赤之间构成了臣民对君主的效忠服从关系。故由格鲁普倡导主张、继而为其他不少国外学者接受的努尔哈赤与囊素喇嘛结成对等型"施供关系"的论点全然违背事实。

作为对以上观点的补充，还有必要考察努尔哈赤对于佛教是否值得在后金全面推广的真实态度。也就是说，考虑到前述藏传佛教实现在蒙古成功传播的原因，笔者倾向于认为，他个人对喇嘛的"恩养"以及发布旨令保护佛教场所和是否采取切实措施推动佛教在女真基层社会中的普及，是两个性质不同的问题，不宜完全等同。因为单纯采取前一类做法仅是承认佛教僧团在后金具有正常宣教的权利，未必等同于他衷心支持佛教的全面扩散。那么有无材料可以反映其个人在这方面的态度呢？

---

① 《天聪九年档》，关嘉录、佟永功、关照宏译，天津：天津古籍出版社，1987 年，第 25 页。

　　笔者注意到，正是在后金建立后的 17 世纪 20 年代前期，努尔哈赤向民众发布了一份规劝其效忠后金、摈弃明朝的昭告文书。该文书的汉文刻本收藏于国家图书馆，早在多年前就被日本满学家今西春秋全文刊布，起初被怀疑是努尔哈赤致万历帝的文书，之后则被修正为面向明朝辽东一带的军民。① 文告的中心是努尔哈赤援引历史上朝代兴亡的众多实例来劝说汉人相信明朝气数已尽，而后金却在逐渐赢得天命的支持。这件重要文献被刊布后，长期以来学界都深信其劝谕的对象只是针对特定的汉人群体。然而，20 世纪末两位欧洲学者意外地在法国吉美博物馆发现了该文献的满文本，并进一步将其鉴定为现存时代最早的满文木刻本，由于留存下来的入关以前的满文文献数量相对稀少，故这一发现的学术意义显得十分重大。② 该件文献既然是以满文刻本的形式存现，就表明当初努尔哈赤希望以自己的口吻讲述的这篇文告能够被其境内使用满文的群体所知晓，故才将其刊刻发行以广流传。因此，刊布者之一的庞晓梅（T. A. Pang）在撰文考察了该文书满汉文本的次序问题后，指出满文刻本的发行同样是出于宣传目的，使满人中那些说蒙古语和通古斯语者也支持金国，并培养起一种满人的自我族属意识（a self consciousness of the Manchus themselves）。③ 她的这一结论对我们全面认识这件文告的性质颇富启发性，即该文告绝不只限于面向汉人群体，同时还包括了当时后金内已经使用满文有年的广大满人。再将这一认识与文告的具体内容相联系，不难发现虽然其中的大多数内容是汉人熟知的历史典故，但也有少数事例对满人（或女真人）而言更为熟悉。

　　这后一类故事与前一种汉人耳熟能详的事例相比，多有其自身的语气特征。譬如努尔哈赤在讲述前一种事例之后，往往还有"尔南朝（nikan si）……"之类的警示性结语，而后一类故事则无这种表述；还有一些内容涉及先前建州女真内部的一些纷争，显然满人比汉人更加清楚发生的具体背景。同时也正因为

---

① 今西春秋：《『後金檄明万曆皇帝文』について》，《朝鮮學報》第 67 號，1973 年。国内学者对此的代表性研究参见乔志忠：《〈后金檄明万历皇帝文〉考析》，《清史研究》1992 年第 3 期。该文首先指出了文告发布的对象并非万历皇帝，而是辽东一带的汉人臣民。

② 庞晓梅、斯达理：《最重要科学发现之一：老满文写的〈后金檄明万历皇帝文〉》，阎崇年主编：《满学研究》第 6 辑，北京：民族出版社，2000 年，第 186—191 页。

③ 庞晓梅：《满汉文〈努尔哈赤檄明书〉何种文字稿在先》，朱诚如主编：《清史论集——庆贺王锺翰教授九十华诞》，北京：紫禁城出版社，2003 年，第 709—714 页。

普通汉人大众在获读文告时，出于对后一类故事缺乏背景知识的了解，所以一般不会将其当作重点来阅读，故当初在制作满文本和汉文本时，往往后一类故事在满文本里更加详细准确，汉文本中的同样内容相对节略，甚至还出现歧误。如其中一则故事讲述努尔哈赤先祖曾经受到女真 Giyahu 部的欺凌，汉文本将后者表达为"有属部人贾胡者"，让人误以为贾胡是人名而非部落名；另一则故事讲述女真人中 Uyunta 氏族与努尔哈赤先祖的恩怨纠纷，汉文本却将 Uyunta 按字面意思误译为九人。① 至于 Giyahu 部、Uyunta 氏与努尔哈赤先祖交恶的内容在满文国史院档中也有记载，由是可知汉文本在编写过程中出现了上述差池。② 既然误译或少译的情况在二者中均有出现，因此，现在还不能断言满汉文本中孰为底本，孰为译本，不妨认为满汉文本在制作时依据的是大致相同的口承性资料，唯考虑到对象群体的不同，所以在不同文本的编写中各有侧重，相应地也各有纰漏。③

除了上述 Giyahu 部、Uyunta 氏与努尔哈赤先祖发生纷争的故事外，笔者认为文告中至少还有一则记事也可归入女真人相对熟悉而汉人却未必知晓的那一类型，即努尔哈赤在回顾被他视为祖先的金朝历史时，曾提及金朝败亡的原因恰在于其君主一心求佛，不理政事。奇怪的是，他所讲的这个典故迄不见于已知的任何一部金元旧史，并且和相关正史中关于金朝历史的叙述严重抵触，这样一来，它对那些能够通过阅读汉文正史了解金史典故的人来说，就显得不够真实而难以置信；不像努尔哈赤在文告中列举的其他一些反映历史兴亡的前代事迹，或多或

---

① T. A. Pang and G. Stary, *Manchu versus Ming*：*Qing Taizu Nurhaci's "Proclamation" to the Ming Dynasty*, Wiesbaden：Harrassowitz Verlag, 2010, pp. 50－52. 这两位学者将满文本的转写和翻译与汉文本的原文及其译文并排刊印，从而方便了读者对满汉文本的对照阅读。

② 松村潤：《清太祖實録の研究》，東京：東洋文庫，2001 年，第 55—56 頁。

③ 庞晓梅在最初与斯达理合著的论文中，认为满文本早于汉文本，可以视为底本，但在2003 年发表的《满汉文〈努尔哈赤檄明书〉何种文字稿在先》中则以满文本中若干表述是汉文本同一处内容的节略或误译为由，又断定汉文本是底本，满文本只是二次文本。最近她在梳理满文文献类型的专著中对该文献进行详细解说时，已不再论及满汉文本的先后次序问题，且提到满文本也有详于汉文本之处，倾向于将其年代定在 1623 年，同时肯定了发行不同的文本对于满、汉、朝鲜、蒙古各族均有宣传意义。参见 Tatjana A. Pang, *Schriftliche mandschurische Quellen zur Geschichte und Kultur des Qing-Reiches des 17. und 18. Jahrhunderts*, Wiesbaden：Harrassowitz Verlag, 2015, S. 54－58.

少都能在汉文旧史中找到出处，从而对汉人确有可能产生某种宣传效果。再加上
该故事的讲述告一段落之后，也没有出现前述努尔哈赤以第一人称口吻道出的
"尔南朝（nikan si）……"之类的结语，因此笔者判断努尔哈赤之所以在文告中
插入这一内容，并非以此劝说新统治不久的辽东汉人群体，而是训示规诫那些已
经知道该故事基本内容的女真民众。也就是说，这个故事原来就曾流传于明代女
真人中间，所以才被努尔哈赤顺手拿来作为例证。① 下面再来比较满汉文本在叙
述上的微妙差异，以揭示他引用该故事背后的深刻寓意。

　　汉文本的内容是"金鼻祖皇帝东方尽属，不愿为帝，闻西方有佛，欲往求
佛……帝自往西方求佛，遂失天下"，随后的概括性评价是"不愿为帝而一意求
佛，天心怪之遂亡天下"。② 满文本的内容呈现得更加详密，这突出反映在前述
国外学人依据此故事的满文本整理出的英译文明显要比他们根据汉文本整理的英
译文篇幅更长。最后强调因为上天不认可其君主的求佛举动，故汗的统治/政权
（han-i doro）由此丧失。③ 显然，满文本的如上叙述才更清晰地折射出努尔哈赤
的真实思想，系其本人在满语思维下的直接产物，因为满语中的天（abka）、政
/道（doro）这样的表述明显要比汉语中与其对应的"天心""天下"更加符合
其思维习惯。尤其是最后在揭示天对皇帝求佛之举的批评态度时，满文原文是
fucihi（佛）be baime（寻求）genehe（前去）be abka（天）wakalabi（斥责），
可直译为"天斥责（皇帝）前去求拜佛（的举动）"。而最后出现的 abka
wakala-（天斥责）在本文告中屡屡见于努尔哈赤所讲述的各种故事的结尾处，
多以表现上天对于作恶无道之人的惩罚从无宽假。例如在前引努尔哈赤回顾的
那两个其祖上曾被外人欺凌的事例中，最后也是由于 abka wakala-（天斥责），

---

① 该故事中出现了一处耐人寻味的细节，即作为水神的龙王让众多乌龟浮出尚未上冻的水面
结成渡桥以便让人通过。它其实是东北亚民间故事常见的叙事母题，尤多见于黑龙江流域
各民族的传说里，故增井宽也推断它在晚近时期满族民间故事中的出现反映出满族与其在
黑龙江一带的原居地之间的文化联系，可惜他没有注意到该故事早就见于上述努尔哈赤
的双语文告中。参阅增井宽也：《〈太陽を食べる犬〉その他三則——ジュシェン人とその近
緣諸族歴史・文化点描》，《立命館東洋史學》第 34 號，2011 年，第 8—15 頁。
② 以上汉文引文可参见今西春秋：《『後金檄明萬曆皇帝文』について》，第 154 頁。
③ T. A. Pang and G. Stary, *Manchu versus Ming*：*Qing Taizu Nurhaci's "Proclamation" to the
Ming Dynasty*, pp. 24–25.

导致了 Giyahu 部、Uyunta 氏均遭灭族。类比之下，可见文告满文本将皇帝的怠政拜佛与作恶之人恃强无道的行为相提并论，因其最终都导致了 abka wakala-（天斥责），所以结局或是政权覆亡，或是举族灭种。这种诉诸天意以解释人事才是努尔哈赤在整个文告中的最大发明，因为此前的许多女真民众固然可能已经听闻过像努尔哈赤祖上与外人的恩怨纠纷、金国远祖求佛亡国之类的历史逸事，但是并不见得就会将事情的结局与所谓的 abka wakala-（天斥责）紧密相连。而努尔哈赤刻意要在两者之间建立起一种因果关系，以期收到他所希望的宣传效果。

这样看来，努尔哈赤将沉溺佛教拔高到遭受天谴以致亡国的地步，清楚地表露了他本人对佛教（无论是汉传佛教还是藏传佛教）的真实态度，即虽然表面上对佛教僧人以礼相待，并且维护其正常的宣教工作，但另一方面又对佛教兴盛造成的佞佛后果甚为担心，所以才以最高统治者的口吻举出这一先例警示世人，尤其希望借由满文本读到这篇故事的民众能引以为戒，正确对待宗教信仰问题。同时，他通过将这篇金国先帝沉溺拜佛作为反面教材纳入文告，也向后金民众（无论是汉人还是满蒙群体）表明了自己绝对不会重蹈覆辙。如果我们将这一点与明清之际皈依佛教的其他北方少数民族统治者的做法作一对比，或许就会对相关背景观察得更为清晰。

事实上，从 16 世纪后期至努尔哈赤父子称雄东北的 17 世纪前期，藏传佛教（含新旧各派）已逐渐得到了蒙古各部首领的一致尊崇，他们遣使或亲自前往藏区以加强蒙藏双边的宗教及政治联系的行为在当时蔚然成风。其中产生过重大影响的有俺答汗在万历前期抵达青海藏区，并于 1578 年在青海湖边的仰华寺与达赖喇嘛会晤，以及后来的和硕特固始汗在挥师进藏之前先以礼佛香客的身份秘密造访拉萨等事件。满蒙之间一直存在着十分密切的政治与文化联系，故藏传佛教以蒙古科尔沁等部作为中介，势必会继续向东传入后金，囊素喇嘛等人的传教行为就是明证。努尔哈赤出于笼络蒙古盟友的政治考虑，自然不宜拒绝，由此诉诸源自女真人传统的天（abka）之意志，以提醒告诫民众崇佛容易招致的消极后果，则不失为一种理性明智的应对之道。这也与当时大多数蒙古上层人士业已完全接受了藏传佛教、热衷于求佛祈福乃至扬弃旧有传统的情况形成了绝大反差。显然，在外来的佛教教义与其渴望求得的统治天命之间，努尔哈赤更看重的还是与统治/政权（doro）关系密切的后者。① 至于将满洲的名称溯源到文殊师利菩萨的解释，更是乾隆时代的发明附会，缺乏语言学上的确切根据。② 故以此为据来蠡测努尔哈赤业已完全接受藏传佛教且拥有文殊化身形象的论点全无说服力可言。

不仅如此，我们还倾向于认为起初努尔哈赤是通过汉僧才接触到佛教的基本教义。早在《满文老档》乙卯年（1615）末的记事中，即已收录努尔哈赤对僧人所下谕告，其中明确透露出他对佛教教义已有粗浅了解，而且在表面上还有所接受。最为关键的是，作为此件谕告对象的僧人一词在《满文老档》中的原文即作 hūwašan，正是汉语和尚的音译。而且此事还见于入关前用老满文抄毕的《旧满洲档》中，也是写作 hūwašan，仅无圈点而已。这就证明了入关后重新誊写的《满文老档》在和尚一词的表述上完全忠实于原始档案，未作篡改。③ 故此条史料有力证实了努尔哈赤早在建国之前就已经与汉僧群体有交往。这大大早于囊素喇嘛自蒙古主动来投并受到接待礼遇的天命六年。④

论证至此，有必要提到甘德星关于努尔哈赤时期佛教在其境内传播的研究成果。他对努尔哈赤在 1615 年修建于赫图阿拉的包括佛寺与道教玉皇庙等在内的七大庙的具体情况进行了分析。他注意到满文原文中对七大庙中"庙"的书写 mio 明显来自汉语，与蒙藏语言中对该词的表述明显不同。此外，当时满语中业已出现的菩萨（fusa）一词同样来自汉语，而与蒙藏语言中该词的形式也全不相

---

① 滕绍箴：《从〈满文老档〉看努尔哈赤的天命思想》，《社会科学辑刊》1986 年第 1 期。

② 相关的讨论参见今西春秋：《MANJU 國考》，《塚本博士頌壽記念仏教史學論集》，京都：塚本博士頌壽記念會編，1961 年，第 64—67 頁；斯达理：《满洲旧名新释》，《中央民族学院学报》1988 年第 6 期。

③ 相关部分的《满文老档》原文参见中国第一历史档案馆整理：《内阁藏本满文老档》，第 1 册，第 166 页；转写参阅同书第 17 册，第 23 页；《旧满洲档》中的原文则参见台北"故宫博物院"：《满文原档》第 1 册"荒字档"，第 63 页，和尚一词见于该页第 9 行。国内目前常用的《满文老档》译文将该词意译为僧人，自然不如和尚一词准确。参见中国第一历史档案馆、中国社会科学院历史研究所译注：《满文老档》（上），北京：中华书局，1990 年，第 38 页。

④ 由此反映 1619—1620 年朝鲜人员见闻的《建州闻见录》中的努尔哈赤平常有配挂念珠而数之的习惯就不难理解了，它应源于努尔哈赤与汉僧群体的直接或间接性交往。参见辽宁大学历史系：《栅中日录校释 建州闻见录校释》，《清初史料丛刊第八、九种》，沈阳：辽宁大学历史系，1978 年，第 43 页。

同。故他的结论是七大庙中的佛寺与藏传佛教无关，当源于内地佛教的传入。①此外，根据学者对入关以后编撰的《太祖武皇帝实录》和《满洲实录》满文本的查证，七大庙中佛寺满文写作 fucihi sy，其中含义为"寺"的满语 sy 依然属于汉语借词，而且上述两种文献中还提到的七大庙中十王殿亦反映了内地佛教的信仰。② 以上研究与本文前述结论可以互相参照，进而驳正西方学者关于 1615 年动工新建的七大庙纯为藏传佛教寺院的谬见。③

唯在另一方面，笔者与甘德星在对囊素喇嘛地位的评价上尚有分歧。他坚持认为囊素喇嘛抵达金国后确实与努尔哈赤结成了"施供关系"，不过他提出的直接证据并非来自格鲁普的研究，而是源自阅读《明实录》时的独到发现；其着重讨论了《明实录》天启六年闰六月乙丑（1626 年 8 月 16 日）记事下蓟辽总督阎鸣泰疏言中的有关文字。④ 阎氏上疏建议可以将最近扣留的非法滞留京师的西番喇嘛发往蓟辽前线效力，因为整个后金从上到下都极其敬畏喇嘛僧侣（所谓"夷狄之族敬佛如敬天，畏僧甚于畏法"），而后者往往又愿意暗中为明朝效力故可将其收为己用。阎氏为了证明自己的观点，举出的相应事例即有"虏酋一见喇嘛必拜，必亲听摩顶受记，则不胜甚喜"。甘氏即将"摩顶受记"解释为囊素喇嘛给努尔哈赤做了灌顶（满语 abisik/藏语 dbang）之类的仪轨。⑤

---

① 甘德星：《"正统"之源：满洲入关前后王权思想之发展与蒙藏转轮王观念之关系考辨》，汪荣祖、林冠群主编：《民族认同与文化交融》，嘉义：中正大学人文研究中心，2006 年，第 144—146 页。

② 李勤璞：《民众信仰与国家建构：关于黑秃阿喇的七大庙》，余太山、李锦绣主编：《欧亚学刊》第 5 辑，北京：中华书局，2003 年，第 63—104 页。该文还提出了七大庙中可能含有关帝庙的假说。又关于汉地佛教中的冥间十王信仰的来源，参见太史文：《幽灵的节日：中国中世纪的信仰与生活》，侯旭东译，杭州：浙江人民出版社，1999 年，第 161—164 页。与之有别的藏传佛教中关于审查死者灵魂善恶的冥王形象，则参见图齐、海西希：《西藏和蒙古的宗教》，第 241—244 页。根据图齐的观点，其中融入了显著的伊朗宗教特征。

③ S. Dabringhaus, "Chinese Emperors and Tibetan Monks: Religion as an Instrument of Rule," in S. Dabringhaus, ed., *China and Her Neighbours*, Weisbaden: Harrassowitz, 1977, p. 122.

④ 参见顾祖成编：《明实录藏族史料》第 2 集，拉萨：西藏人民出版社，1982 年，第 1253 页。

⑤ Tak Sing Kam, "The dGe-lugs-pa Breakthrough: The Uluk Darxan Nangsu Lama's Mission to the Manchus," *Central Asiatic Journal*, Vol. 44, No. 2, 2000, p. 167. 此外与格鲁普将囊素喇嘛看作萨迦派僧侣的观点不同，甘德星此文则认为其属新教格鲁派。

这一论断其实混淆了摩顶和灌顶的区别。两者在藏传佛教中有着本质性的区别，摩顶一词的藏语转写为 phyag dbang，含义为以手抚摩他人头颅作为加持赐福；而灌顶的藏语转写为 dbang，原是表示通过在净器中注入智力以驱散二障，洗净身心，完成成熟身心相续之道；如果应用于国王即位的场合，则表示传授灌顶（dbang bskur），即以水浇灌头顶，经过这一仪式后国王才有权执政。[1] 摩顶只需要喇嘛以双手接触抚摩其受众的颅顶即可，故常见于高僧大德在法会上对众多信徒的赐福，即如明人萧大亨所述的明后期蒙古各部，"自虏王以下至诸酋，见佛见喇嘛无不五拜五叩首，喇嘛惟以左手摩其顶而已"，[2] 这与灌顶需要的复杂程序、灌顶对象的单一性全不可比。[3] 故以此为证据断言囊素喇嘛与努尔哈赤在进行了灌顶仪式的基础上结成了施供关系，或像罗友枝那样断定前者在 1621 年来到后金即被努尔哈赤任为国师，皆不足凭信。[4] 何况阎鸣泰的上疏反映出其获得的后金情报多有夸大，如文中还以当下人的口吻谈起早已过世数年的囊素喇嘛"靡不搏心内问，屡效忠谋"，这和前述"夷狄之族敬佛如敬天，畏僧甚于畏法"均系不实夸言。考察努尔哈赤对藏传佛教的真实态度，显然以他自己的口吻发布的前引满语文告比起明朝方面获得的这些二手信息要权威可靠得多。总之，关于天命时期藏传佛教的发展状况及其对后金政治的实际影响，不宜给出较高的评估。

二、皇太极时代满人与藏传佛教的关系辨析

再看皇太极的礼佛实况。在格鲁普的未刊博士论文中，皇太极在盛京供奉受自察哈尔林丹汗的大黑天神（Mahākāla）之举被解读成皇太极通过举行密宗灌顶仪式，"成功地突破了神学限制，登上了内亚政治的顶峰：成为蒙古皇帝"。[5] 他这番论述被不少北美清史学者当作定论接受下来。石滨裕美子也将其视作满洲君

① 张怡荪主编：《藏汉大辞典》，北京：民族出版社，1998 年，第 1735、1929 页。
② 崔春华：《夷俗记校注》，沈阳：辽宁大学出版社，1987 年，第 12 页。
③ 喇嘛对其弟子的灌顶仪轨通常要持续近三个小时，参阅约翰·布洛菲尔德：《西藏佛教密宗》，耿昇译，拉萨：西藏人民出版社，2001 年，第 123 页。
④ 罗友枝：《清代宫廷社会史》，第 313 页。
⑤ 罗友枝：《清代宫廷社会史》，第 314 页。

主开始接受佛教转轮王思想的具体例证;① 进而声称 1636 年皇太极在盛京兴建实胜寺是为了祭祀所谓八思巴"御制"的大黑天像，由此宣告了满洲皇帝业已继承忽必烈开创的"佛教政治"。② 故本节最重要的问题是，皇太极与大黑天崇拜的真实关系究竟如何？他对大黑天的祭拜是为了给自己的汗权形象再镀上一层由藏传佛教王权观念赋予的金粉吗？为了便于我们了解国外学者得出如上观点的来龙去脉，有必要先从反映格鲁普核心观点的前揭论文谈起。

他的核心观点即皇太极通过引入对大黑天的崇拜全面继承了元朝与萨迦派进行政教合作的君权模式，这相较此前其父与囊素喇嘛结成的"施供关系"，又有所发展。这反映在密宗灌顶（tantric initiations）出现在皇太极更改国号期间举行的公开仪式上，而他也由此成为蒙古人都承认的全新大汗（qaγan），标志着新诞生的大清国在意识形态基础方面正是元朝的合法继承者，因而极大地突破了此前后金的传统政治格局。故皇太极在大黑天佑护下，正像几个世纪前的元朝皇帝那样，也具有了统治天下的转轮王形象。可以说，在皇太极时期，君主制与藏传佛教的政治理想最终实现了同一化。此外他还就大清国号的佛教色彩，盛京官方建筑群（大黑天庙、转轮王宫殿等）的佛教化布局等具体问题作了相应阐述。③

笔者拟将格鲁普上述观点中自出机杼的部分放在稍后探讨，首先来考察其说赖以成立的前提：元朝的佛教化君权与大黑天崇拜存在着密切的关系。核检他的注释，可知这一观点全盘借鉴了德国老一辈元史学家傅海波（H. Franke）关于忽必烈以来的元朝皇帝均为阿育王式的佛教转轮王的见解。为了便于讨论，特将其论据介绍如下。傅氏认为，不同文字的史料都证实了八思巴在 1253 年给忽必烈进行了灌顶，其属于喜金刚（Hevajira）仪轨。而在萨迦派寺院中对喜金刚的崇拜又和大黑天紧密相关，后者和喜金刚相似，也属于喇嘛教中的本尊（藏语 yi-dam）。以后元朝每位皇帝即位前，均要举行与喜金刚和大黑天有关的密教仪式。这些西藏神祇也就自然成为皇帝们的保护神，甚至降至 20 世纪，大黑天还被当

---

① 石濱裕美子：《転輪王思想がチベット・モンゴル・清朝三國の王の事績に与ぇた影響について》，《史滴》第 16 號，1995 年。
② 石濱裕美子：《チベット仏教世界の一部としてのモンゴル理解の必要性について》，第 227 頁。
③ S. M. Grupper, "Manchu Patronage and Tibetan Buddhism during the First Half of the Ch'ing Dynasty: A Review Article," pp. 54-61, 72-74.

作蒙古人的保护神。①

上述叙述中除了忽必烈在 1253 年师从八思巴接受喜金刚灌顶之事确有实据之外，其他内容多有误解。兹据一位匈牙利藏学家对八思巴文集的查证，坐实了后者在 1253 年确曾撰写了一篇有关喜金刚坛城（Hevajra mandala）女神的经文，且正是为忽必烈灌顶而作。不过按照他的定性，此篇文献仅属单纯与宗教需求有关的作品，与君权政治并无关系（此时忽必烈仅为藩王而已）。与之类似的还有当忽必烈即位以后，八思巴给皇帝夫妇及皇子真金夫妇、阔端之子只必帖木儿夫妇等写的灌顶仪轨方面的文献。这些与元朝皇族有关的灌顶类作品均无特殊的政治寓意，也与佛教政治下的转轮王思想无涉。此外八思巴并未给忽必烈写更多的密教文献。至于八思巴有关大黑天的所有著作中仅有一篇是为蒙古皇室而写，对象是皇子真金。②如果再联系后来的《萨迦世系史》中也只是将忽必烈、察必夫妇接受八思巴的喜金刚灌顶法作为一种信仰的皈依来陈述，其突出表现的是忽必烈接受灌顶后以回赠吐蕃封地的方式作为对上师此举的酬劳，却未言及灌顶对于皇权本身有任何附加的政治意义，③ 即可看出将灌顶仪式、喜金刚崇拜与忽必烈的君权相联系的观点实为牵强，因为此类喜金刚灌顶与佛教王权理论下的即位灌顶性质迥异。

傅氏随后将大黑天与喜金刚均看作本尊的观点并不准确，因前者属于护法神，其在藏语中的转写为 chos-skyong，而与喜金刚所属的本尊——藏语转写形式为 yi-dam（英语中作 protector）本非同类，④ 这是因为作为本尊的神祇在来源上多

---

① H. Franke，"Tibetans in Yüan China," in John D. Langlois Jr.，ed.，*China under Mongol Rule*，Princeton：Princeton University Press，1981，p. 308；"From Tribal Chieftain to Universal Emperor and God：The Legitimation of the Yüan Dynasty," München：Verlag der Bayerischen Akademie der Wissenschaften，1978，p. 59.

② J. Szerb，"Glosses on the Oeuvre of Bla-ma' Phags-pa：Ⅲ. The 'Patron-Patronized' Relationship," in B. Nimri Aziz et al. eds.，*Soundings in Tibetan Civilization*：International Association for Tibetan Studies Seminar（*1982 Columbia University*），New Delhi：Manohar Publications，1985，pp. 166 – 168. 该文也指出了傅海波对忽必烈接受灌顶一事的误解之处。

③ 阿旺贡噶索南：《萨迦世系史》，陈庆英等译，北京：中国藏学出版社，2005 年，第 107—108 页。

④ 关于二者的释义参见张怡荪主编：《藏汉大辞典》，第 830、2565 页。不加区别地将大黑天识别为本尊的情况也参见 C. Humphrey and H. Ujeed，*A Monastery in Time*：The Making of Mongolian Buddhism，Chicago：The University of Chicago Press，2013，p. 55.

为佛或菩萨，其在宗教中的地位和作用要大大高于大黑天之类的护法神。具体来说，大黑天与阎摩（Yamo）、财神（Kubera）、阎曼德迦（Yamāntaka）、明王（Hayagriva）、女神（Lha-mo）等构成了藏传佛教中最主要的护法神序列。与之相对，除了一些著名的佛与菩萨可以充当信徒的本尊之外，喜金刚则与时轮神（Kālacakra）等其余四神构成了最单纯的本尊系列。至于护法神中同时也有资格被信徒当作本尊敬奉的主要是阎曼德迦等少数几位，正如某些西夏黑水城仪轨文献所显示的，大黑天仅在某些特定情况下，被信徒在观想中将其与自身合一，因此才具有本尊的特征。① 而忽必烈在接受八思巴对其的灌顶仪式时并未以之作为观想对象，也就与大黑天不构成信徒与本尊的关系。需要解释的是，对信徒而言，本尊神是当其初次接受灌顶时，由本师亲自从坛城（mandala）众神中为其挑选指定，其作用是帮助弟子实现菩提心，故还可以动人女性的容貌出现，因为这被理解为能够促使弟子正确处理情欲以征服自我。② 此点有助于我们理解当忽必烈初受灌顶时，八思巴通过撰写经文为其召唤选定的本尊恰恰指向喜金刚的女神化形象。

与之不同的是，保护神则源自那些被佛法感化了的邪恶魔怪。每当弟子正式受戒以后，他们的作用就是阻止其放弃当初在接受灌顶时许下的誓愿，所以受众需要通过按时向其供养食物以表示对之的遵守。③ 当然护法神平常司职就是护卫佛法免受妖魔的侵袭，以维护佛教教义的完善，所以承载着对抗魔怪职能的护法神大多呈现出令人恐怖的愤怒形象，甚至其中那些女神也多有丑陋不堪的外貌。这与本尊神中女性神灵和蔼悦人的容颜构成绝大反差。④ 其中大黑天的面目尤其狰狞可怖，还在10世纪时就已经在印度形成了特殊的大黑天崇拜群体，其相信

① Alice Gretty, *The Gods of Northern Buddhism*, New Delhi: Munshiram Manoharlal Publishers, 1978, pp. 147 – 148, 141 – 142. 关于黑水城文献中此类以大黑天为本尊的内容的具体情况参见沈卫荣：《西夏、蒙元时代的大黑天神崇拜与黑水城文献——以汉译龙树圣师造〈吉祥大黑八足赞〉为中心》，《西藏历史和佛教的语文学研究》，上海：上海古籍出版社，2010年，第422—426页；亚历山大·佐林：《俄罗斯科学院东方文献研究所藏古藏文写卷中的一件密教仪轨文献》，操林英译，收入王启龙主编：《国外藏学研究集刊》第1辑，上海：上海古籍出版社，2017年，第334—339页。
② 约翰·布洛菲尔德：《西藏佛教密宗》，第96、159—164页。
③ 约翰·布洛菲尔德：《西藏佛教密宗》，第55页。
④ 勒内·德·内贝斯基·沃杰科维茨：《西藏的神灵和鬼怪》，谢继胜译，拉萨：西藏人民出版社，1993年，第3—6页。

此神可正可邪并且力量无穷，所以崇拜它的信徒会因为心怀畏惧而断绝干坏事的念想。[①] 它的这种特征使其后来进入藏传佛教的万神殿后，特别适合承担佛法和信众的护法神角色。故傅海波将喜金刚这样的本尊和作为护法神的大黑天等量齐观的做法是昧于对藏传佛教的了解。

那么对傅氏最重要的发明，即元朝皇帝登基前要举行特定的与喜金刚和大黑天有关的仪式又该如何评价呢？如前所述，傅氏因为并不了解 1253 年八思巴为当时还仅是藩王的忽必烈举行喜金刚女神灌顶仪轨一事的宗教背景，从而将相对寻常的信徒与上师之间的结缘灌顶与佛教君权理论背景下的即位灌顶混淆在一起。下面再来着重分析元朝皇室的大黑天崇拜问题。首先要明确的是，藏传佛教的信众中并不存在如前所述的像印度那种专门的大黑天崇拜群体，无论八思巴或者忽必烈都不是这一特定教派的信徒。而傅氏在相关论文中注释出处是中华书局出版的《元史》校勘本第 4521 页。可是，该页仅仅有一句话涉及元朝统治者对佛教仪式的履行，即"虽帝后妃主，皆因受戒而为之膜拜"。显然，它并不能作为皇帝在即位前举行过特定宗教仪式的论据。不过笔者认为，这里可能是傅氏一时的引文疏失，他实际上拟征引的是先后见于元末笔记史料《山居新语》和《南村辍耕录》的一条记载，称元朝皇帝在即位之前均要先受戒九次方登大宝，而元顺帝在受戒之前，因看见戒坛中的马合哈刺佛（即大黑天）前有用羊心制作的供品，故询问起喇嘛有关曾用人心肝作为此神祭品的传闻是否属实。后者并不否认发生过这类情况，但辩称只取坏人的心肝而已，结果遭到顺帝讥讽。[②] 傅海波早在 1956 年就全文翻译过《山居新语》，[③] 想必对这条反映元帝登基前要受佛戒的史料记忆犹新，再加上其中明确提到了大黑天，所以很可能正是在该记载的启发下，推断元帝即位之前还要举行与大黑天崇拜有关的特定仪式。

然而，元人笔记中的这条史料能否证明其观点呢？笔者认为傅海波很可能混淆了元代两种不同形象的大黑天的各自功能，即元朝帝室供奉崇拜的原为萨迦派寺院保

---

① G. 费琅辑注：《阿拉伯波斯突厥人东方文献辑注》（上），耿昇、穆根来译，北京：中华书局，1989 年，第 142—143 页。

② 杨瑀撰，余大钧点校：《山居新语》，北京：中华书局，2006 年，第 199 页；陶宗仪：《南村辍耕录》，北京：中华书局，1959 年，第 20 页。

③ 参见傅海波、崔瑞德编：《剑桥中国辽西夏金元史：907—1368 年》，史卫民等译，北京：中国社会科学出版社，1998 年，第 856 页，书目 115。

护尊的大黑天和进行灌顶时布置在相应坛城内的护法型大黑天。以下详述判断理由：

首先应当说明的是，藏传佛教中的大黑天竟有 72 种或 75 种彼此各异的身形，有关功能或作用也并不等同，[1] 其间的种种差异确实非常容易使人混淆。先看受到元朝皇帝崇拜的大黑天的具体来历。蒙古皇室对此神的祭祀崇拜是在元初蒙古征伐南宋的历史背景下出现的，时人普遍相信它在元军的此次平宋征战中发挥了关键性的佑护作用；以后蒙古统治者出于增强统治内地信心的需求，故对它的崇拜历时弥久，迄未衰退。由于最初将这种信仰介绍给忽必烈的吐蕃人士恰是萨迦派的宗教领袖帝师八思巴和国师胆巴，尤其是后者在其中发挥的作用更为重要，据称正是由于他对大黑天的祈祷，成功地促使成宗年间进犯边境的海都退兵；故为几代元朝统治者深深迷信的大黑天本自萨迦派的护法神。[2] 那么原为该教派护法神大黑天的具体形象如何呢？

鉴于皇太极在 1635 年迎来的原林丹汗供奉的大黑天像系出自元代萨迦派的主寺（据说由八思巴亲自从五台山移来），为我们了解此类神像的形态提供了证据。虽然其早已下落不明，但学者通过辨认有关著作中保存的照片，再加上参照明代梁庄王墓中曾出土的同类神像实物，复原了这类大黑天的基本形象，即它有一面三眼双手的形体，最突出的造型特征即双臂间水平放置着红棒。[3] 这直接推翻了国外少数学者关于林丹汗所供大黑天像的不实推测。譬如罗友枝称它是七臂造型的好战神灵，并对之以本尊（yi-dam）相称。[4] 这自然是犯了双重错误，事

① 勒内·德·内贝斯基·沃杰科维茨：《西藏的神灵和鬼怪》，第 43 页。

② 有关元廷供奉该大黑天缘由及经过的研究，参阅王尧：《摩诃葛剌（Mahākāla）崇拜在北京》，蔡美彪主编：《庆祝王锺翰先生八十寿辰学术论文集》，沈阳：辽宁大学出版社，1993 年，第 441—449 页；那木吉拉：《论元代蒙古人摩诃葛剌神崇拜及其文学作品》，《中央民族大学学报》2000 年第 4 期；沈卫荣：《神通、妖术和贼髡：论元代文人笔下的番僧形象》，《汉学研究》（台北）第 21 卷第 2 号，2003 年；等等。

③ 齐木德道尔吉：《新的考古、文物史料与蒙元史研究的世界性》，张志强主编：《重新讲述蒙元史》，北京：三联书店，2016 年，第 50—51 页。梁庄王墓中的大黑天金像的具体造型参阅 K. Debreczeny, "Imperial Interest Made Manifest: sGa A gnyan dam pa's Mahākāla Protector Chapel of the Tre shod *Mandala* Plain," in R. Vitali, ed., *Trails of the Tibetan Tradition: Papers for Elliot Sperling*, Dharamshala: Amnye Machen Institute, 2014, p. 166.

④ E. S. Rawski, "Presidential Address: Reenvisioning the Qing: The Significance of the Qing Period in Chinese History," p. 835.

实上不仅大黑天不能被不加限定地称为本尊，而且其大量不同的繁复造型中，手臂的数量均为偶数，不可能是奇数。[1] 又如中村淳称其为多头多臂的愤怒相护法神，[2] 也显得不够准确。而双臂放置横棒（藏语作 gan-di，系梵语借词，相当于一种巫术棒或魔力棒）的特征，正反映出它是大黑天多种形象中的"宝帐怙主"，它起初是印度那烂陀寺的保护神，后来顺理成章地成为像萨迦寺这样的西藏重要寺宇的守护尊。[3] 事实上，前述 1819 年成书的用藏文写就的《蒙古佛教史》也确实是以宝帐怙主的藏文原名 gur mgon 称呼原归林丹汗所有的这一大黑天像。[4] 另外需要补充的是，通常像宝帐怙主这类作为寺院守护神大黑天的外表本来应该是红色，[5] 但由于如上所述的林丹汗大黑天像和梁庄王墓大黑天像均用黄金铸成，以至它们呈现出的是金黄色泽，由此神像的铸造者只能通过把其用双臂平托的横棒处理成红色以表现其本来颜色。最后，蒙古统治者之所以能欣然接受宝帐怙主，并围绕其进行相应的宣传活动，大肆鼓吹它具有护国佐军的神奇功用，除了他们与萨迦派存在良好关系之外，应该还和蒙古人的生活环境密不可分。这是因为该型大黑天的藏文名字 gur mgon 的字面含义恰好是帐篷保护者，而作为游牧民族的蒙古人又常年生活在帐篷中，所以元朝诸帝自然更倾向于在大黑天的各种类型中选择宝帐怙主作为其崇拜敬奉的对象。

与宝帐怙主形成显著功能差异的则是前述元人笔记中的戒坛（当即坛城）中的护法神大黑天。这一类型的大黑天在相应坛城中现存的较早实物，可以追溯到内蒙古额济纳旗黑城遗址出土的西夏或元代的相关唐卡上，其作为护法神被布置在坛城的次外圈，呈现出四臂的显著特征；而在 14—15 世纪西藏本地的唐卡实

---

[1] 有关大黑天的各种不同形体特征，参见勒内·德·内贝斯基·沃杰科维茨：《西藏的神灵和鬼怪》，第 44—76 页。

[2] 中村淳：《チベットとモンゴルの邂逅》，《岩波講座·世界講座》11《中央ユーラシアの統合（9—16 世紀）》，東京：岩波書店，1997 年，第 141 頁。

[3] 罗伯特·比尔：《藏传佛教象征符号与器物图解》，向红笳译，北京：中国藏学出版社，2014 年，第 146—147 页。

[4] 这在该书日译本中有明确标示，参见外務省調査部譯：《蒙古喇嘛教史》，東京：生活社，1940 年，第 68—69 页。

[5] 山内丈士：《赤マハーカーラ成就法についての一考察》，《印度學佛教學研究》第 56 卷 1 号，2007 年。

物中则被绘制在坛城最外圈，以体现护法尊所应起到的拱卫作用。① 因此，当顺帝亲往坛城受戒灌顶时，布置在最外圈附近的大黑天护法神容易首先引起其关注，故才临时起意询问此神的具体情况。坛城中的这类护法型大黑天通常以多臂为标志，尤其以四臂和六臂最为常见，与二臂型宝帐怙主的外形区别明显。至于元人笔记中以羊的脏器作为祭品的细节很可能也有真实性，因为至今在尼泊尔的一座被印度教徒和藏传佛教徒共同参拜的寺院参拜道旁，即矗立了一块象征着大黑天的三角石，长期以来信徒们习惯以山羊作为供奉给它的牺牲，以至整块石头的表面被羊血涂染成红黑色。② 在大黑天作为愤怒相护法神时，其手持的最常见器皿之一即头盖碗，其内按照教义需盛放贡献给它的供品，其中包括了人心等各种非同寻常的祭品。③ 故喇嘛在皇帝面前对此供认不讳并不让人感到吃惊。

因此，《山居新语》等的记载确有很强的写实性，虽然我们尚不能肯定此类皇帝灌顶行为是否发生在正式登基之前，毕竟记事更加严肃的《元史》中并未如此叙述；但元朝诸帝亲临过相应坛城以从西藏帝师等高层喇嘛处正式受戒是不容否认的事实。唯其如此，我们才能解释元顺帝为何会与大黑天在这种场合下邂逅，也能明白大黑天在此类灌顶活动中仅仅担负护法神的基本职能，因其不是本尊所以绝非元朝帝王在仪式中着重祭拜的对象；同时又由于坛城中布置的护法神并不仅限于大黑天一种，因此我们也不能将其看作专门对应于元朝皇帝的保护神。实际上《元史·释老传》中所列举的当时宫廷中经常进行的佛教仪轨活动中，确有三种涉及大黑天，分别是：相当于护城（此处的"城"即坛城或坛场）之义的思串卜（大护法），表示祠祭作为坛城护法神的大黑天以求佛教繁荣；朵儿禅（大供物），表示对大黑天进献的被摆放成圆锥形的食物，将其供放在坛城中，再作祈祷就可以免除恶魔和战争的祸患；古林朵四（供养），表示对大黑天作祈祷以祛除疾病。④ 看来元廷对大黑天的祭献供奉主要还是借助此类仪轨趋利避祸，消弭灾患，与君权神授等统治理念无关。

① 森雅秀：《チベットの佛教美術とマンダラ》，第275—277頁。
② 立川武藏：《曼荼羅の神々——仏教のイコノロジ》，東京：ありな書房，2004年，第126—128頁。
③ 勒内·德·内贝斯基·沃杰科维茨：《西藏的神灵和鬼怪》，第20頁。
④ 野上俊静：《元史釈老伝の研究》，京都：朋友書店，1978年，第54—58頁。

综上，当傅海波认为元朝皇帝即位前要举行专门的大黑天崇拜仪式以获得神权上的保佑时，其实是混淆了不同类型的大黑天。还要指出的是，他认为元代皇家对大黑天的崇拜一直遗留在蒙古民族中，并持续到 20 世纪的观点也不成立。随着元末蒙古统治者避居塞北，继续崇拜大黑天的社会环境和客观条件都已荡然无存。这一点其实很好理解，即当初至元年间官方费尽心力地将元军南征取胜与大黑天的护助捆绑在一起时，固然在宣传策略上收到了立竿见影的效果，但也容易让往后的元朝统治者对之抱有过高的期望值；然而当元朝遭到红巾军与朱明政权的严峻威胁时，临此危难局势下本应再度显灵、力挽狂澜的大黑天却只能坐视元军节节败退直至退出中原，显然没有尽到保护神的基本职守。在这种时局巨变下，还继续要求退守草原的蒙古人一如既往地崇信膜拜它，岂非咄咄怪事？故在此之后很长时间里大黑天渐渐退出了蒙古人的宗教生活。直到 16 世纪晚期，三世达赖喇嘛在与俺答汗正式结成宗教关系后，按照前者的要求，重新皈依佛教信仰的蒙古人必须毁弃其崇拜的翁衮神像，代之以佛教中的六臂智慧怙主。[1] 它是大黑天的另一种常见形态：持疾智慧六受大黑护法。[2] 而格鲁派尊崇的护法神就是这种一面六臂型的黑色大黑天，[3] 所以身为该派领袖的三世达赖才会在新接受黄教的蒙古地区极力推广它以代替其原来的翁衮信仰，这相当于是在直接宣传格鲁派的教义精神。六臂大黑天从此成为蒙古人中家喻户晓的神祇，[4] 以致被视作专门与蒙古人对应的一种护法神。故改宗黄教的蒙古人接受的这种大黑天与早先曾被元廷供奉的萨迦派护院神宝帐怙主并不相同，傅海波显然不清楚大黑天的上述两种不同形式的功能区别以及前后两次传入蒙古时的不同历史背景。

同时，也正因为六臂型大黑天主要起帮助蒙古人虔诚敬佛的护教作用，所以它不再像元朝蒙古上层崇拜的大黑天那样，还被贴上军神和黄金家族佑护神的标

[1] 五世达赖喇嘛阿旺洛桑嘉措等：《一世—四世达赖喇嘛传》，陈庆英、马连龙等译，北京：中国藏学出版社，2006 年，第 235 页。

[2] 勒内·德·内贝斯基·沃杰科维茨：《西藏的神灵和鬼怪》，第 43—44 页；久美却吉多杰：《藏传佛教神明大全》，西宁：青海民族出版社，2004 年，第 588 页。

[3] 切旦：《チベット宗教における護法尊について：——黑白コンポ（Mgon po）一面六臂を中心に》，《東アジア文化研究科院生論集》8，2018 年，第 195—197 页。

[4] 费迪南德 D. 莱辛：《雍和宫——北京藏传佛教寺院文化探究》，向红茄译，北京：中国藏学出版社，2008 年，第 89 页。

签。后两项重要功能在明末以降的蒙古社会中由其他神灵来承担。此时蒙古人崇拜的战神已经是岱逊腾格里（Dayisun tngri）和源自西藏的格斯尔汗。① 至于成吉思汗黄金家族的保护神，根据学界对内蒙古八白宫等处实地调查的结果，在军事方面起到护佑作用的是黑苏勒德（Sülde）神；而蒙古人在举行相关祭祀时咏唱的黄金家族保护神则是白苏勒德。② 相较而言，作为智慧怙主的六臂大黑天在蒙古社会里的作用长期没有溢出宗教领域。唯至清末，渐渐对清政府不满的蒙古佛教界部分人士才开始把某些历史或当时的人物认定为此类大黑天的化身，从而对政局走向产生了一定作用。例如乾隆时期反清的阿睦尔撒纳在19世纪被蒙古一些地区的喇嘛追捧为大黑天护法神，并散布其即将复活的预言。另外，在辛亥革命前后的外蒙古多地组织武装暴乱、以血腥嗜杀而闻名的西蒙古僧人扎喇嘛（Ja-Lama）为了吸引追随者而对外宣布自己就是大黑天的转世；当时极力推动外蒙古事变的哲布尊丹巴活佛为寻求外部力量的干预，不惜把生性残忍、后来被红军处决的白俄贵族恩琴男爵奉为大黑天化身，指望其能成为自己的外来救星。③ 以上就是目前已知仅有的将大黑天护法神的化身与宗教人士以外的政治人物进行附会关联的几则具体实例，所涉对象大多只是一些在历史中昙花一现的过客而已。

　　大黑天的化身与重要政治人物在历史上的对应是如此不显，这自然要归结为其在藏传佛教万神殿中的实际地位。事实上，这位以忿怒形象示人并以身形众多而著称的护法神在藏传佛教诸神中仅位列第十等级，④ 当然也就承载不起作为佑护国家政权、保障其君主拥有统治合法性的重大政治作用，故远不能和真正与佛教王权思想存在关联的神—人—龙三界之三大主神：文殊菩萨、观音菩萨和金刚手菩萨相提并论。在佛教世界中原本地位不算突出的大黑天之所以能受到一些朝代统治上层的青睐，主要源于他们在精神上迷信借助与之有关的秘法仪轨，希望

① 图齐、海西希：《西藏和蒙古的宗教》，第477—488页。
② 杨海英：《チンギス・ハーン祭祀》，東京：風響社，2004年，第65—67页；《モンゴルにおける「白いスゥルデ」の繼承と祭祀》，《國立民族學博物館研究報告別冊》第20號，1999年，第135—136、171页。
③ A. Znamenski, *Red Shambhala*: *Magic*, *Prophecy and Geopolitics in the Heart of Asia*, Wheaton: Theosphical Publishing House, 2011, pp. 28–29, 36–39, 120–122. 也参见菲利普·弗朗德兰：《伯希和传》，一梧译，桂林：广西师范大学出版社，2016年，第262页。
④ 勒内·德·内贝斯基·沃杰科维茨：《西藏的神灵和鬼怪》，第43页。

借此招来神奇力量以防止邪神恶灵对自己的侵害，甚至用以克敌制胜。故对大黑天仪式感兴趣的并不限于如元朝皇帝这样的最高君主，还包括像大蒙古国的阔端和明朝梁庄王之类的宗藩贵胄。这就是说对其虔诚信奉被认为有助于在信徒与密法神秘力量之间建立起一种紧密的个人关联。①

　　藏传佛教视汉地为文殊菩萨教化的区域，故元明清三朝诸多皇帝曾先后被藏传佛教界定性为文殊菩萨的化身。② 而从五世达赖开始，达赖喇嘛的转世像松赞干布那样，再度被确定为观音菩萨君临人间的化身。③ 金刚手菩萨则被明清时期许多蒙古佛教徒认定为成吉思汗的神祇形象。④ 尤其是入清以后，不少受封于朝廷的东蒙古王公普遍倾向于接受这种观点，这大概和后者希望光大自己作为成吉思汗黄金家族后裔的特定身份地位有关。因此，田清波从清末鄂尔多斯乌审旗王公那里看到的一件"开印"致辞文书中，明确将成吉思汗赞颂为金刚手化身，以与其他作为文殊菩萨和观音菩萨的化身以分别治理教化汉地和藏地的统治者并

---

① K. Debreczeny, "Imperial Interest Made Manifest: sGa A gnyan dam pa's Mahākāla Protector Chapel of the Tre shod *Mandala* Plain," in R. Vitali, ed., *Trails of the Tibetan Tradition: Papers for Elliot Sperling*, pp. 129 – 155.

② D. M. Farquhar, "Emperor as Bodhisattva in the Governance of The Ch'ing Empire," *Harvard Journal of Asiatic Studies*, Vol. 38, No. 1, 1978; J. Elverskog, "Wutai Shan, Qing Cosmopolitianism, and the Mongols," *Journal of the International Association for Tibetan Studies*, No. 6, 2011, pp. 243 – 274.

③ 尽管早在一世达赖时，他就被视为观音菩萨的化身；但缘于其当时并不实际掌握世俗权力，故这种化身的现实意义仅限于宗教领域，直到五世达赖时因其逐渐掌握了政治实权，故其作为观音化身的形象还被赋予了与松赞干布类似的以此种身份进行现实统治方面的意义。Ishihama Yumiko, "On the Dissemination of the Belief in the Dalai Lama as a Manifestation of the Bodhisattva Avalokiteśvara," *Acta Asiatic*, No. 64, 1993.

④ H. Franke, "Form Tribal Chieftain to Universal Emperor and God: The Legitimation of the Yüan Dynasty," pp. 65 – 67; V. A. Wallace, "How Vajrapāni Became a Mongol," in V. A. Wallace, ed., *Buddhism in Mongolian History, Culture and Society*, New York: Oxford University Press, 2015, pp. 188 – 194. 关于将成吉思汗认定为金刚手化身的最早蒙古文献，系假托撰写于元代，实际上其主体内容应当成书于 16 世纪的《白史》。参阅 K. Sagaster, *Die Weisse Geschichte: Eine mongolische Quelle zur Lehre von den Beiden Ordnungen: Religion und Staat in Tibet und der Mongolei*, Weisbaden: Otto Harrassowitz, 1976, S110；留金锁整理注释：《白史》，呼和浩特：内蒙古人民出版社，2000 年，第 76 页。可以肯定的是，其中有关成吉思汗即金刚手化身的说法在元代尚未出现，现存的元代藏文史籍《红史》等仅提到成吉思汗的远祖塔马察是莲花生大师的化身，故上引傅海波长文中征引《白史》的叙述来论证元代即已存在成吉思汗系金刚菩萨的说法难以成立。

列配置。① 由此可见，在藏传佛教君权理论与现实政治的结合中，最终能够与地位崇高、君临一方的统治者联系在一起的只能是上述三大主神。如果真像傅海波断言的，仅仅借助在即位前举行对大黑天这一级别较低的护法神的特殊崇拜仪轨，就足以使元朝皇帝树立起一种堪比阿育王那样的理想型佛教君主的崇高形象，那么这种君主的身价未免也贬值得太令人吃惊了。尽管我们对傅海波的论述做了如上批评，但应当为其明辩的是，他在此问题上的主要失误在于对藏传佛教的背景知识了解得不够全面深入，导致其做出了如今看来与事实出入甚大的论断，不过其并未杜撰任何本不存在的材料。然而追随其说的格鲁普却在一条注释中言之凿凿地宣称，正是在 1264 年举行的大黑天灌顶仪式上，八思巴给忽必烈加冕为转轮王。② 这就几乎是在一厢情愿地编造于己有利的故事了。

格鲁普论说中赖以成立的大前提既然已被推翻，不妨再来推敲其对傅海波的思路继续发挥的部分。他整个论述的中心就是刻意放大供奉原林丹汗大黑天的盛京实胜寺的兴建和落成后皇太极带着外藩蒙古显贵前来参拜两大事实，将之与皇太极建元崇德及重定国号相联系，继而认为 1636 年清朝建立及同一时期满蒙联盟的缔造完成，实际上复制了当初忽必烈以降的元朝诸帝通过崇拜大黑天建立起以转轮王为最高统治者的佛教化君权模式。以上是其文最为核心的观点。

然而格鲁普对皇太极兴建实胜寺与大黑天神像之间真实关系的判断恰恰出现了原则性错误。在此有必要指出，李勤璞的相关论著对重新研究这一课题而言是不可或缺的，尽管他当时没有条件读到格鲁普的论文，无法对之进行评论。③ 笔者认为，此文经过翔实考察得出的若干认识中，有两点应成为我们继续探讨的基础：一是作为护法神的大黑天与佛的地位性质迥异，故清代汉文文献中时常冠以的嘛哈噶剌佛的名称其实是不对的；二是有必要严格区分大黑天殿（嘛哈噶剌楼）与实胜寺主体建筑的不同修建时间，前者早在 1636 年初即已落成，而后者

---

① K. Sagaster, ed., *Antoine Mostaert* (1881 – 1971): *C. I. C. M. Missionary and Scholar*, Volume 2: *Reprints*, Leuven: Ferdinand Verbiest Foundation, 1999, pp. 310 – 311. 当然这种视成吉思汗为金刚手化身的观念在藏地佛教界并不流行。

② S. M. Grupper, "Manchu Patronage and Tibetan Buddhism during the First Half of the Ch'ing Dynasty: A Review Article," p. 68, No. 20.

③ 李勤璞：《盛京嘛哈噶喇考证——满洲喇嘛教研究之一》，《藏学研究论丛》第 7 辑，拉萨：西藏人民出版社，1995 年，第 95—120 页。

的建造时间则始于当年农历七月，由此导致两者虽看似同处一寺但存在差别，这直接反映在以后清朝对于大黑天殿（后来正式称为嘛哈噶剌庙）和实胜寺各自的僧人数量及待遇标准均有不同的规定。实际上以他的这两大发现作为起点再做思考，即可彻底纠正将皇太极修建实胜寺与供奉大黑天像对应起来的错误陈说。

首先，将大黑天混淆为佛的误解在汉文史料中由来已久，至少可以追溯至前引《山居新语》与《南村辍耕录》中的记载。其反映了汉人大众甚至可能还包括一些佛教信徒在平时并不注重区分佛与护法神之间的差别。可是就佛教教义本身而论，两者的区别不仅不可逾越，而且还体现在与其各自对应的佛教建筑上。无论是汉传佛教或者藏传佛教，但凡遵守教义的正规寺院必然是以供奉佛或菩萨为主尊，决不会出现将某一护法神置于主要的敬拜位置上，佛或菩萨却退居其次的荒唐现象。事实上，专门祭祀供奉护法神的佛教场所在汉文中的正确表述是祠庙。这正如元人柳贯称当时全宁路的大黑天祭祀场所是"永庆寺之正，以为摩诃葛剌神专祠"，又回顾该神此前受到敬供的历史是"而西域圣师太弟子胆巴亦以其法来国中，为上祈祠，日请立庙于都城之南涿州"。[①] 这里对此类专门场所概以祠庙相称，用语颇为考究。又如内蒙古黑城遗址中编号为 Y7∶F191 的元代建筑类遗迹，因其中所出土信徒供奉的宝幡上明确写有"发诚心于太黑殿内悬挂宝幡一首"，可知元人有时也把这种专门供奉大黑天的场地称为太黑殿。[②] 而在以供佛或菩萨为主尊的寺院中，像大黑天这类护法神一般都处在偏殿或配殿，如在西藏著名的江孜白居寺一层殿堂的布局设计中，供有大黑天的护法神殿适处在入口处正对供佛的法轮殿西侧。这种大黑天殿位于主殿西侧的殿堂方位布局也见于该寺吉祥多门塔一层的佛殿壁画中。[③] 以上可为我们正确认识皇太极在盛京先后修建的大黑天殿与实胜寺的真正关系提供足资比照的背景。

---

① 柳贯：《柳待制文集》卷 9《护国寺碑》，《四部丛刊》初编，上海：上海书店出版社，集部，第 241 册，1989 年，第 451 页。相关的讨论参见张羽新：《玛哈噶拉—元朝的护国神——从柳贯〈护国寺碑铭〉谈起》，《世界宗教研究》1997 年第 1 期。

② 宿白：《张掖河流域 13—14 世纪的藏传佛教遗迹》，《藏传佛教寺院考古》，北京：文物出版社，1996 年，第 254 页。该文所引的相关考古报告中将 F191 定名为寺庙，似显用语可斟，其当属一座供奉大黑天护法神的专祠。

③ 熊文彬：《中世纪藏传佛教艺术——白居寺壁画艺术研究》，北京：中国藏学出版社，1996 年，第 25—26、71 页。

正如李勤璞此前论证的，盛京大黑天殿的修建时间确要早于实胜寺主体建筑半年多。既然较晚建造的实胜寺是一所正规寺院，那么它就应当按照寺院的布局通例，严格遵循以礼敬佛或菩萨为优先的基本原则，不可能还像神庙那样继续突出对护法神的单一崇拜。事实上，当崇德三年七月寺院正式落成后，由国史院大学士刚林所撰的四体建寺碑文（先以满文撰就，次译为汉、蒙、藏三种文字），详细地叙述了建寺因缘及它与此前得到的大黑天像的关联。① 碑文在记述了原察哈尔的默儿根喇嘛在林丹汗国破后，携带据传是八思巴用千金铸就的大黑天像投奔后金时，皇太极先是命喇嘛前往出迎，至盛京西郊后，他亲自发话"有护法，不可无大圣；犹之乎有大圣，不可无护法"，继而"命该部（指工部），卜地建寺，于城西三里许得之"，由此开工建造，"遂构大殿五楹，塑西方三大圣，左右列阿难、迦叶、无量寿、莲花生、八大菩萨、十八罗汉"，碑文先叙及在天棚上绘有四尊密宗佛（Tantra Buddha）城、两座宝塔和供佛的饰有黄金和东珠的奢华曼拿（实际上是坛城 mandala 的微型化实物），最后才叙述在东西廊的西侧三楹，"西供麻哈哈喇（即大黑天）"，与供放画像经卷的东侧三楹相互对称。

如果不带任何先入之见来阅读这篇多体碑文，那么就应同意通篇碑文描述的实胜寺的整个建造布局和其他寺院毫无二致，仍将供奉西方大圣等所在的五楹大殿置于全寺的核心位置。而且碑文的满文部分也反映出当时满洲上层完全清楚作为护法神的大黑天与佛之间的根本区别。这体现在"有护法，不可无大圣；犹之乎有大圣，不可无护法"这句话的满文原文中，其中护法一词正是大黑天（满文转写为 mahagala），而与之对照的大圣则是大佛（满文转写为 amba fucihi）。因此，从最初写就的满文部分所选用语来看，待到崇德元年秋正式启动建寺工程时，皇太极君臣对佛与大黑天的区别是再清楚不过的，尽管仅仅一年前他在致朝鲜国王书信中还将大黑天像与佛像混为一谈。② 由此定下的建寺规划正是以突出佛殿作为实胜寺主体建筑，再加上大殿天棚上绘制的密宗佛（满文转写为 dandira

---

① 相关的汉文和满文的录文（含满文转写）及各自的释义参见稽穆：《蒙古摩诃迦罗崇拜与清朝的起始——1638 年〈实胜寺碑记〉》，朱诚如主编：《清史论集——庆贺王锺翰教授九十华诞》，第 664—677 页。唯文中误以为满文的撰写晚于汉文，并译自后者。

② 中国第一历史档案馆编：《清初内国史院满文档案译编》（上），北京：光明日报出版社，1989 年，第 180 页。

［来自梵语 tantra］fucihi）和用黄金镶嵌珍珠制作的用于供佛的坛城，故由皇太极认可的整个寺院的设计和布局恰是为了强调突出礼佛的宗教意义，或者说按照上述方案建造落成的实胜寺主要服务于以君主为代表的满洲上层礼佛。

与之形成鲜明对比的是，有关大黑天像的内容在碑文中仅仅被作为建寺背景来陈述，并未言及皇太极君臣对此尊神像是多么顶礼膜拜。更耐人寻味的是，刚林这篇建寺碑文竟然对大黑天殿的基本建筑早在当年年初就已建成、并被皇太极兄弟隆重参拜之事只字不提，相反按照碑文的表述，该神殿是与实胜寺的整个主体建筑同时开工、同时竣工的。如此明显地抹杀事实当然不会是他个人擅作主张，只能是来自最高统治者的直接授意，因为如果照实直录大黑天殿建造在先，实胜寺开工在后的话，显然容易让人认为皇太极对待佛教神祇的态度也是礼拜大黑天在先，崇佛反倒在后，这样既与佛教基本教义不合，同时也大大冲淡了兴建实胜寺的礼佛意义。相反，如果像碑文中记述的那样，将嘛哈噶剌楼作为实胜寺的西殿（这与前述江孜白居寺中的护法神殿在供佛的主殿西侧相同），并对其在此前发生的事实略去不谈，那么就可以避免给读者留下皇太极在崇佛问题上失于本末倒置的印象。因此，这篇四体碑记所要讲述的建寺缘由是，素有慧根的皇太极从投奔金国的察哈尔喇嘛那里得到大黑天金像后，在第一时间悟出了"有护法不可无大圣"的佛法真谛，故将建寺奉佛视为首要大事，下令在盛京郊外寻找合适的营造地址。由是，从碑文内容上看，已经完全不能再现皇太极将崇拜的重心从天聪八年的大黑天转移至崇德元年对佛的这一转变。

正因实胜寺的建造是为服务于清初君主的礼佛活动，故在竣工的崇德三年八月初一，皇太极带领八旗诸王贝勒、外藩蒙古显贵和文武百官亲临该寺，在举行了简短的入门仪式后，接下来的正式礼拜活动完全遵循先参拜佛像所在的正殿，再去大黑天像所在的西殿的次序。尽管皇太极等在正殿的大佛和西殿的大黑天像面前都行了三跪九叩的大礼，但有关记载明显突出皇太极的拜佛之举，如强调他将僧人转递给他的特制黄金曼拿恭敬地献于佛前，喇嘛寺僧随之作乐诵经，这也标志着当天的参拜活动就此达到高潮。而对其随后的礼拜西殿金像活动，则仅提到献大黑天以物。① 这显然与正殿举行的仪式不可等量齐观。因此，竣工当天的

---

① 中国第一历史档案馆编：《清初内国史院满文档案译编》（上），第 355—356 页。

参拜活动证实了建造实胜寺的目的绝不是隆重地供奉大黑天金像。

综上所述，既然实胜寺的建造目的与崇拜大黑天无关，那么像格鲁普和石滨裕美子为代表的学者宣扬清朝以此为津梁，在政教领域“接续元朝”的理论就无法成立。然而，不少美国学者将这种误解继续放大，最后与历史的本来面目相去甚远。如史维东（A. R. Sweeten）以为，当皇太极引进大黑天崇拜后，就立即变成了战神般的佛法保护者和蒙古统治者的化身。[①] 他和博海波同样认为元朝官方崇拜的大黑天与皇帝举行灌顶仪式时坛城内的大黑天是同一类型，所以将二者的不同功能叠加到皇太极一人身上。罗友枝不仅接受了格鲁普的基本学说，还受到其盛京官方建筑群基于佛教空间原理的影响，竟将稍晚修建的散布于该城四方的四大塔寺想象成以西郊大黑天殿—实胜寺为中心进行布局，由此一起构成了理想型的“神圣空间”；更离奇的是，她进而提出盛京的这尊神像在 1694 年被移至北京的相应庙宇，[②] 意在强调即使在定鼎北京后，大黑天的重大政治意义仍然让人不能忘怀，所以清朝皇帝将其从盛京搬来北京。殊不知大黑天像在实胜寺一直完好无损地被保存到二战结束，之后才离奇失踪并至今下落不明。然而，直到 2000 年后，白瑞霞（P. Berger）还在重复所谓大黑天像最终迁来北京的论调。[③]

上述大黑天庙位于盛京诸寺的中心与神像移入北京的谬说还见于柯娇燕的著作，不过柯娇燕尚不以此为满足，先是极尽夸张地渲染皇太极带领着满蒙亲贵多次参观相关寺院中的大黑天神像，又故作神秘地告诉读者汉人官员被禁止进入参观。其实，有史可据的皇太极亲临相关场所参拜该神像的活动不过两次，而且事先还曾专召包括投奔后金被封爵的汉三王在内的群臣商议参拜实胜寺一事。最后她又凭空臆造出从唐太宗到成吉思汗和忽必烈、再到皇太极和乾隆帝，全都通过

---

① A. R. Sweeten, “The Early Qing Imperial Tombs: From Hetu Ala to Beijing,” in S. Wadley et al. eds., *Proceedings of the First North American Conference on Manchu Studies* (Portland, Or, May 9 – 10, 2003). *Vol 1. Studies in Manchu Literature and History*, Wiesbaden: Harrassowitz Verlag, 2006, p. 85.

② 罗友枝：《清代宫廷社会史》，第 314 页。

③ P. Berger, *Empire of Emptiness: Buddhist Art and Political Authority in Qing China*, Honolulu: University of Hawai'i Press, 2003, p. 25; Tatjana A. Pang, *Schriftliche mandschurische Quellen zur Geschichte und Kultur des Qing-Reiches des 17. und 18. Jahrhunderts*, S. 82, No. 142.

与大黑天有关的密宗仪式，成为佛教君权理论的实践者。[1] 为何这么多学者均不肯对原本一目了然的基本事实稍作辨析，却一味沉溺于全盘接受这类以讹传讹的臆断，其思想根源恐怕还在于他们在进行研究之前，头脑中就已经存在某种成见，即倾向于把清朝看作一个采取"去中国化"的意识形态和政治策略以维持其统治的政权，而格鲁普对大黑天像的高度演绎恰好为这种观点提供了最重要的论据。同时也正因此类误解的长期流布，以致几乎所有处理该问题的国外学者在英语写作中都不假思索地把盛京大黑天像所在的建筑场所表述成寺庙（temple）或者综合性建筑（complex），而非属于前两者组成部分的殿厅（hall），从而错将神殿与整座实胜寺等同。[2]

不过另一方面，我们也注意到，还有国外学者曾提出过一种立场相对缓和的"佛教象征"（Buddhist Symbolism）说来解释皇太极对这尊金像的态度，认为后者正是那些象征着林丹汗地位的诸遗物中较显要者，因其可以和忽必烈式的佛法保护者联系在一起，从而有助于满洲君主将其他民族纳入掌控中。[3] 从皇太极得到金像后立即为之修建宗教场所，并在随后的天聪十年元月对其隆重参拜的史实来看，大概有一年多时间他似乎确曾相信此像拥有某种特殊的政治意义，能为他实现憧憬已久的帝业助上一臂之力。然而，仅仅在天聪十年元月以后半年，曾经为意外得到大黑天金像而兴奋不已的皇太极就将自己关注的重点从它的身上移开，决心另建寺宇以取代嘛哈噶剌殿成为新的宗教中心，这说明他很快意识到了通过对该金像的礼拜活动以发掘其政治上的"佛教象征"意义，实质上并不能取得其所期望的效果，所以才会产生像"有护法，不可无大圣"这样认为礼佛才更重要的观念。而要很好地解释其思想上的变化原因，除了源于他对佛教教义的了解有所深入以外，还有必要综合当时历史背景以全面分析

---

[1] P. K. Crossley, *A Translucent Mirror*: *History and Identity in Qing Imperial Ideology*, pp. 238 – 240.

[2] 据笔者所见，国外学者在此问题上表述相对严谨的，仅有一例，即史维格称皇太极使这尊神像在盛京的一座综合型佛寺中占据了部分（的空间）（made the statue part of a Buddhist temple complex in Mukden），尽管他仍然相信此举彰显出皇太极试图继承林丹汗的君权遗产。参见 P. Schwieger, *The Dalai Lama and the Emperor of China*: *A Political History of the Tibetan Institution of Reincarnation*, New York: Columbia University Press, 2014, p. 41.

[3] R. Taupier, "The Western Mongolian Clear Script and the Making of a Buddhist State," in Vesna A. Wallace, ed., *Buddhism in Mongolian History*, *Culture and Society*, p. 26.

问题的实质所在。

首先，如果说大黑天像因为属于传世寥寥的元代宗教遗物而具有象征元代佛教的特殊功能的话，那么在它身上所凝聚的政治意义，还与占有者本身的家世背景密不可分。以林丹汗身为黄金家族嫡系传人的优越出身而言，拥有大黑天像的政治意义就非同小可，它很容易让人联想到此前忽必烈与八思巴的政教合作关系，而且在现实中他也确实效仿元代先例，与携来金像的夏尔巴活佛结成类似关系，以期推进统一蒙古事业的完成。① 换言之，据称是来自忽必烈时代的这尊大黑天像与黄金家族具有一种排他性的紧密关系，因此对于皇太极这样在血统上与黄金家族没有任何渊源，甚至姻亲也只限于该家族外围科尔沁部的满洲君主来说，其能发挥的政治意义要大打折扣，所以不宜在这尊金像身上大做文章。

其次，林丹汗以这尊宝帐怙主为纽带试图与夏尔巴活佛代表的萨迦派重建类似于元代的那种政教关系，固然可由此将"佛教象征"的政治功用发挥到极致，但同时也带来了触犯与萨迦派存在竞争关系的由宗喀巴创立的格鲁派利益的风险。而格鲁派才是当时蒙古地区影响最大的藏传佛教派别，故林丹汗此举反而为自己的政治前景招来了不确定的风险因素。我们知道，以后清代蒙古史家撰写的倾向于黄教思想的史书中往往负面评价林丹汗，甚至指斥其为教法之敌，虽然后者主观上也许并不想开罪蒙藏地区的黄教势力集团，然而他和大黑天神像过于紧密的联系总是难免让人怀疑其对黄教的态度。相比之下，皇太极在当时格鲁派已经占据明显优势并受到了多数蒙古部落拥护的形势下，不再大肆宣扬这尊本为萨迦派寺院守护神的宝帐怙主而改以崇佛，实属明智之举。何况在现实中，当初这尊金像所代表的大黑天护院神并不能在元末群雄崛起的时局下护国佐军，所以对它的崇拜只宜适可而止，否则反而会于己不利。②

其实不要说崇拜大黑天，即使就官方耗巨资才得以完工的实胜寺大佛而言，皇

---

① 乔吉：《蒙古佛教史：北元时期（1368—1634）》，呼和浩特：内蒙古人民出版社，2007年，第180—182页。
② 何启龙正确指出该大黑天像在元代并无特殊意义，也不供于宫廷内部，故与君权正统无关，只是因为降至明末时，存世的元朝遗物已极其稀少所以才被赋予重要的政治意义。不过他也仍然相信，皇太极得到此物后在盛京兴建实胜寺以供奉之，意味着其政权成为东亚的新霸主。参见何启龙：《蒙元和满清的"传国玉玺"神话——兼论佛教"二教之门"的虚构历史》，《新史学》（台北）第19卷第1期，2008年，第28页。

太极的尊崇态度也带有强烈的政治实用动机。在崇德三年该寺落成后的起初几年，它确实成为皇太极在重要节庆场合下的参拜对象，只不过之后几次没有在礼佛后继续观瞻大黑天像。自崇德六年至八年，皇太极却再未有过此类亲临拜佛的活动。① 这种由最初的殊遇有加再到后来的敬而远之，其间的明显变化折射出皇太极对待实胜寺的态度并非前后如一。

为了较好地理解这种变化的原因，有必要提到青木富太郎的观察结论。后者发现在崇德五年正月皇太极参拜实胜寺前后，漠北喀尔喀三汗等派遣的使臣恰好滞留盛京，当时的参拜活动正是为了刻意在蒙古使者面前表现清朝对宗教的高度尊重。再结合天聪崇德之交，皇太极一方与漠北蒙古的频繁使臣往来背景的分析，青木富太郎认为，崇德元年秋启动的兴建实胜寺这一工程很可能含有将来在此处招待达赖喇嘛等意图。这也可以解释为何当崇德三年秋寺院整体竣工以后，皇太极在接下来的崇德四至五年期间表达了希望与漠北喀尔喀诸汗共同迎请达赖喇嘛来访的强烈愿望。如果后者届时莅临盛京的话，那么实胜寺无疑就是最合适的驻锡之地，正如后来北京的黄寺那样。为此清廷于崇德四年十月正式派出了迎请使者前往归化城，意欲在此与喀尔喀方面的使者会合后再共同前往西藏，故在归化停留到第二年春季。然而，由于在此期间清朝一再坚持喀尔喀方面承认皇太极为全蒙古共主的要求数度被对方严词拒绝，双方关系由热转冷，结果导致了此前已经定好的联合迎请达赖喇嘛的计划流产。② 从四体建寺碑文陈述的官方建造实胜寺的动机是礼拜大佛而非尊崇原属西藏旧派护院神的大黑天像来看，青木富太郎将营造佛寺的原因之一归结为迎请与旧派关系不睦的黄教领袖的观点并非牵强，而且将早已存在的大黑天神庙改造为寺院西侧的护法神殿，也符合藏传佛寺的基本布局规格。既然迎请计划在崇德五年后陷入停顿，同时清朝借助尊崇佛教来使喀尔喀三部主动归附的预期目的也随之告吹，由此皇太极对藏传佛教的关注度在短期内势必下降，故降至其统治晚期再无亲临实胜寺礼佛也就顺理成章了。

这就是说，实胜寺的建成虽然在一定程度上有助于藏传佛教在盛京附近扩大

---

① 李勤璞：《盛京嘛哈噶喇考证——满洲喇嘛教研究之一》，第 112 页。
② 青木富太郎：《崇德五年のダライ・ラマ延請中止について》，《江上波夫教授古稀記念論集 歴史篇》，東京：山川出版社，1977 年，第 379—390 頁。

影响，但满洲君主对外来宗教的兴趣及与之对应的在盛京修建黄教寺院等活动，最终目的是笼络蒙古人，并为计划中的迎接达赖喇嘛等做准备；而非鼓励其统治下的满汉人群也普遍信仰之，尤其是像皇太极这样的最高统治者，此时还远非虔敬的黄教信徒，故其对于前往实胜寺礼佛的时机选择主要是根据政治形势的变化而做相应的决定，并非出于坚定的宗教信仰。至于这一时期的总体政教关系，正如甘德星所总结的，皇太极终其一生都没有为自己加上转轮王的头衔，且在关键性的建元称帝场合中也未延请藏地喇嘛参与相应的仪式程序。这些情况皆与藏传佛教对入关前满洲社会的影响相对有限的历史背景契合。[1]

在此还应提到记录皇太极天聪十年四月十一日改元称帝过程最为详细的《登汗大位档》，它巨细不遗地记载了皇太极即位仪式当天的完整流程和全部内容，其中不见任何佛教化的仪式，也没有任何僧人群体的参与，基本遵循了即位前要亲自前往天坛等告祭天地的中华帝制传统。[2] 至于格鲁普提出的将"大清"（dayičing）之名解释为佛教概念中的"大乘"的观点，在音义关联上经不起任何推敲，其理由仅仅是汉语"大乘"在明代《西番馆译语》中对应的藏语音译形式就是 dai-ching，并设想后者通过蒙古语中介 dayičing 进入满语。[3] 然而蒙古语相关词语的正确转写是 dayičin，由蒙古语本身的词语 dayin（战斗）加上相应后缀组成，表示"战斗的人"。它与佛教术语"大乘"毫无关系，而且满语 daicing 只是取汉语"大清"之义，[4] 并非源自蒙古语 dayičin，更不可能与"大乘"有任何瓜葛。何况如果这一新立国号真的与佛教有关的话，那么为何《登汗大位档》中没有一丝一毫的佛教因素显现呢？所以，格氏的以上推测在任何

---

① 甘德星：《"正统"之源：满洲入关前后王权思想之发展与蒙藏转轮王观念之关系考辨》，第 144—152 页。该文还对格鲁普在博士论文中因解读原始文献之误所附会出的关于大黑天崇拜与王权观念有关的论点有所指正。又，《蒙古源流》中提及皇太极曾从伊拉古克三一世活佛接受灌顶仪式，但此事未得到满汉文材料的证实，尚有存疑余地。

② 相关的译文及分析，参见石桥崇雄：《清初祭天仪礼考——以〈丙子年四月（秘录）登汗大位档〉中太宗皇太极即帝位记载所见的祭天记载为中心》，石桥秀雄编：《清代中国的若干问题》，杨宁一等译，济南：山东画报出版社，2011 年，第 56—67 页。

③ S. M. Grupper, "Manchu Patronage and Tibetan Buddhism during the First Half of the Ch'ing Dynasty: A Review Article," pp. 69 – 70, No. 22.

④ 甘德星：《孰是孰非：欧立德〈乾隆帝〉一书中满文翻译的商榷》，《编译论丛》（台北）第 12 卷第 1 期，2019 年，第 92 页。

方面都经不起检验。

本文对相关问题的辩驳并不是要完全否认藏传佛教对满人的影响。事实上，有赖于随囊素喇嘛前来后金传教的白喇嘛的努力，藏传佛教确实在后金成功争取到一批信众。白喇嘛也颇受后金上层重视，转而在传教之余，还担负起接洽明金议和等对外事宜，是当时最受重视的宗教上层人士。[①] 然而如果我们认真检讨反映其传教实绩的最为直接的文献证据，即天聪四年囊素喇嘛舍利塔上所列举信众名讳题记，[②] 可以对当时后金藏传佛教信众的族群构成产生直观认识。碑文中的教徒大致分为喇嘛门徒、侍奉香火看莲僧、总镇副参游备等官、教官、千总—副将—工匠、侍臣这几大类，共计 170 余人。下面我们即根据教徒姓名判断其中汉人（当时汉军八旗尚未建立）与非汉人（满蒙各族群）分别所占的大致比例。喇嘛门徒 42 人内，汉人即有 26 人；看莲僧群体（共计 38 人）中的僧名中至少有 28 人是汉僧和尚的法号，因当时和尚喇嘛同居一寺使人们对藏传佛教与汉地佛教界限的认知相对模糊；48 位总镇副参游备等官中，汉官约 44 人；至于包括曹雪芹远祖曹振彦在内的 18 位教官更是清一色的汉人；13 名千总—副将—工匠的情况也如此；唯有 13 名皇上侍臣中，有八九人出自满洲或蒙古（因有个别人名中的姓氏已经漫漶）。综上，在信众群体中，汉人所占比例竟在七成以上，这说明皇太极统治前期以白喇嘛为中心的喇嘛僧团的主要宣教成果还是集中在辽东一带汉人群体中，而满洲大众皈依藏传佛教的情况则相对稀见，特别是这里完全不见努尔哈赤家族成员，更揭示出其时满洲高层并未接受藏传佛教的实际状况。

天聪四年以后，又有更多的蒙藏喇嘛进入后金，不少人同样也得到了皇太极表面上的礼遇。[③] 故天聪后期藏传佛教的影响应有扩大。唯降至天聪末年，皇太极开始调整此前对于喇嘛礼遇优待的政策，这表现在天聪十年，他下谕对喇嘛的

---

① 李勤璞：《白喇嘛与清朝藏传佛教的建立》，《中央研究院近代史研究所集刊》第 30 期，1998 年。

② 曹汛：《有关曹雪芹家世的一件碑刻史料——记辽阳喇嘛园〈大金喇嘛法师宝记〉碑》，《文物》1978 年第 5 期；李勤璞：《辽阳〈大金喇嘛法师宝记〉碑文研究》，《满语研究》1995 年第 2 期。

③ 对相关史实的梳理参见李勤璞：《大金的国家和宗教》，《沈阳故宫博物院院刊》第 14 辑，2014 年。

行为多加斥责，称其"口作讹言，假以供佛持戒为名，潜肆邪淫，贪图财物，悖逆造罪，又索取生人财帛牲畜，诡称使人免罪于幽冥，其诞妄为尤甚"等，最后还列举蒙古因为深信喇嘛，以致为求忏悔超生而劳民伤财作为"甚属愚谬"的反面典型，正式下令对喇嘛的活动严加纠察与限制。① 继而又在建元崇德之后，虑及汉满民众的出家必然导致兵员人力的匮乏，使其在与明朝的较量中陷于极其不利的被动局面，故严格限制民众出家。② 晚至崇德三年，朝廷特地以喇嘛不遵戒律和不出征行猎为由，大力清查其庇护下的私属人口，并延及那些僧人"私自收集的徒弟"，力求将这些"多余之人"一概遣还为民，从而直接削弱了内齐托音喇嘛等黄教僧人集团的势力与影响。③ 如果说此前努尔哈赤还只是从吸取历史教训的角度预见到放任佛教传播可能会出现某种隐忧的话，那么到皇太极已明显感受到现实中开始出现的一系列后果，所以才会出台具体政策并付诸实施，虽然其重点防范的是以喇嘛为主的宗教集团在社会上日渐滋长的影响力，但显然也会遏制普通满人的崇佛信教。

最后拟说明的是，这一时期的汉传佛教在满人社会中的影响力未必就弱于藏传佛教。皇太极去世后的次年清军便进入北京，在还未实行剃发、徙民、圈地等虐政的最初阶段时，京城市民因尚未感受到明显的社会骚乱故对其印象尚可，其中一则见闻更是称"清人来居其中，见我人甚有礼，曰'中华佛国也，我辈来作践佛也，罪过罪过'"。④ 或在一定程度上揭示出汉传佛教在满人信众中的显要分量，故后者才将以北京为代表的内地奉为中华佛国。

三、入关以后的满族与藏传佛教的关系辨析

作为入关后的首位清朝皇帝，顺治帝与藏传佛教的关系颇值得探讨。顺治三

---

① 《太宗实录》卷28，天聪十年三月庚申，《清实录》第2册，北京：中华书局，1985年，第356页。

② 张羽新：《皇太极时期后金（清）政权的喇嘛教政策》，《西藏民族学院学报》1982年第3期。

③ 中国第一历史档案馆编：《清初内国史院满文档案译编》（上），第405页。

④ 张怡：《谀闻续笔》，《笔记小说大观》（15），扬州：江苏广陵古籍刻印社，1984年，第8页。

年，五世达赖在致顺治帝的书函中称其为"曼殊师利化身"。[1] 故顺治帝堪称首位被黄教高层尊崇为文殊化身的清朝君主，这一敬称延及历代清朝皇帝。令人诧异的是，国外竟有个别学者以此断言清朝君主是从达赖喇嘛那里接受了文殊称号的封赠，这与同一时期的蒙古各部首领同样从达赖喇嘛那里得到汗等头衔，在实质上并无二致。故以达赖喇嘛为首的黄教高层实为 17 世纪内亚政治权力合法性的最终来源，而达赖喇嘛也被比拟成中世纪高居欧洲各国君主之上的罗马教皇般的政坛太阳。[2] 这种看法未免偏离事实过甚，因为早在达赖喇嘛与顺治帝进行接触之前，西藏僧俗高层就已借鉴了元代先例，将若干明朝皇帝也尊称为文殊菩萨化身，相关的称谓实例在藏文文献中可以追溯到三世达赖登上政坛以前。[3] 如果按照上述国外学人的论述逻辑，我们岂不是该说，这些明朝皇帝也都成为西藏方面的册封属下对象？

清初的西藏黄教高层奉行实力至上的现实主义原则，哪位君主能够入主中原、夺取天下，那么就将文殊化身之类的名号施加于该君主之上，赖以博取对方好感并从中收获现实利益。这本来是再清楚不过的，故无须借助于炮制一种"佛教政治"理论来牵强附会地解说史实。其实即使以五世达赖这样老于权谋的强势人物而论，仍在致清朝皇帝的书信中使用谦称，以免引起皇帝的猜忌与不悦。[4] 这与他在册封蒙古各部首领时凭借宗教权威高高在上地发号施令的姿态判若云泥。虽然在如何具体安排顺治帝接见五世达赖的事宜上，满洲臣僚主张按优容之礼破格接待，但他们也是在明确"我不入其教"的大前提下提出动议。这显然是接续了入关前努尔哈赤

[1] 希都日古编译：《清内秘书院蒙古文档案汇编汉译》，北京：社会科学文献出版社，2015年，第 82 页。至于后来乾隆时期修撰的《钦定外藩蒙古回部王公表传》称崇德年间黄教高层就在表文中称清帝为曼殊师利大皇帝的说法实属晚起，不足征信。参见林士铉：《清代蒙古与满洲政治文化》，台北："国立"政治大学历史学系，2009 年，第 176—177 页。

[2] J. Elverskog, "Mongol Time Enters a Qing World," in L. A. Struve, ed., *Time, Temporality, and Imperial Transition: East Asia from Ming to Qing*, Honolulu: University of Hawai'i Press, 2005, pp. 145 – 146.

[3] 钟焓：《简析明帝国的内亚性：以与清朝的类比为中心》，《中国史研究动态》2016 年第5 期。相关的实例较早见于藏文史书对明成祖的称颂，参见巴卧·祖拉陈瓦著，周润年译注：《贤者喜宴·噶玛岗仓史》，西宁：青海人民出版社，2017 年，第 208 页。

[4] 中国第一历史档案馆、中国藏学研究中心合编：《清初五世达赖喇嘛档案史料选编》，北京：中国藏学出版社，1998 年，第 77、80 页。

父子在处理藏传佛教问题上既允许其公开传播又限制满人与之密切接触的传统政策。由此可见，那时的满人还远未总体接受藏传佛教。其实有的国外满学家也注意到相关史实，并倾向于承认满洲上层早在入关之初就定下了与元代截然不同的统治方针，即以建立一个能够承袭中华正统的新朝为政治目标。[1]

对此，蒙藏宗教界的高层人士也是心知肚明的。当 1652 年西蒙古高僧咱雅班第达在青海遇见前去北京面见顺治帝的五世达赖喇嘛时，曾向后者提出了如下请求，即为了黄教的兴旺，"总之在说蒙古语的（人）中，没有比女真的博格多可汗更伟大的了，因为（他）不会违反您的谕旨，（应该）对可汗说，要推广蒙古文字等蒙古佛经"。后者赞同此提议，但表示那个可汗是骄傲的，故只能到时视情况而定。[2] 咱雅班第达的建议颇值得玩味，诺尔布将其原文从托忒文转写为书面蒙古语如下：yerü mongɣol keleten dü ĵürčid ün boɣda qaɣaneče yeke ügei, tan u ĵarliyeč e ülü dabaqu yin tula qaɣan du mongɣol üsüg terigüten mongɣol nom delgeregül。而在与其对应的前述直译内容中，其中"女真的博格多汗"即顺治帝，因为当时部分蒙古人还将满族称为女真（ĵürčid）。这样一来就有两个问题需要澄清。一是为何"说蒙古语的人"中竟会包括顺治帝？二是作为主要建议内容的推广蒙古文佛经究竟是什么含义？从相关历史背景分析，咱雅班第达口中"说蒙古语的人"应该还包括当时的满族，这或许和明末清初蒙古人中一度流行的将满族看作其分支即红缨蒙古有关。1647 年夏，顺治帝曾因喀尔喀扎萨图汗在书信中将自己称为红缨蒙古大为光火，只承认自己是红缨满洲，并反诘对方所说的红缨蒙古究竟何指。[3] 因此，咱雅班第达才将以顺治帝为代表的满族人也归入"说

① A. S. Martynov, and T. A. Pang, "About Ideology of the Early Qing Dynasty," *Archiv Orientální*, Vol. 71, 2003, pp. 392 –394.

② 拉德那博哈得拉：《札雅班第达传》，西·诺尔布校注，呼和浩特：内蒙古人民出版社，1999 年，第 149、153 页。相关的汉译文参阅成崇德译注：《咱雅班第达传》，《清代蒙古高僧传译辑》，中国社会科学院中国边疆史地研究中心编：《中国边疆史地资料丛刊》（蒙古卷），北京：全国图书馆文献缩微复制中心，1990 年，第 28 页。有关对这段对话所发生的历史背景的考释，参见诺尔布、冯锡时：《〈咱雅班第达传〉的若干问题》，《新疆大学学报》1985 年第 1 期。本文上面的译文更接近于直译。

③ 相关内容参见《世祖实录》卷 31，顺治四年四月丙子；卷 32，顺治四年五月乙巳，《清实录》第 3 册，北京：中华书局，1985 年，第 258、262 页；希都日古编译：《清内秘书院蒙古文档案汇编汉译》，第 119 页。

蒙古语的人"之列。

再看第二个问题，在 1652 年之际，除了远在外贝加尔地区的布里亚特蒙古人之外，其他蒙古各部，无论是作为东蒙古人的漠南蒙古和漠北喀尔喀三部，还是作为西蒙古人的卫拉特四部，都已经全面接受了黄教，并在表面上对于达赖喇嘛的宗教领袖地位均无异议；而且早在林丹汗时期，系统地将《大藏经》从藏语译成蒙古语的工程即已开始。故咱雅班第达所说推广蒙古文佛经的对象同样并非一般意义上的蒙古人，从两人谈话的具体语境上分析，应该是指当时尚未全面皈依黄教、同时更无满文佛经流通的满族。由此可知咱雅班第达是希望五世达赖能够对顺治帝施加宗教上的影响力，以此推动满族民众信仰黄教并将相关佛经译为满文。实际上，他这一建议绝非唐突，因为此前在藏传佛教传播的历史上，早已出现过三世达赖使俺答汗皈依黄教并由此推动蒙古各部全面信佛的成功先例，或者说这种世俗统治者接受宗教领袖的劝教，以至双方缔结所谓"施供关系"是藏传佛教界最为看重并常常对之津津乐道的理想型宣教模式。因此，咱雅班第达希望五世达赖能够利用此次进京的难得机遇，大力宣教，最终促使满族从上到下一致投入黄教的怀抱。

然而向来阅历丰富、处事练达的达赖喇嘛对此的反应却是相当谨慎，并在回答中用"骄傲的"（omoɣtai）一词来评价尚未晤面的清朝皇帝，[①] 这其实是将自己对此次北京之行能否顺利缔结"施供关系"的预判结果用一种高僧之间彼此可以理解的方式告知对方。因为按照"施供关系"的先例，宗教领袖应该成为世俗统治者的老师，两者在一定程度上是本师与弟子的关系。而在这种关系中，弟子应极度虔诚地服从、师从上师并为其效劳，包括平时向其顶礼的次数和接受摩顶时的谦卑跪姿等。其他如二人均出现在公共场所时，弟子需要在上师面前保持庄重谦逊。[②] 相反，上师可以表现出一种适度的骄傲。这就像藏文史书在叙及八思巴早先以施主与福田的方式给忽必烈讲法时，他即刻意作倨傲之态，借以观察忽必烈对此的反应。而当忽必烈决心遵守誓言，接受灌顶仪式以求正式成为其弟子时，八思巴则明确要求对方需接受上师坐于上座、以身体礼拜上师、听从其言并

---

① 当然咱雅班第达与达赖喇嘛之间应该是用藏语进行交流的，故这里的 omoɣtai 大概是对某一语意相近的藏语词语的对译。

② 约翰·布洛菲尔德：《西藏佛教密宗》，第 118 页。

不违上师心愿等条件，这样才可为之举行灌顶仪式。[1] 无论此事属实与否，都反映了藏族人士对“施供关系”的一种理想化描绘，即在这种关系格局中，可以“骄傲”的恰恰是上师一方。因此，当五世达赖用“骄傲”来评价顺治帝时，其实就已委婉地回答了咱雅班第达提出的建议，即他难以与一位“骄傲”的君主结成后者所期望的上师弟子般的“施供关系”。这也可以说他对此行的结果有先见之明，早已预见到满族统治集团对佛教的态度与此前蒙古各部的崇佛倾向没有可比性，故提醒咱雅班第达不要对此报有较高期望。后者果然听出了弦外之音，所以后来才根据自己对此话的理解宣称五世达赖对皇帝并不崇信（ülü süjülegüi）。这实际上是指两人之间无法依靠传授佛法而结缘互信，并且皇帝亦非虔诚的黄教信徒，故施主与福田的关系徒有虚表。其实达赖喇嘛与顺治帝会面后，也曾尝试让后者成为其弟子，并在宫中举行相应法事，但终究未能如愿，仅能给少数满蒙王公举办各种法事活动。[2] 最终达赖喇嘛没有在京城滞留多久，就带着清廷赐封的金印与金册等物启程返回。总之，五世达赖试图借助此次北京之行与清廷结成“施供关系”的说法与《札雅班第达传》中透露的上述真实历史信息并不契合，因为其受邀后决定访问北京根本就不是奔着这一政治目标去的。

不过另一方面，清廷于达赖喇嘛此次北京来访前后，在表面上给予藏传佛教足够的优待，如在顺治八年应西域喇嘛之请修建了东黄寺（普静禅林），次年又将其选为达赖喇嘛的驻锡地。石滨裕美子注意到有史料表明当它初建伊始，清廷即开始有计划地选择旗人出家并以该寺作为修行场所，又《乾隆朝内府抄本〈理藩院则例〉》中有关“后黄寺”的记载：“顺治八年（1651）创建后黄寺，剃度番僧百有八人，均以内府三旗管领下及五旗王、贝勒、贝子、公府属管领下人批剃内府三旗二十四人，五旗各府属八十四人。”[3] 石滨氏强调这反映了清朝统治者欲在旗人中推广藏传佛教的努力，故特地选择八旗出身者前往普静禅林出家，并将之类比俺答汗在迎请三世达赖传教之际，挑选蒙古王侯子弟 108 人的先例，认为正如后者宣

---

① 阿旺贡噶索南：《萨迦世系史》，第 119—120 页。

② 柳陞祺、邓锐龄：《清初第五辈达赖喇嘛进京及受封经过》，《邓锐龄藏族史论文译文集》（上），北京：中国藏学出版社，2004 年，第 236—237 页。原文发表于 1996 年。

③ 《乾隆朝内府抄本〈理藩院则例〉》，赵云田点校，北京：中国藏学出版社，2006 年，第 126 页。

告了佛教在蒙古的复兴那样，旗人集体出家后黄寺之事也有类似的里程碑意义。① 故在她看来此举标志着黄教与满族群体之间开始了密切结合的过程，真正意义上的涵盖满蒙藏三大群体的"西藏佛教世界"由此定型。

石滨氏的这种理解是否正确呢？笔者认为她引用的这条史料和清初内国史院档中关于同年闰二月二十一日下的记事有密切关联，这是一道顺治帝放宽解禁旗人群体崇信佛教的旨意，即考虑到天下一统，旗人与汉人都应适用同样的法律，所以对于旗人崇尚佛教，如修复残旧寺院、前往寺庙上香、送孩童入教、随喇嘛斋戒及受戒等，不分男女，皆可像汉民那样随意进行。② 单看这条记载似乎清朝已经大幅修改了以前在关外时期限制旗人与藏传佛教的禁令，不过考虑到入关后旗人群体主要分布在北京为中心的各驻防城内集中居住，不可脱离旗籍自由选择住地及职业，甚至在乾隆朝之前即使那些定居其他驻防城的旗人原则上仍必须以京师为根本，故往往死后还得归葬京师，家眷也不可继续常住当地；所以即使旗人有成为藏传佛教徒的心愿，但如果在京师一带没有藏传佛寺的话，那么其个人的宗教愿望实际上仍然无法实现。而在顺治八年以前，旗人定居的关内各驻防城中有正规藏传佛寺者寥寥无几，因此朝廷才在放松禁令的同一年，在京城兴建一座能够容留喇嘛群体的藏传佛教寺院即黄寺，同时作为以后黄教领袖访京期间的驻锡地。

那么这是否就意味着容许北京的满族民众可以不受约束地成为脱离世俗工作与生活的职业宗教徒呢？笔者对此持否定意见。首先，《乾隆朝内府抄本〈理藩院则例〉》中有关"后黄寺"的记载，明确规定了驻寺僧人的法定数量即 108 人，分别来自上三旗内务府（清初即称为内府）和下五旗的府属人口这两大群体，而且给两大群体分配了各自的僧人名额，并且规定如果上三旗有缺，需移咨礼部，再行文内务府，选择相应人员顶补；相反如若下五旗有缺，也按类似办法由相应的王公府中选人顶补。这实际上是用分配固定名额的办法将黄寺中的旗人出身的僧人数量设定为一个恒定值，原则上需始终保持在 108 人的规模，既不能多也不许少。更重要的是，在达赖喇嘛的访问活动结束后，在余下的顺治年间，朝廷并

---

① 石滨裕美子：《清朝とチベット仏教——菩薩王となつた乾隆帝》，東京：早稻田大學出版部，2011 年，第 61—62 頁；《チベット仏教からみた満洲王朝・清》，《朝倉世界地理講座——大地と人間の物語》2《東北アジア》，第 191 頁。

② 中国第一历史档案馆编：《清初内国史院满文档案译编》（下），第 169 页。

未进一步增建可容纳更多僧人的藏传佛寺，导致黄寺在京城处于独木难支的局面。对比之下，明代后期的俺答汗先是动员蒙古上层子弟108人集体出家，由此带动更多的蒙古平民百姓信教为僧，故蒙古僧侣的数量从此处于持续增长状态。两种政策催生的不同结果在此一目了然。

其次，石滨氏不加任何限定，即将这批出家的僧人定性为八旗子弟。这种理解其实有很大偏差，因为这批旗人并非来自普通家庭，他们不是需要为朝廷服役当差来领受饷银柴米的正身旗人。上述《乾隆朝内府抄本〈理藩院则例〉》中的引文叙述得非常清楚，这批喇嘛皆来自"内府三旗管领下及五旗王、贝勒、贝子、公府属管领下人"，也就是说均为内务府属上三旗的包衣群体和所谓宗室类"五公府属"下五旗的包衣群体。这两大包衣人群在社会地位上分属于皇帝和王公的私属世仆，相当于子孙相续的家奴，所以不再像正身旗人即普通八旗子弟那样需在外服各种公役，当然也就不属于普通牛录（旗分佐领）。[1] 除了上述《乾隆朝内府抄本〈理藩院则例〉》之外，近期整理出版的《理藩院题本》顺治十六年四月七日记事，是能进一步证实顺治八年这批出家旗人社会身份的时代更早的史料，此即以满文书写的《理藩院左侍郎席达礼题议席勒图绰尔济私补黄寺病故沙弥遗缺遵照恩诏豁免议处》，它明确提到后黄寺创建时，曾从八旗下的包衣牛录（booi niru）中选拣设置了108位班第（bandi 即喇嘛的弟子），后来因有6人病故，结果发生违规私自补缺的事。[2] 由此可见，顺治八年在黄寺出家的这一批旗人实为包衣群体无疑。[3]

正因为这批旗人与普通的正身旗人不同，所以旗人内部的"抬旗"中的一种主要形式系包衣佐领、管领下人抬入满洲旗，具体又包括内务府上三旗所属的包衣抬入上三旗中的满洲旗分和宗室王公下五旗中的包衣抬入该王公所领的满洲旗

---

① 郑天挺：《清代包衣制度与宦官》，《清史探微》，北京：北京大学出版社，1999年，第55—60页。原文发表于1945年。

② 中国第一历史档案馆、中国人民大学国学院西域历史语言研究所编：《清朝前期理藩院满蒙文题本》第1卷，呼和浩特：内蒙古人民出版社，2010年，第219页a。

③ 研究者根据《御制增订清文鉴》等释义，指出包衣牛录即辛者库牛录的别称，也包括属于王公役下的家下牛录（delhetu niru），参见增井宽也：《清初ニル類別考》，《立命館文學》第608號，2009年。此外关于包衣牛录的解说也可参见郭成康：《清初牛录的类别》，《史学集刊》1985年第4期。

中这两种情况。从包衣被抬为普通的满洲旗分佐领之人意味着社会地位的显著提高，即脱离奴籍一举成为正身旗人。尤其是下五旗包衣，因其社会地位更低于内务府包衣，故这些包衣群体的最下层人员常视抬旗为稀世之殊荣。① 也正是由于包衣旗人与正身旗人在身份领属、社会地位乃至平时承担的工作属性等诸多方面均存在着明显差异，所以有清史学家专门指出，内务府三旗等与八旗迥然不同，不可混为一谈。②

综上，顺治八年的旗人出家与俺答汗时期的蒙古上层子弟出家之间存在巨大差别，决不能像石滨氏那样径直类比。试问，这批旗人班第中八成以上是身份最低微的下五旗包衣，他们的家世背景能够与那些受到俺达汗鼓励而选择出家的蒙古显贵子弟们相比吗？显然，两者地位差距和由此产生的社会号召力犹如天壤之别，在满族一方是地位低下者才入寺充当喇嘛的弟子，而在蒙古一方正好相反，所以产生的示范效应完全不同。这种对比映照出满蒙统治者对于佛教的实际态度判然有别。然则为什么顺治帝会在表面上解除满洲旗人出家为僧的禁令，又在现实生活中依旧严格限制正身旗人出家为僧呢？前者的出现当然是为了在宗教上笼络在蒙藏地区声望极高的黄教集团，尤其是要消除来访北京的达赖喇嘛对于清朝的疏离感，增加其对朝廷的向心力。而采取后者又是直接源于当时清朝遭遇的客观现实，即自入关后，统治者面临的最为棘手的难题就是需要凭借区区一二百万满族士众统治人口上亿的内地汉民，在双方数量对比如此悬殊的情况下自然不可轻易放宽限制旗人出家成为职业宗教徒的禁令，以免将来一旦汉人反抗起事，本来就人口寡少的满族因大量人口出家所致的兵员不足陷入雪上加霜的危境。因此，最终顺治帝采取了折中的解决方案，即在表面上废除禁令的情况下，从那些本就不需要承担兵役的包衣奴仆中挑选出少量人员入寺为僧，以形成名额固定的僧人群体，这样既能表现出官方对黄教的优容礼遇与支持扶植，同时又不会妨害到其统治赖以维持的根本大计"国语骑射"。可见清朝高层煞费苦心地在达赖喇嘛到访前想出了相对周全的应对策略。

至于顺治帝个人，他无疑更倾心于汉传佛教中的禅宗一系，终至不能自脱的

① 杜家骥：《八旗与清朝政治论稿》，北京：人民出版社，2008 年，第 324—326、332—333 页。
② 王锺翰：《关于红楼梦的时代历史背景》，《清史续考》，台北：华世出版社，1993 年，第 279 页注释 2。

程度。老一辈史家陈垣对此做了非常充分的发掘，他引用禅僧语录中的文字，旨在揭示当时与顺治帝来往密切并屡蒙宠遇的名僧憨璞曾以佛教王权的说辞，结合禅宗的顿悟观念来取悦顺治帝，所谓"皇上即是金轮王转世，夙植大善根，大智慧，天然种性，故信佛法，不化而自善，不学而自明，所以天下至尊也"。[①] 故顺治帝接受佛教王权观念的路径并非只有藏传佛教一途。更需留意的是，陈垣还不忘指出，顺治帝在接触禅僧以前，对佛教本无特别好感，反倒一度优容西方教士汤若望，并以其为人生导师。而最初让其疏远佛教的直接原因，恰恰源自藏传佛教中的某些常见驱魔仪轨，即"顺治十年正月万寿节，上召大学士陈名夏问天下治乱讫，曰治天下大道已略言之，更言其小者，如喇嘛竖旗，动言逐鬼，朕想彼安能逐鬼，不过欲惑人心耳"。而且顺治帝发表此论的时间正值达赖喇嘛留京举办法事之际。可见虽然顺治帝由其母孝庄太后亲手抚育长大，却在宗教倾向上与其顶礼黄教的生母大相径庭。

康熙帝既没有像其父这样全面汉化，也不像其父那样感情用事，其对待包括藏传佛教在内的各种宗教的态度详见于图理琛《异域录》中。该书本来是清朝出使伏尔加河流域土尔扈特部的满洲旗人图理琛回京以后向皇帝上奏的出使报告，起初仅供皇帝审阅，故用满文书写，后于雍正元年（1723）正式刊发满汉文本，遂在京城得以传播。当我们在引用该书之前，宜对图理琛撰写时的心态作设身处地的估量。这是因为当此次出使之前，他曾在康熙四十四年（1705）任职礼部牛羊群事务总管时由于失职遭到革职，以后不得已归隐田间，直至康熙五十一年方被重新起用，名列出访阿玉奇使团的正使第三位。[②] 故顺利完成此次出访任务连同返回之后撰写供皇帝御览的出使报告对他来说正是一次千载难逢的东山再起的良机，所以在撰写此书具体内容，尤其是那些与皇帝悉心交代密切相关的内容时，他必定会字斟句酌，百般用心以免因文字拂违圣意而再遭贬斥，从而葬送好

① 陈垣：《汤若望与木陈忞》，黄夏年主编：《近现代著名学者佛学文集：陈垣集》，北京：中国社会科学出版社，1995年，第92页。该文原刊于1938年。
② 阿拉腾奥其尔：《清朝图理琛使团与〈异域录〉研究》，桂林：广西师范大学出版社，2015年，第5页。关于揭示其在正使中的排名次序的相关诏书，参见马大正、郭蕴华：《〈康熙谕阿玉奇汗敕书〉试析》，《民族研究》1984年第2期。这当然完全可以理解，一名遭贬多时再重新被起用的官员，不大可能复出后立即就被授予第一正使这样的要职。

不容易才盼来的第二次仕途机遇。因此，图理琛著书时小心翼翼、唯恐不周的谨密心态在字里行间随处可见，如开篇就以知错欲改的口吻向皇帝痛陈自己此前因"身体懦弱，才能短拙"，犯下了辜负圣心的过失，故对有机会再蒙起用"感激涕零，愿效犬马之劳"。恰恰图理琛在书中记有这样的内容，包括他在内的清使出访俄国之前，康熙帝特地叮嘱他们说，如果俄国方面问起中国以何者为尊，那么只消回答："我国过日子道理，本着忠孝仁义信，首先遵行。治国亦以此，守身亦以此几项为根基来着。纵然逢着到身命的事，也把这几项守着；若死便死，没有怕惧的。此道总是不变。今夫纵然如有各各一种的祭祀祷告，不身专行善，不以忠孝仁义信做根本，虽求祷又有什么呢？我国把忠孝仁义信做根本尊重行着之故"。以后当使臣抵俄与西伯利亚总督加加林交谈时，对方试探性地聊起信佛的话题，"奉佛好，富贵度日；若在彼世，佛助亦生在好处"。清使遂将皇帝的意见和盘托出并加以发挥，"我们中国都以忠孝仁义信为本而行，治国亦以此，守身亦以此。那怕前边虽有什么苦恼，亦自始至终坚守着，死即死耳，没有违背这个的。现在的人各各有祈神祷告之事，设若身不行善，若不以忠孝仁义信为本；纵然虽祷告祈求什么事。天地汗父母就是佛啊。若能尽诚心服膺，便如意得福。佛奉不奉，什么关连之处也没有"。①

在笔者看来，图理琛显然预先判断他们当初回答加加林的这番话完全符合"圣意"，所以才将它十分详尽地记录在出行报告中，而其所反映的核心价值观又是五常为本、儒在佛上。这当然不仅来自图里琛对临行前皇帝特地交代内容的揣摩解读，也源于臣下对君主平时一贯言行心态的忖度观察。因为如果没有相当把握的话，他绝对不敢画蛇添足地把"佛奉不奉，什么关连之处也没有"这样皇帝临行前并未吩咐过的话也直书其中。从这份报告得到康熙帝的认可来看，其内容并无任何忤逆圣意之处。更重要的是，按照图理琛后来在该书刊本前的序中所叙述的，报告得到了康熙帝的朱批，明确允准此书刊行，以向外宣传皇帝的仁德无远弗届乃至流芳万代。② 而图里琛此后也被委以重任，不时出现在清朝与俄国的外交场合中，算是如愿以偿地在政治上东山再起。此书于雍正元年刊刻了满文本

---

① 今西春秋：《校注异域録》，天理：天理大學，1964 年，第 185、204 頁。
② 今西春秋：《校注异域録》，第 184、208 頁。

和汉文本，以后又有重刻，在京城书肆中有一定发行量和知名度，甚至被有些在华的外国人士购置回国。[①] 总之，只可能康熙帝、雍正帝两代君主对于其书内容都相当满意，故才恩准该书以满汉文字刊刻出版，使之能被广泛阅读。因此，清朝皇帝显然并不以其中有关比较儒佛高下的内容为忤，甚至还希望其所提倡的儒家五常信条能广为人知。

既然如此，那么康熙帝应当毫不介意他的满汉臣民通过阅读此书获悉，在其平素的观念中，以标榜忠孝仁义等五常信条的儒家伦理对治国理家的重要性远在以祈祷拜神为特征的各式宗教之上，这一点即使他在告诫像图理琛这类旗人时也是如此。正因为康熙帝也希望将以上伦理价值观念完整地展示给外人，故领会其意的旗人下属在与俄方人员交谈时极力淡化佛教信仰在国家精神领域的重要性，这与当时已一心向化于黄教的蒙古人大不相同。此前有美国学者尝断言，清朝皇帝具有两面性，在面对汉人官员时，多以熟知儒家观念的君主形象出现；而当他面对满人时，往往收回这套冠冕堂皇的儒家说教。《异域录》的记载对之提出了有力的反证。总之，从康熙帝不厌其烦地交代和其后使臣对君意的揣摩和发挥来看，儒家伦理已被清朝君主视作维系社会秩序的基本理念。换言之，康熙帝治国究竟是否真将所谓的"佛教政治"念兹在兹，只要研读以上文字即不难得出结论。

不仅如此，上述交代中还有一处表述值得深究，即康熙帝在提到五常信条后，刻意强调"纵然逢着到身命的事，也把这几项守着；若死便死，没有怕惧的。此道总是不变"，这正是他本人素所坚持的理学主张的直接体现，因康熙帝在与汉臣讨论理学真伪时，强调只有行事皆与道理符合，才可谓之真理学，并对朝中标榜理学的汉臣言行不一颇有微词，且借宋明末代之人因好讲理学却不能实践躬行以致最终"流入于佛老者"亦即沉溺于宗教信仰等教训，对当时一位颇有声望的理学名臣加以贬辞。可以说康熙帝提倡之理学恰在于高度重视躬行实践，言行合一，[②] 尽管其标榜的理学颇有美化自己乃至心口不一之嫌；而《异域录》中康熙帝在满洲臣僚出使前对其所作的即使身死也不可违弃平日所守之道的教

---

① 伯希和：《卡尔梅克史评注》，耿昇译，北京：中华书局，1994 年，第 115 页。
② 王锺翰：《康熙与理学》，《清史馀考》，沈阳：辽宁大学出版社，2001 年，第 104—106 页。

海，却是其推崇的"真理学"观念的直观写照，至少从言论上看大致符合王锺翰先生将之定性为袭用理学家所标榜的儒家王道主义进行统治的判断，[①] 并且也支持了田村实造早在半个多世纪以前发表的观点，即康熙帝因为笃信朱子理学且又主动学习欧洲传教士带来的西方科技知识，故对喇嘛教并无真正信仰。[②]

　　然而主观片面地认为康熙帝虔诚信仰藏传佛教的国外学者却不乏其人。如洛佩兹（Donald S. Lopez）相信康熙帝曾以二世章嘉活佛为导师。[③] 对这种观点最有力的驳斥来自藏文史料。当二世章嘉活佛在 1698 年作为朝廷特使前往西藏主持六世达赖坐床时期，因为"违旨叩见第巴"，回京后遭到重责，一度被议绞刑，幸被皇帝赦免。而藏文史料《佑宁寺志》更是直言不讳地实录了其遭受当众羞辱的惩戒，"据贤者（即章嘉活佛——引者注）的随从格西说，皇帝的使者到藏区时，因叩拜第巴，被强制在北京大门（即今天安门）前的万人之中罚跪数时。贤者说：'此生从未受过这等磨难'"。[④] 前面我们曾经介绍过藏传佛教中弟子必须遵守对上师极为谦卑的举止规矩，甚至有时君主也不能例外，这正如当初八思巴要求忽必烈所遵守的那样。可是康熙帝赫然下旨对章嘉活佛处以公开罚跪，使其将之视为平生的奇耻大辱，如此不留余地羞辱人格的惩罚怎么可能是弟子对待上师的做派？洛佩兹的观点显然不能成立。又如石滨裕美子认定康熙帝如果不是藏传佛教信徒，那么他晚年就不会派遣大军驱准平藏。[⑤] 将康熙帝晚年对西藏的经略全盘归结为毫无史料支撑的皇帝个人信仰，完全忽略了从政治、军事、宗教以及清准关系等各方面背景因素去发掘多语种档案文献以考察历史真相，由此可见石滨氏被其成见所蔽之深，同时也反映出其大力倡导的要以满文、藏文等非汉文

---

① 王锺翰：《满族在中华文化发展过程中的贡献》，《清史馀考》，第 39—40 页。

② 田村實造：《康熙帝とラマ教》，《塚本博士頌壽記念仏教史學論集》，第 475 頁注 9。

③ Donald S. Lopez, Jr., "Tibetan Buddhism," in James A. Millward, et al., eds., *New Qing Imperial Hsitory: The Making of the Inner Asian Empire at Qing Chengde*, London: Routledge Curzon, 2004, p. 27.

④ 土观·洛桑却吉尼玛：《佑宁寺志》，尕藏、蒲文成等译注：《佑宁寺志（三种）》，西宁：青海人民出版社，1990 年，第 58 页。

⑤ 石濱裕美子：《チベット仏教世界の形成と展開》，小松久男編：《中央ユ－ラシア史》，第 275 頁。

史料研究清史的呼吁仅是空论而已。①

与顺治帝一样，雍正帝对禅宗颇感兴趣，并留有参禅悟道方面的著述。雍正帝在对佛法的参禅过程中逐渐形成的观点近于儒释道三教一体观，并从注重在家修习、与平时起居生活联系密切的居士佛教的立场出发，对佛教教团主义持批评立场。② 尽管他曾在参禅时得益过章嘉活佛的指导，但仅限于以之打通参禅过程中领悟佛法的关节，并未由此倾心强调教团主义至上、轻视禅宗和居士型佛教的藏传佛教。至于他对藏传佛教界的真实心态，在年羹尧奏折的朱批中表露无遗。在年氏的雍正二年四月十八日呈报西藏黄教高层希望皇帝宽恕罗卜藏丹津一事奏折上，朱批称：喇嘛、和尚、道士就是此一种妇人之仁，不论是非。雍正帝又在年氏同年六月二十一日呈报达赖、班禅动向的奏折上毫不掩饰地斥责道：不论是非，一派假慈悲，满腔真贪杀，乃喇嘛之道也。但此教天地间，将来不知如何报应也。此时明露一点不得，朕亦著实留心化导他们，若能移易旧习，朕功不小也。此外，他还对年氏奏折中有关达赖喇嘛讨好骑墙的圆滑态度的评价深以为然，并朱批补充云：出家之人不识大体，将此以夸慈悲。大概此辈皆俗谓放火救火之流辈也。③ 既然雍正帝私下对享有圣人光环的黄教高层有如此严厉激烈的批评，将矛头直指"喇嘛之道"，并矢言要以为君之道开导他们，使之移易旧习，那么，这位素以乾纲独断著称的严苛君主对黄教上层"喇嘛之道"的反感可谓昭然若揭。

当然从另一方面看，在康雍时期，官方出资在京城修建的藏传佛教寺院数量逐渐增多，到雍正后期，北京的藏传佛教寺院群已初具规模，不似顺治时期仅有黄寺一处正规的藏传佛寺。④ 然而，佛寺的增加并未导致满族喇嘛在数量和质量上的提升。有一个具体的事例折射出直到17世纪末藏传佛教在满族社会中依旧

---

① 较为经典的研究，参见王锺翰：《胤禛西征纪实》，《清史杂考》，北京：中华书局，1963年，第194—207页。运用新刊档案继续研究这一课题的代表著参见齐光：《大清帝国时期蒙古的政治与社会——以阿拉善和硕特部研究为中心》，上海：复旦大学出版社，2013年，第102—141页。

② 相关成果参见塚本俊孝：《雍正帝の儒佛道三教一體觀》，《東洋史研究》第18卷3號，1959年；《雍正帝の佛教教團批判》，《印度學仏教學研究》第7卷1號，1958年；《雍正帝の念佛禪》，《印度學仏教學研究》第8卷1號，1960年。

③ 季永海等译：《年羹尧满汉奏折译编》，天津：天津古籍出版社，1995年，第114、134页。

④ 赖惠敏：《乾隆皇帝的荷包》，北京：中华书局，2016年，第233—234页。

发展平平。即康熙三十五年夏，朝廷已经开始怀疑第巴桑杰嘉措隐匿五世达赖圆寂的消息并假借后者名义继续发号施令，但又未能确认此事的真实性。因此，为慎重起见，皇帝决定委派值得信任的喇嘛随清朝特使一道入藏以求坐实该消息准确与否。按说有资格胜任如此敏感且重要任务的僧人，理应首先从前述黄寺满族僧人群体中挑选，毕竟他们当初都出自服侍皇室的包衣，替皇帝完成相应差使实属理所当然，而且相比外人来说也更容易受到皇帝信任。何况此时距顺治八年已经整整 45 年，朝廷完全应该有时间和能力培养起一个通晓相关语言及佛教知识的满族僧人群体。可是最终群臣商议后的结果是举荐一批起了蒙藏名字的汉僧，因为这些人不仅通晓语言，并具有格隆（gelung）或德木齐（demči）这样的中级僧人头衔，而且往往还有此前在藏区见过五世达赖本人的难得经历，这有助于确认达赖喇嘛是否已经圆寂。[①]

考虑到清朝客观存在的满汉隔阂，显然朝廷将此任务托付给汉僧群体，实属不得已而为之，因一方面对蒙藏僧人并不信任，担心其不能如实汇报真实情况；另一方面自顺治年间培养的满族僧人又难以承担此等任务，这显然是因为当时的黄寺满族僧人群体即使存在，但大概只限于在寺内念经祈福，并未前往藏区见过五世达赖，因此无法完成这一特殊任务。这与蒙古佛教界有极大差别，因蒙古佛教界非常看重僧人具有前往藏区跟随高僧学习佛法的背景经历，这直接关乎僧人在本地的声望与影响力，甚至蒙古高僧还寻求通过活佛转世系统，设法将自己的传承系统追溯到西藏，以提高其在佛教界的地位。[②] 看来康熙中期北京藏传佛寺中的满族僧人群体处于一种相对封闭的状况，应该无人前往藏区接受更为系统的佛学教育，因此也就缺乏较有威望的宗教领袖。同时由于采取的是选自包衣家庭的固定配额制，故亦不可能像蒙藏地区那样建立起严密的活佛转世制度。事实上，据三世章嘉活佛的传记，乾隆帝即位后曾对他坦言，满族人虽然信仰佛教但没有出家的

---

① 温达等撰：《亲征平定朔漠方略》卷 26，张羽新等主编：《清朝治理新疆方略汇编》，北京：学苑出版社，2006 年，第 89 页。唯该汉文本中称西达达庙阿旺纳木札尔格隆系汉人种，曾去两次，俱认识未真。最后一句中的"未真"似文意晦涩，查核其蒙文本中，与之对应的是 todorqai ügei（不清楚），似表达得更清晰。参阅阿拉善左旗人民政府组织整理：《亲征平定朔漠方略》，呼和浩特：内蒙古文化出版社，1992 年，第 443 页。

② R. J. Miller, *Monasteries and Culture Change in Inner Mongolia*, Wiesbaden: Otto Harrassowitz, 1959, pp. 127 – 128.

习惯，故想要在京师西山处新建全由满洲僧人驻留的藏传佛寺。① 乾隆帝的这番否认之前有满人群体出家的话自属夸大，但应该反映了黄寺等京城藏传佛寺中的满族僧人群体凋零不振的窘境。

最后，我们需要讨论的清朝君主个案就是乾隆帝。其实他才是唯一真诚信仰藏传佛教（格鲁派）的帝王。这是中外学界业已着力论证过的话题。笔者对此也无异议。不过我们还是有必要从"公"（国家大政）和"私"（个人嗜好）的不同层面，来认识这位大一统之君治国理政及其私人兴趣倾向之间长期存在的张力关系。无可争辩的是，所谓乾隆帝以文殊菩萨形象公开示人的唐卡（这在清帝中大概是独一无二的）长期以来仅在宫廷内陈列收藏，绝未大张旗鼓地公开宣扬，流通范围非常狭窄，远未达到世人皆知的地步。以乾隆帝至高无上的地位来看，他完全有条件使自己的菩萨君主形象广为人知；那么他并未如此行事的目的即在于其不欲使自己的真实宗教倾向暴露于外。也就是说，他虽然身为虔诚的黄教信徒，却能够克制其个人信仰上升至"公"（国家大政）的层面。同理，乾隆地宫灵柩上所见的梵、藏文咒语也反映出其类似的思想动机，因陈设皇帝灵柩的地宫属于高度隐秘化的空间，在当时有条件对之亲见寓目的人少之又少，而能够明白这些咒语含义的人就更属罕见，故灵柩上的这种布置反映的仍是君主平时深藏的不公之于众的"私"的个人信仰，不宜像国外学者那样，将皇帝的私人信仰过度放大为一种意在宣传藏传佛教的政治举措，甚至试图将之与所谓的"施供关系"联系起来，以证明清朝君权合法性不能用中国皇帝的行为方式去理解。② 与之类似的还有，乾隆帝生前斥巨资修建的三山五园中深具藏传佛教因素的万寿山大报恩寺，以及这一时期兴建的靠近皇宫内及太液池周边的藏传佛教寺院均即皇帝私人宗教场所，故并不承担对外开放传教的社会职能。③

① 土观·洛桑却吉尼玛：《章嘉国师若必多吉传》，陈庆英、马连龙译，北京：民族出版社，1988 年，第 205 页。

② 欧立德：《关于"新清史"的几个问题》，刘凤云等编：《清代政治与国家认同》（上），北京：社会科学文献出版社，2012 年，第 11 页。与之相反，王锺翰先生早就指出，乾隆陵墓内的这种梵文内容显然不是刻给世人看的，只能作为其真信佛教的证据。参见氏著：《清史研究与民族古籍》，《王锺翰清史论集》，北京：中华书局，2004 年，第 1 册，第 610 页。

③ 赖惠敏：《乾隆皇帝的荷包》，第 24—25、234—246 页。

　　还有一个事例可以证明乾隆帝对待黄教的这种既私下里诚心敬奉，却又不在政治与社会层面上将其普及推广的谨慎取向。目前经过学者的发掘，初步证实了乾隆帝曾参习过藏传佛教中的介绍瑜伽修行内容的典籍，可是此类书籍却全不见于正式登录御藏图书书目的《秘殿珠林》《石渠宝笈》等中，这反映出它应该是乾隆帝秘不示人的私属用品。[①] 乾隆帝对于修习藏密的这种虽有浓厚兴趣但又隐蔽低调的做派与元顺帝半公开地在京中推行秘法的行为适成鲜明对照，后者的若干细节甚至已被当时正在大都的士人张昱获悉，他又根据自己的理解和推测将其写入《辇下曲》。[②] 或许历来流行的元朝因为放任此类宗教活动大行其道而导致其最终灭亡的成见，使得乾隆帝不得不在研习秘法的问题上持秘而不宣的缄默态度。

　　需要指出的是，学界也有观点认为乾隆时期着手新建全由满人僧侣居住的寺院，再加上满文《大藏经》的翻译，这些就表明了乾隆帝试图在满族中推行藏传佛教，以之作为满族上下的共同信仰。[③] 以下我们即对此说详加分析。

　　如前所述，这一政策源自顺治时期的初建黄寺，大概因为后来其中的满族僧人群体日渐凋零，故乾隆帝对章嘉活佛表示希望新建佛寺并招募满族人出家为僧。换个角度，人们似乎也可以认为乾隆时期由于国内安定，故可在满族群体中加大扶植信徒出家力度。不过更为深入的研究使我们得出了与此不同的看法。

　　首先，以念"清字"（满语）佛经为特征的满洲喇嘛阶层的出现与乾隆后期启动的将《大藏经》译成满文的浩大文化工程密不可分。罗友枝根据她对藏传佛教在满洲统治者心目中地位的估计，断定这批满文藏经译自藏文佛经。[④] 国内也

① 安海燕：《乾隆帝御藏密瑜伽修行宝典〈究竟定〉编译背景考——附论乾隆帝的藏传佛教信仰》，沈卫荣主编：《西域历史语言研究集刊》第 8 辑，北京：科学出版社，2015 年，第 505—522 页。

② 王尧：《元廷所传西藏秘法考叙》，南京大学元史研究室编：《内陆亚洲历史文化研究——韩儒林先生纪念文集》，南京：南京大学出版社，1996 年，第 510—524 页。更详细的研究参见沈卫荣：《藏传佛教在西域和中原的传播：〈大乘要道密集〉研究初编》，北京：北京师范大学出版社，2017 年。

③ 王家鹏：《乾隆与满族喇嘛寺院——兼论满族宗教信仰的演变》，《故宫博物院院刊》1995 年第 1 期。

④ 罗友枝：《清代宫廷社会史》，第 316 页。白瑞霞也附和此说，参见 P. Berger, *Empire of Emptiness：Buddhist Art and Political Authority in Qing China*, p. 37.

有学者持同样的看法。① 如果我们单纯从乾隆帝个人的宗教偏好设想，确易相信他会爱屋及乌地推动藏传佛教文化在满洲大众中的深入传播，以至不惜动员庞大的国家力量，耗费人力物力，将藏文《大藏经》悉数翻译为满文。然而，历史事实彻底否定了上述猜想。正如乾隆本人在亲撰译经序言中明确指出的，这些历经多年方才译毕的满文《大藏经》系本自汉文《大藏经》。② 具体来说，约在乾隆三十六年冬，皇帝要求章嘉活佛与永瑢、福康安等会商翻译满文《大藏经》事宜，虽然章嘉活佛对圣意的揣摩是"特为阐扬黄教"，但最后上奏的决议是以汉文译经"经义尚达，且毫无差错"等理由，提出选取汉文《大藏经》作为译经依据，并得到乾隆允准，仅其中的经咒部分需要和汉文以外的蒙藏佛经核校。③

正因为满文《大藏经》本自汉文佛经，故在内容上相较蒙藏《大藏经》的最大区别就是以通行的各类大乘和小乘经典为主，皆译自汉文佛经的经律两部，而涉及密教的内容远少于蒙藏佛经，与佛经配套的佛画中的密教神祇数量也大为减少，唯在装帧形式上采取了藏文佛经惯用的贝叶夹装形式，佛画的艺术表现形式也具备浓郁的藏地色彩，故整套满文藏经具备糅合汉藏文化的特征。④ 而在章嘉活佛去世后，有关他的两种传记中，时代稍晚的土观·洛桑却吉尼玛用藏文写的传记只强调皇帝对于翻译事业的重视和章嘉活佛对于这项工作的尽心负责，甚至说活佛不仅亲自参加具体的翻译工作，还要担任对译文的审校事宜。⑤ 这容易让人以为满

---

① 张亚辉认为，满文经的翻译是章嘉活佛主持的，从藏文翻译而来，反映了乾隆要将汉传佛教压制到藏传佛教之下的努力，这样才能够让念满文经的寺院与汉传佛寺相比时不致落于下风。参见《宫廷与寺院：1780 年六世班禅事件的历史人类学考察》，第 132 页。

② 庄吉发：《〈清文全藏经〉与满文研究》，蔡美彪主编《庆祝王锺翰先生八十寿辰学术论文集》，第 224 页；H. Walravens，"Der Mandjurische Kandjur," *Central Asiatic Journal*，Vol. 51，No. 1，2007，S. 86 – 87.

③ 赵令志、郭美兰等：《雍和宫满文档案译编》（上），北京：北京出版社，2016 年，第 711—712 页。M. Bingenheimer 认为满文《大藏经》中经的部分译自汉文《大藏经》，律的部分则译自藏文佛经系统，实际上两者都译自汉文，不过该文否认满族统治者着力将佛教推广到其本族民众的观点，因此有别于当下多数美国清史学者的观点。参见 M. Bingenheimer，"History of the Manchu Buddhist Canon and First Steps towards its Digitization," *Central Asiatic Journal*，Vol. 56，2012/2013，pp. 206 – 208.

④ 罗文华：《龙袍与袈裟：清宫藏传佛教文化考察》，北京：紫禁城出版社，2005 年，第 604—607 页。

⑤ 土观·洛桑却吉尼玛：《章嘉国师若必多吉传》，第 263 页。

文《大藏经》的译经来源与藏文佛经关系密切。不过成书时间更早（1787）的由活佛幼弟所撰的传记中则明确记载了满文《甘珠尔》译自汉文佛经。①

显然在究竟是将承载着较多汉文化传统的汉译佛经，抑或带有显著密教特征的藏传佛教文化推广到本族信众中的问题上，乾隆帝及其大臣的意见并非"阐扬黄教"，故最终选择了前者。这体现出一位持大一统立场的政治家并不拘泥于个人宗教倾向的胸怀与气度。② 而支撑乾隆帝做出这一选项的根本原因也不只是藏译满的难度要大于汉译满，还在于他对汉藏两种文化皆有深切了解，他知道，如果作为统治民族的满族全盘接受藏传佛教，则极有可能会步因崇信宗教而趋于柔弱乃至影响到人口正常增长的蒙古人之后尘，③ 因此将黄教大力推至满族人中并非理性之举。故如果从纯粹教义宣传的角度进行考虑，那么就应该承认随着满文《大藏经》的刊行流通，恰恰从客观上促进了阅读者对汉传佛教的熟悉，故自此以后，那些通过研读满文佛经掌握佛教教理知识的满族喇嘛决不能被简单地看作通常意义上的黄教信徒。实际上，从现在披露的档案史料看，乾隆时期满族喇嘛的一项主要日常事务就是在每月的特定时日与地点，焚香颂念《无量寿经》，平时则诵习《波罗蜜多经》（《心经》）。④ 上述佛经均早有汉译本流行（其中《心经》还被怀疑系汉地创制的疑伪经），且在社会上十分常见，而颂念《无量寿经》的场所又是作为皇帝私人寺院的万寿山大报恩延寿寺，因此为皇帝祈祷邀福的用意十分明显，完全谈不上是在向满族大众倡导宣传藏传佛教。

---

① Hans-Rainer Kämpfe, "Einige tibetische und mongolische Nachrichten zur Enstehungsgeschichte des mandjurischen Kanĵur," *Zentralasiatische Studien*, Vol. 9, 1975, S. 540.

② 与之类似的还有，乾隆后期在宋辽金三朝孰为正统的问题上，毅然摈弃了袒护辽金的北族王朝立场，改独尊宋朝为正统，将辽朝和与满洲有着渊源关系的金朝均打入偏安之列，并肯定了褒扬宋朝的《正统辨》一文。参见刘浦江：《德运之争与辽金王朝的正统性问题》，《中国社会科学》2004 年第 2 期。

③ 目前学界在因黄教炽盛而导致的蒙古衰弱，是否主要源于清朝有意识地对其实施的"宠佛以制其生"的宗教政策的问题上，仍然存在争议。支持其说的有王锺翰《试论理藩院与蒙古》（《清史研究集》，成都：四川人民出版社，1984 年，第 166—179 页），反对此说的则有康右铭《亚洲腹地的斗争——试论清朝政府对蒙古的宗教政策》（中国中亚文化研究协会、中国社会科学历史研究所中外关系室编：《中亚学刊》第 3 辑，北京：中华书局，1990 年，第 242—257 页）。

④ 赵令志、郭美兰等：《雍和宫满文档案译编》（下），第 1408 页。

同时，乾隆帝在 1790 年为满文《大藏经》所写的《清文翻译全藏经序》也表明了此项翻译本身属于政治工程，而非单纯的普及佛经的文化活动。值得注意的是，该序除了满汉文本外，还被译成蒙藏文，形成了四体合璧的特征格局。而在这篇序言中，乾隆帝在回溯历史时，着重强调"我皇清主中国百余年，彼（即汉蒙藏）三方久属臣仆"，既然被其统治的这三个（中国的）民族都早早拥有了用本民族文字撰写的《大藏经》，那么作为统治阶层的满人自然更不能例外。这里的臣仆一词在该序满文部分的对应词语是 amban aha（臣奴）。[①] 因此，在乾隆帝看来，蒙藏民族与内地的汉族一样，都是清朝君主的"臣奴"，这等于在实质上否定了"施供关系"适用于清朝皇帝与黄教领袖或者中央与西藏之间的观点。[②] 正因为乾隆时期组织翻译满文《大藏经》的首要目的是突出政治意义而非传播佛教，故其完成后刷制了 12 部，大多收藏于京师、承德、盛京的皇家寺院中，仅供院内满族僧人诵读，并不对公众开放。这当然极不便于普通的满族信众接触这一伟大文化成果，因此到了清末，满文《大藏经》的存在与否还一度存有争议。[③] 不仅如此，即便是这些寺院中的满人僧众，是否都有能力充分阅读、利用它们也是值得怀疑的。以盛京著名的法轮寺为例，它是关外最早收藏满文《大藏经》的地方，在乾隆四十四年底开始刊刻仅数年后就得到了它。可是据乾隆四十八年朝鲜使臣在沈阳法轮寺与僧人的交谈，后者虽然明确承认本寺佛经以"清字、番字"居多，而"汉字甚少"，但在与朝鲜使者的交谈中无意间露出马脚，竟然把满文佛经指为"西番字也"，可见其识读满文佛经的能力并不令人满意。[④]

其次，我们还有必要关注乾隆时代满族僧众的身世背景及其来源途径。研究者综合《理藩院则例》《雍和宫志略》等记载，指出北京、热河一带的满族喇嘛大多来自内务府包衣旗人和各王府所管的包衣旗人中的包衣奴仆家庭，普遍有汉人背景，故与平时所说的满洲正身旗人大不相同。唯有少数喇嘛是在热河兵丁子

---

① H. Walravens, "Der Mandjurische Kandjur," S. 88.

② 按照相关传记的记载，章嘉活佛在乾隆面前曾用施供关系来描述入关之前的博格多皇帝（皇太极）与格鲁派之间的关系。参阅土观·洛桑却吉尼玛：《章嘉国师若必多吉传》，第 205 页。

③ 罗文华：《龙袍与袈裟：清宫藏传佛教文化考察》，第 618—621 页。

④ 李宜万：《入沈记》，张杰：《韩国史料三种与盛京满族研究》，沈阳：辽宁民族出版社，2009 年，第 223 页。

弟中挑拣，而东北盛京黄教寺院中的满族僧侣又皆来自锡伯八旗。[①] 如果把上述情况与此前顺治八年黄寺旗人僧侣的出身情况加以对比，可知两者其实变动不大，即乾隆时期相关僧人的来源仍是以正身旗人以外的包衣阶层为主，这也可以说是此前已实行了一个多世纪之久的限制政策的延续。至于准许少量热河兵丁子弟挑补喇嘛则与上述以限制为主的基本方针政策并不违背，因清中期以后，随着满洲旗人人口的显著增长而相应的支饷兵员的名额却增幅有限，越来越多的正身旗人子弟既无兵可当，也无差可派，从而沦为完全依赖家庭寄养又难以自谋他业的闲散人员，最终导致了八旗生计的普遍恶化。[②] 在这种背景下，政府从少量旗人兵丁子弟中拣选喇嘛以改由国家供养，至少有助于缓解这部分旗人家庭所面临的现实生活压力。以上述供有满文《甘珠尔》的盛京法轮寺为例，乾隆四十三年，朝廷下旨确定该寺为纯由满族喇嘛驻留的宗教场所，以与其他寺院相区别，并实行严格的人员配额制，即"立满洲达喇嘛正副各一名，得木奇、格斯贵各二名，教习三名，遇有缺出，礼部会同将军拣选。其班的（即学徒）喇嘛二十名，遇有缺出，由八旗满洲蒙古闲散在北塔习学经卷者拣补"。[③] 可见该寺院的学徒僧人皆由那些因为名额有限无法应役的闲散旗人充当。故从总体上看，朝廷从数量有限的满洲正身旗人家庭中挑选喇嘛的做法既谈不上是传统限制政策的明显改变，更不是为了在满族人当中推广藏传佛教。

至于选取锡伯旗人出任喇嘛僧人的情况也与以上基本政策毫不矛盾。这主要是因为锡伯人在旗人体制中历来属于下层。早在入关之前，皇太极就宣称"夫珠申之号，乃席伯（锡伯）超墨尔根之裔，实与我国无涉"，不承认他们与满族的亲缘关系，后在崇德年间将大部分锡伯民众编入皇太极的姻亲蒙古科尔沁部旗内，结果使之沦为奴仆，以致"纳贡奴役，不堪生存"。直到康熙中叶，才又以赎买的方式将该部从科尔沁蒙古中拨出，转隶皇帝亲领的上三旗属下，为关外的驻防提供兵员和劳力。然而这些锡伯人并未因此获得正身旗人的社会地位，实际上相当于旗下的包衣阶层，因其无法领到旗人兵丁的钱粮，因此在很大程度上需

---

① 林士铉：《清代蒙古与满洲政治文化》，第 202 页。
② 周远廉：《八旗制度和"八旗生计"》，阎崇年主编：《满学研究》第 7 辑，北京：民族出版社，2002 年，第 60—68 页。
③ 崇厚：《盛京典制备考》，北京：科学出版社，2016 年，第 60—61 页。

要自筹生计，所以比以前在科尔沁部下的负担还要沉重，甚至其中很多锡伯人还被迫担任传统上皆由流放犯人从事的待遇最低、条件最恶劣的驿丁差使。其间屡受不公正待遇，乾隆二十八年，大量锡伯人又被命令迁往伊犁。① 所以，锡伯人在当时的地位远远低于正身旗人，甚至较之普通民户，也有所不及。是故，朝廷才肯在他们之中大力推广藏传佛教。

还能清楚体现这一点的就是乾隆时期耗费重金刻印的 12 部满文《大藏经》中，其中应该有一部最后被分拨给了锡伯喇嘛驻留的黄教寺宇，即位于新疆伊犁的靖远寺。俄国驻伊犁的领事曾在 1899 年访问过靖远寺，并与寺中喇嘛有所交流。其间他目睹了该寺尚存的 108 函/卷（满文转写为 dobton）满文《甘珠尔》，当时尚整齐地码放在寺院东西两侧墙上的书橱里。寺院的喇嘛都操满语，许多人兼通藏语，有些人还会汉语和其他语言。不过根据俄国领事的观察，这些喇嘛对佛教基本知识的造诣并不深厚。② 考虑到乾隆后期正式刷印的满文《大藏经》正是《甘珠尔》（经、律）108 函，故其数字与靖远寺《甘珠尔》的数量完全吻合。这证实了该寺当年入藏的满文《大藏经》正是其全帙，并有助于回答此前学者提出的 12 部满文《大藏经》中尚有两部下落不明的疑问。③ 当然锡伯寺庙得到它们的时间应该比京城、承德、盛京的寺院要晚，很可能是 12 部大藏经中最后刊印的一部。如果这一推断不误，则其入藏靖远寺的大致时间当距离刊印完成的截止时间乾隆五十八年不远。

最后，可能还会有人质疑称，限制满洲人出家成为喇嘛旨在保障国语骑射的维系，并不等于由此就阻断了普通满洲大众对藏传佛教的接受。关于这一问题，需要说明的是，清朝通常也不准满洲正身旗人出家为僧道等其他各类职业宗教

① 韦庆远：《有关锡伯族史研究的几个问题——兼对〈锡伯族档案史料〉一书评介》，蔡美彪主编：《庆祝王锺翰先生八十寿辰学术论文集》，第 519—535 页。
② Tatiana A. Pang, "N. N. Krotkov's Manuscript A Trip to a Sibe Buddhist Monastery in Autumn 1899," in M. Gimm, et al., eds., *Beiträge zur Geschichte, Sprache und Kultur des Mandschuren und Sibe*, Wiesbaden: Harrassowitz Vertag, 1998, pp. 90–95; Tatjana A. Pang, *Schriftliche mandschurische Quellen zur Geschichte und Kultur des Qing-Reiches des 17. und 18. Jahrhunderts*, S. 84.
③ 罗文华：《龙袍与袈裟：清宫藏传佛教文化考察》，第 617—618 页。该书作者怀疑这两部《大藏经》可能被供于圆明园中的寺内。

徒，不过这似乎并不能阻止旗人与汉式寺院以及道观等宗教场所的日常接触。以旗人数量最多的北京为例，城内郊外分布的大量汉式寺庙对于包括旗人在内的北京居民来说，平时多处于开放状态，朝廷对此从不加以限制。[①] 故当时北京的许多此类寺观都留有满洲旗人在日常交往中为之撰写的碑刻文字。[②] 至于藏传佛教寺院的情况，则与之判然有别。前文已经提到，像万寿山大报恩延寿寺与皇宫附近的藏传佛寺均属皇帝的私人空间，从不对外开放。其实此种情形在京城与承德等地的藏传佛寺中具有普遍性，这些寺宇平时都由兵丁看守，一般不允许外人入内观瞻，仅在特定的时间和节日才对外开放，如蒙藏黄教人士前来朝觐时，以及举行年度宗教仪式时。[③] 虽然它们有时也能短期性地积聚起众多市民观众，但毕竟为时甚短，故其开放性远不能和汉寺同日而语，也注定无法像后者那样，因为深度融入社会并与之长期互动而自然构成了所谓的"公共空间"。这样包括旗人在内的多数北京市民对藏传佛教的印象仅仅停留在特定节日内的驱魔打鬼、神舞表演等特定仪式上，对它们的聚众围观出自强烈的猎奇心态，无助于建立起对其教理教义的了解与信仰。事实上，到了晚清正是由于不少起初规模可观、场地宽阔的藏传佛寺在京城中信徒有限，又加上失去皇室的眷顾，遂陷入败落萧条，结果沦为了集市场所。[④] 类似情况早在清初即已发生过，如顺治年间为接待入朝的五世达赖而建的东黄寺渐渐衰败，终致"栋宇倾颓"的凋敝地步，直至康熙三十三年，才被巡视至此的皇帝动用内帑整修一新。[⑤] 当初煊赫一时的东黄寺随后一度陷入衰颓显然和它长期处于封闭状态、丧失市民信众供奉的香火来源有着直接关联。如果不是因为它属达赖喇嘛的在京驻跸场所，在清朝借礼遇黄教以抚绥蒙藏的政治布局中具有特殊的象征意义，皇帝未必愿意慷慨解囊将其修葺如新。

综上所述，清朝入关以后，不仅沿用了限制正身旗人出家为喇嘛的政策，而且还有意识地阻隔日渐转变为城市居民的多数旗人大众与藏传佛教的双向接触，

---

① 刘小萌：《清代北京旗人社会》，北京：中国社会科学出版社，2008年，第69—82页。

② 关笑晶：《清代北京旗人寺庙碑刻考述》，陆康、张巍主编：《法国汉学》第17辑《权力与占卜》，北京：中华书局，2016年，第153—158页。

③ 赖惠敏：《乾隆皇帝的荷包》，第26—27、271—273页。

④ 赖惠敏：《乾隆皇帝的荷包》，第263页。

⑤ R. von Franz, *Die unbearbeiteten Peking-Inschriften der Franke-Lauferschen Sammlung*, Weisbaden: Otto Harrassowitz, 1984, S. 8 – 16.

相反对于他们与汉寺之间的宗教文化联系却从未施以限制，故从整体上看，定居关内的旗人（此处不含蒙古八旗）在日常生活中所受的佛教影响究竟主要是来自汉传佛教还是藏传佛教，答案不言而喻。这正如娴熟本族习俗掌故的满洲耆宿以丧葬礼仪为例，指出多数满族人家的葬仪吸收了汉人丧礼中僧尼超度的习俗，而操办丧事时还请喇嘛诵经的则只是那些受到蒙古习俗影响的大户人家。① 当然北京等地的内地满族的精神世界多是一种结合了儒家思想、汉传佛教、民间宗教以及满人固有的萨满教传统等复合因素的多元混合体，这正像新近整理的北京旗人穆齐贤的满文日记中描述的那样，他在日常生活中既郑重礼拜过京城西郊的关羽庙，又受赠保存了《金刚经》《避瘟经》《玉历钞传》等书，还于开馆授徒之前在被他视作先师的孔子的画像前恭行叩拜大礼，与之相对，整部日记并未记述他平时与北京诸多黄教寺宇有何交集。② 至于关外的东北多地，尤其是吉林、黑龙江的满族民众，直到清末尚保持浓重的萨满教旧习，③ 故藏传佛教在那里同样未能深入人心。

附带指出的是，即使如雍正幼弟允礼这位皇族中的罕见藏传佛教徒，也不免深受儒家思想与汉传佛教的熏陶，这表现在他的宗教见解其实与一般的藏传佛教徒颇有差异。关于允礼的藏传佛教信仰，已有俄国学者依据现存国外的蒙藏文资料出版了研究专著。他在书中不仅指出允礼怀有调和新旧各派（格鲁派和宁玛派）观点的折中思想取向，而且披露了一则十分重要的史料，即允礼在将他最为器重的一位蒙古高僧所写的宗教作品付梓时，写下了一大段反映他对藏传佛教基本认知的文字作为此书后记。④ 令人诧异的是，这段文字对藏传佛教中的若干特征明显持一种反思和批评的态度。文中虽然称颂了阿底峡和宗喀巴的学说，但其重心还是集中指出许多藏传佛教信徒完全不知正确的修行方法与悟道途径，表现在有些沉溺金刚乘（密教）的教徒在平时的修行中只知道把铙钹之物摇动不停，根本不熟悉佛教基本教义中的慈悲、六度、因果等最基本概念，并如同堕落的苯

---

① 爱新觉罗·瀛生：《老北京与满族》，北京：学苑出版社，2008 年，第75—77 页。

② 赵令志、关康译编：《闲窗录梦译编》（上），北京：中央民族大学出版社，2011 年，第28、50、83 页。

③ 史禄国：《满族的社会组织——满族氏族组织研究》，高丙中译，北京：商务印书馆，1997 年，第20—21 页。

④ Vladimir L. Uspensky, *Prince Yunli*（1697 – 1738）: *Manchu Statesman and Tibetan Buddhist*, Tokyo: Institute for the Study of Languages and Cultures of Asia and Africa, 1997, p. 13.

教经师那样，专以预测灾祸或者为人治病怡然自得。其中的密教咒师群体（sngags pa）颇以其咒术本领自负，故在教理上无端蔑视大乘佛经的价值转而极度迷信金刚乘能助其迅速实现觉悟，其实他们连对《心经》这样最基本的经典都一窍不通，还以所谓"空"的理论来为自己的淫邪之举进行辩护。在允礼的眼中，此类言行纯属说谎却不知畏惧。

显而易见，允礼的佛教思想实质上倾向于尊经贬咒，扬弃密教中的情欲成分，并反驳那些固执于其信仰的密教徒对金刚乘以外的大乘佛教其他派别的贬低。上述宗教取向也见于允礼在雍正十二年赴康区公干时，用汉文撰写嘲讽喇嘛道行的《七笔勾》："万恶秃头，铙钹喧天不住休。口念糊涂咒，心想鸳鸯偶。两眼黑黝黝，如禽如兽，偏袒露肩，黑漆钢叉手。因此把释教风流一笔勾。"① 曾有人对《七笔勾》是否真系允礼所作表示怀疑，随着前述俄国学者刊布了后者所写的类似内容，这一疑点才得以消除。允礼这类明显不同于一般藏传佛教徒观点的主张显然源于他自幼接受的传统儒家教育和总体上以大乘佛教显宗系统为主的汉传佛教。

而儒家与汉传佛教一致排斥密教中的情欲成分，即使以最为开放的唐代为例，从印度传来的密教中的情欲因素如对"能"（与性合有关）的崇拜等也未能在汉地佛教界公开流行。儒家就更反对男女之间发生紧密的关系。② 故含有此类因素的《大乘要道密集》长期以来只能以隐秘的方式在社会上流传。至于允礼对咒术的批判和对大乘基本经典地位的强调，更反映了他维护汉地流行的大乘佛教显宗一系的教论主张。这种贬抑咒术乃至视之为旁门左道的观念在当时皇室内部绝非罕见，谙熟佛教基本义理的雍正帝在对年羹尧奏折的朱批中即流露出此观念。③ 后来汉文化修养程度颇高的礼亲王昭梿对当时蒙古喇嘛中流行的厌胜术同样极其鄙视，径直责其为邪术。④ 故允礼的佛教思想同时也吸收了儒家观念和汉传佛教的因素，他并非一位典型的藏传佛教弟子。相形之下，唯有乾隆帝才对密教经咒之术怀有特殊好感，不仅在世时曾敕令把汉、藏、蒙古文咒语互校订补后修成了《大藏全咒》，而且还将无上瑜伽部的经咒内容作为其陵墓地宫中的重要

---

① 贺觉非：《西康纪事诗本事注》，拉萨：西藏人民出版社，1988 年，第 143 页。
② 周一良：《唐代密宗》，钱文忠译，上海：上海远东出版社，1996 年，第 113—115 页。
③ 季永海等译：《年羹尧满汉奏折译编》，第 286—288 页。
④ 昭梿：《啸亭杂录》，北京：中华书局，1980 年，第 357 页。

陈设。①

关于满族人对藏传佛教的具体态度，在清代来华西方人士的叙述中也有不同程度的反映。1688 年在巴黎出版的葡萄牙入华传教士安文思的《中国新史》中，作者据其在华见闻经历记述称，清初北京已驻有许多喇嘛，但他们不为汉人和东鞑靼人（即满人）所尊敬，因为他们知道喇嘛的恶行以及其所传教义的无理和所奉偶像的可笑。与之相反，西鞑靼人（即蒙古人）对喇嘛的尊崇程度却令人惊讶，以致当他们遇见喇嘛时，会立即下马用最尊贵的跪拜礼节表达自己的虔诚，以祈求喇嘛为之念经祝福。他还绘声绘色地描述了北京城中存在的明显来自藏传佛教的面目狰狞的裸体护法神，但又补充说它能被公开尊奉纯粹是因为顺治帝想取悦于生母（即孝庄太后）所致，后者生于西鞑靼王公之家故对喇嘛非常崇敬，结果导致国家为了供养他们而花费了大量钱财。安文思还预测说，将来在她去世后，这些喇嘛庙宇可能会被关闭。②

康熙时期法国传教士李明叙述其 17 世纪八九十年代的在华见闻时，称尽管当时的喇嘛颇有机会在京城的满族达官贵人中活动传教，但只被当作普通的布道人士，真正迷信他们的还是蒙古百姓，后者将其径直视如活佛。③ 1689 年夏，另一位传教士张诚前往尼布楚与俄国进行外交谈判及签约事宜，其间，他在日记中详细记载了在喀尔喀地区的见闻。当一位与哲布尊丹巴活佛关系密切的蒙古喇嘛主动向国舅佟国纲一行人赠送平素被蒙古人备加珍视的宗教礼物时，却被后者回绝，理由是满洲人没有使用这些物品的习俗，故不敢接受它。④ 直到 19 世纪，俄国在华人员仍然发现喀尔喀蒙古人并不十分效忠于统治者，因为他们与后者没有共同的信仰。⑤ 迟至 1868 年俄属布里雅特蒙古贵族罗布策凌诺夫（Lombo Cerenov）

① Françoise Wang-Toutain, "Qianlong's funerary rituals and Tibetan Buddhism: Preliminary reports on the investigation of Tibetan and Lantsa inscriptions in Qianlong's tomb," 谢继胜、沈卫荣、廖旸主编《汉藏佛教艺术研究》，北京：中国藏学出版社，2006 年，第 130—169 页。
② 安文思：《中国新史》，何高济、李申译，郑州：大象出版社，2004 年，第 168—169 页。
③ 李明：《中国近事报道（1687—1692）》，郭强等译，郑州：大象出版社，2004 年，第 270 页。
④ 张诚：《张诚日记：1689 年 6 月 13 日—1690 年 5 月 7 日》，陈霞飞译，北京：商务印书馆，1973 年，第 54 页。
⑤ B. C. 米亚斯尼科夫主编：《19 世纪俄中关系：资料与文献 第 1 卷 1803—1807（下）》，徐昌翰等译，广州：广东人民出版社，2012 年，第 1632 页。

完成了一部关于色楞格河下游流域的布里亚特蒙古人的编年史，其中特地提到满族人并未普遍信仰黄教，因为他们还是崇拜男女巫师/萨满（böge iduɣan sitügeltei）。[1] 以上珍贵史料同样直观而形象地揭示出，从入关之初的 17 世纪中期，直到 19 世纪，多数满族民众始终未像蒙古人那样成为虔诚坚定的藏传佛教信徒。

不过，满族人对黄教的疏远冷淡态度难免也会带来一些负面后果。康熙末年清朝大军驱准安藏、护送新立的达赖喇嘛进入拉萨时，因为不甚注意执行对黄教寺院的尊重保护政策，导致他们某些行为在藏地僧俗看来甚为亵慢，有如藏地人士抱怨不已的，"达赖喇嘛所建之庙，乃黄教顶礼膜拜之佛，庙内素不杀生。今满汉兵进驻庙内，宰杀各种牲畜，玷污了寺庙"。[2] 此外，伯戴克在其清代西藏史专著中曾对中央驻藏大臣群体的文化背景及其对藏文化的态度有过归纳与分析，即他们大多出身满族世家，对一切有关西藏的事物，常持藐视态度，也不能欣赏当地的文化成就。[3] 显然他已经准确地发现，驻藏大臣群体其实是在一种未受藏传佛教直接影响的典型内地文化背景下成长起来的，故当他们以后前往西藏履职时，自然容易对彼处的宗教文化有隔膜感而非尊敬有加的仰慕。这种潜藏于其精神深处的文化排斥心态或可说是造成多数驻藏大臣因不屑主动了解当地宗教民俗而在其任职期间政绩相对平庸的一大原因。甚至，咸丰时期的一位驻藏大臣因卸任后不久即去世，竟然在京城的旗人圈子里被讹传为其驻藏期间，受到了藏人的诅咒以致早死。[4] 可见在晚清京城旗人中，对于西藏究竟抱有何等无知的印象。这和当时的许多蒙古人仍然视其为宗教圣地的看法大相径庭。因此，笔者认为，就总体而言，清代大多数满族人并非藏传佛教的忠实信众。当时定居关内的满族人多为包含汉传佛教在内的混合信仰的接受者，而关外的满族人主要还是信奉萨满教。故"藏传佛教世界"包含满族群体的观点并不能成立。

石滨裕美子等倡导的"西藏佛教世界"论本身还有人为隔阂汉藏宗教文化交

---

[1] W. Heissig, "A Mongolian Source to the Lamaist Suppression of Shamanism in the 17th Century," *Anthropos*, Vol. 48, 1953, p. 500.
[2] 中国第一历史档案馆译编：《雍正朝满文朱批奏折全译》（上），合肥：黄山书社，1998年，第 151 页。
[3] 伯戴克：《十八世纪前期的中原和西藏》，周秋有译，拉萨：西藏人民出版社，1987 年，第 307 页。他同时还指出喇嘛在内地受到的尊崇仅限于皇宫以内及北京、承德等极少之地。
[4] 崇彝：《道咸以来朝野杂记》，北京：北京古籍出版社，1982 年，第 49 页。

流之嫌，因为她把藏满蒙等族群划在一个以藏传佛教为特征的不属于中国的文化圈内，以与汉族所代表的"儒教文明圈"相区别，由此对辛亥革命后中国继续维持在边疆地区的主权提出质疑。然而当时的汉族和藏族在宗教领域真是这样泾渭分明、互无交集吗？不要忘记，诚如前文所论，早在天聪时期，直接反映藏传佛教在东北地区传教实绩的《大金喇嘛法师宝记》中恰恰揭示了当时以弟子身份皈依外来喇嘛上师的信众多数实为汉人。以后到崇德三年所立《实胜寺碑记》的题名中又有一位塑匠名为尼康喇嘛，其对应的满文是 nikan lama，[1] 即汉人喇嘛，这同样揭示了此名喇嘛塑匠的汉人身份。降至入关以后，又如前文所述，当康熙帝觉察到五世达赖可能已经圆寂而第巴有意隐匿不报时，朝廷拟选派前去西藏一探究竟的僧人也全是汉人喇嘛。此外还应提到，现存于台北傅斯年图书馆的一件满文碑记拓片中叙述了康熙年间蒙古佛教徒重修大黑天殿的情况，其中列举的众多藏传佛教徒中有两人的名字看起来应是汉人，一是 Fuboo，另一是 Dzang，很可能分别是汉字福宝和藏（姓）的音译。[2]

其实当时出身汉人家庭背景的喇嘛僧人在政教领域中发挥重要作用的事例远不止此。最著名的就是二世章嘉活佛阿旺罗桑曲丹。韩儒林根据 1748 年成书的松巴堪布·益西班觉《如意宝树史》之记载，考定其于 1642 年生于湟水流域的伊格沟，其父本是山西（Zhen-se）商人。[3] 更晚于 1819 年成书的用藏文书写的《蒙古佛教史》则清楚地记述了其父亲的名字为 Jang-ye-har，通常被还原为张益华。[4] 也就是说二世章嘉活佛本来出身于张氏家庭之中，故起初以"张家"见称，后来才改为汉字的"章嘉"。不过根据成书时间最早的二世章嘉活佛的个人传记——喜饶达嘉（Šes rab dar rgyas）1729 年用蒙古语写成的《珍珠念珠》（*Subud*

① 嵇穆：《蒙古摩诃迦罗崇拜与清朝的起始——1638 年〈实胜寺碑记〉》，朱诚如主编：《清史论集——庆贺王锺翰教授九十华诞》，第 674 页。
② Hsiao Su-ying, "Some Observations on a Rubbing of a 17th-Century Inscription in Uighur-Mongolian Script with Elements of Manchu Script and Orthography," *Central Asiatic Journal*, Vol. 56, 2012/2013, pp. 161–162.
③ 韩儒林：《青海佑宁寺及其名僧（章嘉、土观、松巴）》，《穹庐集——元史及西北民族史研究》，上海：上海人民出版社，1982 年，第 395 页。
④ 外务省调查部译：《蒙古喇嘛教史》，第 279—280 頁；固始噶居巴·洛桑泽培：《蒙古佛教史》，第 85 頁。

Erike），我们可以将其生父的有关背景考订得更为准确。该书称其父名为 ĵanggi hor，是一位 Šansi 省（muĵi）商人，又说该省是汉地十三省之一，而且是绿度母化身的松赞干布之妻唐朝公主父亲的皇宫所在地。① 由此我们才明白，此处的 Šansi 以及后来《如意宝树史》中的 Zhen-se 都应勘同为陕西而非山西，因为唐朝的首都长安正是在陕西境内。这一点其实很容易理解，因为二世章嘉活佛所出生的位于湟水流域的宗喀（西宁）一带在明末正是处于治所在甘州卫的陕西行都司下西宁卫范围内。只是对于一般蒙藏人士而言，他们大概分不清作为军事机构下的陕西行都司和作为省的陕西布政使司之间的区别，所以笼统地把章嘉活佛父亲生活的西宁卫之地看作十三省中的陕西省。故综合有关传记的记载，二世章嘉活佛其实是出生在陕西行都司下西宁卫的汉藏联姻家庭中，父亲是当地的汉族商人，母亲是藏族，按父系来说当属汉人。二世章嘉活佛可谓开了历代章嘉活佛在政治上发挥作用的先河。与之相似的还有顺康时期被朝廷重用为五台山扎萨克喇嘛的黄教僧人阿王老藏（1601—1687），其人俗姓贾氏，本为燕京之西山人，十岁时出家于西山的崇国寺，后在五世达赖访问北京期间，正式从其受戒。此后由于精通藏汉语，而被顺治任命为总理五台山番汉事务。他的汉人背景在相关史料中介绍得十分清楚，绝无可疑。② 可是有的外国学者却无端猜测此人原来是生活在明朝控制区域内的蒙古人，③ 这实际上还是主观上不愿承认藏传佛教的信众中有相当一部分是汉人。

结语：满洲统治者为何没有在本民族中推广藏传佛教？

从 16 世纪下半叶以来，以格鲁派为主的藏传佛教在北亚草原及其邻近地区的传播呈现爆发式增长趋势，以至仅半个世纪后，当后金政权在东北崛起时，与其为邻的蒙古各部均已完全接受了藏传佛教，宗教本身也成为左右当时历史走向

---

① K. Sagaster über. *Subud Erike Ein Rosenkranz aus Perlen*：*Die Biographie des 1. Pekinger lČaṅ skya Khutukhtu Nag dbaṅ blo bzaṅ c'os ldan*，Wiesbaden：Otto Harrassowitz，1967，S. 175 – 176. 其对应的蒙古语原文见同书附录 Tafel 12.

② 蒋弘道：《清凉老人阿王老藏塔铭》（节录），张羽新：《清政府与喇嘛教》，拉萨：西藏人民出版社，1988 年，第 246 页。

③ I. Charleux，*Nomads on Pilgrimage*：*Mongols on Wutaishan（China），1800 – 1949*，Leiden：Brill，2015，p. 106. 作者根据美国藏学家滕华睿（G. Tuttle）的一处推测得出该结论。

的重要因素。由于后金初期所实行的政治制度在诸多方面受到蒙古的影响，因此，那种认为努尔哈赤父子在确立君权过程中也曾吸收佛教君权理论来为其统治增加合法性的观点往往容易得到认可。然而，我们终究不能简单地把历史宗教化，乃至像本文批评的国外学者那样把建州女真创建的这一政权看作忽必烈的元朝或林丹汗的北元的翻版，直至将其也归为"西藏佛教世界"的一分子。以本文所揭示的史实而言，从入关前努尔哈赤父子直到入关后的清朝诸帝，始终是以一种近乎辩证的态度对待藏传佛教在满族社会中的发展，既非刻意抵制，更非鼓励接受，而是颇富策略地将藏传佛教对本族民众或者说整个旗人的影响限定在一些特定群体的范围内，与之相对应的则是在国家政治层面中完全拒绝了"施供关系"式的政教联盟体制。因此不难发现，有清一代，满族内部始终未给具有潜在政治影响力的宗教领袖及其控制的教团提供任何发展的空间与机会；故我们在近三个世纪的清朝历史中几乎找不到一位出身满洲旗人家庭并在政教领域多有建树、威望甚高的宗教领袖。正是由于缺少本民族宗教领袖和知名高僧群体的宣传带动，再加上官方长期施行的是使身份卑微的少数包衣旗人入寺为僧的政策，故大多数满族普通民众并未从中受到熏陶继而转变为藏传佛教的虔诚信徒。以上情形恰恰和同时期的蒙藏社会存在着根本差异。

那么为何从始至终满族统治者都对在本族人民中推广藏传佛教持保留态度呢？最直接的历史原因似是努尔哈赤父子对邻近蒙古族佞佛现象的警惕，以及担心允许成年男子出家会加剧相比明朝而言旗人兵员本来就处于相对偏少这一劣势因素，而入关前对外来宗教的这种认知和定位又如惯性一般延续到入关以后。况且在入关后，清朝需主要凭借人数不多的旗人群体统治总人口上亿的广大内地，更是面临兵员有限的现实难题，因而就不可能为适合服役当差的正身旗人成为职业宗教人士大开方便之门。朝廷只是为了在表面上显现出对黄教人士的优遇借以笼络蒙藏高层，所以才在入关之初策略性地挑选少数本不需要服兵役的包衣子弟入寺为僧，到乾隆时期随着北京等地藏传佛教寺院增多，才又将范围扩大到地位同样卑微如包衣的锡伯族和极少数闲散旗人中。然而，清代满族社会有别于汉、蒙、藏等民族的最突出特征即是经过最高统治者的长期申饬与不断强化，主奴关系一直牢不可破，主奴双方的界限也向来不允许被轻易打破。正如雍正帝颇为自得地在批评汉人时总结称，"历来满洲风俗，尊卑上下，秩然整肃，最严主仆之分"，"汉人从来主仆之分不严……是以查嗣庭、汪景祺辈不知君上之尊，悖逆妄乱"。① 而包衣对皇族宗室的依附程度正如清末人士目睹的，"凡各项包衣并小五处旗人，或奴籍，或重台，例不得与宗室觉罗抗礼。若必不得已，必先半跪请曰'求赏一坐'，然后坐，方合于礼。"② 因此，在这种如《红楼梦》中描述的"一岁主，百岁奴"式主奴关系不可动摇的社会背景下，内务府上三旗和各王府管属的下五旗包衣子弟即使已经出家，仍然不免被继续视为皇帝和王公的奴仆。其中如前所述的乾隆时期明确要求京城的满族喇嘛在皇家寺院定期为皇帝念经祈福，其实就是奴仆以职业宗教徒的身份在为主子效劳尽忠的一种特殊形式。所以，有清一代，朝廷根本不会考虑从这一满洲僧人群体中培养出因学识出众受人尊敬爱戴而享有崇高威望的名僧大德，至于平时素为皇室优待的僧人活佛多是那些因来自旗人群体之外，与皇家不存在主奴名分的蒙藏地区的宗教领袖。

以上特点恰与当时的蒙藏地区构成极大反差。在蒙藏社会中，经过长期宣传，社会中普遍形成"僧人比俗人高贵"的观念。黄教教团也有意识地利用这一点来鼓动怂恿中下层平民甚至底层奴仆的子弟出家为僧，以使其父母相信成为职业宗教徒有助于提高子女的社会地位、改善生活条件。以藏区为例，黄教教团就有意识地向下层群众灌输，平民阶层如果希望改变自己的社会地位，那么通过出家做黄教僧人，进而接受专门培训以后就有充当僧官的可能，从而与世俗贵族平起平坐。尽管事实上，能够通过这条途径攀爬到僧官上层的平民和农奴子弟仍是相对少数，但是黄教集团却借此缓和了社会矛盾，扩大了僧人的数量，实际上加强了自己的权力。③ 因此，那种相信出家为僧即高于俗人一等的观念在当时西藏社会中颇为流行，而普通人家也乐意将年龄尚幼的孩子送往寺院为僧。这样既符合他们虔诚敬佛的心意，也减轻了家长抚养孩子成长的经济负担，而且出家为僧既受人尊重还可以学习文化知识，那么就意味着自己的孩子以后有希望不过艰苦

---

① 中国第一历史档案馆编：《雍正朝起居注册》，北京：中华书局，1993年，第1册，第863页。
② 小横香室主人：《清朝野史大观》，北京：中央编译出版社，2009年，第1册，第126页。
③ 王辅仁：《关于西藏黄教寺院集团的几个问题》，中央民族学院民族研究所编：《民族研究论文集》第1辑，北京：中央民族学院编印，1981年，第434—435页。

的生活。甚至不少在幼年时即被送入寺中的僧人成年后回忆时，还为其少年时代因不明白出家的好处而总想逃回家中感到好笑。① 所以，民主改革前，西藏僧人竟占到总人口的 10%，相当于成年男子总人数的二成左右，② 相较而言，即使是在佛教高度流行的泰国，僧人群体也仅占男性总人数的 1% 到 2%。③

蒙古的情况与之类似，同样是在清代蒙古社会相对固化的背景下，寺院体制为个人实现阶层流动提供了一定可能性，而该体制在理论上对全社会都是开放的，即无论贵族还是平民奴仆皆可选择出家为僧。况且，即使是僧人阶层中的最低一级在社会地位上也足以比肩于贵族中的最低级，而其最高级则完全匹敌于顶级贵族。故在寺院教团的庇护下过着僧侣的生活，对于生计艰难的下层民众的吸引力可想而知。仅以解放前的内蒙古地区而言，职业宗教人士的比例竟然蹿升至总人口的 15% 到 30%，④ 这一比例甚至高于西藏。如果说，蒙藏社会中对于出身卑微的下层平民来说，只有寄希望于投身宗教才有可能迎来命运的改观的话，那么与之相反，在满族社会中，因为全体旗人理论上都是皇帝的奴仆，所以就普通的正身旗人乃至尚在其下的包衣阶层而言，只能指望在世俗生活中，依靠为皇帝主子效忠立功乃至在疆场上出生入死竭尽犬马之劳，以求得到皇帝的恩赏，这样才能逐步实现其个人社会地位上的改观。所以清代蒙藏社会和满族社会各自的阶层流动途径是完全不同的，前者取决于宗教力量的赏识，后者依赖于君权的眷顾有加。

最后要指出的是，清朝君主素有将自己的身份与佛类比的传统。早在天聪初年，皇太极即在与袁崇焕的书信中宣称自己"人君即佛也，天之子也"。⑤ 其对应的满文应译为"所谓汗者，天（与）佛之子"（han serengge abka fucihi i jui kai）。⑥ 相比之下，藏传佛教中无论是以往还是现世的世俗统治者，必须要经过神学的大力诠释与重新塑造才能被视为略低于佛的菩萨的化身，而不可能直接出现统治者径直宣称自己为佛子或佛的现象。入关后，清朝皇帝平时在宫中则多喜

① 梅·戈尔斯坦：《喇嘛王国的覆灭》，杜永彬译，北京：时事出版社，1994 年，第 24 页。
② 王辅仁：《关于西藏黄教寺院集团的几个问题》，第 436 页。
③ 梅·戈尔斯坦：《喇嘛王国的覆灭》，第 23 页。
④ R. J. Miller, *Monasteries and Culture Change in Inner Mongolia*, pp. 27，138 - 139.
⑤ 黄彰健引自《太宗实录稿》，参见氏著：《满洲国国号考》，《明清史研究丛稿》，台北：台湾商务印书馆，1977 年，第 547 页。
⑥ 满文老档研究会訳註：《满文老档》Ⅳ《太宗 一》，東京：東洋文庫，1959 年，第 28 页。

被人称为佛爷，其母皇太后也被相应称以老佛爷，这在宫廷中逐渐成为通例，故内臣侍卫皆称皇帝为老爷子或佛爷而人不以为非。[①] 这种称呼的流行揭示出在清朝君主的潜意识中，并没有认为佛是高不可攀的。久而久之，此类称谓习惯也影响到外臣中，所以前述图理琛在《异域录》中才非常明确地说"天地汗父母就是佛也"。因此，清朝皇帝既然乐意被称以佛，那么当然不容易再对"西藏佛教世界"中流行的"施供关系"产生浓厚兴趣。因为按照后者的理论架构，世俗君主（法王/施主）与宗教领袖（喇嘛）在不同的领域各有优势，即在国政的处理上，君主握有主导权，而宗教领袖应对之表示认可；反之在宗教事务方面，宗教领袖则拥有发言权，君主则应对他的权威表示尊重；而且按照"施供关系"这一理论的内在主张，实际上更倾向于将宗教领袖的地位置于作为护法者的君主之上，因其在思想根源上来自前佛教时代的印度婆罗门经典。[②] 这种思想又在实质上溯源自原始印欧宗教中祭司等神职阶层在社会体系中的地位高于国王的理论特征，该观念在古代印度的相关仪式中体现得尤其明显，因国王被认为只有在祭司的指导下才能有所作为。[③] 而对清朝君主而言，正如努尔哈赤文告中所显示的那样，拥有与天（abka）的护佑相联系的天命远比得到宗教领袖及其教团的加持更为重要，并且在倚靠天命统治中国的基础上，即使以拥有宗教领袖而著称的西藏，仍然如同内地和蒙古那样，终究也只是清朝君主的臣仆（amban aha）而已。

〔作者钟焓，中央民族大学历史文化学院教授。北京　100081〕

（责任编辑：路育松　黄　娟）

---

① 何龄修：《明清职官别称条目的增补问题——读〈中国历代官制大辞典〉商榷（二）》，编委会选编：《纪念王锺翰先生百年诞辰学术文集》，北京：中央民族大学出版社，2013 年，第 31—32 页。

② D. S. Ruegg, "*mchod yon，yon mchod and mchod gnas/ yon gnas*：On the Historiography and Semantics of a Tibetan Religio-social and Religio-political Concept," in E. Steinkellner, ed. , *Tibetan History and Language*：*Studies dedicated to Uray Géza on His Seventieth Birthday*，Wien：Arbeitskreis Für Tibetische und Buddistische Stuolien，1991，pp. 448 –451.

③ 布鲁斯·林肯：《死亡、战争与献祭》，晏可佳译，上海：上海人民出版社，2018 年，第 8 页。

家国之间：晚清皇室财政的逾界与管控[*]

刘增合

摘　要： 清代内务府与户部是否遵守各自的财政界限是觇测"家国关系"的重要窗口。咸丰时期宫内储银因镇压太平天国逐渐空虚。咸同两朝遍地烽烟，战事所及之地财源多半应付辖地军需；粤省因连年战火多次截留粤海关税款，导致解济宫廷实银额数一落千丈。在严惩解款违纪官员的压力下，粤省屡请更改解款制度，未得支持。此后内务府频频借拨部库实银，部府矛盾开始上升。同治中叶以降，因巨额部款被挪借至宫内，极大牵制着对西北战事的军费支持，最终导致部府交讧。光绪朝部府矛盾虽有缓和，但间有不谐。光宣之交，因应立宪改革，皇室财政须与国家财政分离，然而皇室经费的清查遭到太后、内务府大臣的敷衍阻挠。皇室经费预算空前膨胀，可见皇家与国家关系的扭曲。皇室财政逾界管控的跌宕波折，凸显了晚清财政制度运作中的特殊面相，各方博弈过程中，理、势、情三者关系如何权衡，柄国理政怎样顺应时势，确为考验统治者治乱处常的关键。

关键词： 皇室财政　内务府　户部　战时财政　粤海关

"家国关系"是多学科介入讨论的重大问题，值得深入研究。历代帝王以"家天下"理念来监国柄政，从一个特殊角度反映了"家国关系"实态。就晚清皇室财政的研究而言，学人尝从内务府与户部之间的财政关系、内务府与各地海关的财政关系、皇室财政与国家财政的分合等角度展开研究，相关成果在厘清皇

---

　* 本文是国家社科基金重点项目"晚清财政管控的制度演进与治国理财能力研究"（17AZS008）和暨南大学"中央高校基本科研业务费专项资金资助"项目"清代协饷制度与国家财源调配研究"（19JNLH01）的阶段性成果。

室财源构成，揭示部（户部）府（内务府）关系由和谐到抵牾交替出现等方面厥有贡献。[①] 但既往研究过多聚焦于内务府大臣和帝王个人行为，事实上，在帝王调处"家国关系"的链条中，管部大臣、户部尚书、督抚大臣、粤海关监督、苏杭织造也是构成链条的关键环节，尤其是对链条运作产生巨大影响的战时财政窘况更不可弃置，此外，帝王个人胸襟亦有影响。深入一步看，裁评晚清部府财政关系性质，学者易受到国家财政"现代性"思维和进化论衡评尺度的牵制，17世纪后期英国皇室财政与政府财政分开，"公"、"私"分离，被认为是西方财政"现代性"标志；而清代皇室财政与户部管控的国家财政界限模糊，"宫府一体"架构或隐或现，[②] 多被认定缺少"现代性"或"正规化"。[③] 这种依据西方经验

① 关于清代前期皇室财政研究较为丰富深入，如赖惠敏：《乾隆皇帝的荷包》，台北：台湾"中研院"近代史研究所，2014 年；祁美琴：《清代内务府》，北京：中国人民大学出版社，1998 年。晚清皇室财政研究的代表性成果，如李德启：《清季内务府经费问题》，《文献专刊》，国立北平故宫博物院二十周年纪念刊，1935 年；汪茂和、成嘉玲：《清代皇家财政与国家财政关系之研究》，《南开史学》1992 年第 2 期；周育民：《晚清财政与社会变迁》，上海：上海人民出版社，2000 年，第 35、150—151 页；申学锋：《晚清户部与内务府财政关系探微》，《清史研究》2003 年第 3 期；陈勇：《晚清税关与内务府财政关系管窥》，《暨南学报》2013 年第 1 期；滕德永：《清代户部与内务府财政关系探析》，《史学月刊》2014 年第 9 期；滕德永：《清季税关与内务府财政关系探析》，《东北史地》2015 年第 3 期；Jia Feng, *The Emperor's Coffer: The Qing Imperial Fiscal Separation Between Privy Purse and State Treasury (1644 - 1912)*, Doctor of Philosophy in History University of California, Los Angeles, 2017；王鹏：《清季皇室财政清理与制度变革》，硕士学位论文，中山大学历史学系，2018 年。上述研究各有贡献，本文力图在角度、论证和史料方面有大的突破。

② 清初宫府财政界限并不清晰，顺治帝曾发布两道上谕提出防止宦官干政等防弊之策，但未涉及宫府财政分界。其后官员时有力主"宫府一体"的想法。参见王庆云：《石渠余纪》，沈云龙主编：《近代中国史料丛刊》第 8 辑，台北：文海出版社，1967 年，第 231—234 页；关于清初宫府财政模糊不分的问题，可参见刘翠溶：《顺治康熙年间的财政平衡问题》第 4 章第 1 节，台北：嘉新水泥公司文化基金会，1969 年。同治六年底，户部在奏疏中明确说："宫中府中本为一体，自内廷供奉，以迄廉俸、兵饷，各项放款无一非国家应用之财。"参见罗惇衍：《奏为密陈库款支绌情形请力求撙节等事折》，中国第一历史档案馆藏（以下关于录副、朱批等均来自该馆藏，不另注），录副，档号 03—4817—023。宣统时，外出考察宪政官员李家驹明确提出立宪改革要义是"明宫府之分"。参见李家驹：《奏为密陈谋求皇室财政独立维护皇室尊严折》，录副，档号 03—9299—030。

③ 罗丽达：《清初国家财政利益上的宫府之争及赵申乔的遭遇》，《新史学》（台北）第 6 卷第 3 期，1995 年，第 29—60 页。此文从政治"正规化"、"官僚化"角度解读清初财政方面的宫府之争。

的裁评倾向或可能导致误判，甚至诱发史实解读不当的后果。①

户部掌管国家财政，内务府管理皇室财政，清代这一经制之"界"的维系，帝王裁决虽系关键，但亦受制于内外属臣各种行为和财政盈虚嬗替的复杂影响。从晚清内务府"逾界"行为管控角度研究，不但可以深度发覆皇室财政屡屡"逾界"的种种隐情，领略皇家"特殊利益"对国家财政运作利弊兼具的实际情态，更能觇测封建帝王"家天下"理念的真实底蕴，呈现晚清财政管控中未被重视的特殊面相。

一、从济危到自困

"内帑"是清代朝臣疆吏在奏疏公文、个人日记、私人函札中经常使用的一个词语，在京中邸钞、报刊报道中也时时可见。近代以来，多数论著将"内帑"仅仅理解为内务府广储司银库的金银。其实，根据对相关文献的严密搜讨和解读，"内帑"来源并非单指位于紫禁城弘义阁的广储司银库（又称弘义阁内库）储存的金银，它至少还包括紫禁城养心殿内殿银库、紫禁城东华门内路南内阁大堂后面的户部内银库（或称东华门内银库）、紫禁城中和殿西侧内务府造办处银库、内务府内殿广恩库、北京西郊颐和园银库、热河芳园居银库以及直隶遵化州马兰镇筹备库等处储存的部分金银。这些银库的地位、库存金银的数额和用途各有差异，仅少数学者曾有关注。② 大致来说，晚清70余年间，帝王恩拨内帑一般

---

① 冯佳认为，与英国光荣革命后皇室财政与政府财政分开不同，清代这一相似的制度安排没有限制皇权，而是加强了皇权。在"现代性"特征相似的条件下，其制度结构可能存在根本差异，皇室财政与国家财政分开是中国帝制政治结构中矛盾对立统一的反映。参见 Jia Feng, *The Emperor's Coffer: The Qing Imperial Fiscal Separation Between Privy Purse and State Treasury* (1644 – 1912), pp. 283 – 284。

② 较少论著关注到广储司银库之外的内帑存放各库，例如，阚红柳：《圆明园银库：清朝兴衰的晴雨表》，《中国社会科学报》2017 年 4 月 10 日，第 4 版；滕德永：《乾隆朝清宫造办处的经费管理》，《明清论丛》，北京：故宫出版社，2016 年，第 318—326 页；滕德永：《养心殿内殿的设立与功能》，未刊稿。赖惠敏《乾隆皇帝的荷包》对圆明园银库、造办处银库及热河道库曾有讨论。马兰镇筹备库更少为人所关注，该库每年承担向广储司银库供应余银的任务。参见庆锡：《奏为派员解还广储司银两折》（道光二十九年十二月十一日），录副，档号03—3330—063；庆锡：《奏报筹备库一年收发银两数目折》（咸丰元年十一月二十日），录副，档号03—4434—022；庆锡：《呈筹备库一年收发银数清单》（咸丰元年十一月二十日），录副，档号03—4434—023；等等。

来自紫禁城内的广储司银库、户部内银库和养心殿内殿银库，在帝王和枢臣看来，三者均系"内帑"。

清朝开国以来，通常情况下，军饷动支一般通过位于户部衙署内的户部外银库和各省藩司银库、关库和运库等存银解送。① 道光末季，部库（此专指户部外银库，下同）窘绌，库银亏空巨大，② 管部大臣迭次密奏财政困绌局面，③ 道光二十九年（1849）夏季爆发江浙皖鄂诸省洪灾后，部库更难以应付巨额赈济银款，道光帝不得不下决心颁内帑济灾，数额达到 100 万两。④ 这批内帑即是自弘义阁广储司银库装箱外解。一年多后，太平天国运动爆发，刚刚即位的咸丰帝又不断动拨内帑银济急，或直解前线充饷，或拨济部库放饷，开启了内帑频繁拨济国家急用的"特殊时代"。

咸丰元年（1851）春季，清军围困永安太平军，咸丰帝决心尽快解决桂省战事，为激励前线将士，慷慨拨济内帑 100 万两解赴广西战区，其中纹银 2 万两、楚镙银 88 万两、松江银 10 万两，此项内帑即拨自弘义阁广储司银库，⑤ 在工部积极备箱后，两日内才装运完毕。⑥ 经过这两次时间相近的内帑外拨，内务府广储司银库储银急剧减少。⑦ 因战火蔓延，解京白银越来越少之后，该库存银仅勉

① 户部外银库围墙东面临街，西面在户部衙门以内，南面界连礼部，后墙北面临街，北面围墙外有明沟一道。参见富俊、穆彰阿：《奏为查复银库墙外建房应行拆毁折》（道光十二年六月十六日），录副，档号 03—2822—053。
② 参见韩祥：《1843 年户部银库亏空案及其影响》，《史学月刊》2012 年第 6 期。
③ 潘世恩：《奏为密陈部库情形请饬直省大吏统筹全局以实京饷折》（道光二十八年二月二十三日），录副，档号 03—9988—055。
④ 翁心存著，张剑整理：《翁心存日记》，北京：中华书局，2011 年，第 733 页。
⑤ 《内务府奏遵旨动拨内帑银两给发广西军需折》（咸丰元年四月初二日），故宫博物院明清档案部编：《清代档案史料丛编》第 1 辑，北京：中华书局，1978 年，第 1 页；《谕内阁著再由内务府给发帑银一百万两作速解赴广西备用》（咸丰元年三月二十五日），中国第一历史档案馆编：《清政府镇压太平天国档案史料》第 1 册，北京：社会科学文献出版社，1992 年，第 342 页。
⑥ 王庆云：《王文勤公日记》，扬州：江苏广陵古籍刻印社，1998 年，第 661 页。
⑦ 据总管内务府大臣奏称，道光十八年至咸丰元年四月，内务府库存拨往户部及河工、军营等处实银已经累积有八百万两之多。参见《内务府奏内廷进项万分艰窘请饬户部通筹接济折》（咸丰八年七月二十三日），故宫博物院明清档案部编：《清代档案史料丛编》第 1 辑，第 64—66 页。

强维系皇室一般性开支需求。当然，户部发放文武官员俸饷严重不支时刻，该库仍有拼力接济户部急需的行动。

咸丰二年至三年夏季，户部银库在不断解送广西战区巨额军费后，因春拨册、秋拨册俱空，酌拨难以维系，咸丰帝在迭次召见户部官员垂询部库的应付能力时，深切感受到国家银库存量堪虞。咸丰二年二月二十一日，咸丰帝召见侍郎王庆云，问答如下：

> 问：今日经费支绌，如何是好？
>
> 答：臣之愚见，今日总须多铸钱。官不能造银，故银币贵贱之权操自下，然官能铸钱，故钱法流通之权操自上。惟多铸之法，近日条陈者颇多，其中计算工料，委曲繁重，不得不仔细推详，未敢轻易议覆。大抵须多筹铜斤，拟请将大内无用铜器发出交局。并奏云，今日鼓铸事极紧要，臣不得不冒昧陈奏，因免冠碰头。
>
> 谕云：内里只是零碎铜器，恐无济于事。
>
> 答：此不过树之风声，以为之倡，非敢专恃此铜以供局铸也。
>
> 问：各省上忙钱粮？
>
> 答：上忙例于本年二月开征，现在各省所报春拨，乃上年下忙截数，例应于二月二十日以前报部。现在册尚未齐，恐亦无多……①

咸丰二年八月初三日，咸丰帝与王庆云对话如下：

> 问：库储若干？
>
> 奏：截至正月底止，约存一百六十余万者，约计九月仅存二十万。
>
> 问：九月不敷？
>
> 奏：部中尚有奏拨未到者，现在赶紧飞咨。闻陕西已解到十余万，现尚未收。
>
> 问：应动内库否？

---

① 王庆云：《王文勤公日记》，第 1395—1396 页。

奏：上年尝借内库二百万两，原拟捐项内补还，无如头卯自上年十一月至本年四月，收捐百十一万余两，已随手动用。现在二卯又将截止，所递捐呈，止有二十万，眼见无甚裨益，前项不能归补，臣等昼夜不安。内库是不可轻易动底。

谕：看不得内库尚有许多，若再三动用，便已无余。

答：是。

问：若今年秋冬军需告竣，库中支放尚无妨否？

奏：总要军务早竣，方有方法。若军务未竣，拨饷无所底止，实难为继。查每年放款，以六、八月、腊月为最巨，如无军需，及早安排，其余每月五六十万，随到随收随放，尚不至失之太远。实在军事早完，最是要紧。①

面见咸丰帝后，王庆云明显看出其对军费供支能力的担忧，"是日，上每问及度支，似微有太息者，惜为时太暂，尚未能极论之"。② 咸丰帝与王庆云围绕部库存储实银的对话尚有多次，体现出国家财政困局的凶险可惧。左副都御使文瑞于咸丰三年二月密奏皇帝，更揭示了这种"令人惊心"的窘困程度："闻户部上年所放正项之银约三千一百万两，而所入仅二千五百万两，所亏已至六百万两之多。""盖天下财赋东南为重，顷者金陵失守，安徽、两湖等处又皆蹂躏无余，岂能复为征税！计今年少入又不下千万，较之上年短收六百万者，又短少如此之多，而出项则仍如前也。然则此一千六百余万亏短之银，将安措手耶？思之实可惊心。"③ "惊心"之余，部臣也缺少应变能力，各类筹饷举措因环境所限罕见显效，频邀内帑求援应急便是一个迫不得已的办法。

咸丰三年八月下旬，广储司银库再次慷慨支持户部。户部存银只有 4 万余两，而九月俸饷支放至少需要 58 万两，部臣奏请从内务府掌控的火器营捐输项下借拨 10 万，请求咸丰帝无论何款先赏拨银三四十万两。总管内务府大臣裕诚

---

① 王庆云：《王文勤公日记》，第 1159—1160 页。

② 王庆云：《王文勤公日记》，第 1159—1160 页。

③ 《文瑞奏陈财用将竭亟宜思患预筹折》（咸丰三年二月二十九日），中国第一历史档案馆编：《清政府镇压太平天国档案史料》第 5 册，北京：社会科学文献出版社，1992 年，第 417—418 页。

表态：广储司银库暂存火器营捐输银 14.6 万余两，如拨给户部 10 万两，仅剩 4.6 万余两，拟请拨给 10 万两。至内务府广储司九月份应发月饷 2 万余两，仅存银 1 万余两，造办处现存银 2.9 万余两，圆明园银库目前存银 2000 余两，这些不能再拨给户部。[①] 至咸丰三年底，广储司银库仅余银 1500 余两，[②] 因库银依旧出多入少，11 个月后该库存银更降至 1300 两。[③] 承平年代，内务府每年在皇室供应、紫禁城官兵俸饷、军机处经费、造办处各类工程活计等，至少需费数十万两至 100 万两，区区 1300 余两的库存，何以应急？内务府广储司银库在承担上述两次济急外拨后，尚有遵旨配合熔解弘义阁三座金钟、另铸金条的举动以及收集内廷铜器用于户部铸币活动。[④] 弘义阁内库的三座金钟均系乾隆五十五年（1790）铸造，重量分别是 810 斤、750 斤、620 斤。[⑤] 熔解以后，三座金钟分别被铸造成 5 两、10 两、15 两重金条，共 8503 块，总重 27030 两。[⑥] 这部分金条如果按照户部确定的金银折价之比 1:15，[⑦] 大约合白银 405450 两。咸丰帝实际上极不情愿动用这笔祖宗留下来的财富，除非万不得已的紧急需求情况出现。[⑧]

太平天国事起，户部放饷频频遇到措手不及的紧急情形，数次迫不得已邀拨

---

① 裕诚：《奏为遵议拨款办法内府存银无多请饬户部另行筹款折》（咸丰三年八月二十六日），录副，档号 03—9507—020。

② 《呈咸丰二年内务府用过银两并现存数目清单》，录副，档号 03—4445—075。

③ 裕诚：《奏请筹拨粮折价银接济广储司急用折》（咸丰四年十月二十九日），录副，档号 03—4447—017。

④ 《内务府奏查明库存金钟分量及抄产变价银无存折》（咸丰三年四月初十日）、《户部奏请将内廷积存铜器发交钱局以资鼓铸折》（咸丰三年五月十三日）、《内务府奏遵查内廷积存铜器情形折（附清单）》（咸丰三年七月二十二日），故宫博物院明清档案部编：《清代档案史料丛编》第 1 辑，第 5—6、7—8、13—14 页。

⑤ 翁心存著，张剑整理：《翁心存日记》，第 969 页。

⑥ 《奕䜣等奏陆续交进金钟熔成之金条数量折（附清单）》（咸丰三年十一月初三日），故宫博物院明清档案部编：《清代档案史料丛编》第 1 辑，第 26—27 页；周育民：《晚清财政与社会变迁》，上海：上海人民出版社，2000 年，第 150 页。

⑦ 户部：《奏请以内务府现存金条折合银两分发顺天粮台等军饷折》（咸丰四年二月二十五日），录副，档号 03—9508—030。

⑧ 内务府于咸丰七年曾奏请动支这笔 2 万余两的金条，咸丰帝批谕："现存金条实无别项应用，惟全数俱发后，难为整□，著再向户部设法借支银两，俾此项金条不致全用，以为将来济急之需。"裕诚：《奏为户部借款不敷支发设法另筹以济内廷急需折》（咸丰七年十二月初二日），录副，档号 03—9518—062。

内帑。当熔铸金条的工作尚在进行时，户部已经瞄准了这笔财富。咸丰三年七月中旬，部库存银实在无法应付京师放饷需求，管部大臣祁寯藻提出的应急措施中，即包括了变卖紫禁城内殿储存金条折银搭放的计划。① 真正请拨这笔金条是在咸丰四年二月下旬，因顺天粮台和胜保粮台急需接济，户部奏请动支这笔金条，谕旨允准从位于乾清宫西北侧弘德殿藏储的金条中拨出 2000 两，两个粮台各支给 1000 两黄金搭放。②

广储司银库至此已几近告罄，位于紫禁城东华门内路南的户部内库存银同样成为拨解内帑济急的重要来源。根据管理户部大臣翁心存记载，该库位于紫禁城内阁大库之后，"北向，凡十楹，中隔以板壁，东为东库，西为西库"，③ 嘉庆二十四年时，西库分作 22 桶贮存实银，东库当时尚未存银。④ 道光十八年时，这个东华门内库分作 10 间，储银 1000 万两；⑤ 道光三十年时，该库尚存银 800 万两。⑥ 关于这笔白银的来源，有关文献记载较少。乾隆中期，户部外银库曾拨元宝银 1000 万两至东华门内库，存银一度达到 4000 万两；⑦ 同治四年（1865）四月十七日总管内务府大臣瑞常等人的奏折中透露，此库白银来源系道咸之前，内务府收入银两的盈余部分奏明圣上，拨交内库，内务府各类收入"除支发外，历年积

① 《咸丰三年七月十六日大学士管理户部事务祁寯藻等奏》，《题本·中央财政》第 1 册，中国社会科学院经济研究所藏抄档，第 74—77 页；祁寯藻：《呈筹议各条清单》（咸丰三年七月十六日），录副，档号 03—9506—074；等等。

② 户部：《奏请以内务府现存金条折合银两分发顺天粮台等军饷折》（咸丰四年二月二十五日），录副，档号 03—9508—030。

③ 翁心存著，张剑整理：《翁心存日记》，第 1026 页。

④ 盛唐：《奏请各省解到饷鞘径解内库折》（嘉庆二十四年四月二十三日），录副，档号 03—1828—047。

⑤ 奕经、奕颢：《奏为修理内银库现届兴工酌拟保护储银木桶并请加添官兵以资保护折》（道光十八年二月十四日），录副，档号 03—2983—008；长龄、奕经：《奏为复查东华门内银库损坏情形折》（道光十七年六月十六日），录副，档号 03—3306—053。

⑥ 翁心存著，张剑整理：《翁心存日记》，第 1026 页。

⑦ 乾隆三十五年六月十六日大学士管理工部事务陈宏谋奏称："先准管理户部三库事务衙门文开：据银库郎中……呈称，查内库原设木桶三十六座，共贮银三千万两，此外尚有余地，请将外库库存银四千六百五十二万四千九百余两内拨元宝银一千万两，运入内库，添设木桶十二座，同前存元宝，共四千万两，永远封贮。"张伟仁主编：《明清档案》第 209 册，台北：联经出版事业公司，1990 年，总第 116825 页。此信息系由四川大学古籍整理研究所廖文辉提供，谨致谢忱。

有盈余，若为数甚巨，曾经奏明拨交户部内库，另款封存"。① 东华门内库尽管名义上是户部内银库，但动支规制极严，历任皇帝视之为内帑，并不轻易外拨。紫禁城广储司银库几近告罄后，该库存银承担起帝王"恩拨内帑，济急赈灾"的重任。

咸丰元年十月下旬，清军围困永安太平军的关键时刻，督战钦差大臣赛尚阿奏请拨给前线 200 万两。② 如何完成这份拨案确实令部臣头痛，部库白银存储严重不足，外省指拨也仅仅凑成 100 万两，于是，咸丰帝降旨：拨东华门内库 100 万两，连户部酌拨外省藩库银、关库银两在内，凑成 200 万两解赴广西前线。部臣鉴于京畿放饷的紧急需要，又马上奏请圣上从该内库再拨 100 万用于户部支放俸饷。一转眼间，咸丰帝已经允准从内库动支了 200 万两，雍正帝在位时期的存银也贡献出来。③ 巨额军饷源源不断解往广西，而战局遥遥无期，咸丰帝开始怀疑前线虚费奢靡："军饷又发去内库银一百万两，另由户部拨解一百万两，谅可源源接济。惟据称军营每月需银七十余万两，值此国用支绌之时，倘再耽延，何以为继？"④ 前线何以虚糜军饷暂且不论，令人振奋的战绩却迟迟没有出现。咸丰二年春季，太平军胜利突破永安重围，清廷震惊，随后部拨前线的饷银解款方案也开始出现虚实兼具的情况，广西巡抚邹鸣鹤批评户部饷银拨案虚悬不实，又不得不紧急奏请恩拨内帑 150 万两，⑤ 在咸丰帝"圣心焦劳"背景下，管部大臣祁寯藻拒绝了这一不合时宜的请求。⑥

东华门内库虽有存银，但咸丰帝动支决断十分谨慎，⑦ 春季拒绝了邹鸣鹤

① 瑞常等：《奏为妥议内廷需用银两进款长策章程折》（同治四年四月十七日），录副，档号 03—4939—027。
② 《赛尚阿等奏请迅饬部再筹银二百万两赶解广西折》（咸丰元年十月初三日），中国第一历史档案馆编：《清政府镇压太平天国档案史料》第 2 册，北京：光明日报出版社，1990 年，第 444—445 页。
③ 王庆云：《王文勤公日记》，第 884—886、901、1159—1160 页。
④ 《文宗实录》卷 47，咸丰元年十一月癸丑，《清实录》第 40 册，北京：中华书局，1986 年，第 637 页。
⑤ 《邹鸣鹤奏报部拨军饷未到请拨内帑银一百五十万两片》（咸丰二年三月初七日），中国第一历史档案馆编：《清政府镇压太平天国档案史料》第 3 册，北京：社会科学文献出版社，1992 年，第 75 页。
⑥ 王庆云：《王文勤公日记》，第 1016—1017 页。
⑦ 王庆云：《王文勤公日记》，第 1160 页。

150 万两内帑的要求后，直到十二月初，户部奏请外拨内帑，始得到帝旨允准外拨 40 万两，十二月五日至七日，钦派总管内务府大臣裕诚、管理户部大臣祁寯藻等四位高官轮流监放，工部虞衡司备好木箱，3000 两一箱，共计使用 134 箱，三日后才放竣。①

进入咸丰三年后，户部外库存银更形窘绌，酌拨难以为继，奏请动拨东华门内库的次数越来越多。四月份，帝旨允准动拨 90 万两，② 五月份户部库储约计 25 万两，③ 文武俸饷无法支放，又有再次奏请借拨内库款项的想法。④ 七月下旬，部库存款仅能满足京畿文武官员、旗营官兵放饷需银的三分之一，而弘义阁广储司金条铸造较少，改革钞法缓不济急，迫不得已之下，户部又奏请动拨内帑 50 万两济急。⑤ 八月下旬，部库存银仅有 4 万余两，而九月支放俸饷则需要近 60 万两，该部无奈之下，只得具奏讨赏内帑："臣等筹划无策，屡荷天恩赏发内帑以济急需，钦感惭悚，莫能名状，此时何敢再有渎陈？惟值万分棘手之际，势既不能停支数，又不能减折，惟有仍恳皇上格外恩施，移缓就急，无论何款内赏拨银三四十万两，以供支发。"⑥ 部库捉襟见肘，再三奏拨东华门内库款项，至咸丰五年春季，该库白银存储由道光末期的 800 万两急剧降至 120 余万两，西库已经空置，唯有东库三个桶装有元宝银，"今惟第一桶存八十万，三号桶四十万，五号桶五千二百五十两而已，余皆空桶，可为浩叹"。⑦ 国库空虚到了"为期月之计"的地步："时事艰虞，了无头绪，上月甫过，下月又未必有一措手不及时候，虽不能远虑，亦须为期月之计，奈何！秋拨已空，补苴无术，一面撙节，一面搜

① 王庆云透露，本次邀拨内帑，计划于十一月底自内库外拨，但格于司员和库中繁文缛节，没有成功。参见王庆云：《王文勤公日记》，第 1289 页。
② 翁心存著，张剑整理：《翁心存日记》，第 967 页；王庆云：《王文勤公日记》，第 1429 页。
③ 翁心存著，张剑整理：《翁心存日记》，第 1026 页。
④ 王庆云：《王文勤公日记》，第 1437 页。
⑤ 祁寯藻：《奏请推广钞法暂发内帑以济急需折》（咸丰三年七月二十一日），录副，档号 03—9506—080；《咸丰三年七月二十一日朱批咸丰三年七月二十一日大学士管理户部事务臣祁寯藻等奏》，《题本·中央财政》第 1 册，中国社会科学院经济研究所藏抄档，第 78—79 页。
⑥ 户部：《奏为通盘筹划入不敷出请从内库拨银以供支发折》（咸丰三年），录副，档号 03—9507—018。
⑦ 翁心存著，张剑整理：《翁心存日记》，第 1026—1027 页。

罗，年内或不至多动内帑（节省一万，则内帑多留一万）。"① 咸丰十年九月，英法联军入侵，急需筹措 100 万两应急，谕令户部暂从内库动支 60 万两。② 此后奏请动支户部内库次数极少，同治元年冬季，管理户部大臣倭仁因部库无法周转，又有奏请赏拨内库 30 万两的请求。③

广储司银库和东华门内库屡屡外放过程中，尚有一个内帑存量较多的宫廷内库比较特殊和隐秘，它就是位于内廷中枢位置的养心殿内殿库，该库一般不轻易支放外款。从靠近帝王空间距离上看，这个"内殿库"存储的黄金白银应该被视为帝王的"私房钱"。④ 该库不由内务府广储司司员掌管，而是敕令内廷太监和专门郎中负责管理。⑤ 从咸丰十一年总管内务府大臣宝鋆等奉命查库的档册数量看，这个特殊宝库的规模应该比较大，查库备用的册籍数量方面，"黄绸面空白大册六十九本，黄高丽纸面空白大册二十七本，黄纸面空白册二百九十本"，⑥ 如此多的册籍所登记的物品，绝非狭小库房可以容纳。

咸丰初年的养心殿内殿库白银存储量至今是一个谜，咸丰三年二月二十九日，副都御使文瑞密奏透露，此时广储司银库"南库久已告罄，北库所存不过十余万"，"内帑所存数百万"，已经动用 50 万两。⑦ 这里所说的动支数额，指的是

① 王庆云：《王文勤公日记》，第 1542—1543 页。

② 户部：《奏请饬催山东山西河南各巡抚迅速照数解京归还内库原款折》（咸丰十年），录副，档号 03—4454—166。

③ 倭仁：《奏请暂拨内库银两以应预放兵饷折》（同治元年十二月初六日），录副，档号 03—4925—062。至同治八年时，东华门内银库存银上升至 110 余万。参见奕譞：《奏为遵旨会同盘查东华门内银库亏短情形折》（同治八年二月初六日），录副，档号 03—4931—005。

④ 清代帝王视为内帑的库存金银，揆诸各类文献，尚有内殿广恩库，出租地租收入和长芦盐税定期解入该库存放。另外，乾清宫西北角的弘德殿也存放帝王自己掌控的黄金白银。

⑤ 《乾隆二十三年十二月初三日总管内务府奏请重新额定养心殿员缺折》，中国第一历史档案馆、故宫博物院合编：《清宫内务府奏销档》（以下简称《奏销档》），北京：故宫出版社，2014 年，第 244 册，第 52 页。参见滕德永：《养心殿内殿的设立与功能》，未刊稿。

⑥ 《咸丰十一年三月二十一日总管内务府大臣宝鋆奏为内殿黄册缮办完竣事折》，中国第一历史档案馆、故宫博物院合编：《奏销档》，参见滕德永：《养心殿内殿的设立与功能》，未刊稿。

⑦ 《文瑞奏陈财用将竭亟宜思患预筹折》（咸丰三年二月二十九日），中国第一历史档案馆编：《清政府镇压太平天国档案史料》第 5 册，第 417—418 页。

管理户部大臣祁寯藻刚刚于二月十五日因急需发放文四品、武三品以下俸银，奏请咸丰帝颁发内帑银 50 万两，咸丰帝实际上恩拨内殿库内帑 56 万两，以济户部之急。① 六个月后，因部臣奏请颁发内帑，内廷侍卫大臣载垣、总管内务府大臣裕诚、基溥等遵旨又从内殿拨出内帑银 13 万两，逐袋加封，暂存广储司银库，于八月三十日，解交户部银库。② 九月十四日，因山东、河南、直隶赈灾急需，帝旨令拨内殿银 10 万两、宝钞 2.5 万串，分别解赴上述三省济用，其中山东所得较多。③ 内殿库存银偶尔也为内务府济急。咸丰三年十月下旬，总管内务府大臣奏请赏拨内帑应对急需，"当此经费日绌之时，臣等何敢遽行奏请内帑，惟库款一时无可接济，不得不冒昧直陈"，咸丰帝极不情愿，但也无可奈何，被迫允准，"此时需用甚迫，不得不勉从所请，着发出银十万两"，上谕最后叮嘱府臣："以后勿得再请"。④

　　至咸丰三年底，皇室财政已沦为竭蹶自困状态。年轻气盛的咸丰帝初登帝位，在备感国库困乏之际，屡作"毁家纾难"之举，显示出二十余岁初任帝王时的胸怀和气襟。但自此以后，咸丰帝、总管内务府大臣、管理户部大臣、户部尚书、外省督抚、两淮长芦盐政、苏州织造、粤海关监督等，围绕广储司银库指定的税款和地租解送，羽檄交驰，总管内务府大臣虽频频督催，各地解款却罕见转机，最大根因即在战时财政状态下，战区军饷耗费几乎独占国省财政需求，宫内需求与战区利益实难妥善兼顾，其中的杯葛纠结不堪缕述。

二、顾己与奉上：战区财源"解留两难"

　　一般而言，皇室财政收入基本上来源于八个方面，即皇庄粮租、人参皮货折价、皇商经营所得、关税盈余、官吏议罚、各国贡物、放款利息和官员

---

① 《咸丰三年七月二十一日朱批咸丰三年七月二十一日大学士管理户部事务臣祁寯藻等奏》，《题本·中央财政》第 1 册，中国社会科学院经济研究所藏抄档，第 78—79 页；翁心存著，张剑整理：《翁心存日记》，第 953 页。

② 《载垣等奏已将内殿拨出银两解交户部折》（咸丰三年九月初一日），故宫博物院明清档案部编：《清代档案史料丛编》第 1 辑，第 20 页。

③ 翁心存著，张剑整理：《翁心存日记》，第 1061 页。

④ 参见张德泽：《太平天国革命运动对清廷财政的打击——清内务府"奏销档"之反映》，《历史教学》1964 年第 5 期。

进献。① 这八个方面是根据会典类文献所作的界定。② 实际上，部分学者在关注皇室经费来源时发现，来自户部指拨各省关的经费已占据大半，且就整体而言，皇室财政主要依靠外府接济，并呈现不断增长的趋势。如周育民、汤象龙已指出，鸦片战争前，户部拨入内务府的常年经费在 110 万两以上。皇室重大庆典如皇帝大婚、旬寿等耗费还须外府特别补助。③ 时至晚清，据总管内务府大臣的奏报，广储司银库存银的主要来源还是来自户部指拨的关税和盐税类财源收入解款，瑞常等内务府高官概述了这些财源的具体数额："臣衙门广储司应放各处，备办内廷一切要差，向年原恃两江应交各款银三十余万两、长芦各款银十二万余两、山东各款银三万余两、参斤变价银二十余万两、粤海关银三十万两、并各司处庄园钱粮银两，统共一年进银一百余万两，一年应发款项八九十万至一百余万两不等。"④

其实，瑞常等所说的银款数只是承平年代理想状态下的入款来源，若置身战争年代，战事蔓延至富裕的华南、江南和盐业较为发达的华北等地后，关税、盐税的征收均备受战争牵制，国家财政被迫转入战时，前线军费几乎独占了国家财政的支出，远在京城的皇宫即使羽檄交驰催解也无济于事。战区督抚、盐政、内务府织造和海关监督等，无不处于"顾己"与"奉上"的两难中：是优先顾及本地区作战部队的军费需求，还是优先把银款解赴北京、顾及皇上的急需，的确难以兼顾。总管内务府大臣瑞常等人所说的两江淮盐、长芦盐税、山东盐税、各关参斤变价等收益，随着太平军迅速北上，横扫湘、鄂、赣、皖，大举进军江浙，攻占南京周边富庶城区，并派军北伐和西征，这类赋税收益遭遇断崖式下降。南方关税和盐款的宫内解款，长时段内难以指望，"两淮、粤海及各关欠交

---

① 参见祁美琴：《清代内务府》第 5 章"清代内务府的经费来源"；汪茂和、成嘉玲：《清代皇家财政收入之研究》，《南开史学》1991 年第 2 期。

② 如乾隆《大清会典则例》卷 159《内务府·广储司》等。

③ 周育民：《晚清财政与社会变迁》，第 35 页；汤象龙：《鸦片战争前夕中国的财政制度》，《财经科学》1957 年第 1 期，第 62—63 页。汤文"保守推测"，鸦片战争前皇室经费每年支出在 200 万两左右。揆诸各类直接文献，或有严重夸大的成分。此处不作详论。

④ 瑞常等：《奏为妥议内廷需用银两进款长策章程折》（同治四年四月十七日），录副，档号 03—4939—027。

银两，恐一时催解不及"，① 而山东、长芦盐业税款盈余以及参斤变价，受太平军北伐影响，此类收益也急剧下降，长芦盐税收入更受打击，"兵灾、水灾，灾黎充斥，州县不敢包额，仍多观望，悬岸产生，引愈积滞，招商愈难"。②

上述皇室财政的几个收入来源，因战区先后变换、各战区战事规模和时间长短各有差异，所受到的影响也有差别。比较而言，咸丰帝对江南军费需求较为眷顾，对因战区蔓延导致短解广储司白银的窘困变局相对宽容；直、鲁两省沦为战区（太平军北伐、捻军扩张、英法联军入侵等）后，府臣虽时时督催解款，帝旨也有企求，但对两省解款竭蹶不振现状确实无可奈何；唯有针对粤海关负责筹解的 30 万两"例款"，咸丰帝和府臣期望甚殷，督责极严。面对粤海关向来解部款项最多、户部获益最大的现实，③ 咸丰三年十月，咸丰帝支持内务府请求，甚至下了"严谕"：户部无论何项要需，均不得指拨此款！④ 围绕这笔数额最大、向来极少拖欠的"稳定财源"，帝王、府臣、部臣与粤省督抚、粤海关监督之间，上演了一幕幕苛求与截留交替进行的大戏。此处试将三个区域的解款情形作详略不同的讨论，以觇测帝王和诸臣关于"家国关系"在情、势、理之间衡量裁酌的复杂情态。

首先是两淮盐课银款。据总管内务府大臣柏葰等人咸丰元年夏季的统计，道光中期以前，两淮拖欠广储司银库税款高达 330 余万两，鸦片战争结束后的数年内，又新生欠款 173 万余两，两江总督陆建瀛于道光三十年虽解内务府银款 37 万余两，但新旧拖欠仍达 184 万余两。⑤ 咸丰三年至同治四年，随着长江中下游

① 裕诚：《奏请敕山东解交各款银两折》（咸丰五年正月十六日），朱批，档号 04—01—35—0820—021。
② 祁寯藻：《奏报遵旨查议长芦盐政请将原停引目推展年限折》（咸丰四年正月二十日），朱批，档号 04—01—35—0519—007。
③ 陈国栋：《清代前期粤海关的利益分配（一六八四——一八四二）——粤海关监督的角色与功能》，《食货月刊》第 12 卷第 1 期，1982 年，第 25 页；另见陈国栋：《清代前期粤海关的税务行政（一六八三——一八四二）》，《食货月刊》第 11 卷第 10 期，1982 年，第 46 页。
④ 瑞麟等：《奏请饬催粤海关遵照奏定章程按季筹解应交银两折》（咸丰十年四月十五日），录副，档号 03—4383—014。
⑤ 柏葰等：《奏请饬催两江总督速解两淮积欠各款银两折》（咸丰元年闰八月二十五日），录副，档号 03—4385—044。

地区被太平军攻占，淮南、淮北盐课收入基本被用在战区军费上，尽管年度奏报数据不完整，但仍有必要根据各方奏报，以简表形式概略呈现军费独占战区省份税收的情形（见表1）。

表1　咸同年间两淮盐课拨解军需简表

责任者	征税科目类别	征收税额	用途去向和数量	文献来源
两江总督、管理两淮盐政怡良	咸丰三年淮北盐课	28.3万两	扬州军需，筹办保卫局经费，垫发商捐，仪征、扬州两处防堵，共计25.8万两	《奏报查明上年两淮运库收支淮北课银数目事》（咸丰四年六月初四日），中国第一历史档案馆、扬州市档案馆编：《清宫扬州御档》，扬州：广陵书社，2010年，第17册，第11780—11782页
两江总督、管理两淮盐政怡良	两淮就场征课	2.2万两	解赴扬州大营应用，2.2万两	《奏报两淮就场征课数目事》（咸丰四年十月初八日），同上书，第11816页
两江总督、管理两淮盐政怡良	两淮就场征课	1.1万两	解赴扬州大营应用，1.1万两	《奏报两淮就场征课数目事》（咸丰四年十二月初七日），同上书，第11824页
两江总督、管理两淮盐政怡良	两淮就场征课	咸丰三年十一月十八日至四年十二月三十日，共计10.8万两	解江北大营军需银10.39万余两	《奏报两淮就场征课一年届满统计运销出纳数目事》（咸丰五年正月二十三日），同上书，第11837—11838页
两江总督、管理两淮盐政何桂清	咸丰八年上半年淮南征课	14.5万两	支放江北大营粮台7万两，支放江南大营粮台4.2万两	《奏报查明咸丰八年上半年淮南征课数目事》（咸丰八年八月初九日），同上书，第11987页
内务府大臣	咸丰九年十一月十三日内务府奏：据两江总督复称：试办就场征课，征获课银，尽数奉拨兵饷……所欠内务府利息、参价两项，统俟江路肃清，开办新纲，再行通盘筹办			参见张德泽：《太平天国革命运动对清廷财政的打击——清内务府"奏销档"之反映》
钦差大臣两江总督管理两淮盐政曾国藩	淮南征课	税课银13.6万余两，外江盐厘银11.7万余两，内河盐厘钱13.6万千文	税款全部支销江、皖军需水陆营饷和盐属养廉	《奏报查明同治元年下半年淮南征课数目事》（同治二年六月十二日），中国第一历史档案馆、扬州市档案馆编：《清宫扬州御档》，第17册，第12170—12171页
钦差大臣两江总督管理两淮盐政曾国藩	淮北盐课	淮北盐课税收分作十成，临淮军营分四成，滁州李营分四成，安徽抚营分二成，所有淮盐课税全部用于军费，暂难顾及京饷		《奏报遵旨截停淮北饷盐设法整理以复票盐旧制事》（同治三年八月二十七日），同上书，第12186—12190页

内务府下属江南三织造之一的苏州织造，兼管浒墅关征税，按例需要定期拨解浒墅关征税盈余、办公余银等，派员解给广储司银库。[1] 战火蔓延到江南后，这一定制的运作全部被打乱，来自咸丰朝该地历任织造的奏报记录显示，这笔内务府曾经稳定可期的盈余收益，全部被江南、江北大营军需优先征用，兹以简表呈现如下（见表 2）。

表 2　咸丰年间苏州织造兼管浒墅关税拨济军需简表

责任者	奏报内容	文献来源
文勋	存有咸丰元年至三年共计 1 万余两，暂凑拨军饷，一俟关税征有成数，即应搭解内务府、户部	《奏报应解内务府款项俟关税征有成数即搭解交纳折》（咸丰四年十月二十五日），朱批，档号 04—01—35—0965—030
文勋	历久积闰所欠未解之款，咸丰元年七月至三年六月共银 1 万余两，凑拨军饷	《奏为历久积闰所余未解款暂凑拨军饷一俟征有成数即分别搭解内务府户部交纳清款折》（咸丰四年十一月十三日），录副，档号 03—4377—045
德毓	应交给内务府办差余存等款 4 万余两，今江省军务吃紧，浒墅关税经钦差大臣向荣暨督抚奏明充饷，不能不先其所急，暂将应解内务府之项银数济解	《奏为应交内务府银两分别解交军营及内务府折》（咸丰五年九月十八日），录副，档号 03—4512—015
文熊	江省需饷孔亟，浒墅关税被征调军营。咸丰三、四、五等年分应交银款历经奏明凑拨军饷	《奏为军务吃紧需饷甚急应交内务府银库银两请俟军务稍定征有成数陆续搭解交纳折》（咸丰六年八月初七日），录副，档号 03—4379—064
毓祺	藩库款项先顾及军需，织造衙门所得较少，不能解交内务府	《奏为欠解内务府等处款项请俟军务稍定征税稍有成数陆续搭解清款折》（咸丰七年七月十九日），录副，档号 03—4380—042
文煃	藩库所拨无多，浒墅关征收没有起色，例拨内务府之款无法起解	《奏为应解内务府节减养廉等项银两请俟军务稍定关税能有多征再陆续搭解折》（咸丰九年十一月初三日），录副，档号 03—4382—037

两江总督和苏州织造有关顾及军饷、难以解款给内务府的奏报，咸丰帝并未觉得不妥，咸丰五年正月，他还六百里加急寄谕两江总督怡良、江南河道总督杨以增、安徽巡抚福济，令将淮北盐课每次解银 2 万两给安徽庐州大营，解银 1 万两给扬州江北军营。[2] 针对苏州织造的历次奏报，他的批谕一般是"知道了"、

---

[1]　何本方：《清代的榷关与内务府》，《故宫博物院院刊》1985 年第 2 期。

[2]　《晓谕淮北盐课迅速拨解安徽、扬州等处军营事》，中国第一历史档案馆、扬州市档案馆编：《清宫扬州御档》，第 17 册，第 11837 页。

"该衙门知道"，并无过多的责怪之意。①

其次是直、鲁两省关于内务府的解款。直隶长芦各类盐课银按例每年应解内务府广储司 14 万余两，② 道光二十八年至咸丰八年，内务府大臣统计该项拖欠款额达到近 80 万两，至同治三年四月更积欠至 100 余万两；③ 山东例解 3 万余两，至咸丰五年已拖欠内务府高达 126 万余两。④ 受大规模战争影响，两省负责筹解内务府的经费数额虽不像两淮盐课那样分文不解，但实际解额微不足道。有关奏报虽不甚完整，但仍揭示出直鲁两省接济内务府银款竭蹶不振的实情，兹以简表列示如下（见表 3）。

表 3　咸丰年间直鲁两省筹解内务府银款简况表

责任者	奏报内容	文献来源
山东巡抚张亮基	咸丰二年解内务府参价银 1000 两	《奏报山东临清关委员管解咸丰二年参价银两解交内务府并起程日期折》（咸丰三年十二月初八日），录副，档号 03—4395—019
山东巡抚张亮基	解内务府 2000 余两	《奏报搭解盐当规礼等面交委员起解内务府总收折》（咸丰三年十二月二十三日），录副，档号 03—4386—053
山东巡抚崇恩	各类款项计 7000 余两解赴内务府	《奏报委员管解山东运库应解银两赴内务府兑收及起程日期折》（咸丰五年十二月十七日），录副，档号 03—4388—056
山东巡抚崇恩	盐当规礼银 4000 余两，未提到帑利数目	《奏为委员解运内务府帑利并搭解咸丰三四两年规礼等日期折》（咸丰六年正月十八日），录副，档号 03—4389—003

① 参见表 2 文献来源奏疏中的朱批奏折。

② 奕訢等：《奏请饬下直隶总督严催长芦运司完解欠款折》（咸丰十一年十二月十二日），录副，档号 03—4443—082；同治二年九月十五日内务府大臣奏，参见张德泽：《太平天国革命运动对清廷财政的打击——清内务府"奏销档"之反映》。

③ 瑞常等：《奏请饬催长芦拨解拖欠广储司欠银折》（同治四年七月二十二日），录副，档号 03—4882—076。

④ 裕诚：《奏请敕山东解交各款银两折》（咸丰五年正月十六日），朱批，档号 04—01—35—0820—021。

续表 3

责任者	奏报内容	文献来源
长芦盐政文谦	因天津办理防堵，奏明关运道库，无论何款暂行动用，当将应解内务府 12000 两拨解天津道库，以备军需	咸丰四年二月二十五日内务府奏，参见张德泽：《太平天国革命运动对清廷财政的打击——清内务府"奏销档"之反映》
长芦盐政文谦	应解内务府额外盈余银 12000 余两，实征 4700 余两，因津郡尚未撤防，谨将前项应解内务府银 4700 余两移解道库，以备放给兵勇口粮之用	《奏报将应解内务府银两移解道库折》（咸丰四年四月初八日），朱批，档号 04—01—35—0964—058
长芦盐政文谦	长芦咸丰三年应交银两仅征银 37000 余两，均留军需；四年征解银两，仅解银 24000 余两，制钱 20000 余串，钱钞 20000 余串	《奏请敕山东解交各款银两折》（咸丰五年正月十六日），朱批，档号 04—01—35—0820—021
长芦盐政文谦	咸丰五年至六年一年内，交 12000 余两给内务府	《奏报循例征收额外盈余银两解交内务府查收折》（咸丰六年三月十三日），录副，档号 03—4379—016
长芦盐政乌勒洪额	咸丰七年至八年一年额外盈余 12000 余两，解内务府	《奏报天津关额外盈余银两解交内务府折》（咸丰八年二月十三日），朱批，档号 04—01—35—0383—042
长芦盐政松龄	咸丰八年至九年一年，额外盈余银 12000 余两，解交内务府	《奏报天津关税一年期满征收额外盈余银两循例解交内务府查收折》（咸丰九年二月十九日），录副，档号 03—4382—008
长芦盐政宽惠	一年 12000 余两，解内务府	《奏报征收咸丰九年正月至咸丰十年正月额外盈余银两数目解交内务府折》（咸丰十年二月二十五日），录副，档号 03—4442—026
直隶总督刘长佑	军营缺项极大，不敷支放，暂动长芦运库银 2 万两，俟协饷解到再归款	《奏为暂调长芦运库银两济饷折》（同治元年五月十七日），录副，档号 03—4794—020

直、鲁两省地近京畿，安全利益与京师可谓唇齿相连。府臣为皇室银款的救急呼吁和督责催促，咸丰帝虽予支持，但类似太平军北上接近天津，捻军驰近京师附近，英法联军由津攻京等重大变故，都是祸在眼前、患居肘腋的现实威胁，他的眼光当然比府臣看得更广，对于两省频频截留应解内务府税款拨支本省军需的行为，一般很少深究追责，更多只是批谕"该衙门知道"。一个典型事例可资

佐证：咸丰三年十月中旬，针对直隶总督桂良建议该省用兵，须将筹饷用款略为变通的奏疏，咸丰帝不拘制度约束，直接采纳其议，降旨："长芦盐政有经征关税，运司有经征盐课，天津道亦有应征海税，皆可通融协济。著文谦等于盐运两库及天津道库，无论何款就近支应，勿稍贻误，桂良折钞给阅看，将此由六百里加紧传谕文谦，并谕令张起鹓知之。"①"六百里加紧传谕"这样的决断，而且首先为前线军需着想，不惜变通用款规制，由此可以显示咸丰帝关注京畿安全的心态。

最后，就是屡屡引发争端的粤海关例款"解截两难"问题。

乾嘉以降，特别是道光中叶，受户部指拨，粤海关包括"内务府公用银"、变价银等在内，每年大约解紫禁城 40 万两，而且解额有递增趋势。② 粤海关解交内务府广储司例款的重要性原来并不突出，主要原因是内务府其他主要财源大致均可遵限依额将银款解赴紫禁城，广储司储银数额巨大，粤海关筹解银款的紧迫性和重要性并未特别显现。鸦片战争以后至咸丰三年，尽管粤省财政逐步出现困局，但从有关年份的奏报可以发现，这笔例款依时足量解送尚无太大问题。③ 咸丰朝时期，粤省财政盈绌的牵制因素大致由三个事件造成，即咸丰初年的太平天国起义、咸丰四年粤省境内爆发的洪兵大起义、咸丰五年至十一年侵扰粤省

---

① 《文宗实录》卷 109，咸丰三年十月甲申，《清实录》第 41 册，北京：中华书局，1986 年，第 679—680 页。

② 陈国栋：《清代前期粤海关的利益分配（一六八四——一八四二）——粤海关监督的角色与功能》，《食货月刊》第 12 卷第 1 期，1982 年，第 23 页。

③ 文丰：《题报粤海关上海厦门道光二十三年二月至次年正月等日期征收正杂税银支销数目事》（道光二十五年六月十三日），户科题本，档号 02—01—04—21318—018；耆英、基溥：《奏为征存关税银两拟按季解京以重库饷折》（道光二十七年三月十九日），录副，档号 03—3168—072；基溥：《奏报关税收支实数及福州等四关征收数目折》（道光二十八年五月初一日），朱批，档号 04—01—35—0380—065；基溥：《奏报粤海关税收支实数及福州等四关征收数目折》（道光二十九年闰四月初六日），朱批，档号 04—01—35—0381—024；曾维：《题请核销广东粤海关咸丰元年分支销各款及四关征收数目事》（咸丰二年十一月二十五日），户科题本，档号 02—01—04—21496—022；贾桢、文庆：《题为遵查粤海关咸丰元年十月至二年十月征收税银拨解各处事》（咸丰五年十二月十四日），户科题本，档号 02—01—04—21563—026；柏葰、翁心存：《题为遵旨查核粤海关监督咸丰二年十月至三年十月征收税银数目事》（咸丰七年十一月十三日），户科题本，档号 02—01—04—21618—021；等等。

的英法联军之役。这三个事件促使该省和粤海关税项的拨解方向迅速受到极大影响，① 内务府广储司专款的筹解业绩随之断崖式跌落，京师宫廷内部和户部与广东方面的一系列纠葛接踵而至。

受协省份广西由两广总督兼辖，太平天国运动骤然爆发，极大牵制着粤省财政的支付方向。按照清廷解款指令，粤督叶名琛不得不挖掘本省财源，倾力支持广西战区的平叛军费。单就粤海关税的拨解协济而言，粤省自道光三十年底至咸丰三年初，两年多时间内，协解给桂省的银两高达近 240 万两，② 藩库等拨解外省银两同一时期也高达 186 万余两，③ 短期内倾釜外拨，省内财政之拮据窘况可想而知。④ 为纾解部库窘困，大学士管理户部大臣祁寯藻私函征询粤省财源的支持能力，粤督叶名琛的复函充满沮丧和无奈：

> 广东藩库业已告匮，非独筹之无可筹，垫之无可垫，并挪之无可挪。只因军兴以来，除藩关两库拨解广西不下二百七八十万两，从此存款一空。而广东军务，仅动用库存海关酌留尾数二十余万两，暂拨海关税饷二十万两，又三次指（捐）输四千一百余两，其余八十余万两皆由各州县先行垫发，均已筋疲力尽，势难再支。⑤

粤海关库银不但应付桂省战事的庞大需求和本省军务事项，户部尚指拨该关

---

① 除了各类官方文献可资确证外，同治初年，熟悉粤省财政的吴清鹏在密函中透露说："粤中自咸丰四年红贼肆扰以来，省外各属半遭蹂躏。七年洋人踞省，商民四散，甫于上年退出，元气未复，局面迥非往昔。"这一说法大致揭示出粤省财政困顿的实情。参见《吴清鹏致吴煦函》（1862 年 6 月 17 日），太平天国历史博物馆编：《吴煦档案选编》第 6 辑，南京：江苏人民出版社，1983 年，第 515 页。

② 英国伦敦国家档案馆藏"广州档案"（F. O. 931, Canton Archive and others），第 1403、1356、1039 号档案。参见黄宇和：《两广总督叶名琛》，上海：上海书店出版社，2004 年，第 130 页。

③ 黄宇和据 F. O. 931 第 1379、1399、1357、1363、1627、1364、1305、1039、1447 号计算所得，参见黄宇和：《两广总督叶名琛》，第 128—129 页。

④ 郭嵩焘事后曾说，叶名琛督粤省时，库储极丰，海关库存数百万，运库、司库各百余万，粮道库也有数十万。经咸丰四年与洋人争斗，耗费殆尽。这一说法大致印证了粤省高官对清廷枢臣诉苦的说辞。参见郭嵩焘：《玉池老人自叙》，沈云龙主编：《近代中国史料丛刊》第 11 辑，台北：文海出版社，1967 年，第 69 页。

⑤ 《叶名琛复祁寯藻函》（1852 年），F. O. 931/1311，参见黄宇和：《两广总督叶名琛》，第 127 页。

协济河工紧急用款。在这种情况下，粤海关解济内务府例款的步伐不得不陷入停滞。内务府大臣瑞麟等鉴于这笔稳定税款恐将落空，咸丰三年十月启奏咸丰帝，强烈要求户部无论何项要需，均不得指拨粤海关此款。咸丰帝赞同此意："依议。迅速催解，不准擅自改拨、截留！"① 这道圣谕由府臣径行通知粤海关监督曾维。叶名琛闻知后十分焦虑，他跟曾维商定了一个变通办法："将粤海关每年应解前项银三十万两，自咸丰四年首季起，分为四季，每届一季满后，先行批解银七万五千两，一年核计共解足三十万两，以符原拨而免迟延。"这个新的解款制度改变每年只解款一次、每次 30 万两的旧制，而是兼顾省内急需，分四季解银。这一奏请，得到咸丰帝的赞赏："所议甚好，照议行。该衙门知道。"② 咸丰帝尚严词批评江南大营统帅向荣觊觎粤省财源，令其就地筹饷，扩张自有财源，③ 这也间接维护了粤海关税这一内务府的稳定财源。其实，不但江南大营统帅向荣觊觎粤海关税款，江北大营统帅琦善更有奢望，他得知粤省解济内务府咸丰四年首季银款启程解京途中，运饷人员行至宿迁被太平军阻隔，无法北上，干脆直接奏请截留。咸丰帝无奈，只得允准该款暂归琦善使用。④

---

① 总管内务府大臣瑞麟等：《奏请饬催粤海关遵照奏定章程按季筹解应交银两折》（咸丰十年四月十五日），录副，档号 03—4383—014。

② 叶名琛等：《奏为粤海关应解广储司库款拟量为变通自咸丰四年起分为四季先后批解等事折》（咸丰四年二月二十五日），录副，档号 03—4377—009。黄宇和对粤海关新的解款制度有误解，认为该关每年仅承担 7.5 万两解款任务。参见黄宇和：《两广总督叶名琛》，第 158 页。

③ 咸丰帝批评向荣的言辞十分严厉："广东协拨各处饷银，需用浩繁，又岂能专顾江南？且道途遥远，断不能克期解到。该大臣并不于江苏地丁盐关税务及捐输各款内筹办，以本省之银供本省之用，惟知坐待邻省接济，且本日奏报并未将近日如何攻剿情形据实具奏，似此旷日持久，克复无期，虽竭数省之财力犹不足供该处之军需，劳师糜饷，是诚何心！朕于该大臣倚任不为不专，于调兵筹饷诸事无不立允所请。此次江西、广东等省应解饷银并筹拨火药，均经降旨饬催，该大臣当知愧知惧，奋勉图功，迅将金陵、镇江次第收复，庶可稍赎前罪。若徒以兵单饷绌藉口耽延，是该大臣自贻伊戚，不能承受朕恩，断难幸邀宽典也！"《文宗实录》卷 128，咸丰四年四月己丑，《清实录》第 42 册，北京：中华书局，1986 年，第 264 页。

④ 《琦善奏报截留广储司款银并请饬户部于前拨饷银内扣出片》（咸丰四年三月十二日），《清政府镇压太平天国档案史料》第 13 册，北京：社会科学文献出版社，1994 年，第 212 页。粤海关首季 7.5 万两白银直到咸丰四年八月份才解到广储司，参见叶名琛等：《奏报委员起解四年分首季广储司库银投纳折》（咸丰四年三月二十八日），录副，档号 03—4377—015；裕诚：《奏请筹拨粮折价银接济广储司急用折》（咸丰四年十月二十九日），录副，档号 03—4447—017。

　　咸丰四年夏季，广东爆发的洪兵大起义突然中止了叶名琛和粤海关监督刚刚确定的对内务府解款新计划。洪兵大起义首先起于珠江三角洲，随后蔓延至整个珠江流域和韩江流域，起义者 10 余万人，声势浩大，迁延 10 年之久。应付省内大规模变乱是摆在两广总督、粤海关监督、布政使等人面前的头等大事，粤海关解内务府专款自咸丰四年首季交纳 7.5 万两白银后，揆诸各类奏报，至咸丰末季，解款极少，① 即便有解款，也是象征性的内解少量白银，其间尚有被英法联军掠去的拟解内务府存银。②

　　因招募新勇、制械、造船等需求，除了动用省内各类财源外，叶名琛、柏贵

---

① 粤海关监督：《奏报咸丰四年分粤海关大关征收支发各项银两数目片》（咸丰五年），朱批，档号 04—01—01—0857—057；毓清：《奏报关税收支实数及福州等关征银数目折》（咸丰十年六月十七日），朱批，档号 04—01—35—0383—065；周祖培、肃顺：《题为遵核前粤海关监督恒祺题报粤海关自咸丰四年九月二十六日起一年征收税银数目事》（咸丰十一年二月初十日），户科题本，档号 02—01—04—21693—007；毓清：《题为奏销咸丰六年分粤海关税盈余银两事》（咸丰十一年五月二十日），户科题本，档号 02—01—04—21693—020；毓清：《奏为补报咸丰九年粤海关收支税数折》（同治元年十二月初八日），录副，档号 03—9492—007；毓清：《奏报咸丰九年分粤海关收支税银数目折》（同治元年十二月初八日），录副，档号 03—4871—047；毓清：《奏报咸丰九年分收支税数及福州等关征税银数折》（同治元年十二月初八日），朱批，档号 04—01—35—0384—058；倭仁、宝鋆：《题为遵旨察核粤海关咸丰六年九月起一年内征收税银数目事》（同治元年十二月十一日），户科题本，档号 02—01—04—21712—046；倭仁、宝鋆：《题报粤海关自咸丰五年九月至六年九月期征收税银数目事》（同治二年二月初三日），户科题本，档号 02—01—04—21737—005；毓清：《题为奏销咸丰八年分粤海关关税盈余银两事》（同治二年四月二十六日），户科题本，档号 02—01—04—21737—013；倭仁、宝鋆：《题为遵旨查核粤海关咸丰七年八月至八年八月一年征收税银事》（同治三年九月十六日），户科题本，档号 02—01—04—21760—034；等等。

② 咸丰六年，该关仅解过 1 万两。内务府大臣对咸丰四年至六年粤海关解款概述说："自咸丰四年二月会片奏准后，仅于是年八月间，经前监督曾维解到首季银七万五千两，其是年二三四季及五年分四季，共银五十二万五千两，迄今两载未解……该监督现在来文，止解到银一万两。其余两年应解五十万两有奇，均已凑拨各省军需。"参见张德泽：《太平天国革命运动对清廷财政的打击——清内务府"奏销档"之反映》。被英法联军劫掠的是咸丰六年准备筹解内务府的 6 万余两白银。参见恒祺：《奏报咸丰六年收支存剩各项银数并补解广储司银两因故折回折》（咸丰七年二月初九日），录副，档号 03—4380—003；恒祺：《奏报粤海关欠解广储司银两筹解折回寄存等办理情形折》（咸丰九年八月十九日），录副，档号 03—4144—063。

等不得不上奏咸丰帝，请求截留粤海关税款 30 万两,[1] 支放愈来愈多的军需耗财。此后，或经奏报、或先斩后奏、或干脆不报，粤省官员频频大规模截留粤海关税款。叶名琛被英法侵略军劫走以后，黄宗汉继任粤督，在屡次强行改变历任粤海关监督拨解内务府专款计划后，大规模截留粤海关税的行动更为频繁，令人蹊跷的是这些截留活动多数未经奏报。据黄氏之后继任总督劳崇光透露，黄宗汉屡屡违规截留和私自抵押粤海关税款：

> 本年（咸丰九年）二月间，复据军需总局司道详请续拨税银三十万两。当经前督臣黄宗汉、前抚臣柏贵咨会海关监督照数提拨，截至六月间已解交银十二万两接济军需，闻黄宗汉尚未具奏。又粤海关有备解内务府广储司公用银五万余两，并造办处米艇银二万两，监督恒祺已咨请委员领解。维时正值剿匪紧急，亦经前督臣黄宗汉全数咨留，借拨军用，亦未具奏。[2]
>
> 据总局司道详称：上年（咸丰八年）六七月间，黄宗汉因军需吃紧，库储支绌，适钦奉谕旨饬令伍崇曜等捐输，即向伍崇曜商允借银三十五万两，言定六厘行息，立定字约，议由粤海关发给印票，以交银之日起，半年为期，由关税项下拨运还。上年八月初六日，黄宗汉奏留伍崇曜缓赴上海折内声明在案。嗣经伍崇曜陆续借来银三十二万两解局兑收，尽数充支军饷。核之原约，尚短银三万两未缴。[3]

黄宗汉不但采取先斩后奏的办法挪借粤海关税银，而且私自截留动支户部控

---

① 叶名琛：《奏请在粤海关税项下拨银以济兵饷折》（咸丰六年十一月十七日），录副，档号 03—4279—019。粤省截留潮桥盐课或大量违规使用溢坦变价，也有奏报。叶名琛：《奏请将咸丰三年分现奏销潮桥盐课银两留为办理夷务军需折》（咸丰七年三月二十八日），录副，档号 03—4283—034；黄宗汉、柏贵：《奏请拨充广东省军需银两以清借拨款项折》（咸丰九年二月二十四日），录副，档号 03—4305—086。

② 劳崇光：《奏为海洋多事军需频繁税收不敷惟有赶紧筹划陆续补解广储司库项折》（咸丰九年七月十九日），录副，档号 03—4382—027。

③ 劳崇光：《奏为代借广东银两以资军饷请准粤海关税续行征有成数陆续给还折》（咸丰九年九月十九日），录副，档号 03—4309—053。

制的屯坦变价银近 40 万两。① 虽然劳崇光批评黄宗汉随意委托士绅以粤海关税收
作抵押举借外款的做法，② 但他移任粤省后，深感洪兵大起义和石达开部队南下
造成省内财政悬釜待炊的窘况，不得不效仿前任，也提出截留粤海关税款 30 万
两的请求。③ 粤省敢于屡屡截留粤海关税款，除了应付省内军事急需的原因外，
粤督黄宗汉遥揣咸丰帝能够深切体会粤省面临的困境而给予理解并谕准。这充分
体现在粤海关监督恒祺的奏报中：

> 粤省与各省接壤处所，无一处不招贼扰，无一处不办防剿，征兵募勇，
> 动以万计，饷项日见其增，来源日见其少，藩盐粮各库久已搜罗靡遗，抽
> 厘则零星无补，捐输则催缴不前，罗雀掘鼠之已空，勇溃兵哗……上年续
> 经奏拨之关税三十万两，军需总局尚未收清，现又续行请拨，刻日即当出
> 奏。粤省军需万分紧急，前于陛辞之日，曾经面奏：如江苏、浙江等省均
> 准指拨接济，惟现在江浙军务未竣，即使奏拨，亦恐难以解到。所有关税
> 应行起解之款，若仍援前案奏请留在本省军需之用，以顾大局，谅可仰邀
> 俞允。④

问题是粤省督抚和粤海关监督这一主观揣测并不符实，咸丰帝对于该省接二
连三截留解赴内务府专款的举动并不支持。咸丰九年四月下旬，内务府大臣鉴于
粤海关解款拖欠甚巨，屡遭截留，请求将监督恒祺交部议处，以儆其后。得旨：
依议。在内务府大臣看来，粤海关此项银两系预备供应坤宁宫、奉先殿、御茶膳

① 黄宗汉：《晋江黄尚书公全集》，陈明光、侯真平主编：《中国稀见史料》第 2 辑第 11
册，厦门：厦门大学出版社，2010 年，第 334—335 页。
② 咸丰八年夏季伍崇曜为粤省代借美国旗昌洋行银款 32 万两，虽订偿期半年，但数年后仍
未归还，导致美国驻华公使蒲安臣干预，总署与户部均出面转圜，曲折复杂，最终得以
从关税中偿还。雷回兴等编：《中美往来照会集》（二），桂林：广西师范大学出版社，
2006 年，第 473 页；《记向美国借款事》，天台野叟：《大清见闻录》上卷，郑州：中州
古籍出版社，2000 年，第 551—552 页。
③ 劳崇光：《奏请续拨粤海关税银以济军饷折》（咸丰十年三月初三日），录副，档号 03—
4313—039。
④ 恒祺：《奏报粤海关欠解广储司银两筹解折回寄存等办理情形折》（咸丰九年八月十九
日），录副，档号 03—4144—063。

房以及供应自鸣钟应讨银两等诸多要款，其重要性绝对高于粤省军需。① 这样"皇家利益至上"的逻辑始终贯穿在该辈言行中，府臣奏参指控那些由内务府包衣担任粤海关监督的行为显得"理所当然"。② 得知这一处分后，恒祺内心其实是愤愤不平的，他不得不撰著详细奏章，剖析解内务府之款被英法劫掠过程以及自己因督臣"蛮横截留"且迟迟不行具奏而获咎的实情。但咸丰帝不予谅解，圣谕讥讽道："备述窘苦情状，试问济艰何术？于事何益？此不过将来为邀免赔欠地步。仍著内务府随时奏咨严催！"③ 咸丰十年四月，总管内务府大臣瑞麟对粤省频频以军务要需为由大规模截留本属内务府的银款十分痛恨，针对粤海关监督、粤省督抚、解款委员等，分别提出违规奏参的新方案：

> 经此次奏明奉旨之后，该监督倘不遵照迅即解交，自应定予处分，以示惩戒。仍以该监督征收有无成数为断，如已征收有数，一季不能解到，即由臣等奏参，交部议处；迟至两季不能解到，再行奏参严议。该督抚等亦不得以应行起解之款指称军饷，擅改截留，或不即时遴委妥员解京，及委员藉词逗留，使内帑不敷供应，臣等亦即随时奏参。如此严定章程，该监督有所警惧，自不敢畏难解京、任听督抚改拨截留，庶与库款源源接济，免形支绌。④

这一违规参劾新章提出后，咸丰帝的准否态度相当关键，这实际上是考验其权衡皇家财政利益和外省安全利益孰大孰小的试金石。内务府大臣奏疏递上，30岁的咸丰帝依着惯性思维，置皇家利益于至高无上地位，支持内务府大臣对粤

① 瑞麟等：《奏请饬催粤海关遵照奏定章程按季筹解应交银两折》（咸丰十年四月十五日），录副，档号03—4383—014。
② 粤海关监督多数来自内务府包衣，这一肥缺大多由帝王直接委任，相关情况参见陈国栋：《内务府官员的外派、外任》，《美术史研究集刊》第33期，2002年10月；《清代内务府包衣三旗人员的分类及其旗下组织——兼论一些有关包衣的问题》，《食货月刊》第12卷第9期，1982年。
③ 《文宗实录》卷291，咸丰九年八月丙辰，《清实录》第44册，北京：中华书局，1987年，第267页。
④ 瑞麟等：《奏请饬催粤海关遵照奏定章程按季筹解应交银两折》（咸丰十年四月十五日），录副，档号03—4383—014。

督、粤抚、藩司和粤海关监督的惩戒新制："依议。办理如仍前玩泄，除由尔衙门严参，朕必将该督、抚、藩、监督等分别严惩！钦此。"① 同治三年九月，总管内务府大臣奕䜣奏请饬令户部将指拨粤海关各项专款全数解往内务府，也得到内廷许可，② 确保皇家利益安全成为清廷首先考虑的问题。帝王致力于内务府占有粤海关税项专款的努力尚不止于此，此后户部、内务府大臣多次拒绝粤省督抚、关监督请求由各省关分摊内务府解款的主张也屡屡得到清廷支持。

粤海关税款除了承担广东本省军务要需、巨额京饷和解济广储司 30 万两专款外，定期接济广西、贵州、云南等边疆行省协饷，遵旨对湖南、江西、湖北等战区省份的军费协济等，都属粤省和粤海关责无旁贷的重任。战争时期东部战区省份的各类索取也是必须面对的重要解款对象，这些战区督抚将帅的渴求有时尤为迫切。咸丰十年九月浙江巡抚王有龄急索粤海关税款 10 万两，不得不凑解；③ 十月份，漕运总督王梦龄为江南粮台奏解粤海关税银 30 万两，要求派员先提 10 万两应急；④ 咸丰十一年六月，杭州将军瑞昌索取粤海关税款 10 万两急需；⑤ 同治元年正月，浙省需款紧急，粤督从各处挪集 6 万两，其中包括粤海关税 2 万两在内，解赴浙省。⑥ 江苏和福建两省则直接从贸易商那里扣留货款二三十万两，令该商持照赴粤省免税贸易，这实际上是提前从粤海关手上截留税款。⑦ 署漕运总督吴棠哀怨泣诉苏北淮安急需饷项，奏请饬令粤省抚臣、监督在运库和海关各

① 奕䜣等：《奏为遵旨议奏粤海关例解广储司公用银两均匀分解折》（同治三年正月初八日），录副，档号 03—4872—001。

② 《总管内务府大臣和硕亲王奕䜣奏饬部将粤海关指拨各款全数报解内务府》，台北"故宫博物院"藏军机处档案，编号 099723。

③ 劳崇光、耆龄：《奏为遵旨拨解浙江军饷银两折》（咸丰十年九月二十日），录副，档号 03—4318—045。

④ 王梦龄：《奏请俟准拨粤海关饷解到先提银十万两发交江南粮台支应水陆各饷折》（咸丰十年十月十八日），录副，档号 03—4383—028。

⑤ 瑞昌等：《奏请饬催各省军饷并酌拨粤海关封储项下银两济饷折》（咸丰十一年六月二十七日），录副，档号 03—4325—023。

⑥ 劳崇光等：《奏为解运浙江军饷折》（同治元年正月初十日），录副，档号 03—4785—007。

⑦ 劳崇光：《奏为闽省截留粤海关商税请抵除粤省应解关税折》（同治元年三月初一日），录副，档号 03—4705—069。

拨款 5 万两解来上海，再转解苏北救急。① 这种邻省紧急索款的诛求羽檄交驰，粤省督抚、海关监督接到咨文后，虽牢骚满腹，也曾上奏求免，② 但迫于现实又不得不穷于应付，导致粤海关自咸丰四年皇室经费拨解新制运行后，至同治三年八月，历年欠解内务府广储司的银款高达 234 万余两。③ 在无人卸肩担责的背景下，只能由粤海关独力负重。但是，假如真的按照咸丰十年四月内务府奏定的惩罚新制，超期或短解内务府巨款，督、抚、藩司和监督必将遭到参劾和处分。

在这种情况下，粤省由各关分摊内务府专款的诉求迭次上奏。首先是同治二年正月下旬粤督刘长佑与关监督毓清奏请分摊专款筹解。同治元年闰八月下旬擢任粤督的刘长佑虽短暂任职，但正好赶上第二次鸦片战争结束后，英法两国赔款从粤海关税扣减二成，美国偿款也不时扣税，关税所余不多。④ 而本关尚须承担京饷银、本省藩库、东陵工程银两、各省协饷银、税务司经费、购买外洋舰炮银两等诸多支付款目，因此刘长佑决定与粤海关监督毓清联衔奏请由各省关分摊解饷。⑤ 折奏递上，户部和内务府研究后，认为广储司公用银两系该关年例应解之款，未便率更旧章，仍令粤海关监督将同治二年应解广储司公用银 30 万两，遵照奏定章程按季批解，年清年款，所请分摊之议不予考虑，部府此项意见得到同治帝认可和支持。⑥

① 吴棠：《奏请饬下广东抚臣粤海关监督拨银济饷折》（同治元年五月十五日），录副，档号 03—4934—051。

② 劳崇光：《奏为查明广东省解过各省协饷银数及筹办艰难情形折》（咸丰十年十二月二十七日），录副，档号 03—4320—034。

③ 瑞麟：《呈粤海关历年欠解广储司公用银两数目清单》（同治五年四月初九日），录副，档号 03—9493—055。

④ 同治元年八月，粤督劳崇光致函曾国藩称，粤海关每年征税 140 万两，"英、法、美等国扣去五成，止得一半银七十余万耳，以之拨解内务府例款银三十余万，部库京饷银四十五万，已属不敷。其额解铜斤水脚、普济堂经费及关厂薪工、税务司经费、火船、巡船经费等银共十五六万，孰赢孰绌，不待智者而知"。《劳崇光来函》，中国社会科学院近代史研究所资料室编：《曾国藩未刊往来函稿》，长沙：岳麓书社，1986 年，第 223—227 页。

⑤ 刘长佑、毓清：《奏为粤海关拨款聚多请在各海关匀解折》（同治二年正月二十四日），录副，档号 03—4871—049。

⑥ 谕旨内容参见毛鸿宾：《粤海关例解银两力难批解折》，毛承霖编：《毛尚书（鸿宾）奏稿》第 11 卷，沈云龙主编：《近代中国史料丛刊》第 61 辑，台北：文海出版社，1971 年，第 1099 页。

内廷并不理睬刘长佑等人的分摊解饷呼吁，10个月后，继任总督毛鸿宾又具折提出同样的请求。毛氏奏称，粤海关每年征税100万两左右，扣除英法赔款二成、美国随时扣款外，仅存银50余万两，各类海关经费须耗费3万余两，藩库拨银数万两，剩余款项仍须拨解京饷30万两、内务府30万两、定陵工程30万两以及各类数额不小的协饷。同治元年夏、秋、冬三季解内务府款项已经逾限，该关实在无力承担，恳求广储司例款30万两由已经开埠通商各海关均匀分摊。① 此折到京后，经户部与内务府协商后，由户部主稿提出处理意见：内务府30万例款筹解仍须由粤海关承担，户部此前指拨的京饷积欠40万两可以缓解，但本年度京饷必须筹解。② 这意味着粤省分摊内务府解款的请求再度遭到拒绝，严重的是粤海关监督毓清因迟延解款52万余两，内务府依照惩戒新规，奏准"将监督毓清暂行革职留任，勒限年内解京；倘再逾限，即行严参惩办，并将两广总督、广东巡抚、藩司一并交部议处"。同治三年四月十四日，奉旨依议。③

清廷这一脱离实际、"蛮不讲理"的固拒态度和忽视疆臣处境的处罚结果，当然会引起反弹。粤抚郭嵩焘对于该省两次奏请分摊解饷皆遭拒绝甚至招致惩处的结果极有怨言。一个月后，他经过周密研撰，重新铺陈各关分摊解饷的理由，再度上奏。其诉求分为两个目标，第一，请求由各省关按照比例，分摊内务府专款筹解任务；第二，如果第一个目标被拒绝，则退而求其次，提议："若以此时骤难更定章程，仍须照旧例完缴，则请循照定章，先尽征存银数报解内务府备办贡物，而后核计盈余若干，存候部拨，暂缓京饷、工程之勒限督催，以资周转。不然，征数大绌于前，指拨倍加于后，无论如何设法腾挪，万无可以支持之理。"④ 这两个目标其实都是为缓解粤省财政困局而设计的可行方案。抚臣推测，内务府和户部或有接受其一的可能性。

奏疏上达天听，这次慈安、慈禧两太后咨询总管内务府大臣奕訢意见，阅过内

① 毛鸿宾：《粤海关例解银两力难批解折》，毛承霖编：《毛尚书（鸿宾）奏议》第11卷，第1099—1105页。
② 奕訢等：《奏为遵旨议奏粤海关例解广储司公用银两于各海关均匀分解折》（同治三年正月初八日），录副，档号03—4872—001。
③ 郭嵩焘：《粤海关岁征课银不敷拨解疏》，王先谦编：《郭侍郎（嵩焘）奏疏》，沈云龙主编：《近代中国史料丛刊》第16辑，台北：文海出版社，1967年，第389页。
④ 郭嵩焘：《粤海关岁征课银不敷拨解疏》，王先谦编：《郭侍郎（嵩焘）奏疏》，第395页。

务府奏疏后，两宫责令户部仔细检讨指拨粤海关税款的所有名目和数额，是否阻碍了该关针对内务府专项经费的筹解，重新确定该关承担的指拨款项，并且内务府衙门也应力戒虚糜，酌量停缓有关工程，撙节财用。针对两个衙门各有明确要求：

> 内务府广储司银库备办内廷一切供支并紫禁城值班官兵口粮等项，均系必不可少之款，原系粤海关按年解交公用银三十万两，以供急用。乃该关历年积欠甚巨，曾经该衙门叠次奏请该监督及该省督抚等参处，并两次奏借户部银三十万两。粤省督抚及粤海关监督累次奏请改拨，亦经该部衙门议驳，而议驳之后，仍未见踊跃报解，内廷正供几属虚悬，实属不成事体！著户部将粤海关指拨一切款项通盘筹划，务将应解内务府公用银三十万两，令该监督按季全数报解，迅速妥议章程，奏明请旨遵办，以重要需。此项公用银两系常年正供，并非为额外工作及服物玩好之用。惟物力艰难，理财首宜节用，嗣后宫内虽寻常工作大不得已者，亦著酌量停缓，以节糜费，其余一切照例进御服饰器皿等件，并著总管内务府大臣等懔遵叠次谕旨，核实备办，力求撙节，以示朝廷崇俭黜奢之至意。①

粤省第三次呼吁终于得到清廷认真答复：户部针对粤海关过度诛求的指拨方案必须改变，内务府经费的使用也必须节省，京、省、关三方利益方得以维持不坠。实际上，府、部双方自我限制需求的现状并无较大变化，粤省财政困境实际上仍难改观。尤其是粤海关承担广储司专项解款积欠甚巨，短期内全部清解万不可能。此前担任总管内务府大臣的瑞麟不久即来到广东任职，同治五年，他以广州将军的名义，奏请暂缓带解粤海关欠款，纾缓该关财政压力。② 户部指拨粤省承担协饷的数额仍十分庞大，随后升任两广总督的瑞麟与粤抚李福泰又不得不联袂奏请饬令户部酌减该省承担的协饷数额。③ 面对粤省纾缓财政的奏请，府、部

---

① 李德启：《清季内务府经费问题》，第15页。
② 瑞麟：《奏为粤海关自咸丰九年至同治三年欠解广储司公用银两积压太巨请暂缓带解折》（同治五年四月初九日），录副，档号03—9493—054。
③ 瑞麟、李福泰：《奏为部拨协饷为数过巨请饬部酌量匀拨折》（同治八年三月二十二日），录副，档号03—4946—061。

两衙门各执一词，不肯退却，仍缺少效果明显的转圜举措。自此以后，内务府与粤海关筹解矛盾开始逐步转向户部与内务府之间的纠结，直至演变成同治末年部府交讧的严峻局面。

三、从会议解困到部府交讧

咸丰帝31岁去世，继位者同治帝爱新觉罗·载淳年幼，慈安太后与慈禧太后行垂帘听政，柄政国事，在恭亲王奕䜣辅佐之下，虽有同治中兴，但清朝运脉渐弱的趋势不可逆转。从财政安稳这一经国大计方面看，有两个重要变化，其一是各行省外销财政形态开始隐然形成，难以管控；其二是掌控国家财政的户部与管理皇室财政的内务府之间的关系趋恶。外销财政和两大变化之间内在联系俟另文详论，此处侧重讨论第二个变化。

国家财政是一个有限整体，在税负一定的背景下，财赋总量的空间必定受限。因此，"中外相持一盂之水，此盈彼绌"，① 盈绌之下，各方矛盾自然滋长，其中，部府矛盾的潜生、发展和爆发，即应验了这个规律。关于国家财赋的支配和使用权限，内务府大臣和户部堂官各有一套同中有异的逻辑。内务府掌管皇室财政，总管大臣侧重强调"普天之下，莫非王土"，支用国库财赋是理所应当的，"我皇上富有四海，敬神祭祖，养亲育眷，造士养兵，泽被孤寡，赏及遐荒，宫中车马、衣服、膳馔、茶果以及一切工作杂录，所需者综天下籍项大进大出之数，不过数十分之一分尔，使此数尽属浮销，天下财赋未必因之而加（减）少，并此数而不用，天下财赋未必因此而加多"。② 退一步说，宫中府中俱为一体，"臣衙门与户部事同一体，一切收发款项均系国用，并非两歧"。③ 这套看似"合理"的逻辑时见该府奏章中，藉以反驳户部和其后御史陈启泰对其

① 翁同龢：《致季士周函》，谢俊美编：《翁同龢集》上册，北京：中华书局，2005年，第472页。

② 总管内务府大臣光绪八年八月三十日奏，参见李德启：《清季内务府经费问题》，第23页。

③ 瑞常等：《奏为妥议内廷需用银两进款长策章程折》（同治四年四月十七日），录副，档号03—4939—027。"普天之下，莫非王土"，在传统中国，理论上整个帝国的土地都归皇帝一个人所有，根据同样的逻辑，所有税收都归皇帝处置。参见王业键：《清代经济史论文集（一）》，台北：稻香出版社，2003年，第299页。

逾规越界的指责。① 而管理户部大臣和户部堂官虽有帝王总揽天下财赋的观点，但更强调"宫中府中，各有职掌，不应牵混"的一面，"宫中府中本为一体，自内廷供奉以迄廉俸、兵饷，各项放款无一非国家应用之财。以职守而论，则内务府专掌供奉之需，部库综理经国之费，款目固自不同"。② 若进一步说，正因为两者职掌不同，财政来源的差异也就很大，"各省地丁、关税、盐课正项，皆输之户部；而各关额外盈余解交内务府"，③ 这一制度设计在当时王朝体制下具有合理性。

问题是特定制度需依赖稳定环境的支持方可有序安稳运作，当环境发生巨变，该制度的运行便矛盾丛生，趑趄欲坠。进入同治朝以后，不但国省财政关系发生大变，紫禁城主人也全非旧昔。慈禧弄权之外，奢靡之风渐滋膨胀；与乃父咸丰皇帝不同，同治帝亲政前后，"孝心大发"，极力满足两宫皇太后退养颐年的私心欲望，宫中营造工程、衣食住行等逐步越出常规之外；同治中期以后，京城远离战争，内务府不再顾及战争威胁，司员藉各类办差和活计，营私舞弊，宫中浮销一再被指责揭露，④ 此前清朝宫廷被外人指责为"唯钱是图而又放荡浪费的宫廷"，⑤ 这一指责在同治中期后变成事实，内务府和织造衙门浮冒太滥的传闻愈来愈广。⑥ 内务府需财膨胀与户部财源窘困、酌拨维艰的现实不断冲突，虽有双方会议解困努力，但最终仍导致彼此剑拔弩张、交讧不绝的格局。

同治三年，太平天国战争基本结束，但接续而来的是镇捻之役和西北战事，

---

① 陈启泰的指控见于光绪八年七月二十一日，即该御史条陈兴利除弊一折。参见李德启：《清季内务府经费问题》，第22—23页。

② 罗惇衍等：《奏为密陈库款支绌情形请力求撙节折》（同治六年十二月初十日），录副，档号03—4817—023。

③ 参见何烈：《清咸、同时期的财政》，台北："国立"编译馆中华丛书编审委员会，1981年，第345页。

④ 较早者如管理户部大臣倭仁疏清内务府撙节财政，京外大员多支持倭仁。袁英光、胡逢祥整理：《王文韶日记》上册，北京：中华书局，1989年，第32—33页。部臣、谏臣屡有疏谏，反对内务府奢靡，此不俱录。

⑤ 参见陈国栋：《清代前期粤海关的利益分配（一六八四——一八四二）——粤海关监督的角色与功能》，《食货月刊》第12卷第1期，1982年，第21页。

⑥ 黄彭年：《陶楼文钞·杂著》，沈云龙主编：《近代中国史料丛刊》第36辑，台北：文海出版社，1969年，第912页。

清廷财政仍处于战时运作形态，内务府广储司稳定财源规复旧制的希望仍旧渺茫。在粤海关等各省关输财解款形势总体并未好转的背景下，内务府大臣也就陆续尝试着奏请拨借户部财源，藉以维系办理皇差需求。已有研究成果多着眼于内务府自咸丰七年开始拨借户部库银，部臣在有关奏章中也屡有述及此点。其实，太平天国定都金陵后不久，内务府大臣即开始有借拨部银的举措。咸丰三年十二月奏准拨借部库银钞 10 万两。[1] 咸丰四年十月，鉴于粤海关夏、秋、冬三季解款无望之后，内务府大臣具奏请借部库实银 2.5 万两拨借宫内救急。[2] 咸丰六年底，又奏借部库制钱 50 万串。[3] 咸丰七年府臣奏借 10 万两白银，而且亲自致函部臣，央求全部答应这笔拨解银款，但户部堂官极不情愿出借，只答应银、票各半出借。[4] 此后，每年多寡不同，均有奏请借拨部库银两的记录。[5] 其实，部库存银并非宽裕，捉襟见肘的情况倒是常态，同治元年该部甚至还有奏借内帑 30 万两的请求。[6] 因此，频繁奏借部库存银并非长策，部府两衙门共同会议研究如何满足广储司库银需求是一个必经环节。

第一次部府会议。 太平天国运动于咸丰帝登基后不久爆发，在军费需求膨胀的战时环境下，户部与内务府会议解困遇到的最大障碍是各省关解款严重不足，部库和府库都面临这种短期内不易纾缓的困难。第一次部府会议是在咸丰二年底，部臣本欲剔除宫内浮冒不实之款，但府臣强调宫中花销均系万不可省之款。会议研究达成的协议只有一点，即内务府办买杂物，采取以银、钱各半发放形

---

[1] 参见张德泽：《太平天国革命运动对清廷财政的打击——清内务府"奏销档"之反映》。

[2] 裕诚等：《奏请拨预粮价银两接济广储司急用折》（咸丰四年十月二十九日），录副，档号 03—4447—017。

[3] 张德泽：《太平天国革命运动对清廷财政的打击——清内务府"奏销档"之反映》。

[4] 翁心存著，张剑整理：《翁心存日记》，第 1282 页；裕诚：《奏为户部借款不敷支发设法另筹以济内廷急需折》（咸丰七年十二月初二日），录副，档号 03—9518—062。

[5] 据户部福建司统计内务府借拨部库银款数字，咸丰八年借拨十九万五千两，钱票二十五万吊；九年借拨十八万两，钱票一百万吊；十年借拨制钱五十万串；同治二年借拨五万两；同治三年借拨四十五万两。参见《内务府历年借拨库款并酌拨添拨各省关常年经费数目》，《清内务府档案文献汇编》，北京：全国图书馆文献缩微复制中心，2004 年，第 1 册，第 349—399 页。

[6] 倭仁：《奏请暂拨内库银两以应预放兵饷折》（同治元年十二月初六日），录副，档号 03—4925—062。

式，每银一两折给制钱一串五百文。① 这种放款办法有赖于咸丰朝货币的成功改革，但在实际上，铁大钱等很快即陷入流通阻遏困境。② 因此，两衙门第一次会议成果难以继续下去，外省银款仍旧"远水难解近渴"，内务府奏拨部库垫款的办法也只得继续下去。至同治三年时，该府一年内借拨部库银款高达45万两之多，远超部库负载能力。因此，部奏不得不饬令内务府偿还借银，谕旨也责令内务府一旦粤海关解到银两，即行拨还部库。③ 这种情况下，总管内务府大臣再次具折奏请举行部府会议，解决宫中财政纾困难题。

第二次部府会议。 同治四年春季，部府两衙门堂官举行专门会议，研究纾缓广储司银库困境问题。四月十七日，内务府大臣瑞常等鉴于部臣索还此前拨借库款，专门具折陈述内廷银款入少支多的情况，详细解释屡屡爽约的原因，"历年援案奏请户部借拨银两支放，虽于折内声明俟粤海关解到银两归还，然臣衙门于收到该关银两时，亦须先顾内廷用款，如敷应用，自应将余存银两拨还部库。奈各处所交不敷支应，是以未能及时归还"。也就是先顾自己支款，不管部库困绌，更不计屡屡爽约的后果，内务府的行事逻辑往往如此。该奏透露，宫中需款每年约计八九十万两不等，道光十八年来内务府已经拨给部库800万两之多，内务府并未提及索还旧账，假如部臣"不念旧情"，执意要内务府偿还已借部款，该府提议：

> 以前内务府协拨盛京俸饷及奏拨封存等银八百万余两，户部并未归还。现在臣衙门进款短少，供应内廷要差无项，自应于户部通融挪借，以供差务。惟有仰恳天恩，俯念臣衙门供备内廷日用要差万分窘迫之际，请旨饬下户部会同臣将臣衙门前项所用要款，除每年各处确实准交之外，设法筹议长策章程，以免内用要差临时贻误。④

① 《文宗实录》卷78，咸丰二年十二月甲申，《清实录》第40册，第1035—1036页。
② 张国辉：《晚清财政与咸丰朝通货膨胀》，《近代史研究》1999年第3期。
③ 户部催还借款一折及谕旨，参见瑞常等：《奏为妥议内廷需用银两进款长策章程折》（同治四年四月十七日），录副，档号03—4939—027。另见户部：《奏请饬内务府严催粤海关应解公用银两折》（同治四年八月初八日），录副，档号03—4927—061。
④ 瑞常等：《奏为妥议内廷需用银两进款长策章程折》（同治四年四月十七日），录副，档号03—4939—027。

谕旨批令两衙门会议后，内务府将该府历年欠收银款清单咨送户部。咨文内显示各处欠解情况相当严重，"两淮、长芦、山东、粤海自道光二十六年以来，欠款数万至三百余万不等，通共约二千万有奇"。双方筹商后认为，如此巨额欠款，户部势难责令各省关短期内全部清解，而长期借拨部款又终非长策。因此，建议采取双管齐下的解困政策："一在酌核解款，一在暂行添拨"。

所谓"酌核解款"，户部根据各省关欠款多寡和额拨解款数额，分为几种类型分别执行解款任务：

> 凡历年欠款数在百万以外者，或解五万，或解八万；数在十万以外者，或解五千，或解八千；数在一万、两万者，或一半，或全解。至现年解款，除粤海关公用三十万两系钦奉谕旨不准稍有蒂欠之款，应令尽数报解外，其余数在二三十万者，或解三成，或解四成；数在二、三万者，或解五成，或解六成；数在二、三千者，或一半，或全解。即自同治五年起，现年准能报解若干，每年带解欠款若干，限三个月详细复奏。如逾限不复，即行从严奏参。

所谓"暂行添拨"，是考虑到上述各省关解款的实际数量，需要督抚和海关监督反馈后才可得知每年能够落实的解款规模，但在各省关反馈以前，需要临时增加指拨各省关下一年度向内务府广储司解款的任务。根据各省关解款能力，户部增加指拨方案如下："两淮盐课银三万两，两浙盐课银三万两，山东盐课银三万两，广东盐课银三万两，江海关洋税银三万两，闽海关洋税银三万两，浙海宁波口洋税银三万两，江汉关洋税银三万两，临清关税银三万两，福建茶税银三万两，共拨银三十万两。"[1] 这份"暂行添拨"方案侧重从各省盐课和海关税中饬解，共有 10 个解款机构。就各省关反馈的情况来看，基本不够均衡，因办理军务和筹防，仍有部分省关未能及时反馈，内务府还是免不了奏请借拨部款应急。同治五年底，户部继续执行添拨各省关实银 30 万两向内务府解款的任务。[2] 表面

---

[1] 倭仁等：《奏为会议筹划内廷用银章程折》（同治四年十二月初十日），录副，档号 03—4927—104。

[2] 瑞常等：《奏为库存银两不敷供备请饬下户部先为暂借银两接济折》（同治五年三月初二日），录副，档号 03—4940—015；倭仁等：《奏为预拨来年内务府经费等情折》（同治五年十二月初一日），录副，档号 03—4811—073。

来看，第二次部府会议的成果，各省关的额定解款大致能够落实，但解款时限或有拖延现象。① 户部堂官未能预料到的是，进入同治六年后，宫内银两支出的额度陡然增加。除原额拨款外，再加上 30 万两添拨税款，按理应大致满足宫内所需，而令户部堂官深感意外的是，本年度内务府大臣却迭次奏请借拨库款，借拨部库银款数额也从同治五年的 30 万两陡增至 120 万两。② 同治七年更跃升至 140 万两。

深宫行事，向为隐秘，外人难得究竟。据有关晚清宫内秘闻的文献记载，慈禧太后等人自这一年开始，渐习于逸乐，多次巡幸诸王府，张宴设乐，又在宫内漱芳斋部署戏班演戏，每月两次。③ 太监演戏，每出赏赐白银达千两以上。④ 宫内太监和司员迎奉太后逸乐喜好，"有乘其喜而贡谄媚者矣"，⑤ 大肆营造工程，维修殿寺，希图藉此中饱私囊，工部营缮司对其侵蚀纳贿、冒销工料等舞弊行为亦莫可如何。⑥ 如果按照内务府大臣自己关于"常例之外"耗费巨大的解释，上述说法大约合理："每年呈进另案活计，传办办买，造办处借拨等常例之外，各项约在九十余万两，以去年一年论之，内廷差使所发各款及常例之外各款，共用过一百九十万两之数，臣衙门所进五十余万两，连部指拨六十万两，量入为出，尚短银八十余万两"。⑦ 此处"常例之外各项约在九十余万两"都是逾越常规的耗费，这类逾规花销大约与上述奢靡风气有密切关系。因此，广储司银库出款陡增，入款不敷甚巨，不得不频频借拨部库实银。部臣面对内务府迭次借拨，十分为难，特专折上奏，恳请饬令内务府必须"将营造司、造办处一切用款力求搏

---

① 内务府大臣瑞常于同治六年十一月奏称，今年各关仅解到 17 万两，13 万虽有报解之说，但何时解到未定。看来每年各关的解款数额大致不会落空。瑞常等：《奏请借拨户部银两并饬催各省欠款折》（同治六年十一月十七日），录副，档号 03—4929—078。
② 瑞常等：《奏请借拨户部银两并饬催各省欠款折》（同治六年十一月十七日），录副，档号 03—4929—078。
③ 高阳：《翁同龢传》，北京：中国友谊出版公司，1999 年，第 33 页。
④ 贾铎：《请禁太监演戏疏》，盛康辑：《皇朝经世文续编》，台北：文海出版社，1972 年，第 1212 页。
⑤ 《清史稿》卷 391《吴廷栋传》，北京：中华书局，1977 年，第 11741 页。
⑥ 陈康祺：《内务府积弊》，《郎潜纪闻初笔二笔三笔》，晋石点校，北京：中华书局，1984 年，第 242 页。
⑦ 总管内务府大臣：《为进款用款入不敷出据实陈明折》（同治十二年二月二十三日），参见李德启：《清季内务府经费问题》，第 16 页。

节，以顾大局而济时艰"。① 鉴于内务府一年耗费高达 130 万两，管理户部事务大臣倭仁奏请饬令该府设法遏制巨额靡费，外省督抚也支持这一建议。② 同治七年正月，正当户部准备仍旧执行额拨解款并继续每年添拨 30 万两计划时，内务府坚持这些解款根本不敷支放，奏请饬令户部再度增加各省关解款数额。内务府奏疏递上，同治帝谕令部府两衙门再度会商。

第三次部府会议。同治七年正月，经内务府与户部协商会议研究，决定在往年添拨 30 万两基础上，再饬令各省关另外增添 30 万两，共计 60 万两，所指定的解款机构与往年有一定差异。这些机构和各自承担的解款数额如下：两淮盐课银 6 万两，两浙盐课银 6 万两，福建茶税银 6 万两，江汉关洋税银 5 万两，江海关洋税银 5 万两，闽海关常税银 5 万两，浙海关常税银 5 万两，湖北盐厘银 5 万两，四川按粮津贴银 4 万两，广东盐课银 4 万两，河南驿站存剩银 4 万两，太平关常税银 4 万两，淮安关常税银 1 万两。③ 户部在上述三次会议中，基本配合内务府所需，在战时财政背景下，每年添拨 60 万两宫内所需，加上粤海关例拨之款、长芦与山东帑利以及内务府其他收入，每年达到 110 万两以上。④

问题是同治中期以后，宫内营造修缮工程和奢靡风气滋长，江南三织造衙门造办皇差、买办皇室之物，整个需款数额攀升速度极快。同治八年二月二十三日，户部司员龙锡光奏劾杭州织造衙门徇私舞弊的情形，在内务府七司三院特别具有典型性，可见内务府钱款支销混乱和欺蒙之风的严重："宫中传取者为锱铢，官吏开销者为巨万。近年各省供品多缺，供奉之物不得不发价采买。窃恐民间一缗之值，官家或十倍或百倍不止；甚或物非急需，在上意或可有可无，而承办人员金谓非此不可。九重之俭德不改，部库之借款寖多，利归中饱，臣

---

① 罗惇衍等：《奏为密陈库款支绌情形请力求撙节折》（同治六年十二月初十日），录副，档号 03—4817—023。

② 袁英光、胡逢祥整理：《王文韶日记》上册，第 32—33 页。

③ 宝鋆等：《奏为筹拨本年内务府经费折》（同治七年正月初四日），录副，档号 03—4944—002。因同治四年第二次会议"酌核解款"方案涉及各省关较多机构，本次会议召开前，仍有三处未能奏报解款额度，折尾行令赶紧反馈。

④ 户部：《附片（清单附）》（同治十二年正月二十九日），《清内务府档案文献汇编》，第 1 册，第 231—242 页。

甚惜之。"① 这位司员表面上将糜费巨大与帝王本人品德区别开来，仅仅归咎于
内务府、各织造衙门等，实际上帝室用款不当之意尤为明显。龙锡光的条陈未能
引起枢廷关注，半个月后，户部又专折奏请饬令内务府核实花费款目，折中透露
部库仅剩余 40 万两，而左宗棠西征之款每年至少 900 万两，各省协济负担沉重，
难以满足西征军需，导致部臣酌拨为难。因此，该部奏请饬令内务府必须下决心
去奢靡，崇节俭，提前筹备用款。②

这种力戒奢靡的吁请，实际效果并不明显，随着同治帝大婚筹备的进行，内
务府司员和织造衙门等官员，漠视户部库储艰危，不顾西北用兵财需，迭次提出
令户部难以承受的借拨银两、筹备银款的请求。两衙门在同治八年以后的三年大
婚筹备期间，矛盾开始上升。其间，针对内务府关于大婚筹备用款计划，户部遵
照核实用款的原则，适度支持筹办大婚用款，户部尚书、管部大臣、监察御史等
虽然迭次奏请核减大婚花费，但截至同治皇帝婚礼举行之前，已经支付的大婚用
款高达 1200 万两，其中，仅部库就支过 590 万两。③ 这笔庞大内务府解款数字的
背后，蕴含着府部之间的多次较量和博弈，每一次筹解，部臣苦心孤诣，锱铢必
较，谏臣和枢臣等迭次苦劝祛除奢靡，④ 与内务府官员产生了不小的矛盾。随着
大婚之后同治皇帝亲政，同治十二年底至十三年十月，围绕内务府又继续迭次借
拨户部巨款，奏令部臣承担内务府工程经费，部府之间的矛盾短时间内迅速升
级，终于酿成同治季年部府交讧的局面。

---

① 户部尚书宝鋆等：《呈户部司员龙锡光原递躬行节俭等条陈清单》（同治八年二月二十三
日），录副，档号 03—5089—004。
② 《户部谨奏为库储未充内廷应用巨款拟请陆续筹备以敷周转而免贻误折》（同治八年三月
初十日），《清内务府档案文献汇编》，第 1 册，第 403—407 页。
③ 《户部等衙门谨奏为会议具奏折》，《清内务府档案文献汇编》，第 1 册，第 447—454 页。
④ 倭仁：《奏为大婚典礼宜崇节俭折》（同治八年三月二十七日），录副，档号 03—4675—
103；宝鋆等：《奏为大婚用款拟请从缓拨发以昭核实折》（同治八年四月初一日），录
副，档号 03—4675—105；《户部谨奏为内务府奏拨大婚用款拟分次拨给仍于年内放齐
折》（同治九年十一月初十日），《清内务府档案文献汇编》，第 1 册，第 409—413 页；
《户部谨奏为遵旨筹拨置办丝绸款项折》（同治九年十一月二十五日），《清内务府档案文
献汇编》，第 1 册，第 415—422 页；谢维藩：《请忧勤节俭疏》，盛康辑：《皇朝经世文续
编》，第 1225—1227 页；董恂：《还读我书室老人手订年谱》，台北：文海出版社，1968
年，第 139、143 页；宝鋆等：《奏为遵旨核议内务府拨款日增部库存储将罄难以通盘筹
划兼顾折》（同治十一年四月二十五日），录副，档号 03—4932—077；等等。

"发内帑以济外库则天下治，竭外库以充内帑则天下乱。"① 这是光绪后期管理户部事务大臣麟书的看法。在枢臣看来，国家"治"、"乱"两种结果均与内帑财源的收束和扩张有关。揆诸明清两朝文献，的确存在这样一个显著的现象，正面事例如清代咸丰朝，内帑频频支持部库，造就由"乱"至"治"局面；② 负面事例则如明朝成化以降，内库过度吸纳户部库银，最终导致由"治"而"乱"结局，③ 帝室对宫内财政不同的处置态度导致国运中兴或王朝覆亡的迥异结果，可谓历历如绘。部府交讧均围绕内务府财源扩张问题展开，之所以发生在同治中期以降，其内外背景值得关注。

所谓内在原因，与同治帝个人"孝心至上"，欲将两宫太后安置到可以颐养天年的燕憩之所，撤帘归政，不再干预朝政的真实欲望有密切关系。关于这一点，从同治帝批驳御史游百川谏阻皇室奢靡的措辞即可体会："为人子者，欲尽娱志承欢之孝，非他务可比也，既非他务之可比，则必当竭力以效其忱，岂可托其空言而止耶？""朕观该御史所奏之意，不过欲使人知已尽言官之责，徒沽其名耳，安有体朕孝思之意哉？"④ "尽孝"名义之下，所有营造工程大肆铺张开来，内务府司官仰承帝旨，投其所好，"以帝诱惑导引，遂致日惟嬉戏游宴是务"，⑤ 如此一来，宫内款项不敷，必将频频责令部臣将外款拨解宫内支放。

所谓外在原因，与户部在同治中期以后面临西北战事财政供饷的压力有关。西北用兵数年间，清廷执行"以内地财赋供给西北治乱"的酌拨方针。⑥ 方针虽合理，但各承担协济省份财政压力较大，碍难落实，杨岳斌督战陕甘时

---

① 麟书等：《奏为查明咸丰三年前后出入各款情形折》（光绪二十四年二月十五日），录副，档号 03—6645—035。

② 时人称之为"削平僭伪，绥靖边陲，伟烈丰功，为书契以还所罕见"。参见陈弢：《同治中兴京外奏议约编》，"叙"，沈云龙主编：《近代中国史料丛刊》第 13 辑，台北：文海出版社，1967 年，第 2 页。

③ 苏新红对明代内帑侵越外府财政的研究，揭示了这一规律。参见苏新红《明代洪武时期的内库制度》（《古代文明》2012 年第 1 期）等。

④ 吴相湘：《晚清宫廷实纪》，北京：中国大百科全书出版社，2016 年，第 166 页。

⑤ 吴相湘：《晚清宫廷实纪》，第 184 页。

⑥ 《遵旨赶募成军并筹拨协饷折》，杨岳斌：《杨勇悫公（厚菴）遗集》，沈云龙主编：《近代中国史料丛刊》第 18 辑，台北：文海出版社，1968 年，第 425—429 页；《杨岳斌函》，《咸同朝函汇存》第 9 册，中国社会科学院近代史研究所图书馆特藏，乙 B28—1，第 4—7 页。

首先面临各省不愿配合协济的问题。浙江臬司杨昌濬即疏陈浙江防务紧要，无力协甘。① 安徽巡抚乔松年亦奏难以承担这笔解款，请将皖省划出拨解厘金省份。② 广东方面的抵触情绪与皖省相近，该省仅给杨岳斌派来的守提委员发给路费，让其回去复命。③ 正在全力剿捻的李鸿章与曾国藩更不积极，李氏痛诋杨岳斌的筹饷方案称，"厚庵分七省厘金，所欲太奢，势必难行。苏饷之绌，迭次奏报，亦只有置之不复。吾师能建言尼止，感佩曷极。闽贼聚胁愈众，必有回窜江浙边境之日，各防断不宜撤，专恃厘金济饷，一分再分，必至饥溃。厚庵不顾大局，而朝廷即徇其请，亦可慨矣"。④ 各省如此态度，解饷的成效可想而知。杨岳斌致函曾国藩称："岳斌抵任后，查库存银仅千余两，军需局报存火药六两，奇穷至此，大概可知。比来各军待饷嗷嗷，朝不谋夕，东南协款皆以地远而滞于途，且地方疾苦日深，田土荒芜，绝无收获。"⑤ 可见杨氏在西北面临的窘困之局。杨岳斌与刘蓉迭次奏请各省解款，清廷亦为之专门饬催，情形均不容乐观。⑥

左宗棠督战西北以后，户部对其军费指拨方案依然难以落实，指拨方案甚至存在计算方法不当的问题，即将陕甘用兵之饷与常年协饷混合为一，含混指拨。这引起左宗棠的不满，同治七年十二月，左氏愤怒上奏，指责户部拨饷存在严重失误：

> 伏念臣初次请拨西征实饷，部臣以六成洋税应。夫岂不知各海关六成洋税之早已提空也；嗣请拨常年实饷四百万两，部臣缓俟各省奏到之日始议划拨。夫岂不知各省厘税千数百万两本为国家固有之款，各省可拨之款也。臣

---

① 马新祐编：《马端敏公（新贻）年谱》，沈云龙主编：《近代中国史科丛刊》第 33 辑，台北：文海出版社，1969 年，第 77 页。

② 《请俟各营裁撤再行筹拨甘饷折》，乔联宝编：《乔勤恪公（松年）奏议》，台北：文海出版社，1972 年，第 895—897 页。

③ 郭嵩焘：《粤东厘金目前万难协济陕甘片》，王先谦编：《郭侍郎（嵩焘）奏疏》，第 763—770 页。

④ 李鸿章：《致曾中堂》，顾廷龙、戴逸主编：《李鸿章全集》，合肥：安徽教育出版社，2008 年，第 29 册，第 365—366 页。

⑤ 《杨岳斌函》，《咸同朝函汇存》第 9 册，中国社会科学院近代史研究所图书馆特藏，乙B28—1，第 4—7 页。

⑥ 《穆宗实录》卷 188，同治五年十一月己未，《清实录》第 49 册，北京：中华书局，1987 年，第 372 页。

原奏据陕西抚臣署陕甘督臣陈明短缺实饷四百余万两，其各省现协之款本不在内，而部臣又误将现协之饷归并臣续请之四百万两计算，夫岂不知陕甘常年应拨之饷本不止四百万两也。部臣为肃清之各省筹应留之款，独不当为陕甘筹应拨之款乎？各省均专筹本省撤兵留兵之饷，独不当为陕甘筹用兵之饷乎？①

同治八年一月开始，户部指拨陕甘常年饷需和西征军饷每年达到 810 余万两。② 账面数据虽高，但各省关实际协济却逡巡不前，户部也认定仅能达到 7% 的完饷率。③ 该部不得不提出：如有玩视解饷、欠解最多者，陕甘总督可以指名严参。④ 话虽如此，但各省关自顾不遑，岂有余力西顾他人之忧？部臣筹措西征军饷的压力空前增大。同治十二年十月下旬，左宗棠奏疏认为，户部指拨六成洋税尽属虚文，而四成洋税又扣留部库坚不外拨，讽刺部臣"敛外藏，以实京师，有似唐之中叶者"，⑤ 这顶帽子扣得吓人，部臣不得不迭次向同治帝沥陈库款支绌的实情，请求密谕左宗棠京师库储支绌的严重情形，阐述四成洋税绝对不可动用的道理，并提醒此密谕不可宣泄。⑥ 西北用兵，部臣倾力督催，不遗余力，甚至在无法足额供应的情况下，支持左宗棠举借洋款，缓解西北军饷危机；但内务府频频借拨部库实银，每年少者八九十万两，多者 140 余万两，截至同治十一年底封印前，部库存储只有 2 万余两。⑦ 内务府频借巨款，部臣实在难以承担。这就是部府交讧的重要背景。

同治十二年正月底，在库储白银存量降至历史最低点的危急时刻，管部大臣

① 《军饷匮绝请敕筹拨实饷急救危疆折》，左宗棠撰，刘泱泱等点校：《左宗棠全集》，长沙：岳麓书社，2009 年，奏稿三，第 726 页。

② 袁保恒：《恳恩提款接济陕西军饷折》，《文诚公集》，纪宝成主编：《清代诗文集汇编》，上海：上海古籍出版社，2010 年，第 701 册，第 204 页。

③ 刘增合：《左宗棠西征筹饷与清廷战时财政调控》，《近代史研究》2017 年第 2 期。

④ 《户部尚书臣宝鋆等谨奏为遵旨奏催陕甘协饷以济急需而免贻误折》，《题本·俸饷》（第 18 册），中国社会科学院经济研究所图书馆特藏抄档，第 199 页。

⑤ 《恳改拨的饷以固军心折》，左宗棠撰，刘泱泱等点校：《左宗棠全集》，奏稿五，第 480 页。左疏内称："唐之中叶，敛外藏以实京师，陆贽屡疏力争，亦何尝非谋国之忠乎？"

⑥ 董恂：《还读我书室老人手订年谱》，第 158 页；载龄等：《奏为京师库存仅敷一月拟请密谕左宗棠折》（同治十二年十月二十九日），录副，档号 03—4951—156；台北"故宫博物院"所藏该折名称：《奏为密陈部库空虚请饬左宗棠顾全大局由》，文献编号 112265。

⑦ 载龄等：《奏为内务府外库定制收分宜量入为出请旨饬遵折》（同治十二年一月二十九日），录副，档号 03—4933—005。

载龄、户部尚书董恂等上奏，提醒刚刚亲政的同治帝务必顾及内务府与户部"定制攸分，量入为出"的刚性体制。部奏中，咸丰七年闰五月的圣谕被部臣郑重提出，请同治帝特别留意咸丰帝的谕令："钦奉上谕：著该堂官查明实系刻不可缓之需，方准自行奏请，不得纷纷咨部筹拨，以节糜费而重库储。钦此。"部臣对此圣谕理解为："文宗显皇帝轸念时艰，于万不得已之中，犹存慎重库储之意，所以存列圣之定制而节国用之糜费者至深且远已。"部奏还认为，户部此前虽大量使用内帑，但与内务府频频借拨部库情形具有极大差别，况且借拨内务府的银款数额已经抵得上内帑外拨户部的数额，[1] 更值得注意的是部臣提醒：战区早已远离京畿，供奉内帑的长芦、两淮和粤海关等区域也已远离战区，内务府应竭力整顿进款来源，不得轻易借拨部款，更不得轻易奏拨四成洋税这一特别储存的紧急备用款项。[2] 部疏奏上，同治帝立即召见管部大臣载龄、户部尚书董恂，了解情况。[3] 很快，同治帝爽快答复，再次强调包括内务府和各部在内，概不准随意动支部存四成洋税；关于内务府频繁侵蚀户部存银，谕曰："著总管内务府大臣于一切应用之需，核实撙节，并严饬各该司员认真办理，毋得任意开销，致涉浮冒，其各省关历解款项，如逾限不到，或仍前拖欠，即由该大臣等奏明，将该督抚监督运使等严予处分，以警玩泄。其由部拨之六十万两，现经户部奏明仍按年筹拨，是内府用款不致过绌，嗣后不得再向户部借拨，以符定制。将此各谕令知之。钦此"。[4]

同治帝支持户部关于恪守定制攸分、量入为出的上谕下达 20 多天以后，总管内务府大臣对部奏提出的用款限制做出回应，强调该府入少支多的实情，府奏认为宫中常例收支大致可以做到量入为出，但例外支放的项目太多，数额太大，目前无法承受。其清单列出常例之外用款的项目和经费数额：同治十一年交进银

① 载龄等：《奏为内务府外库定制攸分宜量入为出请旨饬遵折》（同治十二年一月二十九日），录副，档号03—4933—005。这次上奏的附片，部臣将咸丰七年至同治十一年，内务府向户部借拨银款数额逐一列出，总数达到实银796万两，银票5万两，钱票175万串；户部将添拨各省关解内务府经费数额也逐次列出，总数达到360万两。《附片（清单附）》（同治十二年正月二十九日），《清内务府档案文献汇编》，第1册，第231—242页。
② 载龄等：《奏请将各海关解到四成洋税另行存储不许挪借折》（同治十二年一月二十九日），录副，档号03—4880—052。
③ 董恂：《还读我书室老人手订年谱》，第153页。
④ 《清内务府档案文献汇编》，第1册，第236页。

36.9 万余两，办买绸缎物料银 24.7 万余两，恩赏各员及办理外国饭食并各等处预备差务银 9.3 万余两，奉辰苑营造司并各等处另案工程用银 13.7 万余两，造办处拨款领款银 14.7 万余两。以上共额外用银 99.4 万余两。这些例外用款，大致是超出常规用款的部分，即前述宫廷奢靡风气之下额外多出的用款项目。因无法承担多余的"例外"项目，内务府郑重提议，部府必须再次会议，研究如何为皇室财政解困，甚至提出明显混淆内外用款体制的"新动议"：

> 伏思欠解臣衙门各款，帑利、盈余以及参斤变价等项均为大宗，帑利既无从追解，仍可从盐厘项下筹补；至盈余、参款所欠之数，或由各省六成洋税中通融提拨。倘拘以自用自款，未便再议挖注，即请将臣衙门常例之外，凡有放项统由户部给发。然臣等于京外财赋巨款未敢妄拟，请援照同治四年成案，仍请旨饬下户部与臣衙门会议，务期事在可行，庶部库、府库两无窒碍矣。①

这个新动议含有两点主张让户部无法接受，其一，因帑利、盈余、参款等巨额欠款无著，户部必须再度从各省关盐厘、关税项下指拨新的解款；其二，如果户部不再新增解款，内务府近年多出的"例外"用款，全部由该部承担放款和支付责任。令人意外的是，同治帝居然同情内务府的困境，责令两部门共同会议，提出切实的解困办法。

尽管谕旨饬令两部门会商新办法，但两个衙门的主张差距太大，几乎不可能达成协议。同治十二年四月上旬，内务府上奏表示，共同会商没有结果，该府只能继续奏请由户部借拨 20 万两应急，同治帝谕令户部研究答复。② 户部坚持部库无法借拨，仅建议将大婚剩余待解款项挪给内务府使用，拒绝了内务府的拨借要求，且将无法指拨内务府新增拨款的原因详细阐述，解释了目前会商无法达成协议的实际困难。部臣这份奏疏特意请求同治帝体谅部库困绌，在宫内传办活计、交令造办处营建工程时慎重决断，以免造成"圣德之累"："伏乞皇上垂念时艰，讲求节俭，每遇传办事件，务先斟酌其可停者暂停，可省者从省；至必不容已之举，方始传出内务府，自不致供应不敷。内务府奏借部款应急，倘值部库缺乏，

---

① 内务府同治十二年二月二十三日奏折，参见李德启：《清季内务府经费问题》，第 16 页。
② 崇纶等：《奏为应放各款无项可筹拟请暂借部款折》（同治十二年四月十四日），录副，档号 03—4951—063。

不敷借数，应由臣部据实奏明，量力拨给。如此勉支三五年，将来军务肃清，普祥峪、菩陀峪工程规模大定，拨款自然减省，财赋亦渐充盈，再由内务府奏交臣部核明，奏请宸断。"这一建议得到谕准。① 针对这一奏议，内务府安排殿寺维修等工程方面，暂时顾及款绌现实，首先着眼于较为重要的工程，② 但在继续借拨部款方面，仍然毫无限制，先后迭次奏请借拨部库银款 120 余万两，截至同治十二年底，内务府借拨部款已经高达 1150 余万两。③ 同治十三年春天，该府又启奏同治帝，请求批准户部拨借 50 万两，同治帝竟然支持内务府这一请求。

管部大臣载龄、户部尚书董恂等鉴于内务府有恃无恐，怨愤之情无法抑制，愤而上奏一折一片，④ 围绕内务府侵越部库权限和觊觎四成洋税内拨，沥陈该府屡屡逾规越界，甚至将内务府屡借部款视作京师旗绿各营哗溃危机、国家深重危局背后的肇乱祸首，其措辞、语气，足以显示部府之间的攻讦交讧：

> 查京师旗绿各营兵丁计十数万之众，其兵丁眷口当不下百数万人，自饷糈折成减放阅二十年之久，苦累已极，设令库存稍裕，尚须酌加成数，以苏兵困；若并此减放饷银亦不可必得，则嗷嗷待哺，无以为生，哗噪哀号，势

---

① 户部：《谨奏为内务府请添例外经费并请暂借部款各折统筹全局并案议复折》（同治十二年四月二十六日），《清内务府档案文献汇编》，第 1 册，第 249—251 页。

② 崇纶、春佑等：《奏为筹办圆明园安佑宫等要工巨款折》（同治十二年九月三十日），朱批，档号 04—01—37—0121—034。

③ 户部于同治十二年和光绪九年分别大略统计该部有关年份借拨、添拨内务府银款的具体数额。从借拨银款的统计结果来看，自咸丰七年至同治十三年，共计借拨实银 957 万余两，实银之外，加上咸丰八年钱票 25 万吊，咸丰九年 100 万吊，咸丰十年制钱 50 万串。所谓 1150 万两之数，当将钱票、制钱等项数据合并计算在内。参见《内务府历年借拨库款并酌拨添拨各省关常年经费数目》，《清内务府档案文献汇编》，第 1 册，第 347—397 页。其实，上述关于咸丰、同治两朝的统计仍有缺漏，例如咸丰三年十二月奏准拨借部库银钞 10 万两（见张德泽：《太平天国革命运动对清廷财政的打击——清内务府"奏销档"之反映》）；咸丰四年十月，内务府大臣具奏请借部库实银 2.5 万两拨借宫内救急（见裕诚等：《奏请拨预粮价银两接济广储司急用折》（咸丰四年十月二十九日），录副，档号 03—4447—017）。咸丰六年底奏借部库制钱 50 万串（见张德泽：《太平天国革命运动对清廷财政的打击——清内务府"奏销档"之反映》）。

④ 据翁同龢记载，此一折一片由同治帝皇后之父——清代唯一一位旗人状元崇绮代为起草，日记中"崇文山"即崇绮。参见陈义杰整理：《翁同龢日记》第 5 册，北京：中华书局，1997 年，第 2659 页。

所必至。不特失养兵拱卫之意，且恐启伏莽觊觎之心。**凡此岌岌可虑情形，皆内务府动拨频仍，库款空虚所致！**

内务府于每年进款既不肯详细开列，于每年用款又不知如何递增。取之不禁（尽），用之不竭，乃古今必无之事，况当此部库空虚万分支绌之时乎？臣等自此次接准内务府咨文之后，夙夜统筹全局，窃以为**内务府动拨户部库款繁重至此，总由内务府外库职掌不明，不特有碍于财赋出入之常经，实深关乎国家安危之大局！**①

愤怒之下，部臣奏请同治帝饬令军机大臣、大学士、九卿科道，"将臣部前后奏陈各折单、内务府借拨咨领各折件公同阅看，于臣部应否专筹军国度支，内务府应否专办内廷供应，俾得各守职掌，毋任混淆之处通盘筹划，会议具奏"。由于户部以有碍大局为忧，内务府以不拘定制为便，基于两部门立场迥不相同，该奏建议部府双方均应回避这样的会议，以免彼此争持决裂。该部之意是舍弃部府会议形式，而采取两衙门回避的"国务会议"，共同决断部府面临的困境难题。

此折三月十六日具奏，根据同治帝亲自拟旨的措辞推测，他对部臣敢于罔顾圣上传办活计用款之需，十分恼怒，甚至极不耐烦。拟旨时，焦急之余，连不当之词亦不加斟酌，八天后谕令户部："毋庸会议，谨力速拨！钦此。"（"谨"字系照原朱批缮写）为了帮内务府索取部款，难道不再顾及军国需饷？部臣这次对"绝情"谕旨不敢再盲目执行了，只能等待同治帝怒气稍敛后，再择机陈奏军国急需实情，② 试图变"速拨"为"缓拨"、"少拨"，甚至"不拨"。直至四月初六日，部奏再上，陈述部库存储正项实银只有 6.7 万余两，近期待支直隶练饷、伊犁兵饷、热河俸饷、东陵俸饷等至少需要 20 余万两，"可否备放军饷，抑即尽数拨交内务府之处，两两相形，缓急立判。我皇上励精图治，圣虑所周，自必先其所急，臣等不胜待命之至"。③ 折尾仍请求皇上顾及部府支款放饷的制度边界

---

① 户部：《谨奏为部库空虚内务府请筹拨银两实无应挪之款请旨饬议以顾大局折》（同治十三年三月十六日），《清内务府档案文献汇编》，第 1 册，第 258—259、265—266 页。

② 董恂：《还读我书室老人手订年谱》，第 162 页。

③ 户部：《谨奏为库款空虚不敷开放军饷正项仅存银两可否尽拨折》（同治十三年四月初六日），《清内务府档案文献汇编》，第 1 册，第 269—272 页。

和各自职责。或许同治帝怒气消减，仅谕：依议，钦此。

崇纶、春佑、魁龄、明善、诚明五位总管内务府大臣阅看户部咨送的上述折片后，对部臣指责内务府为肇乱祸首"实深兢惕之至"，而对部折怒斥该府"漫无限制"借拨部款行为导致国家危局加深，"益深惶恐"。四月下旬，内务府大臣经再三反思，决定暂时收缩工程的扩张，"吁恳皇上俯念时艰无款筹放，恩施格外，暂行停传，以节经费，并请旨饬下宫内各处一体遵办，容臣等于一二年后，将各项历年积欠之款，逐渐清厘，再行传办，以顾大局"。该折于四月二十四日递奏，同治帝内心相当矛盾，他既不愿赞成总管内务府五大臣收束工程范围建议，又暂时难以让户部痛快出款，进退维谷，三天后，总管内务府大臣当面接奉谕旨："本月二十四日具奏一折，著不必恭录谕旨，即行封存。钦此。"①

其实，内务府伸向户部的"长手"在同治帝"尽孝心"的背景下，并未立即缩回，部府矛盾仍处于激化状态。"特旨交进银"是皇帝、皇太后的私人款项，② 本不属于户部承担，而内务府于同治十二年七月咨会户部，谕旨令该部每年三节各交进银 10 万两，此外，内廷太监屡屡口传圣旨，半年内部库就为此额外出款 25 万两，该部奏请对这种漫无边际的"交进银"实行限制，③ 部臣甚至断言："部库向不应放之款，惟内务府频年动拨次数最多，银数最巨，库款空虚之源实由于此！"部臣再三奏阻这种漫无限制的太监口传交进银做法后，同治帝

---

① 总管内务府大臣：《谨奏为内廷工程需款甚巨户部无款可拨恳恩暂停传办以节经费而顾大局折》（同治十三年四月二十四日）。参见李德启：《清季内务府经费问题》，第 22 页。

② "特旨交进银"是清代皇室财政较为隐秘的款项，收支规模各家所见不一，民间尚有将其与帝王私款相联系者。慈禧太后私款数额，刘体智《异辞录》中称，"太后有私蓄三千万，半在南苑，半在大内，皆用红绳束之"。（《异辞录》，北京：中华书局，1988 年，第 217 页）辜鸿铭、孟森编纂的《清代野史》则将交进银与太后私款规模联系起来，"户部岁奉太后十八万，皇上廿万，名曰交进银。皇上之二十万，于二月初缴，太后之十八万则每节交五万，年下交八万。端节银于四月底交入，中秋银于八月初交入，其年下银，则于十二月初交入。大内银库，存一千六百万两，太后处尚有三万两金。"（《清代野史》第 4 卷，成都：巴蜀书社，1998 年，第 1936 页）许指严推测慈禧太后私款规模："慈禧所自积之镪，始终未悉其确数。或言计共二百兆两。盖彼雅喜囤积，外无发放，故无人知其娄赂之总数，惟亲信内宦掌之，其人则李连英是。讳莫如深，自难窥其底蕴。"（许指严：《十叶野闻点注》，开封：河南大学出版社，1991 年，第 258—259 页）

③ 载龄等：《奏报遵旨交进银两并请饬内务府整顿进款折》（同治十三年五月十二日），朱批，档号 04—01—35—0977—003。

未予理会，直接将部奏折件掷回，不见任何谕旨。①

同治帝更强硬的维护宫内维修工程态度，体现在奉辰苑估修团河宫、南苑旧宫等工程银两的处理上。同治十三年四月，内务府奏请团河宫维修经费这种例外支出由户部承担，户部拖延时日后，六月初奏陈该款属于内务府支出项目，该部只负责由工部核估的工程项目，而且是按照减成放款（或四成，或五成）原则操办，定制分明，不可牵混。同治帝不理会部臣解释，直接御批："仍著户部如数赶紧给发！"② 部臣未敢直接抗旨，只得奏请按照过去奏案，发给五成价银，才得到俞允。③ 南苑旧宫维修工程本由内务府拨款，总管大臣奏请由部拨支，部臣"不识时宜"，仍是顶奏，同治帝愤怒批旨："所奏著不准行，仍如数赶紧筹拨！"④ 英桂和崇纶等总管大臣鉴于内务府库款支绌，而需要维修的宫殿房屋有一两百处，提议只能择要维修，酌拟缓修办法。同治帝急不可耐，但亦无可奈何，旨曰："著明年春际再行修理，毋得稍有迟延！"⑤ 同治末围绕重修圆明园工程，太后、皇帝与诸臣之间，更有一系列惊心动魄的交锋纠葛，亦可折射皇室财政管控的情、势、理之间复杂的博弈与较量，唯此问题已有专文讨论，⑥ 此处不拟赘述。

在部府交讧过程中，年仅18岁的同治帝急欲亲裁大政，尽快改变"母子同治天下"听政格局，这导致其对内务府频频逾规染指部款的行动予以纵容和支

---

① 户部：《谨奏为内务府咨领总管太监口传交进银两本非部库放款请饬内务府嗣后查照该衙门向章办理不得委诸部库以防流弊折》（同治十三年七月初九日），《清内务府档案文献汇编》，第1册，第279—284页。

② 载龄、董恂：《奏为奉辰苑估修团河宫工程银两向非部库放款且与酌定奏章不符请饬下内务府查照办理折》（同治十三年六月初二日），朱批，档号04—01—37—0123—019。

③ 这次谕旨批曰："著按五成实银给发，余依议。钦此。"户部：《谨奏为遵旨给发奉辰苑估修工程银两请照部库奏定章程放给并请嗣后仍由内务府支领钱粮以符定制而重库款折》（同治十三年六月初六日），《清内务府档案文献汇编》，第1册，第317—320页。

④ 载龄、董恂：《奏为奉辰苑请领估修南苑内旧宫工程银两与前奉谕旨不符请饬下奉辰苑自行筹款办理折》（同治十三年九月二十日），朱批，档号04—01—37—0124—010。

⑤ 英桂、崇纶：《奏为宫内应行修理处所查看情形酌拟缓修折》（同治十三年九月二十六日），朱批，档号04—01—37—0124—015。

⑥ 侯甲峰：《清同治间重修圆明园史料之蒐集》，故宫博物院文献馆编辑：《文献专刊》，北京：故宫博物院，1944年，第69—99页；郑燕：《重修圆明园与同治末年的政治风波》，《历史档案》2001年第6期；赵雅丽：《同治朝重修圆明园之议的政治文化浅议》，《北京科技大学学报》2016年第5期；等等。

持，其间关于"情"、"势"、"理"的衡情酌度，部分迥异于乃父裁酌权衡取向，体现出君王治国理政的差异性。管部大臣载龄等户部堂官集体抗争内务府屡屡侵越国家财政界限，不惜以严词顶奏，驳斥内务府大臣，连带警醒同治帝。载龄等人的铮铮谠言极为罕见，二十年后仍被时任户部尚书翁同龢称作"谔谔正论，今无其人矣"。① 抗争效果虽在同治朝受限，但在光绪前期产生正面效果，总管内务府大臣魁龄于光绪四年（1878）奏称，内务府"自光绪元年以来，并未办过传办要项，是年五月间，复经臣等陈奏，内府、外府款项原有区别，且当部库支绌，尤宜力求撙节，三年之久，迄未敢请拨部款"。② 民国时期故宫博物院文献专家李德启也认为："惟经此次冲突后，内府于光绪初年，稍形敛迹，三年未敢请拨部款，末年虽有借拨，已较以前相差甚多矣。"③

光绪朝30余年间，内务府虽仍有借拨部款行为，但规模、频率远逊于同治中叶以降情形。光绪初年晋、豫等省特大旱灾时期，两宫皇太后尚有轸念灾民，自我节俭，收束宫内用款的举措。④ 总管大臣于前期和中期借拨部库银款、海军衙门之款，大致尚能够践诺归还。⑤ 光绪帝亲政后，内务府仍有借拨部款应急之

---

① 陈义杰整理：《翁同龢日记》第5册，第2659页。
② 魁龄等：《奏为遵旨详查内务府各项用款开单呈奏折》（光绪四年三月初七日），录副，档号03—6598—034。
③ 李德启：《清季内务府经费问题》，第19页。
④ 光绪四年二月初五日由内传出奉慈旨：自本月初六日起，每日早晚膳减用一半，钦此。又十九日由内阁抄出奉上谕：本日又奉慈旨：晋豫两省人民困苦流离，为人上者岂忍稍涉奢侈？著内务府大臣督饬司员将宫闱一切应用之需力加裁减，约可节省若干，迅速具奏，但能省一分浮费即可多一分赈需。钦此。同日由内传出奉慈旨：自二月十九日起，每日荤膳停止，传用素膳，俟下雨后仍用荤膳。见魁龄等：《奏为宫闱用项无可裁减折》（光绪四年二月二十六日），录副，档号03—6598—031。与此同时，光绪帝降下"罪己诏"，对巨灾侵害痛心疾首："屡奉皇太后面谕，小民何辜罹此灾殄，上天降罚何不移于宫廷，以免民生之厄。又著内务府将宫廷一切应用之需力加裁减，但能省一分浮费，即可多一分赈需。"（陈义杰整理：《翁同龢日记》第3册，中华书局，1993年，第1347页）
⑤ 广寿等：《奏为内库支绌拟请暂借部款折》（光绪九年八月初九日），录副，档号03—6552—015；奕劻：《奏请饬下总管内务府大臣即将光绪十三至十五年份应还之款迅筹解还折》（光绪十五年），录副，档号03—9394—039；《著为奕劻等请饬内务府归还海军衙门解款令速筹解还勿再延宕事》（光绪十五年），录副，档号03—9394—043；福锟：《奏为恩恩展予时日陆续归还海军衙门借款折》（光绪十五年七月初五日），录副，档号03—9394—044。

事，但部臣谏阻的情形时或发生，[1] 光绪帝对宫廷用度尤加留意，注意惩处逾规行为，因内务府大臣不能撙节，交部议处或降级处罚的情形并不少见。[2]内务府大臣鉴于广储司银库困竭情形，也曾试图奏请在内廷开办捐纳方式筹款缓解。[3] 光绪十九年，因内务府库储不丰，时向京城声势显赫的"四大恒"——恒利、恒兴、恒和、恒源四大号商举借银款以作周转，历年来积欠较大，[4] 府臣请添拨 60 万两，[5] 经光绪帝核减后，谕准户部继同治七年之后，又在各省关每年添拨 50 万两，径解广储司银库。[6] 这样，咸同以降以迄清亡，户部历次添拨内务府解款，每年已经高达 110 万两之多，如再加上额定例款解济，理想状态下，每年大约应该达到 180 万两左右的税款额度。

---

① 翁同龢：《松禅自订年谱》，谢俊美编：《翁同龢集》下册，第 1054 页；陈义杰整理：《翁同龢日记》第 5 册，第 2421 页。

② 翁同龢：《松禅自订年谱》，谢俊美编：《翁同龢集》下册，第 1060 页；光绪十九年十二月二十八日光绪帝因府臣屡请借拨部款，对宫内款项未加撙节，即对总管内务府大臣福锟、容贵、崇光、立山、巴克坦布均交部议处。参见申学锋：《晚清户部与内务府财政关系探微》，《清史研究》2003 年第 3 期。光绪二十年一月，内务府大臣被光绪帝处分，降二级留，奉旨不准抵销，并饬以后如再不能撙节定严处。参见陈义杰整理：《翁同龢日记》第 5 册，第 2493、2660、2667 等页。

③ 世泰、秀文：《奏为内务府银库支绌请设局开捐以裕库储折》（光绪六年三月初八日），录副，档号 03—6534—021。

④ 总管内务府大臣福锟称："伏查臣衙门年进之款，部拨六十万两，划除拨奉辰苑银十万两，只剩五十万两，合之本衙门应进之粤海关、长芦两项共三十余万两，统计不及百万之数，而一年需用之款总在一百四五十万之谱，一出一入，亏短甚巨，每遇要差需款，即向号商通融借垫，刻下除按年归还之项不计外，只四恒号商浮借之款，已积至三十六万余两，现届年底，该号商不但无力再垫，而欠项亦须设法筹还。"福锟等：《奏为库款支绌请饬户部拨给银两折》（光绪十七年十二月十七日），录副，档号 03—6567—067。另见福锟等：《奏报内务府各司处各项用款一年实发减放各款数目折》（光绪十九年十二月），录副，档号 03—6634—091；福锟等：《奏为遵旨复奏光绪十一十二二十三等年息借号商银两折》（光绪十九年十二月二十一日），录副，档号 03—6634—061；滕德永：《清季内务府与北京银号借贷关系浅探》，《北京社会科学》2013 年第 3 期。京师"四大恒"商人与内务府官员的关系相当紧密。参见定宜庄：《清末民初的北京商人与内务府——从"当铺刘"与内务府增家的口述引发的考察》，《历史教学》2018 年第 10 期。

⑤ 陈义杰整理：《翁同龢日记》第 5 册，第 2659 页。

⑥ 熙敬等：《奏为遵旨妥议凑拨内务府银两折》（光绪十九年十二月二十五日），录副，档号 03—6634—078。

光绪中叶以后，宫内铺张靡费情形仍旧存在，颐和园工程、三海工程、慈禧太后万寿庆典、西狩回銮等，均有不同程度的放款扩大趋势，海防建设受到一定影响，[1] 但从长时段看，在光绪中叶国库储量相对较好的背景下，它对国家财政的负面牵制略逊于咸同两朝。甲午战争期间，慈禧太后尚作豪举，将内帑300万两外拨，由张荫桓在苑门承领，作为战时军费补助，而且有意再拿出内帑200万两补助部库支放。[2] 部府关系虽间有不谐，但并未达到同治季年的冲突烈度。平心而论，遇有内务府侵越权限，尤其是将本应由广储司银库支放的御茶膳房经费、个别维修工程等，依然不合理地推到由部库承担或代垫款项，[3] 部臣间或有力争拒绝的举动，[4] 但缺少同治季年载龄等户部堂官那样锲而不舍、针锋相对的勇气，抵抗内务府的财政逾规，部臣本应主动抗争，实际上却更像撞钟和尚，耕耘的空间不大。

光宣之际，西洋和日本新式财政预算理念被推介到中国，君主立宪体制下的皇室经费清理和管控新制成为朝野追求的新境界，针对内务府财政管控新制度的筹谋行动由此而来。

四、管控新制蹉跎难生

光绪三十一年五大臣出洋考察宪政结束后，镇国公载泽通过两次面见慈禧太后和先后两次专折具奏，成功说服其接受这一国体和政体的重大变革。[5] 按当时

① 叶志如、唐益年：《光绪朝三海工程与北洋海军》，《历史档案》1986年第1期；滕德永：《慈禧太后与其六旬万寿》，《白城师范学院学报》2015年第10期；包遵彭：《清季海军经费考实》，《中国历史学会史学集刊》（台北）第1期，1969年；罗尔纲：《清海军经费移筑颐和园考》，《大陆杂志》第4卷第10期，1952年；中国第一历史档案馆编：《清代中南海档案》第7卷，北京：西苑出版社，2004年，第20页。
② 陈义杰整理：《翁同龢日记》第5册，第2732、2736、2744页。
③ 《松禅自订年谱》，谢俊美编：《翁同龢集》下册，第1059—1060页；陈义杰整理：《翁同龢日记》第5册，第2656页；怀塔布：《奏为请饬户部将十八年分垫款毋庸扣抵折》（光绪二十一年六月二十七日），录副，档号03—5560—034。
④ 敬信等：《奏为遵议内务府因库款支绌请饬暂缓扣抵垫款折》（光绪二十一年七月十八日），录副，档号03—6136—019。
⑤ 董以山：《载泽密折刍议》，《山东大学学报》2000年第6期。

设想，新设内阁将居于前台，代君主负责国政运作，君主退居幕后"隐操全局"。① 欲实施这一变革，必须将皇室事务与责任内阁从制度上加以切割分离，实施"宫府之分"的改革行动，② 该行动至少包括将皇室财政从国家财政中独立出来，在新的立宪体制下进行管控。宫府之分是筹备立宪改革的重大前提，皇室财政独立又是其中的重要一环，两者相辅相成。按照赴日考察宪政大臣李家驹的主张，立宪的要义就是"明宫府之分，而欲维持皇室之尊严，尤以财政独立为首务"。③ 然而，落实"切割分离"的过程却波澜跌宕，相当程度上折射出皇室处理其"家国关系"的实质，也体现出各方在新制建构过程中的复杂面相。

宫府之分的第一步，是仿照日本"宫内省"单独设立"宫内部"，负责皇室事务的全面管理。端方、戴鸿慈等考察宪政大臣回国后对这一制度改革建策较多。光绪三十二年夏季，端方上奏明确提出"宫府之分"的设想，建议设立"宫内部"："其官制则以'宫内部'总理一切宫中之事，不复分掌于他官，如中国现在内务府、奉辰苑、上驷院、武备院、太仆寺、太医院、銮仪卫等衙门皆合为一署，使各治一事，而不复为如此之分散者。"④ 随后，戴鸿慈和端方又联衔上奏，进一步阐述"宫内部"的地位、构成、职责以及所涉及的衙署裁并，"以现在所有之内务府改名为'宫内部'，而以太仆寺、太医院、銮仪卫及其他供奉内廷之职司归并隶属，其礼部、工部旧制有奉职内廷者，亦皆别立为司而统于宫内

---

① 按照载泽对日本君主立宪下的皇帝权力的了解，日本皇帝至少拥有包括裁可法律、公布法律、执行法律、召集议会、开会、闭会、停会及解散议会、以紧急敕令代法律、发布命令、任官免官、统帅海陆军、编制海陆军常备兵额、宣战、讲和、缔约、宣战戒严、授予爵位勋章及其他荣典、大赦、特赦、减刑及复权、战时及国家事变非常施行、贵族院组织、议会展期、议会临时召集、财政上必要紧急处分、宪法改正发议等众多权力，中国欲行改革，帝王权力不逊于此。中国君上的至高无上大权具体体现在光绪三十四年夏季确定的《宪法大纲》中。见载泽：《出使各国考察政治大臣载泽奏请宣布立宪密折》，故宫博物院明清档案部编：《清末筹备立宪档案史料》上册，北京：中华书局，1979 年，第 173—174 页。又见《附宪法大纲暨议院法选举法要领清单》，上书第 58—59 页。
② 考察政治大臣认为，泰西各君主国之制，宫中与政府区划井然，不相侵越，此通例也。见戴鸿慈：《欧美政治要义》，桂林：广西师范大学出版社，2016 年，第 72 页。
③ 李家驹：《奏为密陈谋求皇室财政独立维护皇室尊严片》（宣统二年十二月十九日），录副，档号 03—9299—030。
④ 《请定国是以安大计折》，端方：《端忠敏公奏稿》，沈云龙主编：《近代中国史科丛刊》第 10 辑，台北：文海出版社，1967 年，第 712—713 页。

部，则体制谨严，尊荣无极。"① 宣统元年（1909）夏季，出使日本考察宪政大臣李家驹专门对皇室制度改革提出了更有针对性的方案，特别是在内廷诸官署员缺增并、裁宦寺置女官、规定皇族资格三个方面的建策更为详备。②

宫府分离规划方案虽符合立宪改革方向，但因涉及内监、府臣、礼部、工部等各方利益，"拆分归并工程"面临的阻力太大，摄政王载沣瞻顾较多，隆裕太后又偏于顾及皇室和皇族利益，所以改革的步伐趑趄不前，皇室财政独立，尤其是皇室经费管控这一重要环节的推进亦迭生波折。

光绪三十二年七月清廷宣布预备立宪上谕发布后，较早遵旨建言立宪改革大计、关注皇室经费清理的是署理黑龙江巡抚程德全，他在光绪三十三年七月提出的八项改革工作之一，就是首先确定皇室经费作为全国财政清理的表率：

> 立宪国之财政贵统一不贵纷歧，忌放任尤忌弊混。故日本自皇室经费以次，其支费皆定有常额，既便所司预算，又足昭示民间。我国皇室经费虽有定程，近多未能悉遵定章，且未经详晰宣布，其各官经费暨各省局款项尤多紊乱不清。且泰西公款有国家、地方之分，中国有内结外销之异，但一则公家确知其定数，一则司农莫究其实存。拟请严饬各省，速将我国向有内结外销各款即照国家税、地方税划分清晰，其关乎国家者自不容由外间稍挪分毫，其关乎地方者尤不得由内间故为牵制。惟敝习相承已久，虽前经度支部奏请查明详报，恐亦徒托空言，拟请我皇太后、皇上先饬内务府、度支部，将现用皇室一切经费妥为核定，张示民间。如此躬亲履行，则天下皆望风思治，然后责成各臣工厘清各省财政，以渐几立宪国之文明，其治理之效故有随圣心之久暂厚薄而应之者矣。③

---

① 戴鸿慈、端方：《奏请改定全国官制为立宪之预备折》（光绪三十二年七月初六日），录副，档号 03—9281—031。

② 李家驹：《奏为考察日本皇室制度择要编录进呈御览折》（宣统元年七月十二日），录副，档号 03—7472—012。

③ 程德全：《奏为遵旨胪陈立宪之道管见折》（光绪三十三年七月二十九日），朱批，档号 04—01—02—0110—021。

　　程氏建议由内务府和度支部率先承担厘定皇室经费的责任，以做全国表率，但次年夏季宣布的筹备立宪逐年应行事项清单与程德全的建议大相径庭：其一，清单将清查核定皇室经费的事项安排在"九年预备立宪"的第八年进行，而不是"率先"实施；其二，清单规定负责清查核定皇室经费的衙门，程氏提议的度支部却被宪政编查馆所取代。① 宪政编查馆作为立宪改革的中枢衙门，涉及新政筹备事项太多，作为皇室经费核定的"同办方"，目前仅见该馆于宣统元年三月编订各类统计表中涉及皇室财政清查统计；另外，宣统二年八月，东三省财政监理官熊希龄专折上奏清廷，建议重视对东三省官产、官地的经营整顿，筹划增多皇室经费，② 谕旨虽批令宪政编查馆知道，但该馆并未落实熊希龄的建议。由此可知，皇室经费清查统计和核定工作，恐怕只有依靠内务府来进行了。

　　由宪政编查馆督责推进的财政统计核查是清季清理财政战略的第一个环节，从全国范围看，这个环节的实际成效不大，最具成效的反倒是由度支部领导落实的钦派监理官赴各省清查财政，而针对皇室财政的核查工作，不在钦派监理官督责核查的范围之内。③ 就皇室财政统计核查而言，度支部与宪政编查馆的统计口径也有一定区别。光绪三十四年春季，度支部发布的统计清单纲领，其中第九类为皇室经费类，包括陵庙、祭祀、陵工、吉地、玉牒馆上用、颐和园、宗室王公俸禄、宗人府、銮仪卫、太医院、织造等项，计划由相关各方直接填报。④ 而宪政编查馆于宣统元年春季设计制作的皇室经费统计表包括了两大类，即部表和省表，部表含有度支部拨内务府织造经费分款统计表、内务府院司等处岁支经费统计表、内廷宫院等处岁支经费统计表、江浙织造岁支经费统计表等；省表则包括直省批解内务府织造经费分款统计表、江浙织造运务出入数目统计表，这些表格当然要分发度支部、内务府和各省，根据规定进行填报。⑤ 上述度支部和宪政编

① 《宪政编查馆资政院会奏宪法大纲暨议院法选举法要领及逐年筹备事宜折（附清单二）》，故宫博物院明清档案部编：《清末筹备立宪档案史料》上册，第 66 页。
② 熊希龄：《奏为筹拟皇室经费以理官产而符宪政折》（宣统二年八月二十一日），录副，档号 03—9297—019。
③ 刘增合：《清季中央对外省的财政清查》，《近代史研究》2011 年第 6 期。
④ 《度支部设立统计处章程》，《申报》1908 年 4 月 11 日，第 2 张第 2 版。
⑤ 《财政统计表式解说》，《清末民初宪政史料辑刊》，北京：北京图书馆出版社，2005 年，第 1 册，第 688—689 页。

查馆关于表格造报范围和操作方式差异较大，与总管内务府大臣向来认定的支款范围也迥然不同。①

摄政王载沣的安排基本上倾向于度支部所列机构的报表，不过，鉴于内务府大臣忧惧和盘托出本府经费收支真账后，或有被刚性预算制度所约束的可能，②今后难以"灵活弹性"支款，他指示府臣将该府每年经费分为经常、临时两类，编册送交宪政馆。③ 从当时度支部对预算理念的理解看，这种临时预算表是一种"积极"的财政政策，属于追加预算性质。④ 本着尽可能放宽统计的原则，总管内务府大臣变通设计了三种类型的报表，即常年额定表、约略活支表和预存备用表。⑤ 其实，皇室经费核查统计的范围和口径是经常变化的。宣统二年八月度支部上奏的"主管预算衙门所管京外预算经费事项清单"中，对原有的核查对象做

---

① 光绪四年，遵照两宫太后懿旨，总管内务府大臣魁龄等人认真检查本府所掌握的支款机构，如供用坛庙、坤宁宫、奉先殿、寿皇殿并各陵寝及各庙宇陈设供物价值，宫闱应用之件，守卫宫禁等处侍卫官员人等值班饭食、兵丁口分、本衙门办公用项，奖赏外藩使臣银两并乐部、上驷院、武备院、奉宸苑、军机处、礼部、都察院、步军统领、顺天府及旗营，热河、密云等处支领各款，统计机构约计上百个。参见魁龄等：《奏为宫闱用项无可裁减折》（光绪四年二月二十六日），录副，档号03—6598—031；魁龄等：《奏为遵旨详查内务府各项用款开单呈奏事》（光绪四年三月初七日），录副，档号03—6598—034；魁龄等：《呈各司处各项放款按照光绪三年详细查核逐款清单》（光绪四年三月初七日），录副，档号03—6598—036。

② 按照光绪三十四年八月确定的《宪法大纲》规定的"君上大权"，其中有"皇室经费应由君上制定常额，自国库提支，议院不得置议"，也就是议会对皇室经费没有监督核减的权力；但是按照宣统三年国内危机形势下制定的《重大信条十九条》，其中规定国会有权审议皇室经费。这就意味着光绪末季君主立宪中的君主权限与宣统三年危机时期修订宪法信条中的君主权限存在重大差异，皇室经费数额多寡的确定也是有可能变化的。参见《宪政编查馆资政院会奏宪法大纲暨议院法选举法要领及逐年筹备事宜折（附清单二）》，故宫博物院明清档案部编：《清末筹备立宪档案史料》上册，第59页；刘锦藻：《清朝续文献通考》（四），杭州：浙江古籍出版社，1988年，第11520页。

③ 《规定皇室经费将交宪政馆起草》，《申报》1910年5月26日，第1张第5版。

④ 宣统三年春，度支部的预算编制分为两个部分，即正册和附册，"正册取量入为出主义，以保制用之均衡；附册取量出为入主义，以图行政之敏活。此则立法之微意、用权之苦心，当为内外官民所共谅者也"。（《度支部奏为试办全国预算拟定暂行章程并主管预算各衙门事项缮单折》，《度支部试办全国预算奏稿》，清末铅印本，第2页）

⑤ 《厘订皇室经费》，《国风报》1910年第1卷第11期，第77页；参见王鹏：《清季皇室财政清理与制度变革》，第21—22页。

了调整，纳入统计的皇室经费主要包括内务府经费、宗人府经费、中正殿念经处经费、颐和园经费、东陵承办事务衙门经费、西陵承办事务衙门经费、奉宸苑经费、太医院经费、武备院经费、上驷院经费、銮仪卫经费、御鸟枪处经费、上虞备用处经费、领侍卫内大臣处经费、稽查守卫处经费、实录馆经费、崇陵工程处经费、奉天三陵衙门经费、苏杭织造衙门经费、各省看守行宫经费、各省例贡费等 21 个款别。① 这些范围，虽较此前有所扩大，但仍与内务府支款的范围有所区别。

不管统计口径如何变化，在具体清查行动中，总管内务府大臣及其司员是否配合清查款目、能否核实制定预算额度，则相当关键。任职宪政编查馆并熟悉日本皇室制度的李家驹发现，内务府的财政整顿和经费清查，所遇阻力不小，"掣肘孔多"。② 掣肘者主要来自宫内相关利益各方。隆裕太后身居宫内，一般不干预政事，但宫内财政清查涉及皇室利益，针对内廷养心殿后殿库储、广储司库储、东华门内银库等内帑存储的清查，她的顾己态度相当明显："广储司银库所储金银，应并皇室经费拨用；其内库储款不得列入国库，亦不应附属广储司，须饬交内务府大臣详细划分，缮折呈览。"③ 这实际上回击了某些督抚以内帑办新政的妄想。④ 世续和奎俊等是这一时期掌管内务府事务的重要官员。世续系军机大臣、文华殿大学士，但在设立宫内部、清查确定皇室财政等重大问题上均瞻顾较多，明显属于掣肘一方。报界相关报道显示出世续作为内务府大臣偏重宫内利益的趋向：

数月以来，枢府屡议改革内务府制度、厘定皇室经费、预备仿设宫内省等事，其不赞成者独世相耳。世相对于裁改内务府员缺及改革等事，屡次抗议，以致延宕不能决定。在世之意，以为彼既身为该府旗人，对于改革该府各事，即不应太苛。枢府诸老甚不谓然。⑤

① 载泽等：《呈主管预算衙门所管京外预算经费事项清单》（宣统二年八月二十七日），录副，档号 03—9300—005。
② 李家驹：《奏为密陈谋求皇室财政独立维护皇室尊严片》（宣统二年十二月十日），录副，档号 03—9299—030。
③ 《皇太后关于皇室经费之垂谕》，《大公报》1911 年 4 月 6 日，第 2 版。
④ 此前，两广总督岑春煊密奏朝廷，请求将内帑拨作兴办新政事业之用。见《粤督请另筹皇室费》，《华字日报》1905 年 12 月 15 日，第 4 页。
⑤ 《政府人物大更调原因之一》，《申报》1910 年 8 月 26 日，第 4 版。

此事被摄政王载沣所知，世续被开去军机大臣职务。① 世续出军机后，总管内务府大臣奎俊也是一位不积极配合的重要官员。内务府为响应朝臣奏请设立宪政筹备处的呼吁，② 遵章设立内务府"宪政筹备处"，由坐办堂郎中荣全担任总办，协理司员共计 12 人。③ 在该府筹备处会议上，奎俊、继禄、增崇等总管内务府大臣指示该处司员："皇室经费事关内廷供奉，除将应行划交外衙门承办各差不计外，余凡本府承当差款，于筹定时不得过为缩减。"④ 内务府向来被人视为浮冒浮销之地，浮销程度远超一般衙门，或高达四五倍之多，⑤ "数百年来京师第一阔绰衙署"，⑥ 招惹的物议和丛怨最多。但该府官员并不悔改，造报册籍时，或选择隐瞒，或决定浮报，以一己之利是否受损为权衡标准。度支部督责该府核实造报核查册籍，司员往往是敷衍、隐瞒、阻挠核查，该辈尝言："内务府本有定款，本衙门之支出决不仰赖度支部供给，两衙门之财政权自有清界，度支部何以迫催造册？本衙门之权力及内庭（廷）用度本无经常之资，不能实行预算决算。"⑦ 这类消极对抗核查的言论暗示了皇室财政独立的改革必将面临巨大阻力。度支部曾参劾内务府虚报款项、纵容杭州织造舞弊，御史亦举控宫内太监虚报侵吞，但为隆裕太后所压制。⑧

宣统二年十一月中旬，在各省督抚和民间舆论的压力下，清廷将预备立宪时

① 《宣统政纪》卷 38，宣统三年七月甲寅，《清实录》第 60 册，北京：中华书局，1987 年，第 684 页。

② 翰林院侍读景润于宣统元年十月奏请在京各衙门一律设立宪政筹备处，并阐述成立该处的八大益处。见《宣统政纪》卷 24，宣统元年十月辛丑，《清实录》第 60 册，第 450 页。

③ 宗人府：《宗人府等衙门设立宪政筹备处派员任事单》，中国第一历史档案馆藏，谢承仁档，档号 252—013—001—000—101—007。该府设立宪政筹备处的奏章，见《奏为遵旨设立宪政筹备处大致情形折》，中国第一历史档案馆、故宫博物院合编：《奏销档》第 297 册，第 117—120 页。

④ 《京师近事》，《申报》1911 年 6 月 1 日，第 6 版。

⑤ 《内务府浮销》，天台野叟：《大清见闻录》上卷，第 614—615 页。

⑥ 《京师近事》，《申报》1910 年 12 月 27 日，第 6 版。

⑦ 《内务府财政穷绌》，《新闻报》1910 年 5 月 30 日，第 1 张第 2 页；该府设立宪政筹备处后，藉口无专项经费，册籍造报推宕不前，迟迟不见效率。参见王鹏：《清季皇室财政清理与制度变革》，第 23 页。

⑧ 濮兰德、巴克斯：《清室外纪》，陈诒先、陈冷汰译，沈云龙主编：《近代中国史料丛刊》第 73 辑，台北：文海出版社，1972 年，第 200—201 页。

间由宣统八年提前到宣统五年结束，各项筹备工作须一律提前安排。这种情况下，奕劻等管控的宪政编查馆决定将度支部纳入确定皇室经费的承办机构之一，①度支部被委以重任后，如何打破皇室财政核查僵局，也成为该部关注的事项。随后，熟悉日本皇室制度的李家驹鉴于皇室经费核查缺少实际成效，专折奏请朝廷加快"谋求皇室财政独立"的步伐，提议由钦派亲贵大臣统率，通过设立皇室财政调查局和皇室审计院两种机构，召开皇室财政会议，分别展开工作。因度支部已经被纳入皇室财政核查的重要一方，因此他建议饬令度支部和各省督抚，督促配合内务府，推进皇室财政独立的工作进程。他最担心内务府大臣和司员在核查工作中掩盖、阻挠和敷衍的行为：

> 皇室财政向为内务府所专司，而与内廷宦寺相为表里，积弊相沿，莫可究诘，故天家供御不过十之二三，而侵蚀者或十之六七。今若彻底清查，诸多不利，阻格横生，亦所难免。然使循是不改，则皇室徒拥玉食之虚名，内官坐享耗蚀之实利。为皇室财政计，不宜出此，且及今不加清理，则皇室财政永无独立之望。②

李氏的呼吁和建策其实并无明显成效，隆裕太后嫌其干预宫廷事务，太监亦威胁他，③摄政王载沣无法抗衡太后，仅将其"下所司知之"。④ 特简重臣统率，事涉各省督抚和内务府大臣，更须度支部深度介入，宪政编查馆恐缺少这种魄力调处此事。不过，李氏奏疏中关于皇室财政来源分为皇室经费、皇室收入、皇室财产的说法，对度支部有所启发，宣统三年春季，该部厘订皇室经费草案即将皇室事务经费划分为内廷用款、陵寝用款、皇族用款、皇室产业四大类，⑤将此前核查款项的范围做了调整，在一定程度上吸收了李家驹的主张。

① 奕劻：《奏为立宪遵拟修正逐年筹备事宜折》（宣统二年十一月十五日），录副，档号03—9299—028。
② 李家驹：《奏为密陈谋求皇室财政独立维护皇室尊严片》（宣统二年十二月十九日），录副，档号03—9299—030。
③ 濮兰德、巴克斯：《清室外纪》，第205页。
④ 《宣统政纪》卷47，宣统二年十二月己丑，《清实录》第60册，第839页。
⑤ 《皇室经费之厘订》，《大公报》1911年1月18日，第2版。

　　揆诸内务府宣统元年、二年、三年等年份皇室财政"预算"数据，可谓饶有意味。清季预算文献显示，宣统元年度支部负责出款的内务府预算经费已经达到503万余两，[①] 这一数字并未包括宗人府、颐和园、陵寝衙门、上驷院等皇室机构经费。宣统二年底，内务府预算次年皇室经费的额度是500余万两，[②] 度支部汇集整理后，内务府、宗人府等岁入款项总数为614万余两，资政院审议后并未核减；[③] 宣统四年的预算岁入更高达1024万余两。[④] 这些预算数据，已经大大超过此前内务府每年需求的经费数额。具体来说，宣统四年预算岁入是咸丰三年80万两的12.8倍，[⑤] 咸丰八年40万两的25.6倍，[⑥] 同治初年100万两的10.2倍，[⑦] 同治十二年190万两的5.4倍，[⑧] 光绪初年115万两的8.9倍，[⑨] 光绪十七年140万两的7.3倍，[⑩] 光绪三十一年170万两的6倍。[⑪] 宣统元年、二年、三年编制的这些预算数字，一方面反映出内务府大臣编制皇室经费时担忧立宪政体之下，皇室需求或有可能受到议会限制，有意大幅度增加内廷用度的预算数额；另一方面，内务府各种收支，包括部分隐匿款项造报出来以后，形成新的收支数据，浮销、奢靡之款并未得到删减，原封不动继续编入新的预算数据中，并且每个款目

---

① 《清代民国财政预算档案史料汇编》第3册，北京：全国图书馆文献缩微复制中心，2006年，第1418—1425页。
② 《专电》，《申报》1911年1月17日，第3版。
③ 度支部：《议决试办宣统三年岁入岁出总预算折（片单附）》，清末刻印单行本。
④ 度支部编订：《宣统四年全国岁入岁出总预算表》，宣统三年刻印单行本，无页码。
⑤ 瑞常等：《奏为妥议内廷需用银两进款长策章程折》（同治四年四月十七日），录副，档号03—4939—027；罗惇衍等：《奏为密陈库款支绌情形请力求撙节折》（同治六年十二月初十日），录副，档号03—4817—023。
⑥ 户部：《附片（清单附）》（同治十二年正月二十九日），《清内务府档案文献汇编》，第1册，第231—242页。
⑦ 瑞常等：《奏为妥议内廷需用银两进款长策章程事》（同治四年四月十七日），录副，档号03—4939—027。
⑧ 总管内务府大臣：《为进款用款入不敷出据实陈明折》（同治十二年二月二十三日），参见李德启：《清季内务府经费问题》，第15—16页。
⑨ 魁龄等：《呈各司处各项放款按照光绪三年详细查核逐款清单》（光绪四年三月初七日），录副，档号03—6598—036。
⑩ 福锟等：《奏为库款支绌请饬户部拨给银两折》（光绪十七年十二月十七日），录副，档号03—6567—067。
⑪ 东亚同文会：《中国经济全书》第1辑第7编，台北：天南书局，1989年，第755页。

有意增大，以便于内务府司员日后继续上下其手，维护本衙门的一己之利。民间舆论对新政乏款支持而内务府却挥霍惊人的现象早有怨怒，慨言皇室经费厘定不过是"掩人耳目"之举："嗟乎！政府一言新政则号于众曰无款无款，而内务府岁糜巨款，如掷虚牝，乃不一为措意。投鼠忌器耶？同流合污耶？小民脂膏，在理应供若辈之挥霍耶？吾知明年皇室经费之厘定，亦不过掩人耳目而已。"① 立宪改革时代，皇室部门"家国关系"的应对理念，露骨地体现在皇室财政预算的编制上，帝王"小家"凌驾于"国家"之上，爱新觉罗皇家优于万民百姓的思维，大致由此可解。

其实，因时间仓促，清季预算收支的执行及其监督并未真正得到落实，度支部为此绞尽脑汁，批评各省不遵守预算的言辞极为严厉。② 内务府仍然以老规矩面对现实，宣统三年夏季，内务府广储司银库不敷支放，该衙门理所当然奏请饬令度支部借拨实银，开口就挪借 50 万两。③ 由此看来，一边是倾力建构新式预算管控制度，一边却继续沿袭家国不分的"宫府一体"模式，内务府仍时时逾规侵越国家财政，旧制度与新规范混合交错的形态栩栩毕现。

"逾界"及其管控是历代王朝治国理政中的常态问题，吏治、财政、军政、教育等各个领域均有此类问题，时代和领域不同，其表现也各有差异。与管控外省财政相比，皇室财政的逾界管控自具特殊性。中国历代封建王朝皇权至上，财政、军事、政治等各领域，集权程度愈发严重，至清代达到顶峰，集权的范围几乎是全方位的。皇室财政与国家财政的分野划界，虽在典章制度中有明确规定，然而，传统王朝的统治方式是人治而非法治，人治至上在各级官僚中几乎形成共识，督抚、司道官员中，崇人治、抑法治的政见比比皆是。④ 在高度集权体制和人治至上的理念之下，皇室财政、国家财政这类二元化结构的分界管控之成效，

---

① 《内务府浮销》，天台野叟：《大清见闻录》上卷，第 615 页。
② 载泽：《奏为陈明维持预算实行办法折》（宣统三年正月十四日），录副，档号 03—9300—006。
③ 奎俊等：《奏为臣衙门历年积亏及办理为难实情请准拨部款以济急需折》（宣统三年五月初二日），录副，档号 03—7517—005。
④ 《复张佩纶》，顾廷龙、戴逸主编：《李鸿章全集》，第 33 册，第 215 页；方濬颐编：《二知轩文存》，沈云龙主编：《近代中国史料丛刊》第 49 辑，台北：文海出版社，1970 年，第 711—720 页；王庆云：《王文勤公日记》，第 2177 页；等等。

基本取决于帝王个人的理念和境界，其运行和驱动的过程不得不带有浓厚的君主个人化色彩。因此，高度集权下财政基盘界限的管控驾驭，几乎变成皇权遮蔽其他权限的独裁式治理，在纲常架构上体现出矮化六部臣僚和督抚等下级官员权限的监督制约，导致各级财政官员的监管实际上难以奏效，制度运作的根本弊端由此可见。

走进晚清历史之后，可以发现，针对皇室财政和外省财政的治理管控不但难度方面存在差异，管控方式也大不相同。面对外省财政管控时，皇帝与部臣的立场大致一致；而针对皇室财政本身的监督和管控，除皇帝自我权衡之外，部臣与府臣的矛盾调处，晚清战时财政环境下外省督抚和海关监督等外臣的态度和能力自然又是重要的牵制因素，诸多变数隐含其中。最高统治者个人胸襟是影响管控效果的主导性因素，例如太后干政期间的奢靡风气、皇帝偏向顾己程度等往往具有导向性和决定性；内务府府臣、司员、宫内太监等站在帝王立场上，往往揣摩圣意，其贪腐作假方面的操作，成为管控行动的难点；户部职掌国家财政，面对内务府逾规越界的行为，尽遵圣意还是据理抗争，逾界管控的依托力量亦在此端；督抚、关监督、盐政的解银奉上与留款顾己，受战时环境影响，不易操控，动辄牵制京师各方。无论是"逾界"行为，还是管控举措，有关各方全凭自己对"家国关系"的裁酌权衡，取向和结局大不相同。大局利益与皇室利害孰先孰后，不啻是一把丈量皇帝治国能力高低的标尺，更关乎国运民命的否泰交替。

长时段纵深观察，明显可见晚清皇室财政逾界管控历程中，人与制度之间关系呈现的面相复杂凌乱，所谓"现代性"这一单向度指标似难周全统摄，更不可能据此评骘褒贬。在本文的讨论中，皇帝化"公"为"私"的逾界行为，却得到"孝道"美德的伦理支撑，制度的刚性约束只能退居其次，可见在历史进程中，制度文本与制度表达之间的落差明显存在，"法有定论，而兵无常形"，"离合取舍，其变无穷"。① 各种制度与非制度因素综合交织作用，呈现一种"你中有我，我中有你"、彼此包容的"镶嵌"关系。② 这已经超越了"近代性"单向

① 何去非：《何博士备论·霍去病论》，古棣主编：《孙子兵法大辞典》，上海：上海科学普及出版社，1994年，第385页。
② 苏国勋：《序言》，马克斯·韦伯：《新教伦理与资本主义精神》，康乐、简惠美译，桂林：广西师范大学出版社，2007年，第6页。

度指标的统摄和解释能力。新政时期"改旧规，建新制"顺应了时势，曾被视为制度近代化。然而，新规欲立，旧制却未退出，专制文化之下的"人"并未离开这个历史剧场，种种逾规行为迭现舞台，"制度的牢笼"频遭冲破，管控旧制与改革新规均难以奏效，看来旧制度下的"大革命"也不太容易跳出这个"周期率"。来华西人 J. O. P. Bland 和 Backhouse 在民国初年冷静回顾清季变革时，所感所悟，对上述讨论所见亦极富印证：

> 自道德、政治各方面观之，中国人自有其无形之规律，历年久远，在今日与在千年以前无异。虽少年维新党人极力排斥破坏之，而彼一身之所行，往往仍践其固有之规律而不自觉。彼在演说台上，在报纸上，戴外国帽，穿外国衣，用外国之思想，发外国之言论，大声疾呼，慷慨淋漓，似纯然为一外国人矣；然彼在家庭之中，在市场之中，在公署之办事室中，则仍如老病之复发，而暗蹈其鄙弃之旧律，故知其遗传之规律，乃必不可磨灭者，历史之势力岂能逃也?[①]

进而言之，晚清皇室财政逾规管控中的理、势、情三者变动不居，权衡裁酌亦有差异，导致管控效果不得不出现否泰轮回，难以走向理想的佳境。如此看来，学人宗奉"现代性"价值尺度的评判倾向或有不小的局限，也提示着来者研治晚清制度史的学术视野必须拓宽。

〔作者刘增合，暨南大学历史系近代中国研究中心教授。广州　510632〕

（责任编辑：路育松　黄　娟）

---

① 濮兰德、巴克斯：《清室外纪》，第 216 页。

文化与文明之争：启蒙运动以来德国思想界对西方现代性的反思

金寿福

摘　要： "文化"与"文明"两个概念从法语被引入德语，之后便在内涵和外延上发生了重大变化，其原因既有科学技术发展引发社会巨变的现实原因，也包含德国哲人对文化逐渐被文明同化和淡化的担忧。这些哲人主张文化的独特性并强调文化与族群之间存在内在的关联性；他们并不认为技术的发展与人类在道德层面上的完善成正比。他们指出理性化之后人类面临的生存危机，认为保持文化的原创力关系到相关民族的生存大计。这其中当然含有一定的民族主义色彩；不过，我们不应忽视德国人长期以来看待文明进程的不同视角以及对文明演变的深刻反思。当代德国学者忽略了其先哲有关片面追求技术文明对文化产生负面甚至毁灭性影响的观点，这不仅有失公允，而且不利于在全球化过程中维护文化的多样性。

关键词： 文化多样性　西方文明　现代性　德国　康德

"文化"与"文明"两个概念先后由法国输入德国，经历了完全不同的命运。"文化"一词在德语中主要与人的精神相关，指一个人、一个群体甚至一个民族的修养，是人的精神世界对外界进行整合的结晶。"文化"意味着人依靠理性战胜原始欲望的能力，借助法则调节社会矛盾的机制，体现了相关群体的习俗、传统和情感。相比之下，"文明"一词在德语中特指借助技术和科学进步而形成的物质生活，意味着追求个人的舒适和快乐，但动力来自外在世界。文明的过程被视为具有一定的强制性，它在许多时候代表了应当予以抵制的东西。目睹了法国大革命时期诸多背离文明理念的现象，同时考虑到工业化对环境的破坏以及人的异化，许多德国先哲意识到保持文化传统、防止文化被文明蚕食的急迫性。德国著名文化史家布洛伊尔在一部权威性论文集中指出，康德和洪堡对"文化"和"文明"做出的区别并未得以延续，只不过被 19 世纪末 20 世纪初极个别德国文人用来将文化和文明刻意对立起来。① 这一观点显然忽略了德国学界围绕文化与文明所进行的长期讨论，妨碍了我们正确界定文化与文明的概念，以及充分认识以技术发展为标志的文明具有的潜在危机及它给自然和人类带来的负面影响。认清文化与文明之争所发生的具体社会历史语境，有助于客观评判德国有识之士在批判现代性方面做出的努力，对直面和应对 21 世纪人类面临的全球化、难民和环境危机具有重要的启发意义。

一、文化

法语的"文化"（culture）一词源自拉丁语的"colere"，原义为"种植"、"培育"。西塞罗把哲学形容为"修身养性"（cultura animi），意指人对精神家园的培育，伊拉斯谟所说的"培养认知力或完善禀性"（cultura ingenii）也是指人的自我修养。古典时期和文艺复兴时期的"修养"限于知识阶层当中，还没有泛指一个整体；只是到了现代，"文化"才被用来指涉一个群体甚至整个民族的道德水准和精神状态。② "文化"一词在 17 世纪的法国已经被普遍使用，它与"文明"（civilization）同义，两个词均与当时新兴的渐成主流的事物相关，指涉人的内在素质以及有别于大众的行为举止，因而成为西欧中上层人士标榜自己或强调自身与其他阶层差别时常用的字眼。③ 在早期的用法中，"文化"一词通过第二格与另外一个名词相连，比如"精神"、"心灵"、"文学"或"身体"，以此来说

---

① S. Breuer, "Späte Barbaren. Kultur und Zivilisation im kaiserlichen Deutschland," in P. Nahamowitz und S. Breuer, hrsg., *Politik-Verfassung-Gesellschaft*: *Traditionslinien und Entwicklungsperspektiven*, Baden-Baden: Nomos, 1995, S. 35 – 37.

② H. -O. Dill, "Kultur vs. Zivilisation—Genesis zweier anthropologischer Grundbegriffe," *Sitzungsberichte der Leibniz-Sozietät der Wissenschaften zu Berlin*, Bd. 111, 2011, S. 132.

③ J. Goudsblom, "Civilization: The Career of a Controversial Concept, Review by Johan Goudsblom," *History and Theory*, Vol. 45, No. 2, 2006, p. 289.

明所指的"修养"或"锻炼"关乎哪个方面。①

德语的"文化"（Kultur）一词于18世纪后半叶由法国传入。② 德国语言学家阿德隆（J. Ch. Adelung）把"文化"定义为"一个民族的精神和身体的原始力量被升华的结果"。③《杜登词典》把文化解释为"一个群体在精神、艺术、造型艺术等领域获得的总体成就，反映了人的发展水平"。④ 显而易见，德语的"文化"一词首先是侧重人的精神修养，然后是强调它与特定民族的密切关系。⑤ 康德认为，人的本能在于发展自己潜在的力量和能力，他把这个过程及其结果称为

---

① J. Fisch，"Zivilisation, Kultur," in O. Brunner et al.，hrsg.，*Geschichtliche Grundbegriffe*：*Historiches Lexikon zur politisch-sozialen Sprache in Deutschland*，Stuttgart：Klett-Cotta，Bd. 7，1992，S. 700 – 703.

② 门德尔松于 1783 年称启蒙、文化、教育等词为"新生儿"。见 H. -O. Dill，"Kultur vs. Zivilisation—Genesis zweier anthropologischer Grundbegriffe," S. 148。

③ A. Reckwitz，"Die Kontingenzperspektive der'Kultur'. Kulturbegriffe, Kulturtheorien und das kulturwissenschaftliche Forschungsprogramm," in F. Jaeger und J. Rüsen，hrsg.，*Handbuch der Kulturwissenschaften*，*Band* Ⅲ：*Themen und Tendenzen*，Stuttgart and Weimar：J. B. Metzler，2004，S. 6.

④ G. Drosdowski et al.，hrsg.，*Duden Deutsches Universalwörterbuch*，Mannheim，Wien，Zuerich：Bibliographisches Institut，1983，S. 748.

⑤ 在《韦伯斯特词典》中，"文化"被用来解释"文明"，反之亦然，见 W. J. Cahnman，"Culture, Civilization, and Social Change," *The Sociological Quarterly*，Vol. 3，No. 2，1962，p. 95. 许多人类学家也把这两个词不加区别地混用，需要区别的时候，这些学者认为文明更多指人类进步的层面。见 B. Mazlish，"Civilization in a Historical and Global Perspective," in S. A. Arjomand and E. A. Tiryakian，eds.，*Rethinking Civilizational Analysis*，London：SAGE Publications Ltd.，2004，pp. 15 – 16. 在由泰勒撰写并且在 19 世纪被奉为人类学经典的《原始文化》（*Primitive Culture*）一书里，文化与文明被视为同义词。泰勒说："从广义的民族学角度说，文化或文明构成了包含知识、信仰、艺术、道德、法律、风俗以及其他一个人作为社会成员获取的能力和习惯。"与此相关，在此书的索引当中，泰勒对文明条目的解释是"见文化"，请参见 Johan Goudsblom，"Civilization：The Career of a Controversial Concept，Review by Johan Goudsblom," p. 292. 弗洛伊德的名著 *Das Unbehagen in der Kultur*（中文译为"文明与缺憾"或"文明及其不满"）中使用的关键词是"文化"而不是"文明"。他探讨的是"超我"在人类发展中扮演的角色，该书被翻译成英语时所用的书名为 *Civilization and its Discontents*。又如，在备受学界关注的著作《文化的模式》（*Patterns of Culture*）中，本内迪克特并没有对这两个词区别对待，她甚至在同一段落中不加任何区分地交替使用这两个概念，参见 J. Goudsblom，同上。

"文化"。① 康德对"文化"的界定与启蒙运动时期的人本观相吻合。必须强调的是，在康德眼里，文化不等同于文明，因为前者含有道德层面的意义，即生存的尊严。康德的这一定义赋予文化以规范性意义。② 按照康德的理解，文化与人内在的和纯真的德性相关。文化意味着值得追求和人人都应当争取的生活方式，这种生活方式既有别于贵族，也不同于农民等下层民众。在试图使自身的价值和成就合法化的同时，德国新兴的市民阶层在康德的观点中找到了依据；在上流社会热衷于效仿法国宫廷奢华风气之时，市民阶层把自己标榜为坚守德国传统的中流砥柱。③ 这一点说明，德国与法国在从中世纪向近代早期的过渡中走了完全不同的道路，正是在此基础上，工业化之后德国的有识之士把文化视为新兴市民阶层的理想。按照他们的理解，生活的目的和意义在于身心受到同步培养，个性得到充分发展，而不是在理性化和技术化的潮水中随波逐流。④ 从这个意义上说，康德和洪堡对文化和文明所做的区分得到了继承，并非像布洛伊尔说的那样没有延续下来。

文化中所包含的修养主要借助教育，德语中有几个词不同程度地表示"教育"之意。"Erziehung"主要指知识的传授，但它含有强制性灌输的含义，所以没有教养的人被说成"unerzogen"，意思是没有被教育好；"Ausbildung"特指技能尤其是职业技能的训练；"Bildung"一词涵盖的内容很广，指性格的培养、品味的形成和身体的锻炼，强调人的全面发展，尤其强调自我修养。正如康德所说，教育仅仅强调纪律和管教还远远不够，更加重要的是让受教育者内省，只有这样，受教育者才有可能获得完全的自由。人与动物的本质区别在于，动物完全依靠本能行事，而人则要建立一系列行为规则，而且这项任务需要几代人连续的努力才能完成。⑤ 人从受自然束缚状态进入自由状态，文化在其中扮演了决定性

---

① R. Geuss, "Kultur, Bildung, Geist," *History and Theory*, Vol. 35, No. 2, 1996, p. 158.

② 转引自 H.-O. Dill, "Kultur vs. Zivilisation—Genesis zweier anthropologischer Grundbegriffe," S. 137.

③ E. A. Vogt, "Civilisation and Kultur: Keywords in the History of French and German Citizenship," *Ecumene*, Vol. 3, No. 2, 1996, p. 132.

④ A. Reckwitz, "Die Kontingenzperspektive der 'Kultur'. Kulturbegriffe, Kulturtheorien und das kulturwissenschaftliche Forschungsprogramm," S. 5–6.

⑤ A. Sartori, "The Resonance of 'Culture': Framing a Problem in Global Concept-History," *Comparative Studies in Society and History*, Vol. 47, No. 4, 2005, p. 686.

角色，人借此成为具有道德的物种。①　缺少了道德层面，文化只能被称为文明。②正是在这个意义上，德语中诞生了一个独具特色的名词"有修养的市民阶层"（Bildungsbürgertum）。③

德国新兴市民阶层的主要代表是知识群体。与法国不同，德国的知识群体很少被纳入权力机构中。在众多的诸侯国里，主宰政事的一直是世袭的权贵。部分是出于不满，部分是作为自卫，这些知识群体赞美文化，而把宫廷权贵模仿法国的生活方式称为文明。对于长期处于政治分裂状态的许多德国人来说，文化似乎为他们提供了确认身份和协调共同目标的可能性。④　从另外一个角度看，随着法国文化日益渗透到德国各个领域，德国文化受到空前威胁，尤其是面对拿破仑称霸欧洲的事实，许多之前推崇文化的德语区精英们也把文化与德意志民族联系在一起。在被法国军队占领的柏林，费希特于1807年发表了题为《致德意志民族》的系列演讲。他的核心论点是，德意志民族优于法兰西民族，原因在于前者保持了更多和更强的原始动力（Ursprünglichkeit），这一动力在德意志民族的习俗、情感表达、思维方式等方面都可以清楚地看到。⑤　此时，文化与文明的对立便初见端倪，法国文化被称为文明，而德国文化则被视为促使德国人融合为整体的黏合剂。从19世纪末期开始，文化渐渐变成文明的反义词。德国成为文化的承载者

① I. Kant, "Conjectural Beginning of Human History," in L. W. Beck, ed., *On History*: *Immanuel Kant*, New York: Macmillan, 1963, pp. 60 – 61.

② 转引自 W. Perpeet, "Ernst Cassirers Kulturphilosophie," *Zeitschrift für philosophische Forschung*, Bd. 36, H. 2, 1982, S. 257。康德对文化的定义后来也影响了洪堡的教育理念，后者倡导的德国中学（Gymnasium）注重人文学科，实为最好的证明；德国大学人文学科的兴起也与此相关。参见 A. Sartori, "The Resonance of 'Culture': Framing a Problem in Global Concept-History," p. 685.

③ 英文中没有准确的对应词，所以意译为 "the educated middle classes"，不过这个译法没有突出"自我"的意思，而是强调了"被教育"之意，参见 D. A. Barnstone, "Modernism Reconsidered: The Kultur-Zivilisation Dichotomy in the Work of Adolf Rading," *New German Critique*, Vol. 36, No. 3, 2009, p. 48.

④ E. A. Vogt, "Civilisation and Kultur: Keywords in the History of French and German Citizenship," p. 129.

⑤ R. Geuss, "Kultur, Bildung, Geist," p. 156.

和代言人，而法国等国则变为文明的代名词。① 这时的文化与文明概念具有明显的意识形态色彩，德国许多不同于甚至落后于法国和英国的事物被贴上了文化的标签，因此被认为值得维持下去。②

在许多德国人看来，文化侧重一致性，是一种风格、一种态度、一种品味，③换言之，文化是人的精神世界对外界的某种整合，因此保留着自然界深层次捉摸不透的原动力。文化无异于自然的魔力被升华后的结晶，正因为如此，文化在优秀的艺术品中或者天才身上表现得最为明显和强烈。④ 不可忽视的是，德国人着力于区分文化与文明的努力反映了这样一个历史事实，即他们从 18 世纪后期开始越来越深刻地意识到人类生活方式的偶然性。在使用科学技术并享受其成果的同时，不少德国人意识到技术和机器潜藏的危险，他们反对不计后果地放弃人的原始本能和纯朴的生活方式。⑤ 在这个被科泽勒克（R. Kosellek）称为"鞍型时期"（Sattelzeit）的年代，原来看上去自然而然的东西成了问题。⑥ 赫尔德并不认为所谓的科学方法能够解决所有问题，也不认为真实性是不受时间限制、不可改

① 促成这一趋势的动因主要有两个。一是随着工业化的完成，人们的物质生活水平提高，伴随而来的是他们精神世界的空虚、日益严重的环境和生态恶化以及社会阶层之间的贫富分化；二是世纪之交德国与英法之间的竞争和冲突引发了关于政治制度优劣及其民族道德素养高低的争论。争论随着第一次世界大战的爆发达到了顶点。埃利亚斯认为，在德语区，文化与文明两个概念之间的对立早在 18 世纪就已经定局；他显然把后来才出现的情况上推了一个世纪之多。参见 J. Fisch，"Zivilisation，Kultur，" S. 722 及脚注246。
② E. A. Vogt，"Civilisation and Kultur：Keywords in the History of French and German Citizenship，" p. 136.
③ 哥伦比亚哲学家达维拉（G. Dávila）用一个比喻把文化与文明之间的区别勾勒出来，从中看得出他受德国人崇尚文化之影响的浓重痕迹。他说："文明是深思熟虑之行为的结果；而文化则属无意而为之的副产品。文明是知识人的精心策划；文化则是精神的展现。文明是以马忤斯（耶稣离开耶路撒冷时路过的小城）客栈的面包；而文化则是分享面包的举动。后者是说什么也无法模仿的。" 见 H. -O. Dill，"Kultur vs. Zivilisation—Genesis zweier anthropologischer Grundbegriffe，" S. 152 – 153。
④ H. -O. Dill，"Kultur vs. Zivilisation—Genesis zweier anthroplogischer Grundbegriffe，" S. 133.
⑤ D. A. Barnstone，"Modernism Reconsidered：The Kultur-Zivilisation Dichotomy in the Work of Adolf Rading，" p. 40.
⑥ A. Reckwitz，"Die Kontingenzperspektive der 'Kultur'. Kulturbegriffe，Kulturtheorien und das kulturwissenschaftliche Forschungsprogramm，" S. 5.

变和客观的，更不相信人能够寻找到普适的法则。他的这些观点有别于当时在德国受到追捧的法国哲学家。① 赫尔德重视每个群体或民族的个性和特性，他把文化比喻成"一个民族在其存在过程中绽放的花朵"。② 他认为，每一种文化的核心是该文化成员的习俗、传统和情感，而语言则是使这些因素得以留存并与相关民族联系在一起的媒介；他特别强调"民族精神"（Volksgeist）。③ 赫尔德认为，一种文化的内部呈现均质，对外则相对封闭，如同一个球体。④ 正如每一个球体有其重心，一个民族在追求幸福时的关注点和侧重点也各有不同。⑤ 赫尔德指出了每个文化的特殊性；不过，他同时强调了文化间相互学习和取长补短的重要性。⑥

如果说之前的德国学者更多是从人的精神层面探讨文化的价值和作用，至 19 世纪末期，有关文化的论争逐渐具有政治色彩。德国历史学家特赖奇克撰文批评英国对德国的敌对态度，并且把英国社会存在的问题归结于文明。⑦ 这里当然有民族情绪在作祟，但同时不可否认的是，1873—1896 年的经济危机和社会萧条给

---

① E. A. Vogt, "Civilisation and Kultur: Keywords in the History of French and German Citizenship," p. 133.

② 转引自 A. Reckwitz, "Die Kontingenzperspektive der 'Kultur'. Kulturbegriffe, Kulturtheorien und das kulturwissenschaftliche Forschungsprogramm," S. 7.

③ P. R. Hubert, "Kulturtheorie und Kulturkonflikt," *Sezession — Oswald Spengler*, Mai 2005, S. 18.

④ 见 A. Reckwitz, "Die Kontingenzperspektive der 'Kultur'. Kulturbegriffe, Kulturtheorien und das kulturwissenschaftliche Forschungsprogramm," S. 7.

⑤ J. G. Herder, *Auch eine Philosophie der Geschichte zur Bildung der Menschheit* [1774], Frankfurt am Main: Suhrkamp, 1967, S. 44.

⑥ 斯宾格勒后来强化了赫尔德关于文化特殊性的观点，认为一个民族所处的环境及其由来已久的生活方式造就了特殊的生活方式；每一种语言都用"我们"这个词来表达成员们属于同一个集体的意识。斯宾格勒把文化看作一个有机体，它源于一个原始符号（Ursymbol），而且依据该符号包含的能量（即亚里士多德所说的将潜能变为现实的能动本源）来展现生命轨迹。因此，每一种文化不仅拥有各自的灵魂，而且其生命周期也是固定的。借助莱布尼茨的单子论，斯宾格勒把文化描写为单孢体，文化间的相互影响是不可能的。在斯宾格勒眼里，民族不是文化的主体，而是文化的产品。O. Spengler, *Der Untergang des Abendlandes*, Bd. 1, München: C. H. Beck, 1920, S. 29 – 30.

⑦ A. Sartori, "The Resonance of 'Culture': Framing a Problem in Global Concept-History," p. 680.

原本乐观的进步观念打上了问号。[1] 到了第一次世界大战前夕，德国与英法之间的对抗被描述为文化与文明之间的大决战。[2] 随着战争的临近，文化与文明之争的火药味也越来越浓。在德国学者眼里，德国文化象征人文和人性；而以法国、英国等国为代表的文明不过是外在的东西，即技术的发展。阿尔弗雷德·韦伯认为，人所特有的精神方面的创造性比起技术发明要重要得多。[3] 托马斯·曼在其题为《战争中的思考》（Gedanken im Kriege）的文章中一方面为德国文化呐喊助威，另一方面宣称"文明与文化绝不是同义词，而是反义词"。[4] 在他眼里，第一次世界大战变成了文化与文明之间的决战，在他创作的小说《魔山》里，主人公面对一个严峻的抉择，一边是所谓的进步，另一边则是传统；他必须在二者之间进行选择。[5] 因为海因里希·曼并没有像自己一样对法国持敌对态度，托马斯·曼称自己的兄长是"文明的文人"（Zivilisationsliterat）。[6] 1914 年 9 月，93 位德国教授和艺术家联名发表《九十三人宣言》。在这份亦被称为《致文化

---

[1] 除了意识形态层面以外，文化与文明之争包含了人们对社会发展方向的关心和对人生意义的探讨。参见 D. Blackbourn, "The Discrete Charm of the Bourgeoisie: Reappraising German History in the Nineteenth Century," in D. Blackbourn and G. Eley, eds., *The Peculiarities of German History: Bourgeois Society and Politics in Nineteenth-Century Germany*, Oxford: Oxford University Press, 1984, pp. 207 – 208.

[2] J. Goudsblom, "Civilization: The Career of a Controversial Concept, Review by Johan Goudsblom," p. 289.

[3] H. Reimann, "Alfred Weber und die heutige kultursoziologie," in H. G. Nutzinger, hrsg., *Zwischen Nationalökonomie und Universalgeschichte*, Marburg: Metropolis Verlag, 1995, S. 115. 在韦克斯勒（E. Wechsler）眼里，法国宠物猫表现了法国虚夸的文明，而忠诚的德国牧羊犬则代表了德意志文化。见 M. Hinz, "Zur Affektgeladenheit und zum Bedeutungswandel des Zivilisationsbegriffs: Norbert Elias, Wilhelm E. Mühlmann und Hans Peter Duerr im Vergleich," in A. Treibel et al., hrsg., *Zivilisationstheorie in der Bilanz*, Wiesbaden: Springer Fachmedien, 2000, S. 74. 法国人也不会熟视无睹，他们提到德国文化时故意用引号，称德国人是野蛮人，见 H. -O. Dill, "Kultur vs. Zivilisation—Genesis zweier anthropologischer Grundbegriffe," S. 157 – 158.

[4] D. A. Barnstone, "Modernism Reconsidered: The Kultur-Zivilisation Dichotomy in the Work of Adolf Rading," pp. 39 – 40.

[5] H. -O. Dill, "Kultur vs. Zivilisation—Genesis zweier anthropologischer Grundbegriffe," S. 144.

[6] J. Goudsblom, "Civilization: The Career of a Controversial Concept, Review by Johan Goudsblom," p. 289.

世界!》（An die Kulturwelt!）的声明中，德国的军国主义者被美化为文化保护者，签名者认为德国人属于"文化民族"（Kulturvolk）。著名古典学家维拉莫维茨称，不仅德国文化而且整个欧洲文化的命运都取决于德国能否在战争中获胜。①

二、文明

与"文化"一词相同，德语中的"文明"（Zivilisation）也是从法语（civilisation）转借而来，其原型是拉丁语"civis"（市民）和"civilis"（市民的）。法国人从 17 世纪中叶开始使用这一概念，德语引入该词是在 18 世纪后半叶。② 顾名思义，文明意味着使人由野蛮状态转变为市民的过程及其结果。从这个意义上说，使得一位具有市民身份的人有别于野蛮人的内在品质和外在条件都属于文明的范畴，它既可以指技术水平和科学知识，也可以指代宗教理念和行为举止。大到法律制度，小到烹调技艺，无不在文明概念当中。

法语中的"文明"一词最早出现在由老米拉波（M. de Mirabeau）撰写的《人类之友》（L'Ami des Homme）一书中。老米拉波用该词描写一个依民法治理的社会，同时也指举止高雅的人群以及这些人具有的品德。③ 1671 年，《再论教养》（Nouveau Traité de la Civilité）一书在巴黎面世。该书详细解释了符合社会规范的行为准则，着重点是不同社会阶层的人应该如何注重各自的身份。此书前后印刷 15 版，可见当时的法国人对显示身份和提高名誉的重视程度。④

我们可以从两个向度解释"文明"一词的含义。从社会的横向度说，在 18 世纪中叶的法国，"文明"一词表达了法国上层社会成员引以为豪的、有别于下

---

① W. Lepenies, *The Seduction of Culture in German History*, Princeton：Princeton University Press, 2006, pp. 16 – 17.

② H. -O. Dill, "Kultur vs. Zivilisation—Genesis zweier anthropologischer Grundbegriffe," S. 132. 《法国科学院词典》于 1798 年首次收入"文明"一词，单立词条，见 W. J. Cahnman, "Culture, Civilization, and Social Change," p. 96.

③ B. Mazlish, "Civilization in a Historical and Global Perspective," p. 14.

④ D. Rose, "'La Civilité Moderne' oder：Wie kam die 'Krise' in die 'Zivilisation'?" *Archiv für Kulturgeschichte*, Bd. 93, 2011, S. 37 – 39. "教养"一词不久之后便完全丧失了确定地位和身份的原有功能。

层民众的谈吐、礼节和品味。① 从时间的纵向度看，文明和不文明分别代表两个世界，即法国的当下与过去。对18世纪启蒙运动时期的法国思想家来说，与文明相对立的是野蛮。在他们眼里，中世纪是一个野蛮的时代，而近代早期的社会转型象征着社会的进步。在一本专门描写查理五世统治时期的著作中，罗伯逊（W. Robertson）在前言里专门列举了欧洲各国摆脱野蛮进入文明状态的实例，如法律的合理化、国家对合法暴力的垄断、科学和文学的发展、开放的男女关系等。所有这些进步首先而且主要是在城市尤其是在巴黎获得的。② 以孔德为代表的法国哲人认为，借助建立在科学之上的技术手段，人类文明会循序渐进；异化是因为人在技术层面组织得不够完美，随着技术的不断更新和提高，人在道德方面会变得更完美，而且与自然的关系也必将得到协调。③ 启蒙运动提倡普遍性、客观性、理性以及完美地解决物质和精神生活中的所有问题。在这样一个追求适用于整个人类的理想社会的年代，地方和人群之间的差异以及各自经历的不同历史均被弱化甚至被忽视。考虑到法国地理界线与民族身份认同高度吻合，不难看到，文明这一概念反映了法兰西民族对身份认同的高度一致性和他们对政治制度的信心。

对德国人来说，给文明做出上述解释非常成问题。④《杜登德语词典》把文明定义为"借助技术和科学进步生成或改良的社会和物质生活条件"。⑤ 值得玩味的

---

① A. L. Kroeber and C. Kluckhohn, *Culture: A Critical Review of Concepts and Definitions*, New York, Vintage Books, 1952, p. 72.

② J. Swenson, "A Small Change in Terminology or a Great Leap Forward? Culture and Civilization in Revolution," *Modern Language Notes*, Vol. 112, No. 3, 1997, p. 325.

③ 参见 D. Cérézuelle, "Technological Acceleration and the 'Ground Floor of Civilization'," in H. M. Jerónimo et al., eds., *Jacques Ellul and the Technological Society in the 21ˢᵗ Century*, Heidelberg, New York, London: Springer, 2013, pp. 63 – 65.

④ E. A. Vogt, "Civilisation and Kultur: Keywords in the History of French and German Citizenship," pp. 129 – 130.

⑤ G. Drosdowski et al., hrsg., *Duden Geutsches Universalwörterbuch*, S. 1479. 在谈论人类早期文明的时候，学者们曾经把文字和城市的出现作为早期人类是否进入文明阶段的重要标准。如果一个群体建造城市并开始使用文字，他们就拥有了文明；否则，他们的生存状态只能被称为文化。按照这一理解，文化属于人类发展的初级阶段，而文明标志着人类在人与人交流以及利用和战胜自然方面获得了质的飞跃。有人将文明称为城市文化，也是基于这样的理解。见 K. V. Lottick, "Some Distinctions between Culture and Civilization as Displayed in Sociological Literature," *Social Forces*, Vol. 28, No. 3, 1950, p. 241.

是，德语中第一次出现"文明"（Zivilisation）一词是在 1777 年一本名为《环游世界》的游记中，作者是曾经参与英国库克船长探险活动的德国人福斯特（G. Forster）。① 他在书中描写了所谓文明民族（Zivilisierte Völker）种种变了味的习俗；此时，"文明"便具有了一层贬义。在不少德国人看来，文明的过程具有一定的强制性，因为个体被纳入越来越大的群体当中，即便有些人自愿加入特定的群体，他们也并非出于自我完善的目的，而首先是为了寻求个人的幸福、舒适和快乐，动力来自对外在世界的欲望；② 因此，文明在许多时候是应当予以抵制的东西。作为文化的倡导者和创造者，德国人应该充分认识到文明的缺陷及其可能带来的危害，设法通过文化让文明得到纯化和升华。③ 法国大革命时期的极端措施和许多暴力行为促使歌德、席勒等文人审视法国文明，使得他们愈发重视市民阶层的修养。④

文明成为文化的对立词，实际上始于康德给文化增加了道德的维度，即文化意味着道德上的自我修养和完善，而文明只不过是习俗的细化而已。康德说："我们已经文明（zivilisiert）到了登峰造极的地步，社交方面讲究各种名目的礼貌和礼节。但是，想说我们是有道德的人，还有很长一段路要走。有关道德的理念实际上属于文化范畴；不过，人们在使用这一理念时局限在诸如为了沽名钓誉而有所顾忌以及外表上的体面；其结果只能是，他们止步于文明。"⑤ 康德认为，人应当有修养，而且多多益善；因为，有修养的人才是有道德的人。⑥ 赫尔德也反对把文化与文明混为一谈，他认为文明与品味之类的雕虫小技相关；而文化则

---

① 该书用英语撰写，书名为 *A Voyage round the World*，德语翻译成 *Reise um die Welt*。

② O. Schnyder, "Zivilisation und Kultur," *Monatshefte für deutsche Sprache und Pädagogik*, Bd. 19, H. 2, 1918, S. 41.

③ O. Schnyder, "Zivilisation und Kultur," S. 41 - 42.

④ D. A. Barnstone, "Modernism reconsidered: The Kultur-Zivilisation Dichotomy in the Work of Adolf Rading," p. 47.

⑤ 转引自 A. Reckwitz, "Die Kontingenzperspektive der 'Kultur'. Kulturbegriffe, Kulturtheorien und das kulturwissenschaftliche Forschungsprogramm," S. 6.

⑥ D. Rose, "'La Civilité Moderne' oder: Wie kam die 'Krise' in die 'Zivilisation'?" S. 52 - 53. 法国人并非认为被称为文明的社会变化所带来的都是好的事物。早在 18 世纪，他们就试图区分"真正的"文明与"虚假的"文明；所谓虚假的文明就是繁文缛节，因为它们不具有任何道德成分，参见 J. Starobinski, *Blessings in Disguise*; *or*, *The Morality of Evil*, Cambridge, Mass.: Harvard University Press, 1993, chapter 1.

不然。他不赞成人类社会线性进步的观点，甚至嘲笑哲学家们俨然像上帝一样预言历史发展的轨迹。①

阿尔弗雷德·韦伯的社会学理论也是建立在把文明和文化二分的基础上。在他看来，文明的进程主要表现在实用方面，人的智能在掌控外部世界上大幅度提高。在他看来，文化运动（Kulturbewegung）具有宗教、道德和美学的价值，为了达到这一目的，人必须以理性的方法分析和认识自然；而文明的进程（Zivilisationsprozeß）的目标是借助科学技术驾驭自然。换句话说，文明就是线形的、不可逆转的和普遍的技术进步的过程，其结果之一便是现代自然科学的形成。②

斯宾格勒也相信文明与物质相关。他认为，物质至上主义使得人只注重事实，而对传统没有了敬畏感；文明中的人不是受灵魂支配，而是被智力所主导。有关人类需求这样重大问题的思考，竟然沦落为围绕着钱所进行的不可开交的争吵；道德也几近沦丧，真正的艺术已经死亡，数学渗透到生活的每个角落，原来理解因果关系的原则只是被用来解释现象；深奥的自然已经没有了宗教的因素，所谓的创造只是追求实用的设计。斯宾格勒把理性的胜出以及田园式生活被城市生活所取代，都视为人类进入文明状态的标志，或者更确切地说是文明的后果。

---

① V. Spencer, "In Defense of Herder on Cultural Diversity and Interaction," *The Review of Politics*, Vol. 69, No. 1, 2007, p. 84. 阿诺德受到了德国学界在有关文化与文明的讨论中褒奖前者、贬低后者的影响；因为他认为，文化意味着精神的完善和内心的处境，而文明则与技术和物质生活相关，参见 M. Arnold, *Culture and Anarchy*, Cambridge：Cambridge University Press, 1990, p. 48.

② A. Weber, "Kultursoziologie," in A. Vierkandt, hrsg., *Handwörterbuch der Soziologie*, Stuttgart：Enke Ferdinand, 1931, S. 284 – 294. 关于人的精神世界如何在物化过程中产生异化，齐美尔做了如下说明：一个原本自由的人成为雕塑家，其作品的价值在于他在创作中使自己的精神物化。他同时也播下了"悲剧"的种子，因为在把精神注入雕塑品的同时，这位艺术家借助了本质上具有实用性质的技术手段；而这个实用性带有一定程度的强迫性质，文明正是无数类似的强迫性所积累的结果。见 G. Simmel, *Philosophische Kultur*, Leipzig：Werner Klinkhardt, 1911, S. 127. 在其他国家有识之士的著述中，类似观点也经常出现。陀思妥耶夫斯基把文化与文明之间水火不容的对立比喻为"拉斐尔还是汽油"。这一比喻虽然看似简单，却道出了人类在其发展过程中尤其是工业化以后，对于人与自然、传统与革新等重大问题的反思和忧虑。我们今天仍然要面对这个历史遗留问题。见 W. Perpeet, "Ernst Cassirers Kulturphilosophie," S. 257.

在斯宾格勒看来，毁灭性的战争就是文化被文明取代后不可避免的结局。①

海德格尔尖锐批评了现代人所具有的金玉其外、败絮其中的本质。他认为，文化在高度发展的文明中业已名存实亡。关于这一点，他使用了如下的排比式比喻："一幅画如同猎人的枪或帽子被挂在了墙上；凡·高描绘一双鞋子的画走马灯式地从一个展览转移到另一个展览；艺术品被打包寄送，犹如鲁尔区的煤和黑森林的木材被运往四面八方；荷尔德林的颂诗集与抹布一起包裹在行军囊里；贝多芬的四重奏乐谱被存放在出版社的库房里，犹如地下室里存放的越冬土豆。"② 显而易见，艺术品绝不是商品，因为艺术家首先不是为了获利，而是为了抒发情感和培养情操。

在讨论文化的悲剧时，齐美尔并没有止步于如何定义文化与文明的纠结之中，而是进一步深入探讨了人应当如何正确处理主观与客观的矛盾。他以一棵果树既可以成长并结出丰硕的果实，也可以提供木材的事例，阐释了人的发展潜力和最终的发展方向。他认为，一棵果树如果获得充足的阳光和水分，它将适时开花和结果，这意味着它依靠自身的特质并借助自然条件完满地结束了生命周期；相反，如果将这棵果树的树干砍下来，做成船桨，则已经超出其本身的生命意义，只有从技术角度来衡量才具有些许意义。齐美尔意在说明，人要掌握分寸，对于修身养性，阳光和水分已经足够，再借助刀斧已经违背了初衷。③

三、文明的进程

从 17 世纪开始，人类社会直线进步的理念逐渐成为一种信条。④ 基督教教义认为，人性的弱点是天生的，而启蒙运动的思想家则认为，人生来是善的，人的

---

① W. Krebs, "Kultur, Musik und der 'Untergang des Abendlandes'. Bemerkungen zu Oswald Spenglers Geschichtsphilosophie," *Archiv für Musikwissenschaft*, Bd. 55, H. 4, 1998, S. 316.

② M. Heidegger, "Der Ursprung des Kunstwerkes (1935/1936)," in F. -W. von Hermann, hrsg., *Holzwege*, Frankfurt am Main: Verlag Vittorio Klostermann, 1994, S. 3.

③ M. Ritzer, "Georg Simmel (1858 – 1918). *Der Begriff und die Tragdie der Kultur* (1911)," *KulturPoetik*, Bd. 7, H. 2, 2007, S. 261.

④ B. Mazlish, "The Idea of Progress," *Daedalus*, Vol. 92, No. 3, 1963, p. 447. 当然，并不是没有反对的声音。卢梭早在 1749 年就提出质疑：进步到底是具有净化道德的作用，还是趋向于败坏道德。他曾不止一次抨击科学，这无疑否定了启蒙思想的基石。见 J. J. Rousseau, "A Discourse on the Moral Effects of the Arts and Sciences," in *The Social Contract and Discourses*, trans. by G. D. H. Cole, London: J. M. Dent & Sons Ltd., p. 119.

道德是可以完善的。① 黑格尔认为，历史沿着一条直线发展，而且有其终极目标；只有东方人才把人类社会比作凤凰那样有轮回的生命周期，西方人的历史观则是连续的和不断进步的。② 伯林把长期统治西方思想界的正统观念总结为：对每一个问题都有一个答案，这个答案是可知的，而不同问题的答案之间不会产生冲突。③

在《文明的进程》这部著作中，埃利亚斯用两卷本的篇幅描写了西欧文明的发展历程。在第 1 卷中，他从长时段的视角勾勒出个体言谈举止的演变；在第 2 卷中，他则主要描写国家的产生过程。④ 埃利亚斯用副标题进一步说明，他关注的核心是西方上流社会成员行为方式的变化。埃利亚斯在著作中做了三层限定。其一，他主要探讨世俗社会的上层，很少涉及神职人员以及宗教的作用。埃利亚斯认为，宗教本身并没有起到使人类趋于文明的作用，它只是衡量文明程度的一个标准。其二，埃利亚斯把考察的范围局限在西欧，更确切地说是法国。其三，埃利亚斯把考察的时间范围限定在 13—18 世纪，资本主义的高度发展以及市民阶层的真正崛起并非他所研究的对象。⑤

埃利亚斯认为，从 13 世纪至 18 世纪西欧在各个领域发生了巨大变化：从衣着、饮食到大小便的方式以及在卧室里的行为举止；从多人用手从一个公用的盆里取食，逐渐过渡到每个人使用自己的碗、匙、刀、叉等；从用手直接擤鼻涕到使用餐巾纸；从随意与陌生人共用卧室甚至床，发展到羞耻感的增加和亲密概念的变化。⑥ 埃利亚

---

① U. March，"Spengler und Toynbee，" *Sezession—Oswald Spengler*，Mai 2005，S. 36.

② K. Löwith，*Meaning in History*：*The Theological Implications of the Philosophy of History*，Chicago：The University of Chicago Press，1949，pp. 56 – 57.

③ I. Berlin，*The Crooked Timber of Humanity*，New York：Random House，1992，p. 209.

④ N. Elias，*Über den Prozeß der Zivilisation. Soziogenetische und psychogenetische Untersuchungen*，Bd. 1：*Wandlungen des Verhaltens in den weltlichen Oberschichten des Abendlandes*；Bd. 2：*Wandlungen der Gesellschaft. Entwurf zu einer Theorie der Zivilisation*. 这本书于 1939 年第一次印刷，因为爆发战争而没有售出几本。1969 年的第一版也没有引起学界广泛注意；只是到了 1976 年，由祖尔坎普出版社将其纳入袖珍书系列时，该书才获得巨大成功，出版的第一年便售出两万册，请见 J. Heinz，"Norbert Elias（1897 – 1990），（1939）Über den Prozeß der Zivilisation，" *Kultur und Poetik*，Bd. 7，H. 1，2007，S. 99.

⑤ M. Hinz，"Zur Affektgeladenheit und zum Bedeutungswandel des Zivilisationsbegriffs：Norbert Elias，Wilhelm E. Mühlmann und Hans Peter Duerr im Vergleich，" S. 34.

⑥ G. Schwerhoff，"Zivilisationsprozeß und Geschichtswissenschaft：Norbert Elias' Forschungsparadigma in historischer Sicht，" *Historische Zeitschrift*，Bd. 266，1998，S. 568 – 569.

斯相信，在上述行为举止的变化过程中，社会约束转化为自我约束（gesellschaftlicher Zwang zum Selbstzwang）。他把弗洛伊德的心理学理论应用到社会学领域，而且从历史的角度进行考察，认为自我约束逐渐变成下意识的行为，成为人的第二属性，即身体方面原来非常自然的现象或需求受到自我控制。不过，埃利亚斯承认，原有的欲望及相关行为"被排斥到社会生活的幕后去了"，它们只是不见于大庭广众之下，并没有完全消失。① 埃利亚斯把逐步形成的自我约束力形容为"文明举止的脆弱的外壳"。②

在谈论中世纪的武力和暴力时，埃利亚斯把骑士等群体的行为说成是欲望的发泄，只有外部的压力才能够限制或阻止这种行为。因此，在埃利亚斯的文明进程理论中，国家垄断暴力是文明进程中至关重要的环节。他认为："文明举止得以确立与社会组织成为国家形式密不可分。"③ 不难看出，埃利亚斯所说的转变

① N. Elias, *Über den Prozeß der Zivilisation. Soziogenetische und psychogenetische Untersuchungen*, Bd. 2：*Wandlungen der Gesellschaft. Entwurf zu einer Theorie der Zivilisation*, Frankfurt am Main：Suhrkamp, 1976, S. 317. 埃利亚斯用实例说明了残忍的行为是如何从公众的视线中转移到幕后的。这里，他通过屠宰牛羊由家务转化为专门的社会分工这一事例，说明形式变了，但是人们杀生和食肉的事实并没有改变。他指出，这一点类似于现代技术的发展使得杀人的方式变得高明，可以不用面对面。正如鲍曼所说，甚至可以借助一个按钮，达到杀戮成千上万人的目的。见 I. Burkitt, "Civilization and ambivalence," *The British Journal of Sociology*, Vol. 47, No. 1, 1996, p. 145.

② N. Elias, *Über den Prozeß der Zivilisation. Soziogenetische und psychogenetische Untersuchungen*, Bd. 1：*Wandlungen des Verhaltens in den weltlichen Oberschichten des Abendlandes*, S. 332. 同样如鲍曼所说，人与人之间不再像从前那样动不动就诉诸武力，这种改变的根本原因在于有一个强大的外力在监视着。今天的人们所享受的所谓自由和安全并非没有代价，参见 Z. Bauman, *Modernity and the Holocaust*, Cambridge：Polity Press, 1989, p. 107.

③ N. Elias, *Über den Prozeß der Zivilisation. Soziogenetische und psychogenetische Untersuchungen*, Bd. 1：*Wandlungen des Verhaltens in den weltlichen Oberschichten des Abendlandes*, p. LXXVI. 关于国家垄断使用武力的权力，弗洛伊德从第一次世界大战的经历中得出了令人深思的结论。他说，国家在和平时期禁止个体诉诸武力，不是为了真正消除武力，而是为了垄断它，正如国家垄断烟草一样。见 S. Freud, "Thoughts for the Times on War and Death," in J. Strachey, ed., *The Standard Edition of the Complete Psychological Works of Sigmund Freud*, Vol. 14, London：Hogarth Press, 1953, p. 179. 另外，早在弗洛伊德表达他对文明发展的忧虑之前，伏尔泰、柯勒律治、密尔等人就已经敏锐地意识到了文明的双面性，见 D. K. Reed, "The Discontents of Civilization in Wuthering Heights and Buddenbrooks," *Comparative Literature*, Vol. 41, No. 3, 1989, p. 211.

主要是基于社会的压力；换句话说，个体并没有达到意志自由。[1] 在《文明的进程》一书中，埃利亚斯并没有说明人们自我约束究竟到了什么程度，也没有明确指出文明的进程是否必然带来人们的道德提升。在他看来，文明的进程犹如人使用火一样祸福相伴，人类社会的规则和机制也是利弊兼具。[2] 在其他论著中，埃利亚斯则以为，技术的进步和由此而来的不同地区之间的联系和交流势必促成伦理道德方面的同化和共同提升。他认为，在18世纪，人道还只是奢侈的梦想，而到了20世纪则已经变成现实。[3] 他相信个体的需求与社会的要求是可以协调的。换句话说，个体获取好处的行为对于其他人以及整个相关集体也一定有利。[4] 他相信人与人之间在经济上千丝万缕的联系使得军事冲突不再可能。核威胁和环境危机使得人类成为命运共同体。埃利亚斯同时又说，为了避免地区性和局部冲突，应当成立一个垄断全球权力的机构。[5] 埃利亚斯似乎颠倒了因果关系，如果人类在道德方面真正进化了，那么就不应当相互为敌，更不应当制造核武器。

埃利亚斯所说的文明进程本身包含着价值判断的色彩。[6] 虽然他把考察的范围限定在西欧，却预设了西方文明的种子传播到世界各地的景象。埃利亚斯希望，原来局限在特定国家内部的文明规则能够超出国界；他把西方人改变东方人或者非洲人的过程用一场来势凶猛的洪水来加以形容。[7] 埃利亚斯认为，欧洲尤其是西欧在文明进程中走在了世界前列，而且应当起到楷模作用。但是他在《文明的进程》一书的前言中又否认了这一点，称欧洲人相当普遍的态度即殖民主义

---

[1] G. Schwerhoff, "Zivilisationsprozeß und Geschichtswissenschaft: Norbert Elias' Forschungsparadigma in historischer Sicht," S. 569.

[2] I. Burkitt, "Civilization and Ambivalence," p. 139.

[3] N. Elias, "Technization and Civilization," *Theory, Culture & Society*, Vol. 12, No. 3, 1995, pp. 7 – 10.

[4] K. Anders, *Die unvermeidliche Universalgeschichte*, Opladen: Leske & Budrich, 2000, S. 132.

[5] K. Anders, *Die unvermeidliche Universalgeschichte*, S. 52 – 53.

[6] G. Schwerhoff, "Zivilisationsprozeß und Geschichtswissenschaft: Norbert Elias' Forschungsparadigma in historischer Sicht," S. 595.

[7] N. Elias, *Über den Prozeß der Zivilisation. Soziogenetische und psychogenetische Untersuchungen*, Bd. 2: *Wandlungen der Gesellschaft. Entwurf zu einer Theorie der Zivilisation*, S. 346 – 348.

者的心态是错误的。①显然，埃利亚斯想象中的文明进程与文明实际走过的路程之间存在着巨大差异。

埃利亚斯认为，文明的进程并非由某个人或某个群体所主宰。我们变得文明，并不是因为我们想，也不是因为外在因素迫使我们这样做。人类作为整体经历一个变化的过程，似乎按照确定的计划，但实际上并没有计划；似乎是为了一个具体的目的，但实际上并没有什么目的。他说，从深层次考察，个体或者由个体构成的社会，二者都没有什么目的性。"有些人会说，落后地区的人们同发达国家的居民接轨意味着进步；其他人则会说，太可惜了，悠久的生活方式被抛弃，相关的人曾经为人类文化的丰富多彩贡献了美好和伟大的作品。但是关键不在这里，关键不在于我们是肯定还是否定文明的进程。未曾有人计划这个进程，未曾有人有意识地启动它，它就像自然过程那样不可抗拒地落在人类的头上。"②埃利亚斯似乎把文明的进程理解为自然发展的过程，或者说人受到技术和机器的主宰，全然没有了能动性，文明进程也丧失了目标。③

"地球上所有的人都必须像欧洲人那样生活才能够获得幸福。"④ 关于这一说法，赫尔德早就认为，这是欧洲人最可笑的自负。赫尔德说，幸福与身份一样属于人类内心深处的癖性，与相关人群的语言和文化有关。正如所有物体都有自己的重心一样，每个民族考量幸福的标准各异，其聚焦点也各不一样。因为标准不一样，无法从外部去妄论各个民族的优劣高低。康德把自己生活的年代视为文明。一方面，他希望这段时间不会持续太久，然后被文化所取代；另一方面，他又怀疑人是否能够完全具有文化这一品质。⑤ 文明的特征是怀疑一切，只注重实

① N. Elias, *Über den Prozeß der Zivilisation. Soziogenetische und psychogenetische Untersuchungen*, Bd. 1: *Wandlungen des Verhaltens in den weltlichen Oberschichten des Abendlandes*, S. LXXIV. 在晚年，埃利亚斯称欧洲人为"迟来的野蛮人"，说他们绝非站在文明的顶峰，见 K. Anders, *Die unvermeidliche Universalgeschichte*, S. 154.

② 转引自 K. Anders, *Die unvermeidliche Universalgeschichte*, S. 133 – 134.

③ 在 1974 年接受采访时，埃利亚斯曾说："我并不赞同眼下变得非常时髦的悲观主义。"见 C. Lasch, "Historical Sociology and the Myth of Maturity: Norbert Elias' 'Very Simple Formula'," *Theoty and Society*, Vol. 14, No. 5, 1985, p. 708.

④ V. Spencer, "In defense of Herder on Cultural Diversity and Interaction," p. 84.

⑤ B. Mazlish, "The Idea of Progress," p. 453.

用却看轻文化的价值。结果，文化所推崇的神话般的起源在理性化的审视之下变得无足轻重，蜗居在城市中的人与自然的接触越来越少，他们与宗教也渐行渐远。① 康德没有像后来的斯宾格勒一样把文明当作文化的衰亡期；相反，他希望文明主宰世界一段时间之后被文化所取代，因为他意识到："没有技术的文化是空洞的，而没有文化的技术则是盲目的。"② 在斯宾格勒看来，文化在经历了充满活力的初期和富有创造力的收获季节以后便进入衰败的晚期。在这个意义上，文化属于一个民族历史的早期和壮年期，而文明就是该民族生命周期的末尾，这是不可改变的命运。③ 文明的过程似乎就是文化体衰亡的环节。在此期间，业已丧失灵魂的文明人热衷于表象化的东西；以音乐和艺术为代表的精神创造活动逐渐减少，创造力枯竭，艺术没有内涵，科学服务于获利的商业活动，机械工程和实用项目越来越多，人对自然的掌控力越来越强，但是与自然的连接愈发薄弱，几乎变成无源之水和无根之木；④ 占据话语权的是事实哲学，超大的城市和没有传统的市民，因为没有

---

① O. Spengler, *Der Untergang des Abendlandes*, Bd. 1, S. 31 – 33, 352 – 354. 歌德认为，所有高级文化的共同之处在于它们的创造力和能动性首先建立在敬畏心之上，人性的界线可能也就在这里。见 A. Bergstraesser, "Die Epochen der Geistesgeschichte in Goethes Denken," *Monatshefte*, Bd. 40, H. 3, 1948, S. 135. 布罗代尔说，只有现代西方文明才真正迈出了彻底征服农村和农民文化这一步，见 F. Braudel, *A History of Civilizations*, trans. by R. Mayne, London: Penguin Books, 1993, pp. 17 – 18.

② 转引自 M. Horkheimer, *Gesammelte Schriften*, Bd. 7, Frankfurt am Main: Suhrkamp, 1959, S. 82.

③ K. Weissmann, "Spengler und die konservative Revolution," *Sezession—Oswald Spengler*, Mai 2005, S. 20. 《西方的没落》第一卷于 1918 年末第一次出版，到了 1920 年已经是第 22 版。见 F. Lisson, "Zur Aktualität Spenglers," *Sezession—Oswald Spengler*, Mai 2005, S. 2. 齐美尔曾认为，《西方的没落》是黑格尔以后最为重要的历史哲学著作，参见 F. Lisson, "Zur Aktualität Spenglers," S. 3. 事实上，伏尔泰认为，人类先后经历了四次文化成就斐然的时期，它们分别是伯里克利时期的雅典、奥古斯都时期的罗马、美蒂奇家族时期的意大利和路易十四时期的法国。这让人想起后来斯宾格勒关于文化和文明犹如生命体有其周期性的说法，说明伏尔泰对启蒙运动的乐观也并非完全接受，请见 G. Masur, "Distinctive Traits of Western Civilization: Through the Eyes of Western Historians," *The American Historical Review*, Vol. 67, No. 3, 1962, pp. 591 – 592。

④ 参见 R. A. Nicholls, "Thomas Mann and Spengler," *The German Quarterly*, Vol. 58, No. 3, 1985, p. 363. 斯宾格勒说："物质至上必然带来文化上的衰落和堕落，实用主义已经渗透到人的每一个毛孔里；因而，见到瀑布就会不由自主地联想到发电。人成了自己创造力的奴仆，由骄傲的世界主宰者沦为机器的仆人。"转引自 D. Roberts, "Technology and modernity: Spengler, Jünger, Heidegger, Cassirer," *Thesis Eleven*, Vol. 111, No. 1, 2012, p. 21.

了共同的信仰与借以确认和协调身份的基础，而显得像一群乌合之众。① 一句话，人的灵魂在文化的末期消失殆尽，属于文化的灵魂之火只能等待熄灭，这意味着文化的死亡。② 按照斯宾格勒的观点，一种文化的衰落无法用科学的办法加以测量和证明；人首先有一种预感，感觉到空虚，精神方面有一种不适的感觉。③

斯宾格勒等人还从权力的邪恶本质、舆论的导向、人的本性和机器的潜在威胁等方面阐述了人类历史到了文明阶段以后面临的危机。其一，一个民族组织起来，本身就意味着这个民族变成了该组织的工具。④ 其二，个体受到舆论的影响："从前，人不敢自由地思想，现在被允许自由思想，但是此时的人却已经没有了这个能力。现在的人所思所想都是他想要的，而且他把这一点理解为他所拥有的自由。每个人都可以说出自己的意愿，但是能否被理会，取决于媒体。"⑤ 其三，世界历史是人的"悲剧"，人的创造力促使他与自然决裂，这是"一个反叛者长大以后对抗自己母亲的历史"。⑥ 去除了宗教并且借助技术，人俨然是上帝本身；但是，无论是作为个体还是群体，人无法达到真正的满足，因为人类文明是建立在消除或者说压抑人的所有本能的基础上。⑦ 人在本质上是相互敌意的，文明社会潜藏着危机，本能的力量毕竟比理性强大得多。只要有一部分人作为他者存

---

① B. Mazlish, "The Idea of Progress," p. 455.
② 斯宾格勒用对比和排比等修辞手法来描写现代人的文化缺失："假如今天的人喜欢技术而不是抒情诗，喜欢航海而不是画画，喜欢政治而不是认识论，我愿他们尽着性子。说起来，还有什么更好的事情可做呢？"见 O. Spengler, *Der Untergang des Abendlandes*, Bd. 1, S. 57. 在古典时期，由文化向文明的过渡发生在公元前4世纪；而在现代西方，这一节点是在19世纪。请参阅 O. Spengler, *Der Untergang des Abendlandes*, Bd. 1, S. 51, 其起点可以追溯到18世纪末美国和法国的革命，见该书第88页。
③ 关于直觉的重要性，斯宾格勒在另一处有如下的论述："我们应当用科学的方法去探讨自然，至于历史，我们应该用诗歌来加以描写。"见 F. Lisson, "Zur Aktualität Spenglers," S. 4.
④ O. Spengler, *Der Untergang des Abendlandes*, Bd. 2, München: C. H. Beck, 1922, S. 566.
⑤ 转引自 F. Lisson, "Zur Aktualität Spenglers," S. 5. 科学试图在多样的表象下寻找同一性，而这种努力与后现代强调个体自由和多样性的趋势背道而驰。见 G. Holton, "Can Science be at the Centre of Modern Culture?" *Public Understanding of Science*, Vol. 2, No. 4, 1993, p. 299.
⑥ O. Spengler, *Man and Technics: A Contribution to a Philosophy of Life*, New York: Knopf, 1932, pp. 42 - 43.
⑦ G. Holton, "Can science be at the centre of modern culture?" p. 299. 弗洛伊德所说的文化的缺憾，指的就是这一点。所谓文化的缺憾，就是文明阶段的人在光怪陆离的物质世界中无法且不知如何真正享受生活。

在，那么另一些人就能够以爱的名义组成一个具有攻击性的集体，宗教和种族领域频繁发生迫害所谓异己的事件，原因就在于此。其四，与人使用简单工具的年代不同，在精密仪器和流水线生产业已普遍的现代，人在很大程度上受到机器的支配。此时，产品与生产者之间不再是客体与主体的关系，人只是在做程序所规定的事情。马克斯·韦伯以为，科学技术一味地发展并没有任何意义。他把文化与文明视为两个截然不同的概念，并且断言，假如一个文化人处在充斥着想法、知识、问题的文明当中，他不可能享受生活，而只能感到厌倦，因为他被过眼烟云搞得眼花缭乱，反倒没有时间思考生命的真谛和意义。结果，没有意义的进步使得死亡本身也失去了意义。① 韦伯进一步用宗教社会学解释文化问题。他认为，西方人以理性化手段不断提高生产力，这绝非来自乐观的社会进步理念。相反，其根本动因是他们强烈的内心矛盾。新教试图把自身与上帝之间的关系予以理性化，在此过程中，人与人之间的关系以及人对自然的态度却变得非理性化；因为，对于一个新教徒来说，他人和自然都只不过是他自己实现自身救赎目标的工具。② 世俗化意味着教徒放弃宗教的支撑点，把注意力转移到尘世上。③ 因为在现代化过程中，起初看起来充满意义的自主性过程导致人的孤独。曾经信奉加尔文宿命论的西方人在没有了宗教的世界里无所适从，没有人确切地知道是否还有救赎，如果有，它来自哪里？曾几何时，唯一的救赎来自上帝，而且只有被选中的人才有资格获得这一恩赐。而现在，每个个体都陷入了从未有过的内心孤独，而且他们指望不了任何救助，"布道者"、"圣礼"、"教堂"甚至"上帝"都无济于事。④ 出于无奈，陷入绝境的人想自主建造一个如上帝所愿的有序世界。人在此过程中获得的成就可以

---

① 参见 C. -F. Geyer, *Einführung in die Philosophie der Kultur*, Darmstadt：Wissenschaftliche Buchgesellschaft, 1994, S. 17. 按照马尔库塞的观点，现代资本主义建立在竞争的前提之上。在这样的社会里，让所有人都幸福似乎不太可能。显然，追求利润的"文明"与宣称让每个人都幸福的"文化"之间存在着不可调和的矛盾，见 H. Marcuse, *Kultur und Gesellschaft*, Bd. 1, Frankfurt am Main, Suhrkamp Verlag, 1968, S. 91 – 92.

② F. Jaeger, "Der Kulturbegriff im Werk Max Webers und seine Bedeutung für eine modern Kulturgeschichte," *Geschichte und Gesellschaft*, Bd. 18, H. 3, 1992, S. 381.

③ M. Weber, *Gesammelte Aufsätze zur Wissenschaftslehre*, dritte Aufl., Tübingen：J. C. B. Mohr, 1968, S. 594.

④ M. Weber, *Wirtschaft und Gesellschaft*, fünfte Aufl., Tübingen：J. C. B. Mohr, 1976, S. 247.

被视为上帝的恩赐，但是他对终极的结局仍旧一无所知。按照韦伯的理解，西方人在新教伦理的驱动下引发了资本主义，从而告别了美好的人间岁月。反过来，伴随着资本主义而来的机械化进程一发而不可收；并且，这一进程并不需要所谓的"新教伦理"。清教徒起初是想改造这个世界，结果是商品在资本主义社会中逐渐成为主宰者。① 在新教伦理仍旧奏效的时候，清教徒借助外部的救赎愿景抵御内心的恐惧。在他们看来，充满意义的社会工作就是获得上帝的恩赐并走向救赎的途径。然而，经过理性化之后，这条道路被阻断了。② 韦伯把现代人称为文化发展阶段最后的人；他认为，这些人从事专业时没有灵魂，享受的时候却又缺乏心情。③

依据韦伯的观点，文化在以理性化为标志的现代化进程中丧失殆尽，原来的"文化人"（Kulturmensch）变成了"专业人"（Fachmensch）。④ 现代文明过分地科学化（Verwissenschaftlichung）和知识化（Intellektualisierung），后果无疑是文化的成分越来越淡，因为人投入到分门别类的工作上，而且还想做到有条不紊。韦伯把近代以来的社会发展概括为"理性化的结果是人们生活得并不理性"。韦伯揭示了现代社会中的许多矛盾，比如自由与资本主义之间的矛盾、官僚制度与魅力型领导方式之间的矛盾、个体与社会之间的矛盾、理性与文化之间的矛盾、宗教与现代性之间的矛盾。理性化的后果便是人的生活没有了意义和自由。功利的动机和实用的行为方式得到普及，原来支撑生活的文化和价值的成分被冲洗得干干净净。在现代化过程中，市民社会逐步确立。在社会关系领域，韦伯把市民社会说成"充斥着不仁和不义"（Weltherrschaft der Unbrüderlichkeit），原来是正常的主体与主体之间的关系，而此时起主导作用的则是目标明确的功效。高度官僚化国家的形成促使情况变得更加严重，因为人的身份被分割了。⑤

---

① D. J. K. Peukert, "Die 'letzten Menschen': Beobachtungen zur Kulturkritik im Geschichtsbild Max Webers," *Geschichte und Gesellschaft*, Bd. 12, H. 4, 1986, S. 430.

② F. Jaeger, "Der Kulturbegriff im Werk Max Webers und seine Bedeutung für eine modern Kulturgeschichte," S. 379.

③ "Fachmenschen ohne Geist, Genußmenschen ohne Herz." 转引自 D. J. K. Peukert, "Die 'letzten Menschen': Beobachtungen zur Kulturkritik im Geschichtsbild Max Webers," S. 431.

④ M. Weber, *Wirtschaft und Gesellschaft*, S. 578.

⑤ F. Jaeger, "Der Kulturbegriff im Werk Max Webers und seine Bedeutung für eine modern Kulturgeschichte," S. 378 – 381.

　　从以上论述，我们看出现代性中隐藏的莫大的悖论。起初，人完全因为孤独和出于宗教的需求，以前所未有的热情投入到今世当中，结果是人在掌控这个世界方面获得了前所未有的成就。自然的祛魅、生活各个领域的合理化以及人的知识化都不可避免地带来一个后果，那就是这个世界缺少了意义，个体获得自由便意味着陷入孤独。① 施韦泽认为，他生活其中的西方文化出现了病症。按照他的理解，症结在于"良知问题"（Gewissensfrage）。他认为，西方文化在精神和伦理方面遭受了损伤，而且当时的哲学难辞其咎，因为它未能及时看出问题所在，因此也无法适时发出警告。②

结　语

　　根据以上德国学者有关文化与文明的讨论，我们看不到人类在道德方面完善或者改善的一条直线。在评论人类发射第一颗人造地球卫星时，汉娜·阿伦特把当时人的动机解释为试图逃脱人类的状态。③ 人类能够或者希望借助技术的手段离开长久以来赖以生存的地球，似乎无法在这块熟悉的土地上和睦相处。是因为资源不足以养育现有的人口，还是因为人的本性？从另一个方面说，现代人已经习惯于把过去视为不断发展的历史，即始终处在积累、扩大和进步的过程。正因为如此，人类需要处在不断的变化之中，每个人需要的空间不断扩大、资源不断增多以及舒适程度不断提高。但是，人类所能支配的资源是有限的，科学的潜力也是有限的。根据达尔文的进化论，受自然选择支配的动物为了生存而优胜劣汰，超越了自然状态的人则借助道德和伦理保证这种自然法则尽可能不在人世奏效。④ 事实证明，在国家之间，因政治、经济、宗教等原因不时发生冲突时，道德的力量不足以进行有效干预，更不要说阻止了。在全球化日益加深的今天，我们是否

① D. J. K. Peukert, "Die 'letzten Menschen': Beobachtungen zur Kulturkritik im Geschichtsbild Max Webers," S. 431, 434. 过去，许多人以为韦伯为资本主义大唱赞歌；而现在，越来越多的学者意识到，韦伯实际上批评了西方现代化进程，请见 D. J. K. Peukert, "Die 'letzten Menschen': Beobachtungen zur Kulturkritik im Geschichtsbild Max Webers," S. 437 – 438.

② C. Günzler, "Späte Begegnung: Ernst Cassirer und Albert Schweitzer. Biographische Anmerkungen zur deutschen Kulturphilosophie," *Zeitschrift für philosophische Forschung*, Bd. 49, H. 2, 1995, S. 314.

③ 参见 B. Mazlish, "The Idea of Progress," p. 459.

④ C. Darwin, *The Origin of Species*, London: Oxford University Press, 1951, p. 560.

拥有足够的道德力量去应对可能发生的冲突，这是值得深思的问题。① 歌德曾经说："如果一个时代的主流是雕虫小技，说明这是贫乏的时代；如果一个人热衷于这种技艺，说明他是个平庸的人。"② 在技术飞跃发展、资源逐渐枯竭、环境污染愈发严重的今天，客观地评价德国思想界关于文化与文明的争论显得格外必要。

德国人在引入文化和文明两个概念之初，就已经深刻意识到二者之间潜在的矛盾。针对文化与文明之争，库尔提乌斯于 1928 年所说的一番话可以成为本文的结论："法国与德国之间就文化的概念产生了分歧，其根本原因在于，当我们说到文明的时候，所指的完全或主要是机器时代的各种成果。如果对文明做这样的界定，它不可能不是文化的反义词。从这个意义上说，文明就是基于物质的机械化的生存方式，它表现为一种可怕的力量，灵魂王国、艺术王国、精神王国都将无法幸免于难。"③ 启蒙运动时期的先哲们曾经希望人类道德水准的提升与文明的发展同步，康德曾经担心，注重道德层面并追求有尊严的生存方式的"文化"日益被人忽视和受"文明"排挤。不幸的是，启蒙运动时期先哲们的希望已经落空，康德担心的事也发生过而且不断在发生。纵观人类从那时到今天的演变过程，在以技术为代表的文明领域，人类完成了无数突破和飞跃，但是，在涉及德性和生命价值等文化方面，我们却很难做出同样的判断。

〔作者金寿福，复旦大学历史系教授。上海　200433〕

（责任编辑：焦　兵）

---

① W. J. Cahnman, "Culture, Civilization, and Social Change," p. 106.

② 转引自 K. Vollgraff, "Dokumentation：Über den notwendigen Verfall," *Sezession—Oswald Spengler*, Mai 2005, S. 12.

③ W. H. Bruford, "Kultur und Zivilisation：Review," *The Modern Language Review*, Vol. 64, No. 4, 1969, p. 933.

斯派克曼地缘政治思想与美国大战略

戴超武

摘　要：斯派克曼有关地缘政治的研究，探讨地理、边缘地带、均势、实力、总体战等影响和决定国家大战略的若干关键因素，分析这些因素同国家战略和国际秩序之间的关系。斯派克曼的理论体系构建了"最理想的美国大战略"的路径和目标，其中，以地理和地缘政治视角认识均势和边缘地带的意义、以建立与维持均势和联盟体系介入欧亚地区事务、承认实力作为国际安全和国际关系的主导力量、获取海空军基地以保障海上航线和航海自由以及打总体战的决心和准备等，成为第二次世界大战以来美国大战略若干规划和实践的主要内容。二战结束以来美国大战略的规划和实践，充分考虑了地缘政治现实主义的思想观点，推崇实力和强权政治，把确立国际体系中的领导地位作为大战略的根本目标。

关键词：斯派克曼　地缘政治　边缘地带　现实主义　大战略

美国参加第二次世界大战后，围绕美国安全和战后规划的战略问题，国际关系研究的理想主义学派和现实主义学派发表论著展开交锋。1942 年 3 月，耶鲁大学教授尼古拉斯·斯派克曼（Nicholas John Spykman）出版《美国在世界政治中的战略》（*America's Strategy in World Politics*），成为战时"关于地缘政治最引人注目的著作"。① 根据出版商哈考特公司的统计，该书在三个月内销售近万册；在

---

① Perry Anderson, *American Foreign Policy and Its Thinkers*, London and New York：Verso, 2017, pp. 13 – 14；Nicholas John Spykman, *America's Strategy in World Politics*：*The United States and the Balance of Power*, New York：Harcourt, Brace and Company, 1942.

致洛克菲勒基金会的信函中，出版商表示，这些数字并没有反映出该书的重要性，因为它"可能是我社十年来出版的真正具有影响力的书籍之一"。① 由于斯派克曼的引导，人们在战时对地缘政治思想产生了浓厚兴趣；是斯派克曼"使美国人对那个时代的思考具体化"，是斯派克曼"使美国思想摆脱了对地缘政治学的粗俗模仿"。《美国在世界政治中的战略》代表着美国外交思想的一个重要转折点，对美国的国际关系研究和地缘政治现实主义思想"产生了重要影响"。② 斯派克曼的研究借助地理学、历史学、人类学、经济学以及地缘政治的概念和方法，以美国的地理位置"在世界上所具有的意义为基础"，重点探讨了地理、边缘地带、均势、实力、总体战等相互关联的关键要素，分析这些要素同国家战略和国际秩序之间的关系。他所提出的有关国际政治的研究方法和地缘政治现实主义的若干重要理论，阐释了"美国外交政策最根本的问题"，体现了他对"最理想的美国大战略"的认识和建构，为美国决策者"制定一项关乎战争与和平的大战略"③ 提供了重要的思想来源。对斯派克曼的思想及其影响，学界从不同的角

---

① Inderjeet Parmar, "'To Relate Knowledge and Action': The Impact of the Rockefeller Foundation on Foreign Policy Thinking during America's Rise to Globalism, 1939 – 1945," *Minerva*, Vol. 40, No. 3 (September 2002), pp. 235 – 263.

② Edgar S. Furniss, Jr., "The Contribution of Nicholas John Spykman to the Study of International Politics," *World Politics*, Vol. 4, No. 3 (April 1952), p. 386; Joseph S. Roucek, "The Development of Political Geography and Geopolitics in the United States," *The Australian Journal of Politics and History*, Vol. 3, No. 2 (May 1958), p. 207; Ladis K. D. Kristof, "The Origins and Evolution of Geopolitics," *Journal of Conflict Resolution*, Vol. 4, No. 1 (March 1960), pp. 31 – 32; Or Rosenboim, "Geopolitics and Empire: Visions of Regional World Order in the 1940s," *Modern Intellectual History*, Vol. 12, No. 2 (2015), pp. 356 – 357; Colin S. Gray, "Nicholas John Spykman, the Balance of Power, and International Order," *Journal of Strategic Studies*, Vol. 38, No. 6 (June 2015), p. 879; Harold Hance Sprout and Margaret Tuttle Sprout, *Foundations of International Politics*, Princeton, N. J.: D. Van Nostrand Company, Inc., 1962, p. 111; John Thompson, "The Geopolitical Vision: The Myth of an Outmatched USA," in Joel Isaac and Duncan Bell, eds., *Uncertain Empire: American History and the Idea of the Cold War*, New York: Oxford University Press, 2012, p. 105.

③ Spykman, *America's Strategy in World Politics*, pp. 7 – 8.

度进行了研究。① 本文从论述地缘政治现实主义思想在美国的发展出发，在系统分析美国学术界对斯派克曼理论观点的认识和评价的基础上，通过研读斯派克曼的论著，探讨其地缘政治现实主义思想的理论意义及其对美国大战略的深远影响。

一、美国地缘政治研究的兴起及其思想特征

美国学术界对地缘政治思想的研究出现在 19 世纪末 20 世纪初期，历史学家特纳（Frederick Jackson Turner）和海军战略家马汉（Alfred Thayer Mahan）试图从地理的角度解释美国历史的发展和国际政治的运作。特纳的边疆理论和马汉的

---

① 有关论著主要参见 Furniss，"The Contribution of Nicholas John Spykman to the Study of International Politics，" pp. 382 – 401；David Wilkinson，"Spykman and Geopolitics，" in Ciro E. Zoppo and Charles Zorgbibe，eds.，*On Geopolitics*：*Classical and Nuclear*，Boston：Martinus Nijhoff Publishers，1985，pp. 77 – 130；Gray，"Nicholas John Spykman，the Balance of Power，and International Order，" pp. 873 – 897；Lucian M. Ashworth，"Mapping a New World：Geography and the Interwar Study of International Relations，" *International Studies Quarterly*，Vol. 57，No. 1（March 2013），pp. 138 – 149；William C. Olson and A. J. R. Groom，*International Relations Then and Now*：*Origins and Trends in Interpretation*，London：Routledge，1991；Robert J. Art，"The United States，The Balance of Power，and World War Ⅱ：Was Spykman Right?" *Security Studies*，Vol. 14，No. 3（ July-September 2005），pp. 365 – 406；Christopher Layne，*The Peace of Illusions*：*American Grand Strategy from 1940 to the Present*，Ithaca：Cornell University Press，2006；Alexandros Petersen，*The World Island*：*Eurasian Geopolitics and the Fate of the West*，Santa Barbara，California：Praeger，2011；Robert Kaplan，*The Revenge of Geography*：*What the Map Tells Us about Coming Conflicts and the Battle against Fate*，New York：Random House，2012；Saul Bernard Cohen，*Geopolitics*：*The Geography of International Relations*，New York：Rowman & Littlefield，2015；Jeremy Black，*Geopolitics and the Quest for Dominance*，Bloomington：Indiana University Press，2016；Olivier Zajec，*Nicholas John Spykman*，*L'invention de la géopolitique américaine*：*Un itinéraire intellectuel aux origines paradoxales de la théorie réaliste des relations internationales*，Paris，Presses universitaires Paris-Sorbonne，2016；Or Rosenboim，*The Emergence of Globalism*：*Visions of World Order in Britain and the United States*，*1939 – 1950*，Princeton，N. J.：Princeton University Press，2017；Antero Holmila，"Re-thinking Nicholas J. Spykman：From Historical Sociology to Balance of Power，" *The International History Review*，https：//www. tandfonline. com/doi/full/10. 1080/07075332. 2019. 1655469.

海权思想被视为地缘政治思想的一个重要来源。①第一次世界大战导致国际关系研究在涉及国家利益和国际安全的重大问题上，明显分为"理想主义学派"和"现实主义学派"。"理想主义学派"注重"理性"的解决方案，主张国际合作；而"现实主义学派"则坚持国际政治中"固有的安全和实力因素"，强调国家间的竞争。②现实主义学派倡导并运用新的方法，探讨影响国际政治之根本的和持久的力量和因素，如民族主义、帝国主义、均势等，同时也注重国家外交政策的内在动力，如国内政治、国家安全、实力的构成等。随着美国地缘政治研究的兴起，地理学作为研究背景，常常出现在现实主义学派的论著中，成为国际关系研究新方法的重要组成部分。同时，现实主义学派通过强调人类活动的重要性，试图避免环境决定论的指责。③在这一过程中，尼布尔（Reinhold Niebuhr）、英国历史学家卡尔（Edward Hallett Carr）、斯派克曼以及摩根索（Hans Morgenthau）作为主要代表人物，对现实主义学派的形成和发展起到了至关重要的作用。④

　　第二次世界大战爆发后，特别是美国参战以后，有关战后安全与国际秩序的

---

① Frederick Jackson Turner, *The Frontier in American History*, New York: Henry Holt and Company, 1920; Alfred Mahan, *The Influence of Sea Power upon History, 1660 - 1783*, Boston: Little, Brown, 1890. 有关特纳和马汉对美国地缘政治研究之贡献的论述和分析，参见 Rosenboim, "Geopolitics and Empire," pp. 353 - 381.

② John H. Herz, *Political Realism and Political Idealism: A Study in Theories and Realities*, Chicago: University of Chicago Press, 1951, p. 18; John. H. Herz, "Response," *International Studies Quarterly*, Vol. 25, No. 2 (June 1981), p. 202; W. Julian Korab-Karpowicz, "How International Relations Theorists Can Benefit by Reading Thucydides," *The Monist*, Vol. 89, No. 2 (April 2006), pp. 232 - 244; Duncan Bell, "Political Realism and International Relations," *Philosophy Compass*, Vol. 12, No. 2 (February 2017), pp. 1 - 12.

③ Lucian M. Ashworth, "Mapping a New World: Geography and the Interwar Study of International Relations," *International Studies Quarterly*, Vol. 57, No. 1 (March 2013), pp. 138 - 149.

④ Kenneth W. Thompson, *Political Realism and the Crisis of World Politics: An American Approach to Foreign Policy*, Princeton, N. J.: Princeton University Press, 1960, pp. 21 - 22; Michael Howard, "The Strategic Approach to International Relations," *British Journal of International Studies*, Vol. 2, No. 1 (April 1976), pp. 70 - 71; Jakub J. Grygiel, *Great Powers and Geopolitical Change*, Baltimore: The Johns Hopkins University Press, 2006, p. 8.

问题，引起了学术界的高度关注。同时，美国政府号召学者为战时决策和战后规划服务，学者们开始关注那些以往只有政府部门和军方才考虑的问题。当时有240 家私人机构和 28 家政府机构从事这样的研究，如弗吉尼亚大学的“公共事务研究所”（Institute of Public Affairs）、芝加哥大学的“哈里斯政治研究所”（Harris Institute of Politics）、华盛顿特区的“美国公共事务研究所”（American Institute of Public Affairs）等。相关研究论著在这一时期也不断涌现，仅 1942 年就出版了包括《美国在世界政治中的战略》在内的多部著作。对此，曾在 1915年组建西北大学政治学系并一直担任主任到 1928 年的哈里斯教授（Norman Dwight Harris）评论道：这些著作的作者“才华横溢，在国际经济和政治研究领域训练有素，经验丰富；他们认真研究当前的国际形势，清晰地描述世界革命的图景，阐释了建立新的世界秩序所必须采取的步骤”。[1]

在这一过程中，洛克菲勒基金会（Rockefeller Foundation）、卡内基基金会（Carnegie Foundation）、福特基金会（Ford Foundation）等机构在推动现实主义学派的形成和发展方面，发挥了关键作用。这些基金会意识到美国在世界事务中地位的变化，而这些变化需要新的国家战略、训练有素的专家和大量的基础研究。基于这一考虑，它们向对外关系委员会（Council on Foreign Relations）、耶鲁大学、普林斯顿大学等智库和大学提供大量经费，资助国际关系理论研究、区域研

[1] Norman Dwight Harris, "Review of *America's Strategy in World Politics*," *Far Eastern Quarterly*, Vol. 2, No. 2 (February 1943), pp. 208 – 211. 除斯派克曼的《美国在世界政治中的战略》和《和平的地理学》之外，在 1942 年出版的重要著作还包括：Herbert Hoover and Huge Gibson, *The Problems of Lasting Peace*, Garden City, N. Y.: Doubleday, Doran and Co., 1942; George B. Galloway, *Postwar Planning in the United States*, New York: The Twentieth Century Fund, 1942; Edward Hallett Carr, *Conditions of Peace*, London and New York: Macmillan, 1942; Robert Strausz-Hupé, *Geopolitics: The Struggle for Space and Power*, New York: G. P. Putnam's Sons, 1942. 另外，这一时期较有影响的其他著作还有：James Fairgrieve, *Geography and World Power*, New York: E. P. Dutton & Co., Inc., 1941; Hans W. Weigert and Vilhjalmur Stefansson, eds., *Compass of the World: A Symposium on Political Geography*, New York: The Macmillan Company, 1944.

究以及人才培养等。①以洛克菲勒基金会为例，1927—1945 年洛克菲勒基金会资助对外关系委员会 443000 美元，进行此类研究；1939 年在美国国务院的指示下，开始资助对外关系委员会开展"战争与和平研究"项目（War and Peace Studies, WPS），提供经费 30 万美元，专门研究战后的政治、领土、经济、金融等问题，特别是有关美国的政策选择。在项目进行过程中，对外关系委员会召开 362 次会议，向总统和国务院提交 700 份研究报告，被认为是"美国有史以来同政府保持最为密切关系的私人机构"。②

洛克菲勒基金会这一时期大力资助耶鲁大学进行国际关系的研究和人才培养。1934 年 5 月，时任国际关系系主任的斯派克曼向洛克菲勒基金会提出申请，希望基金会赞助美国外交和国际关系重大课题研究，同时准备开设以国际关系为特色的本科课程和研究生课程。1935 年，耶鲁大学创立国际关系研究所（Yale Institute of International Studies），同时期加入国际关系研究所的著名专家还包括外交史学家比米斯（Samuel F. Bemis）、经济学家沃尔弗斯（Arnold Wolfers，曾任教柏林政治学院）、曾任国务院法律顾问的邓恩（Frederick S. Dunn）、前助理国务卿罗杰斯（James G. Rogers）等。1935 年，洛克菲勒基金会向国际关系研究所出资 10 万美元，第一期从 1935 年 7 月到 1940 年 6 月，资助重点是"国际关系中的实力问题"和其他相关的基础研究。其中，斯派克曼的研究课题为"美国在世界事务中的地位"（经费为 13445 美元）和"美国外交政策的区域性方针"之"美国与远东"部分；第二项课题由斯派克曼与时任助理教授、后来出任耶鲁大学校长的格里斯沃尔德（Alfred Whitney Griswold）共同承担，经费为 6741.15 美元。第一期课题的研究由于斯派克曼等教授患病、研究时间不足、缺乏助手等原因，进展比预期要缓慢许多，未能如期完成。但洛克菲勒基金会还是耐心等待着斯派克曼等学者的"大师级"成果，继续提供资助。1941 年 5 月，洛克菲勒基金会向国际关系研究所提供第二批经费 51500 美元，资助时限为 1941 年 7 月到 1944 年 6 月，用于国家防御、美国与未来欧洲秩序、西半球的自给自足以及外交

① 有关福特基金会、卡内基基金会和洛克菲勒基金会资助美国国际关系研究的情况，参见 Inderjeet Parmar, *Foundations of the American Century: The Ford, Carnegie, and Rockefeller Foundations in the Rise of American Power*, New York: Columbia University Press, 2012.

② Parmar, "'To Relate Knowledge and Action'," p. 242.

政策的地理因素等课题的研究。洛克菲勒基金会在第二笔经费 1944 年 6 月到期后，决定每年再资助 2.5 万美元，共 5 年，计 12.5 万美元。①

耶鲁大学国际关系研究所的人才培养在洛克菲勒基金会的赞助下也有较大发展。二战前国际问题研究所的学生人数并不多，1937—1938 年为 17 人，1939—1940 年增至 52 人，1942—1943 年增加到 88 人，1945 年以后大致在 80 人。1935—1945 年，国际关系研究所共毕业 27 名硕士和博士研究生，部分毕业生到国务院、陆军部、经济战委员会（Board of Economic Warfare）工作。同时，耶鲁大学还承担国务院、陆军部、海军部等政府部门人员的培训工作。1944 年 8 月，国务院同国际关系研究所成立联合委员会，培训国务院官员。1945 年夏，国际关系研究所应陆军部要求，成立亚洲研究所（School of Asiatic Studies）。在这一时期，海军在耶鲁大学开设有关战争、战略和"国家实力的基础"课程，由普林斯顿大学教授厄尔（Edward Mead Earle）负责协调。加州大学洛杉矶分校、西北大学、普林斯顿大学、北卡罗来纳大学和宾夕法尼亚大学五所大学也参与这些课程的教学。②

正是在洛克菲勒基金会的大力赞助下，耶鲁大学国际关系研究所完成了许多富有重要影响的成果，对美国现实主义学派的形成和发展，作出了杰出贡献。其

① Rockefeller Foundation, "Report on Research in International Relations at Yale University," July 1, 1935 – June 30, 1940, accessed May 8, 2019, *100 Years: The Rockefeller Foundation*, https://rockfound. rockarch. org/documents/20181/35639/Report + on + research + in + international + relations + at + Yale + University + pdf – KC5yFrZP. pdf/25849a74 – c79d – 4175 – ac2d – 713cac0fea7d; Rockefeller Foundation, "Minutes of the Rockefeller Foundation regarding the study of international relations at Yale University," May 16, 1941, *100 Years: The Rockefeller Foundation*, accessed May 8, 2019, https://rockfound. rockarch. org/digital – library – listing / – /asset_ publisher/yYxpQfeI4W8N/content/minutes – of – the – rockefeller – foundation – regarding – the – study – of – international – relations – at – yale – universi – 2; Frederick Sherwood Dunn, "The Growth of the Yale Institute of International Studies," November 7, 1950, *100 Years: The Rockefeller Foundation*, https://rockfound. rockarch. org/digital – library – listing/ – /asset_ publisher/yYxpQfeI4W8N/content/the – growth – of – the – yale – institute – of – international – studies, accessed May 8, 2019; Parmar, " 'To Relate Knowledge and Action'," pp. 247 – 248.

② Parmar, *Foundations of the American Century*, pp. 70 – 72; Parmar, " 'To Relate Knowledge and Action'," pp. 72, 250.

中，斯派克曼的研究功不可没。洛克菲勒基金会社会科学部主任威利茨（Joseph H. Willits）曾评价斯派克曼的理论观点"展示出了智慧、成熟、冷静、现实主义和学术标准"。①斯派克曼 1893 年 10 月 13 日出生在荷兰阿姆斯特丹；在加州大学伯克利分校分别获得学士学位（1921 年）、硕士学位（1922 年）和博士学位（1923 年）；1925 年开始任职于耶鲁大学，1928 年加入美国籍；1935—1940 年，担任耶鲁大学国际关系研究所第一任所长；1943 年 6 月 26 日，因癌症在康涅狄格州的纽黑文病逝。②斯派克曼出版三本著作，即《西美尔的社会理论》（1925 年）、《美国在世界政治中的战略》（1942 年）和《和平的地理学》（1944 年）；③在《美国社会学杂志》《美国政治学评论》《地理评论》《海德堡国际法杂志》等刊物发表七篇文章。④斯派克曼有关地缘政治和美国外交的主要论著，几乎都是洛克菲勒基金会赞助的课题，特别是《美国在世界政治中的战略》的研究和出版。

① William C. Olson and A. J. R. Groom, *International Relations Then and Now：Origins and Trends in Interpretation*, pp. 50 – 51.

② Frederick J. Teggart, "In Memoriam：Nicholas John Spykman, 1893 – 1943," *American Journal of Sociology*, Vol. 49, No. 1 (July 1943), p. 60; "Death of Dr. Spykman," *Geographical Review*, Vol. 33, No. 4 (October 1943), pp. 660 – 661; Gray, "Nicholas John Spykman, the Balance of Power, and International Order," pp. 873 – 897; Thompson, *Political Realism and the Crisis of World Politics*, pp. 28 – 32.

③ Nicholas J. Spykman, *The Social Theory of Georg Simmel*, Chicago：University of Chicago Press, 1925; Nicholas J. Spykman, *America's Strategy in World Politics*; Nicholas John Spykman, *The Geography of the Peace*, New York：Harcourt, Brace and Company, 1944.

④ Nicholas J. Spykman, "The Social Background of Asiatic Nationalism," *American Journal of Sociology*, Vol. 32, No. 3 (November 1926), pp. 396 – 411; Nicholas J. Spykman, "The United States and the Allied Debts," *Zeitschrift für ausländisches öffentliches Recht und Völkerrecht*, i (1929), pp. 155 – 184; Nicholas J. Spykman, "Geography and Foreign Policy, I," *The American Political Science Review*, Vol. XXXII, No. 1 (February 1938), pp. 28 – 50; Nicholas J. Spykman, "Geography and Foreign Policy, II," *The American Political Science Review*, Vol. XXXII, No. 2 (April 1938), pp. 213 – 226; Nicholas J. Spykman and Abbie A. Rollins, "Geographic Objectives in Foreign Policy, I," *The American Political Science Review*, Vol. XXXIII, No. 3 (June 1939), pp. 391 – 410; Nicholas J. Spykman and Abbie A. Rollins, "Geographic Objectives in Foreign Policy II," *The American Political Science Review*, Vol. XXXIII, No. 4 (August 1939), pp. 591 – 614; Nicholas John Spykman, "Frontiers, Security, and International Organization," *Geographical Review*, Vol. 32, No. 3 (July 1942), pp. 436 – 447.

斯派克曼认为自己是政治学家，"对政治行为感兴趣"，这些政治行为是指实力的竞争以及政府的建立与运作，而外交政策研究则是关注所有国家行为中带有共性的因素。在斯派克曼看来，这些带有共性的因素，包括地理、实力、安全等关键要素，以及这些要素同国家战略和国际秩序之间的关系。[1]斯派克曼之所以重视这些问题，在于他判断第二次世界大战爆发后国际形势发生的重大变化，对美国的安全、生存以及国际秩序可能产生重大影响。这些后来被阿特（Robert J. Art）称为美国的"地缘政治梦魇"（Geopolitical Nightmares）的重大变化和影响，包括海军攻击、政体军事化以及经济扼杀等方面。阿特在《美国大战略》一书中指出，海军攻击是指由于英国海军衰落所引发的担忧，即"加勒比海地区可能会被一个敌对的欧洲大国所渗透，而美国的沿海大城市可能会遭受海军的进攻"。政体军事化是指由于德国在第一次世界大战中获胜所产生的担忧，即"美国的民主体制将会被大规模的军事建设所摧毁，因为这种建设是防御德国霸权所需要的"。而经济扼杀则是指由于"德日征服欧亚大陆的威胁，使人担心美国可能遭受全球经济封锁，并最终在军事上被德日霸权所击败"。斯派克曼及其耶鲁大学国际关系研究所的同事们所关注并从事的研究，在很大程度上就是探讨如何防止和消除上述"地缘政治梦魇"。在他们看来，"如果不采取预防性行动，美国可能会出问题；而且每一项都被认为对美国构成如此严重的威胁，以至于引起了美国的重大反应"。[2]斯派克曼在其论著中基于地缘政治现实主义所提出和倡导的诸多思想和解决方案，在美国学术界、社会以及政界都引起了巨大反响。

---

[1] Nicholas J. Spykman, "Methods of Approach to the Study of International Relations," Proceedings of the Fifth Conference of Teachers of International Law and Related Subjects, 1933, see Wilkinson, "Spykman and Geopolitics," p. 103; Frederick S. Dunne, "An Introductory Statement," in Spykman, *The Geography of the Peace*, pp. ix – xii.

[2] Robert J. Art, *A Grand Strategy for America*, Ithaca, N. Y.: Cornell University Press, 2003, pp. 181 – 190; Robert J. Art, "The United States, the Balance of Power, and World War Ⅱ: Was Spykman Right?" pp. 365 – 406. 有关斯派克曼特别关注的由于德日军事上的胜利所形成的经济扼杀的分析，还可参见 Patrick J. Hearden, *Architects of Globalism: Building a New World Order During World War Ⅱ*, Fayetteville: The University of Arkansas Press, 2002, pp. 12 – 20.

二、斯派克曼的理论体系

美国的国际政治研究在《美国在世界政治中的战略》出版之时还是个相对新兴的领域，斯派克曼研究的重要性，在于为更为全面的理论体系奠定了基础，这种理论体系包含了斯派克曼本人所做的许多阐释和改变。特别是他将"地缘政治"一词理论化和系统化，用以阐明地理、经济与政治因素之间的密切关系，突出了国家在国际环境中之行为的制约因素。斯派克曼地缘政治现实主义的理论体系以及对美国大战略的构建，主要体现在以下五个方面。

（一）地理是制定国家政策的基本要素，应从地缘政治的角度思考大战略。

在斯派克曼看来，地理是制约国家决策"最根本的要素，因为它是最为永恒的"，也是有关战略和安全所有问题中的至关重要的因素，"那些决定最终政策的有关政治和经济方面的推论，首先都会受到陆块分布和地形特征的限制和约束"。更为重要的是，"世界规划和平的基础必须是世界地理"。斯派克曼注意到，领土因素对外交政策的影响是多方面的，包括国土面积、资源分布、纬度高低以及与大陆或海洋的距离、邻国的位置、地形地貌和气候条件等。在这些因素中，"国土面积影响着国家在实力竞争中的相对力量。自然资源影响着人口密度和经济结构，这两个因素限定了封锁的弱点。相对于赤道、海洋和大陆的位置，决定了距离权力中心、冲突区域以及交通线的远近；相对于邻国的位置，决定了潜在敌人的方位以及对领土安全基本问题的态度。地貌之所以影响实力，是因为它影响着统一和内部的凝聚力。气候状况限制了农作物的产量，制约着交通和国际贸易。因此，对一个国家实力地位的所有叙述，都必须从分析地理开始"。斯派克曼认为，"各国的相对规模就是相对实力的粗略标志，因此也是外交政策的一个要素"；而"这种实力可以抵抗其他国家的压力，也可能作为国家政策的手段，影响战争和外交的选择"。①

斯派克曼考察了国家在世界和区域所处位置的意义，指出其实际情况和重要性是国家外交政策的"最重要的基础因素"，可以改变国土面积的重要性，制约

---

① Spykman, "Geography and Foreign Policy, I," pp. 29 – 31; Spykman, *America's Strategy in World Politics*, pp. 41 – 42; Spykman, *The Geography of the Peace*, pp. 5 – 6, 25 – 28.

和影响着其他所有的因素；其区域位置决定了潜在的敌手，进而决定了领土安全的问题和潜在的盟友，甚至限制了在参与集体安全机制时所发挥的作用。①在斯派克曼看来，"这些因素的综合将对一国最终发展为海权国家还是陆权国家产生影响"。对此，斯派克曼的界定是，海权国家"首要考虑的是海上航线，并且主要是按照海军来规划防御和进攻计划"，其实力以海上机动性以及对海路的控制为基础；而陆权国家的"外交政策主要与陆地边界相关联，其安全主要是陆地防卫问题"，其实力以陆上的机动性为基础，即占有平原地区和控制陆上通道。对于陆权国家与海权国家的显著差异，斯派克曼指出：海权国家可通过轻而易举地从一点跳到另一点，就控制一大片空间，而处于扩张中的陆权国家则是缓慢而有条不紊地向前推进，依据地形特点而逐步建立控制，这样才能保持部队的机动性。②

斯派克曼所关注的，是外交政策的"战略地理目标"（strategic geographic objectives）。他指出，尽管地理现实不会改变，但它们对外交政策的意义并非一成不变；不是所有的外交政策都取决于地理因素，地理因素也不是影响外交政策的唯一因素。影响国家政策的因素，还包括该国的人口密度、经济结构、族裔构成、政府形式以及外交决策者的情结和偏好，但决策者不能忽视地理因素。斯派克曼强调："尽管一国的全部政策不是源于地理条件，但它绕不开这些地理条件。无论外交部门多么专业，也无论参谋总部多么足智多谋，一国国土面积、形状、位置、地形和气候都是无法回避的制约因素。"因此，只有全面考察和分析地理、经济和政治三个方面的因素，才能抓住地理位置所具有的真正意义。③

鉴于地理因素对国家政策和国际关系的意义，斯派克曼强调了地缘政治研究的重要性。他主张，"应尽可能从地理的角度，去考虑一国的安全问题，使结论对肩负制定外交政策责任的政治家产生直接的和立竿见影的作用"。这样，"地缘政治"（Geopolitics）这一术语可能会基于地理因素，被运用于一国安全政策的规

---

① Spykman, "Geography and Foreign Policy, I," p. 40; Spykman and Rollins, "Geographic Objectives in Foreign Policy Ⅱ," p. 213; Spykman, *The Geography of the Peace*, pp. 22 – 23.

② Spykman, "Geography and Foreign Policy, Ⅱ," pp. 223 – 224.

③ Spykman, "Geography and Foreign Policy, I," pp. 28, 30; Spykman, "Geography and Foreign Policy, Ⅱ," p. 236; Spykman and Rollins, "Geographic Objectives in Foreign Policy, I," p. 391; Spykman, *The Geography of the Peace*, pp. 7, 22.

划当中；它"实际上是对一种分析类型和一系列数据资料的合理命名，这种分析和数据资料对于在外交政策某些方面进行明智决策的过程而言，是必不可少的"。在斯派克曼看来，正是由于"我们过去对地缘政治学一无所知，随后发现自身安全受到严重危害，以至于在 1917 年和 1941 年的时候，战争就成为唯一的补救办法"。①

斯派克曼指出，地缘政治不仅是一种分析方法，同时还是一种思想。"这种思想在任何行动领域的政策制定和执行过程中，都涉及对位置的选择和对空间关系性质的认识"。地缘政治的特定领域就是外交政策，其特殊类型的分析就是利用地理因素，帮助制定适当的政策，以实现合理的目标。同时斯派克曼强调，任何地缘政治分析的基本特点都是动态的，而非静态的，这有别于纯粹地理学的分析。因为特定的地缘政治领域并不是由永久固定的地形所界定的区域，这一领域既是由地理所限定，也是由于力量中心的动态转变所确定的。因此，这种对相关领域的分析，就要求政治家对影响国家和平之诸多因素的认识，必须扩展到地球的方方面面，扩展到影响国家实力和弱点的所有因素。②

斯派克曼特别强调，虽然地缘政治学承认，和平问题从地理意义上讲，涉及各国之间的领土关系，但国家和世界的和平与安全目标，都必须把扩张和强化自身实力排除在目标之外，因为无论是在战时还是在和平时期，国家的目标是独立与安全，而不是领土扩张，或是以其他国家为代价扩大自身实力。因此，所有完善的地缘政治分析，都是以一国或相关国家的地理位置为基础的；只有从全球视角进行战略和政治思考，才能保持实力地位。斯派克曼强调，通过充分考察大国之间根本的实力关系，地缘政治学所发挥的重大作用，就在于"为我们提供一些阻止侵略的有效办法"。③

（二）控制边缘地带，是确立和保持美国全球优势地位的关键。

基于地理因素和地缘政治的分析，斯派克曼针对麦金德（Halford John Mackinder）的"心脏地带"（the Heartland）学说，提出了"边缘地带"（the Rimland）理论。在麦金德那里，内新月地区（the Inner Crescent）由三块组成：

---

① Spykman, *The Geography of the Peace*, pp. 5 – 6, 7.
② Spykman, *The Geography of the Peace*, pp. 5 – 7.
③ Spykman, *The Geography of the Peace*, pp. 7 – 9.

欧洲沿海地区、阿拉伯 - 中东沙漠地区和亚洲季风区（Asiatic Monsoon Land），在其边界内包括所有可直接进入海洋并可运用海权和陆权的陆地国家。周围一系列的近海和地中海，把大陆与海洋隔开，形成了一条圆形的海上通道，并依据海权把整个地区连接在一起。①斯派克曼认为，内新月地区和沿海地区联合起来，形成了一个新的类别，称之为"边缘地带"更为准确。在此区域之外是英国、日本、非洲和澳大利亚的沿海岛屿和大陆，构成了外新月地区（the Outer Crescent）。"那些围绕大陆、位于海洋中的离岸岛屿群，对我们来说最为重要的是大不列颠群岛和日本群岛，因为他们代表着政治实力和军事实力的中心"。②

斯派克曼认为，边缘地带是海权国家和陆权国家进行争夺的地区。欧亚大陆块的边缘地区必须被视为一个中间区域，它位于中心地带和边缘海域之间，其作用就在于，当海权国家与陆权国家进行争斗时，它就是一片巨大的缓冲地带。从两个方向看，边缘地带必须通过两栖来发挥作用，并在陆地和海洋上防御自己。历史上，它不得不与心脏地带的陆权国家作斗争，而且还要同英国、日本这样的近海岛屿的海权国家作斗争。边缘地带的两栖特点构成了安全问题的基础。斯派克曼发现，麦金德在《民主的理想与现实》一书中所提出的观点，即俄国陆上力量同英国海上力量之间存在不可避免的历史对立，"是应用历史理论的谬误"，因为这两个国家之间的对立，实际上从来都不是不可避免的。在 19 世纪和 20 世纪的三次大战中（拿破仑战争、第一次世界大战和第二次世界大战），英帝国和俄国联合起来，反对由拿破仑、威廉二世、希特勒领导的强国，它们都对边缘地带进行干涉。因此在边缘地带，通常存在着既反对陆权国家又反对海权国家的行为者，从来就没有简单的陆权国家与海权国家之间的对立。历史经验表明，通常是边缘地带的一些国家与大英帝国联盟，对抗边缘地带的一些国家同俄国的联盟；或者是大英帝国同俄国联合起来，对抗一个控制边缘地带的强国。在这种情况下，麦金德的名言"谁控制了东欧，谁就控制了心脏地带；谁控制了心脏地带，谁就控制了世界岛；谁控制了世界岛，谁就控制了全世界"就是错误的。斯派克

---

① 有关麦金德"心脏地带"的理论观点及评价，参见 R. Gerald Hughes and Jesse Heley, "Between Man and Nature: The Enduring Wisdom of Sir Halford J. Mackinder," *Journal of Strategic Studies*, Vol. 38, No. 6 (June 2015), pp. 898 – 935.

② Spykman, *The Geography of the Peace*, pp. 24, 36 – 40.

曼强调，如果旧世界的强权政治需要一个口号，那一定是"谁控制了边缘地带，谁就统治了欧亚大陆；谁统治了欧亚大陆，谁就主宰了世界的命运"。[①]

在斯派克曼看来，边缘地带还是一个扩展的边疆地区，是分割海权国家和陆权国家之间的地区。美国为了取得世界优势地位，必须向边缘地带投射自己的政治影响力，将美国的边疆越过大洋扩展到欧洲和亚洲，在积极干预的基础上形成新的外交政策，从而为终结美国孤立主义的政治目标服务。据此斯派克曼指出，第二次世界大战就其本质而言，"是一场控制欧亚沿海地区的边缘地带的战争"。而东半球的实力争夺，历来是围绕以下因素而展开，即心脏地带与边缘地带之间的关系、边缘地带内部的力量聚合、海权国家对沿海地区施加的压力以及西半球参与施加此种压力。从历史上看，历来都是由心脏地带向外施加强大的军事压力和政治压力。斯派克曼认为战后世界政治将出现四大力量中心，即北美的大西洋沿岸、欧洲的沿海地区、欧亚大陆远东地区的沿海地区以及印度。和平时期这些地区之间的实力关系，将保证或损害世界安全和西半球的安全。美国的目标是"防止霸权国家对这两个地区的控制，因为这样的霸权国家，其原则和理想与西方文明的整个进程是背道而驰的"。斯派克曼虽注重美英苏三国之间的力量平衡，认为苏联可能会成为欧洲大陆最有力的盟友，前提是"不寻求在欧洲边缘地带建立自己的霸权"。但他更为担忧的是，"苏联向外对边缘地带所施加的压力"，将构成战后解决方案的一个重要方面。因此，斯派克曼之所以强调边缘地带的战略意义，是因为在他看来，是边缘地带而不是心脏地带，会对美国构成包围。美国为了自身地位，必须确保在这些地区不能出现具有压倒性优势的强国。如果美国面对的是联合起来的欧亚边缘地带，那么她仍会发现自己被一股无法抗拒的强大力量所包围。斯派克曼解释说："我们曾用武力成功应对了此种局面，我们必须确保战后执行我们的政策，以便在不动用武力的情况下，实现相同的目标。"[②]

① Halford John Mackinder, *Democratic Ideals and Reality: A Study in the Politics of Reconstruction*, New York: Holt, 1919; Spykman, *The Geography of the Peace*, pp. 41 – 43.

② Rosenboim, "Geopolitics and Empire," pp. 375 – 376; Spykman, *America's Strategy in World Politics*, pp. 194 – 195, 449; Spykman, *The Geography of the Peace*, pp. 45, 51 – 53, 57 – 58.

（三）欧洲和亚洲的均势与联盟体系的战略意义。

斯派克曼认为，"欧亚大陆的均势，是我们正在为之作战的目标之一，建立这样的平衡以及维持这样的平衡，是我们赢得战争之后的目标。继续同其他强国进行合作，来设法防止边缘地带的联合，这是美国的利益所在"。他在 1943 年 1 月 11 日致函《生活》（Life）杂志时解释说："促使我对均势感兴趣，不仅仅是出于对我国实力地位的关注，同时还在于我相信，只有在一个实力大致均衡的体系中，集体安全才可以发挥作用。只有在这种情况下，共同行动才能形成代表国际社会的制胜力量。如果没有可能出现发挥制衡作用的强国，那就不可能有约束力的存在。击退侵略行为所需的力量越少，各国履行其保证的可能性就越大。我之所以赞同在欧洲和亚洲形成均势，是因为只有在这种情况下，遥远的美国才能有效地参与维持国际秩序，才能做出承诺，以维护大洋彼岸那些小国的领土完整。正义最有可能在实力相近的国家中普遍存在，只有在一个能够有效防止力量失衡发展的世界中，民主才是安全的。"因此，斯派克曼强调："政治平衡不是众神的礼物，也不是固有的稳定状态。它源于人类的积极干预，也源于政治力量的作用。当奇迹般取得的均势带来和平与安全之时，各国不能消极等待幸福时刻的到来。如果他们要生存下去，他们必须有打仗的意愿，以保持均势，对抗这一时期日益崛起的霸权强国。均势可能会最终减少战争的普遍性，但武力依然是抑制国家扩张的最有效手段。"①斯派克曼对均势的战略意义的理解大致包括以下三个方面。

其一，均势是大国的政策，对美国安全具有战略意义。斯派克曼指出，国家应奉行均势政策，"自然法则和基督教伦理也要求这样做"。国家外交政策的目的不仅要制衡特殊的威胁，而且还要为整个国际社会建立起一个平衡的体系。为维持均势，一国不仅必须采取行动防止邻国变得过于强大，而且还必须防备遥远的国家。"政治家绝对不能做的事，就是允许其邻国变得强大，以至于政治资源和自然资源都不足以保障自身安全"。斯派克曼分析了均势形成的方式和途径，包括划分国界、战争赔偿、建立联盟、对战争进行不同程度的干预、逐步从稍微偏

① Spykman, *The Geography of the Peace*, pp. 60 –61; Nicholas John Spykman, "Letter," *Life*, Vol. 14, No. 2（January 11, 1943）, p. 2; Spykman, *America's Strategy in World Politics*, p. 25.

离中立到作为盟国参战;其中,战争结束后划分边界是重要的。虽然均势肯定不是国际社会理想的力量模式,因为力量平衡本质上是不稳定的,需要予以持续不断的关注和调整,但斯派克曼强调,"必须记住它是国际秩序必不可少的"。①

更为重要的是,斯派克曼认为战后世界仍将是力量分散的,由远东、北美和欧洲所组成,而这三个地区之间的关系将继续主导世界政治。从根本上讲,新秩序同旧秩序相比并无差别,国际社会仍然以同样的基本权力模式运作,将是一个强权政治的世界。同时,由于土地面积和军事潜力的分配,对于新世界的独立和保护美国实力地位而言,跨大西洋和跨太平洋地区的均势绝对是先决条件。因此斯派克曼强调,美国的利益将继续要求保持欧洲及亚洲的均势,"也将继续要求我们在和平时期参与跨大洋区域的政治生活"。同时,欧洲和亚洲失去均势,还必然导致美国军队编制的大幅度增加。②

其二,欧洲均势对世界力量结构具有至关重要的影响。斯派克曼指出:欧洲是世界的中心,政治上的支配权是从欧洲扩展到世界各地,欧洲力量的平衡或失衡的状况,在很大程度上决定了世界其他国家的实力地位。至于如何维持欧洲的均势,斯派克曼强调英美合作的战略意义。他指出:"美国必须依靠其跨大西洋和跨太平洋的具有实力的交通线,才能进入旧世界。这一进入的有效性将决定其外交政策的性质。"英国作为对欧洲大陆采取行动或与其合作的基地,"是美国参与建立世界安全的任何努力中不可或缺的辅助手段",因此,英美之间建立最密切的合作是绝对必要的。在强烈主张美英联合的同时,斯派克曼坚决反对任何形式的欧洲联合。他认为,美国在和平时期和战时的主要政治目标,就是防止旧大陆力量中心联合起来,以联盟的形式危害美国的利益;欧洲的联合并不是美国要鼓励的力量聚合,"均势符合我们的利益,而不是联合起来的力量"。因为"欧洲的联合将形成其力量的聚合,这将彻底改变我方作为大西洋强国所具有的意义,而且还将极大削弱我方在西半球的地位"。为此,斯派克曼主张,美国在战后不能从欧洲撤出,"从长远来看,同退回我们的岛屿领地作短暂的休息,结果后来却被迫动用举国之力去纠正平衡相比,作为一个在欧洲力量区域发挥作用的成员

---

① Spykman, *America's Strategy in World Politics*, pp. 20 – 23, 471; Spykman, *The Geography of the Peace*, p. 22.

② Spykman, *America's Strategy in World Politics*, pp. 359, 457, 461.

留下，更为划算，因为这本来在一开始只需要一点点的力量"。①

其三，东亚—太平洋地区之均势的战略意义与美国安全。斯派克曼认为，不仅欧洲的均势对美国的安全至关重要，东亚—太平洋地区由于其战略价值，同样在美国的大战略中具有至关重要的地位。斯派克曼指出：东亚—太平洋地区具有领土和战略上的意义，这是其他海域所缺乏的。虽然这一地区作为政治力量的重要性还不及欧洲和美国，但先进的技术早晚会将这一地区固有的力量潜能，转变成真正的军事实力，那么其相对于其他两个地区的重要性将会增强。斯派克曼认为，美国一直关注东亚—太平洋地区的均势，主要是为了保护自身在亚洲强国的地位。他把"亚洲与澳大利亚之间，太平洋与印度洋之间"的区域称为"亚洲地中海地区"（the Asiatic Mediterranean），包括菲律宾、哈马黑拉岛、新几内亚群岛、澳大利亚北海岸、荷属东印度群岛、英属马来亚群岛、暹罗、法属印度支那和中国南海直至厦门和香港。同时，亚洲地中海地区是美国战略原料的唯一来源地，假如这一地区为某一强国所控制，那将危及美国军事力量的基础。更为重要的是，该地区的力量失衡，将对世界其他地区产生重要影响。②

斯派克曼强调，二战结束后，东亚—太平洋地区将会出现一系列独立的政治实体，在这一地区建立起均势结构，要比欧洲困难得多。战后这一地区的主要问题不是日本，而是中国。他指出，随着日本的战败，"中国将成为这一地区最大也是最强大的国家"；斯派克曼强调，一个拥有 4 亿人口的、现代化的、充满活力的、军事化的中国，不仅对日本是个威胁，而且也威胁到西方列强在亚洲地中海地区的地位。因为，中国将是一个巨大的大陆国家，并控制着中部海域的大部分沿海地区；一旦中国变得强大起来，她目前在该地区的经济渗透将无疑带有政治色彩。"设想有那么一天，控制这片海域的不是英国、美国或日本的海军，而是中国的空军，这将是极有可能的"。如何应对"均势发生有利于中国的转变"，斯派克曼提出的方案是："有必要在远东奉行我们在欧洲所奉行的同样政策。如果将来需要像当前一样去维持远东的均势，美国将不得不对日本也采取类似的保护政策。只有通过扩大我们的承诺，通过维持我们的行动自由，才能为我们的最

① Spykman, *America's Strategy in World Politics*, pp. 166, 466 – 468; Spykman, *The Geography of the Peace*, p. 13, 45, 55 – 61.
② Spykman, *America's Strategy in World Politics*, pp. 132, 468 – 469.

大利益服务，才能帮助维护亚洲的秩序与和平。"①在斯派克曼看来，这是由日本的重要性所决定的。日本是亚洲最重要的海洋强国，决定着美国与亚洲均势的关系。同时，日本作为缓冲力量与平衡力量，可以抵抗来自大陆的对美国的威胁，也可以抵抗美国对亚洲大陆的威胁。因此，"从军事意义上讲，美国只有与日本海上力量联合起来，而不是对抗它，才能在该大陆发挥作用"。②值得一提的是，马汉在1900年出版的《亚洲的问题及其对国际政策的影响》中就指出：美国同英国、德国和日本一起，在遏制俄国、控制中国方面有着共同利益。③

（四）孤立不能保障美国的安全。

斯派克曼关于"最理想的美国大战略"的阐释和判断，首先建立在一个基本认识的基础上，那就是国际关系的相互影响。斯派克曼明确指出：世界主要沿海地区在经济和政治上相互依存，海洋是迅速发展海上力量的通道，也是商业发展的捷径。另外，由于空军力量对海洋力量的补充以及机动性再次成为战争至关重要的因素，"世界上再没有一个地区因为其距离而不具有战略意义，也不因为其遥远而在强权政治的深思熟虑中受到忽视"。在这种局势下，"一个大陆的实力状况，必定会在另一个大陆的力量分布中反映出来；任何国家的外交政策，都可能受到发生在世界范围内各种事件的影响"。而美国所处的新大陆"从来就不是个孤立的区域，其政治力量结构不仅依赖源于大陆地理所固有的潜在实力，而且还依赖于欧洲国家能够运用到这一地区之力量的程度"。④

在此，斯派克曼提出了一个事关美国安全的重大战略问题，即孤立和干预，哪一种应是美国最理想的大战略？斯派克曼强调，孤立与干预不再是关于参战的辩论，干涉主义者和孤立主义者代表着两种截然不同的地缘政治思想流派；它们不仅代表着保卫美国安全和利益的不同方案，还代表着在意识形态观念和政治支持上的极大差别。在斯派克曼看来，产生此种差别的深刻原因，一方面在于如何

---

① Spykman, *America's Strategy in World Politics*, pp. 469 – 470.

② Spykman, *America's Strategy in World Politics*, pp. 136 – 137, 141.

③ Alfred Thayer Mahan, *The Problem of Asia and Its Effect upon International Policies*, Boston: Little, Brown, and Company, 1900, pp. 63 – 65.

④ Spykman, *America's Strategy in World Politics*, pp. 89, 165; Spykman, *The Geography of the Peace*, p. 35.

评估欧洲及亚洲之均势对美国安全的重要性，另一方面更为重要的，"是对美国地理位置之意义的分歧，也是对我国基于此地理位置所应采取的指导军事及政治战略之原则的分歧"。①

尽管斯派克曼承认，"这两种理论将继续影响着我们对大战略原则的思考，而这个大战略将指导我们的战争行为，也指导我们规划和平的条件"，但他强调说：为了维持美国自身的安全，美国必须参与欧洲和亚洲的政治生活。美国必须永远认识到，"欧洲大陆各国之间的内部实力关系，将在很大程度上决定我们自己的政策走向。我们必须了解在东半球发挥作用的地缘政治力量，并了解它们将对我们自己的地位产生何种影响"。美国政策的目的，就是要"保持欧洲的均势"。因为世界政治力量的失衡，将导致其他强国对美国实施"包围"（encirclement）的重大后果。他相信，这种包围既可通过实际的扩张，也可通过缔结条约或联盟的方式来实现。美国在历史上经历过四次均势遭到摧毁和被包围的威胁：第一次是法国呼吁"神圣同盟"联合进攻西班牙殖民地；第二次是1917年俄国战败、法军士气低落以及德国潜艇战大获全胜之时；第三次是1921年华盛顿会议期间，美国施加压力，迫使英日宣布中止同盟；第四次是1940年德国和日本形成同盟进攻西半球之时。斯派克曼指出，美国的大战略要避免将来出现此种包围，那就要"不允许任何国家或任何国家联盟在旧世界两个地区中的任何一个地区成为支配性强国，因为这两个地区会威胁到我们的安全"。②

（五）实力是国家大战略的基础，在国际政治中要有使用武力的意志和决心。

斯派克曼认为，国际关系中有关实力的基本方面，在美国几乎没有受到重视，部分原因是地处远洋之外"所认定的孤立"，部分原因在于"国家意识形态中的某些宗教因素"。斯派克曼之所以重视实力的意义，在于他对国际社会本质的认识和理解。他指出：国际社会从来不会保证成员国的生命、自由、繁荣或幸福，无论国际公约的条款如何规定，各国的生存、权利以及利益，"首先都依赖于自身的力量或保护者的力量"。因此，在一个处于无政府状态的国际社会中，

---

① Spykman, *America's Strategy in World Politics*, pp. 3 – 4, 123 – 126, 450.

② Spykman and Rollins, "Geographic Objectives in Foreign Policy, I," p. 393; Spykman, *America's Strategy in World Politics*, pp. 128, 449; Spykman, *The Geography of the Peace*, pp. 19, 34, 60.

外交政策的目标首先必须是增强或起码是维持国家的相对实力地位。"美国明智的外交政策,必须接受国际社会的这一基本现实,并以其地理位置在世界上所具有的意义为基础,制定一项关乎战争与和平的大战略"。斯派克曼相信,实力意味着生存,意味着将自己的意志加诸他人的能力,意味着拥有对毫无力量的国家发号施令的能力,也意味着有可能迫使实力较弱的国家做出让步。"没有武力作为支撑的政治理想与愿景,几乎没有存在的价值"。他批评那些"放弃实力角逐并故意选择无所作为的国家",不论其动机善恶与否,"都不会对国际关系产生影响,而且还冒着被更强大的邻国最终吞并的风险"。①

至于判定国家实力(the power of states)的标准,斯派克曼认为,实力在很大程度上是由地理和资源所决定的,领土的地理特征直接影响维护安全的方式;对一国军事和政治实力而言,农业资源和工业资源是在世界政治中发挥作用的经济基础。"只有那些人口众多、物产丰富的国家,才能对国际社会的和平机制产生直接影响"。在斯派克曼看来,国家的相对实力不仅仅取决于军事力量,而且也取决于许多其他因素,包括国土规模、边界状况、人口数量、原材料的匮乏或丰富、经济及技术的发展、财力、族裔关系的和谐、有效的社会整合、政治稳定以及民族精神。斯派克曼同时也注意到,一国实力地位还取决于潜在敌手的实力,通过削弱和加强一些国家的力量,从而达到直接影响其他国家实力地位的目的。为实现这个目的,各国愿意使用军事力量,不仅保护自身的领土,也保护他国的领土;一国愿意支持其他国家,不仅仅是出于保护边疆或保护具有特殊战略意义的地区,同时也是为阻止一些大国的扩张,防止霸权。②

斯派克曼关注国家在追求实力的过程中对有关道德价值观的考虑。他指出:"推行外交政策的政治家,他们只有在公正、公平和宽容的价值观有助于或不干扰实力目标的情况下,才会去关心这些价值观。这些价值观可以为追求实力进行道德辩护,但假如运用这些观念会产生弱点的话,那就应将它们摒弃。追求实力并不是为了实现道德价值,而是这些道德价值观可以有助于获取实力。"斯派克

---

① Spykman, *America's Strategy in World Politics*, pp. 17 – 18, 41, 446; Spykman, *The Geography of the Peace*, p. 3; Spykman, "Frontier, Security, and International Organization," p. 436.

② Spykman, *America's Strategy in World Politics*, pp. 18 – 19; Spykman, *The Geography of the Peace*, pp. 4, 28.

曼的这一观点后来为有些学者所批评，认为"是以现代英语重申了霍布斯的基本论断"。但也有研究者认为，"对良知和残酷的需要之间所存在的不可避免的伦理上的紧张关系，斯派克曼的处理是对更好地管理我们所面对的政治和战略困境的持久贡献"。[1]

斯派克曼把 20 世纪的战争总结为总体战（total war）或永久战（permanent war），是军事、政治、经济以及意识形态手段的结合和一体化。他指出，现代战争需要国家经济的全面参与，只有在充足的战略原料供应以及大量工业产出的基础上，才能成功地进行现代战争。国家准备作战，并不仅仅是为了防卫领土和征服疆域、保护和接纳海外侨民、维护和获得经济利益、保护和传播意识形态，同时也是为了维持和提升自身的相对实力地位。因此，战略家必须从整体上了解影响国家实力的所有因素。[2]

斯派克曼突出了经济战、心理战和意识形态战在战争形态中的重大意义。他认为，经济战在现代战争中开始发挥日益重要的作用；从采取进攻性行动的角度看，经济战的目的就是要摧毁支撑敌方军事能力的国家经济；而从采取防御性行动的角度看，经济战就是为了保持国家经济实力。斯派克曼相信，经济战是一种经济扼杀形式，通过交战双方关闭各自的市场、对出口实施禁运、破坏汇率稳定和恐吓中立国来实施。通过阻止一国的进口，试图断绝其人口所需的食品和军事工业所需的原材料，来迫使其投降。斯派克曼认为，现代经济战发展的趋向，就是通过经济压力的手段，胁迫第三国直接参与经济斗争。如果可能，中立国以及半中立国将加入其中。在这一过程中，封锁和禁运是经济战行之有效的手段，此种行动可引起失业和社会动荡、政府财政的混乱，摧毁货币在海外的购买力；经济生活的严重破坏，还可能摧毁一国的意志，迫使其投降。斯派克曼特别强调禁运的作用，他根据美国军方 1939 年的备忘录，把相关物资分为三类，即战略物资（Strategic Materials）、关键物资（Critical Materials）和基本物资（Essential

---

[1] Spykman, *America's Strategy in World Politics*, p. 18; Albert A. Blum, "Thomas Hobbes and the 'Cold War'," *World Affairs*, Vol. 122, No. 3（Fall 1959）, p. 80; Gray, "Nicholas John Spykman, the Balance of Power, and International Order," p. 895.

[2] Spykman, *America's Strategy in World Politics*, pp. 38, 40; Spykman, *The Geography of the Peace*, p. 6.

Materials）。他相信，"假若实施禁运的国家控制了所有战略物资的生产中心，那么扼杀就可以通过简单的禁运来实施"。①

斯派克曼极为注重心理战和意识形态战，因为它们作为总体战的一部分，已被列为经济绞杀、政治谋略和军事攻击的手段。斯派克曼指出，由于战争中的实力来自团结，来自有效的社会整合，所以破坏一国的团结是敌方的首要手段，摧毁国家的凝聚力、纪律和集体士气，是此种破坏的根本目标。因此，心理战不仅破坏一国的团结，而且还试图摧毁个人进行战斗的意志。意识形态战作为军事战的补充，一直都是重要的，其目的旨在摧毁对国家目标的忠诚，摧毁对政府的信任。斯派克曼强调：为了保持国民的士气，国家绝对有必要坚定对事业正义性的信念。"人们可以让自己为个人生存和社会生存而战，但用服务于抽象价值的号召来激励他，比许诺物质利益要容易得多"。鉴于此，斯派克曼强调国家在国际政治中要有使用武力的决心，因为战争是国家体系的固有部分，是国际关系的常态，也是抑制其他国家扩张的最有效手段。如果因为战争不受欢迎就忘记这个现实，那只能招致灾难。同时在斯派克曼看来，捍卫至关重要的价值观、改变领土现状、维持均势，这些战略都要求国家"必须有打仗的意愿"。②

作为总体战的重要部分，在全球战略地区获得更多的海空军基地，不仅是国家实力的体现，也是实现和保证美国领导地位的核心前提。在斯派克曼看来，这些基地是保障海上航线和航海自由的关键，对美国大战略的实施具有至关重要的意义。斯派克曼强调了海洋在大战略中的地位，他指出："海洋在旧世界国家间的经济、文化和政治关系中发挥着至关重要的作用，而且还决定着旧世界同新世界之间的关系。东半球和西半球最为重要的联系，就是通过海上交通进行的。只有通过海上交通，美国才能对欧洲和远东产生影响力；欧洲国家的实力也只有通过海洋才能有效地影响到我们。"斯派克曼分析了海上航线的重要性，指出对海上航线的控制可引起"国际关系中特别激烈的对立和冲突"。他把使用海上航线的权力等同于航海自由的权力，对此设置障碍"是令人憎恨的"。更为重要的是，"这种情况会被强大的沿海国家视为对航海自由的不可忍受的障碍，必须不惜一

---

① Spykman, *America's Strategy in World Politics*, pp. 34 - 36, 266, 292 - 295.
② Spykman and Rollins, "Geographic Objectives in Foreign Policy, I," p. 394; Spykman, *America's Strategy in World Politics*, p. 25; Spykman, *The Geography of the Peace*, p. 4.

切代价予以清除"。如何避免这种情况的发生，斯派克曼的解决方案是在跨大西洋地区和跨太平洋地区获取更多的海空军基地。他主张："如果我们真的对维持东方的安全感兴趣，而且是为了自己的安全不得不这样做，那么我们必须按照我们在跨大西洋区域获得海空军基地的同样条件，在这一地区获得更多的海空军基地。通过在一些托管岛屿上建立基地以及重建我方在菲律宾的军事力量，来加强阿拉斯加，这将是最起码的安排。"①

三、学术论战之中的理论范式和国家战略

《美国在世界政治中的战略》一出版，就引起学界、政界和社会舆论的高度重视，是一部"讨论最多的有关国际政治的著作"。②当时主流的学术刊物和知名杂志，如《政治学季刊》《地理评论》《美国历史评论》《美国经济评论》《美国国际法杂志》等，纷纷发表书评，对之既有如潮的好评，也有中肯的批评和商榷，更有全盘否定。围绕此书的学术论战不仅反映了现实主义学派在美国国际关系研究中的发展历程，更为重要的是展示了有关大战略构想的若干重要趋向。

时任罗斯福总统特别顾问、霍普金斯大学校长、著名政治地理学家鲍曼（Isaiah Bowman）在《地理评论》（1942 年 4 月）上撰文，高度评价《美国在世界政治中的战略》，把它与富勒顿（William Morton Fullerton）的《实力的问题》（1911 年出版）相提并论。③鲍曼指出，《实力的问题》虽"鲜为人知"，但"具有特殊意义"，富勒顿"以类似方式探讨了斯派克曼的主题，其论述在他那个时

① Spykman, *America's Strategy in World Politics*, p. 103; Spykman, *The Geography of the Peace*, pp. 25, 58.

② Roucek, "The Development of Political Geography and Geopolitics in the United States," p. 207.

③ 鲍曼被称为"美国的豪斯霍费尔"（American Haushofer），参见 Neil Smith, *American Empire*: *Roosevelt's Geographer and the Prelude to Globalization*, Berkeley, C. A.: University of California Press, 2003, pp. 287 – 288, 329. 豪斯霍费尔（Karl Ernst Haushofer, 1869 – 1946），德国将军、地理学家和政治家。有关豪斯霍费尔的地缘政治思想对纳粹德国扩张战略的影响，可参见 Andreas Dorpalen, *The World of General Haushofer*: *Geopolitics in Action*, New York: Farrar & Rinehart, 1942; Henning Heske, "Karl Haushofer: His Role in German Politics and in Nazi Politics," *Political Geography Quarterly*, Vol. 6, No. 2（April 1987）, pp. 135 – 144.

代是出类拔萃的";而斯派克曼则是"举起了富勒顿的火炬",并将其发扬光大。鲍曼特别强调了斯派克曼的著作对摆脱孤立主义思潮的意义。他指出:"孤立主义者读不懂这本书;那些已厌倦听到滇缅公路、仰光、新加坡、重庆、巴拿马、基尔、斯摩棱斯克、利比亚、马耳他、纳塔尔、达卡这些地名的人,也不会对这本书感兴趣,对于认为生活的目标就是安全、花园、音乐、书籍、休闲的人,也就是认为生活目标就是'文化'的那些人,他们也会厌恶这本书。但我们要走进花园,享受文化,也只有当我们在遥远的地理边界上辛勤劳作之后,才有机会实现这一目标。"鲍曼认为,斯派克曼的这本书"出版在一个可能会影响政策的时候,它不会像富勒顿被遗忘的警告那样遭到遗忘,不会像马汉那样被忽视,也不会像柯立芝(Archibald Cary Coolidge)的著作那样只囿于学术圈里"。他甚至呼吁:"应有不少于 100 万的美国家庭去读这本书,而负责政策制定的每个政府官员在以后 20 年之内,每年至少都要读一遍。"布朗大学校长里斯顿(Henry M. Wriston)在《美国国际法杂志》(1942 年 7 月)发表评论说:斯派克曼的著作不仅有关地理的数据和资料是"最为丰富、更具想象力、最令人信服的",而且由于作者"具有遣词造句的天赋",因而"其篇章结构精湛,有力地支持其论点"。里斯顿在称赞"地理和争夺实力的斗争是永恒力量"这一观点的同时,也指出斯派克曼没有重视诸如领导者个性、法律体系、经济理论、哲学思想、道义、宗教等影响历史发展的力量。[①]

一些学者对斯派克曼所提出的边缘地带、均势等理论观点,特别是地缘政治的研究视角赞赏有加。有评论强调,斯派克曼所阐明的美国政策的目的,也是英国长期以来的政策目的,那就是不能允许德国或俄国、中国或日本形成控制性的

[①] Isaiah Bowman, "Political Geography of Power," *Geographical Review*, Vol. 32, No. 2 (April 1942), pp. 349 – 352; Henry M. Wriston, "Review of America's Strategy in World Politics," *The American Journal of International Law*, Vol. 36, No. 3 (July 1942), pp. 516 – 518. 富勒顿(William Morton Fullerton, 1865 – 1952),美国著名记者,主要著作有 *Problems of Power* (New and Revised Edition, New York: Charles Scribner's Sons, 1915)。柯立芝(1866—1928),美国教育家和外交家,1908—1928 年任哈佛大学历史系教授,美国俄罗斯研究的奠基者,"对外关系委员会"的创始人之一,担任过《外交季刊》的主编,是美国总统柯立芝的远亲。柯立芝的主要著作是《作为世界大国的美国》(*The United States as a World Power*, New York: The MacMillan Company, 1908)。

力量，"这有助于纠正那些有关和平的简单假设，而这种和平是我们正在为之奋斗的"。①《社会力量》（1943 年 5 月）的一篇评论称赞斯派克曼"如果不是当代最好的地理学家、历史学家和政治战略家，那也是位杰出的、一流的地缘政治学者"，因为他通过地缘政治的方法，探讨政治地理学、经济战略和军事战略，由此"检验这一相对较新的方法所具有的科学价值"。斯派克曼的博士生导师、加利福尼亚大学历史学教授特加特（Frederick J. Teggart）在《美国社会学杂志》（1943 年 7 月）上指出：斯派克曼展示了他对美国"在战后处理和平问题所面临之种种困难的深刻认识"，在一个具有最大困难性和全国性的问题上取得了突破性进展。著名政治学家、芝加哥大学教授魏格特（Hans W. Weigert）在《星期六文学评论》（1944 年 4 月 22 日）发表书评，称赞斯派克曼的著作"改变了许多人的政治思想"，它之所以是部杰出的著作，是由于其思想所具有的说服力和才华，还由于其大胆宣称了被作者视为美国地缘政治的那些原则。斯派克曼在耶鲁的同事福克斯（William T. R. Fox）在 1948 年 2 月的一篇评论中指出：斯派克曼所提出的"边缘地带"概念，在 1942 年绝非小说中的词语，它表述了美国的基本利益，"从而使美国为击败轴心国而动员起来的目标是一致的"。因此，"建议那些对强权政治、对帝国主义以及对保卫国家所必要之战略感兴趣的人，去读一读《美国在世界政治中的战略》，作者明确阐释了美国或其他强国如采取孤立政策所具有的巨大危险性"。②

还有学者探讨了斯派克曼思想的古典地缘政治学的缘起，特别是修昔底德的影响。任教于迈阿密大学的蒙哥马利（Henry Montgomery）在《古典学杂志》（1942 年 11 月）发表文章，探讨斯派克曼理论观点的思想渊源。蒙哥马利指出，

---

① Malcolm Sharp, "Review of *America's Strategy in World Politics*," *The University of Chicago Law Review*, Vol. 9, No. 4 (January 1942), pp. 764 – 765.

② Frederick J. Teggart, "In Memoriam," p. 60; Hans Haas, "Review of *America's Strategy in World Politics*," *Social Forces*, Vol. 21, No. 1 (October 1942 – May 1943), pp. 112 – 113; Hans W. Weigert, "America's 'Security Situation' Tomorrow," *Saturday Review of Literature*, Vol. XXVⅡ, No. 1 (April 22, 1944), pp. 10, 31; William T. R. Fox, "American Foreign Policy and the Western European Rimland," *Proceedings of the Academy of Political Science*, Vol. 22, No. 4 (January 1948), pp. 73 – 74; Harris, "Review of *America's Strategy in World Politics*," pp. 208 – 211.

斯派克曼有关均势和联盟政治的理论观点，都可在修昔底德的古典地缘政治思想中找到。因此，从特定的和现实的层面上讲，地缘政治因素毫无疑问在美国内政外交中发挥着重要作用，"斯派克曼对地缘政治在美国政策中的地位进行了卓越的分析"。①

一些学者在肯定和称赞斯派克曼理论观点的同时，也提出商榷意见。纽约大学法律教授伊格尔顿（Clyde Eagleton）在《美国科学院政治学暨社会学年刊》（1942 年 7 月）发表评论，认为该书是"写作意图明确的地缘政治研究"，在某些方面"非常棒"，在其他方面"又非常令人失望"。伊格尔顿指出，斯派克曼所做的"杰出的工作"，就是在搜集整理极富价值的材料和大量事实的基础上，明确阐释了地理、经济、政治、军事、社会以及意识形态等多种因素及相互关系，提出了许多引人入胜的观点。该书之所以令人失望，就在于作者并未从这些材料和事实中得出合理的结论。在伊格尔顿看来，斯派克曼的结论"没有现实主义，只有失败主义"。②塔夫茨学院的斯特利（Eugene Staley）在《美国经济评论》（1942 年 12 月）撰文称赞该书"重要而杰出"，论述了强权政治机制运作的重要方面及其对美国的意义。该书最大贡献在于定义了均势的原则，"极其有效而彻底地驳倒了新孤立主义的观点"，并从大战略的角度探讨了美国同其他国家的关系，为美国参与跨大西洋事务和跨太平洋事务的政策，构建了"可能是迄今为止最全面、最具决定性"的战略基础。但斯特利也认为，"如果依赖均势原则，而不是把它作为一种临时性的再保险，那就等于把未来交给世界上的法西斯分子，哪怕是我们在这场战争中击败了他们"。宾夕法尼亚大学的海因德尔（Richard H. Heindel）在《美国历史评论》（1942 年 10 月）撰文指出：该书之所以广受赞誉，一方面是因为它"才华横溢、可读性强"，更重要的是由于其"现实主义"

---

① Henry Montgomery, "Thucydides and Geopolitics," *The Classical Journal*, Vol. 38, No. 2 (November 1942), pp. 93 – 96.

② Clyde Eagleton, "Review of *America's Strategy in World Politics*," *The Annals of American Academy of Political and Social Science*, Vol. 222 (July 1942), pp. 189 – 190. 伊格尔顿的主要著作包括：*The Responsibility of States in International Law*（New York：New York University Press, 1928）；*International Government*（New York：The Ronald Press Company, 1932）；*Analysis of the Problem of War*（New York：The Ronald Press Company, 1937）；*The Forces that Shape our Future*（New York：New York University Press, 1945）。

以及所探讨的"孤立主义者和干预主义者之间的问题"具有重要意义，"华盛顿的许多决策者的办公桌上都可以找到它"。他并不赞同斯派克曼有关均势的观点，认为"无论是现实主义者还是理想主义者，可能有人会问：均势是针对谁的？其目的是什么？如果说均势是一种规则，可以将国际强权冲突限制在非暴力的手段上，那么历史记录就不那么令人宽慰了"。①

一些学者对斯派克曼有关实力的论述和地缘政治分析方法提出质疑和批评。耶鲁大学研究员贝克（Maximilian Beck）在《哲学与现象学研究》（1942年12月）发表评论指出，虽然斯派克曼的著作深入探讨了政治学的若干原则，并运用于美国外交政策的具体问题，"希望驱散那些掩盖了可怕现实的理想主义的政治幻想"，然而其有关"实力"的含义模糊不清，"纯粹以地缘政治的观点来看待国际事务是错误的"。贝克尖锐地指出，"要是为了一种更现实的强权政治，就背叛了宪法所体现的崇高的理想主义，背叛了一切执着于自由、正义和人性所体现的崇高的理想主义，那么，美利坚民族就会摧毁其赖以生存的根基，就如同没有灵魂的躯体那样分崩离析"。宾夕法尼亚大学教授斯特劳斯－休普（Robert Strausz-Hupé）一方面认为该书"充满活力的文风和令人印象深刻的对比的天赋"，使之成为"极具启发性的著作"，但另一方面他也认为，把地缘政治作为一种体系来衡量强权政治，并以此为科学研究开辟新的道路，这一点还是令人怀疑的。②

当时对斯派克曼的批评和抨击，几乎都集中在其地缘政治的理论方法和研究视角，并由此试图全面否定斯派克曼的思想观点。他们批评斯派克曼的著作"了无新意"，"仅仅是重复麦金德的观点，去适应以美国为中心的制图学"，同时还"大量借用地缘政治的著作以及《我的奋斗》中所包含的马基雅维利式的精髓"。在质疑斯派克曼著作"令人吃惊的制图上的幼稚"的同时，有些学者还抨击斯派

---

① Eugene Staley, "Review of *America's Strategy in World Politics*," *The American Economic Review*, Vol. 32, No. 4（December 1942）, pp. 893 – 898；Richard H. Heindel, "Review of *America's Strategy in World Politics*," *The Journal of Modern History*, Vol. 14, No. 4（December 1942）, pp. 547 – 548.

② Maximilian Beck, "Review of *America's Strategy in World Politics*," *Philosophy and Phenomenological Research*, Vol. 3, No. 2（December 1942）, pp. 236 – 241；Robert Strausz-Hupé, "Review of *The Geography of the Peace*," *Military Affairs*, Vol. 8, No. 2（Summer 1944）, p. 144.

克曼的论点是"厚颜无耻的美帝国主义"的先兆，"假如这种地缘政治的现实主义取得胜利，那么美国的未来就是军国主义，民主国家的政治体制将同集权国家的体制别无二致"。他们甚至责问道："耶鲁那些著名的学者让这样的思想释放出来，真不知道他们都在想些什么！"[1]担任经济战委员会中国问题专家的格林伯格（Michael Greenberg）在《太平洋事务》（1942 年 9 月）发表评论，批评斯派克曼有关政治学的概念是决定论的，批评其研究方法，批评他将地缘政治研究过分简单化。在格林伯格眼中，"斯派克曼教授为美国开出的药方就是等同于永恒的战争"。哈佛大学政治学教授弗里德里希（Carl Joachim Friedrich）认为，斯派克曼的论点虽具有挑战性，但研究方法是"马基雅维利式的政治学"；弗里德里希并不认为均势可以为民主国家的政策提供基础，因为"只有国家在战后寻求将当前正在出现的合作模式永久化的时候，这样的政策才能要求得到美国宪政传统的充分支持"。[2]

普林斯顿大学教授厄尔发表在《政治学季刊》（1943 年 3 月）的长篇评论《强权政治与美国的全球政策》，对斯派克曼进行了系统批判。首先，他否定了"地缘政治"这一术语的科学性。厄尔认为，"地缘政治"这个词具有"神秘感，让人迷惑"，缺乏明确的定义，不能运用于美国的情况。他进而强调："地缘政治"在当前具有特殊的含义，那就是指豪斯霍费尔（Karl Haushofer）及其在慕尼黑的地缘政治研究所进行的伪科学，它除了将德国帝国主义合理化之外一无是处。因此，"地缘政治"在某种程度上"具有散发着恶臭的含义"，削弱了这个术语在美国学术界的价值。其次，厄尔批评斯派克曼过于强调地理、实力等因素，无视影响国家发展和国际关系演变的其他力量。厄尔写道，斯派克曼"虽不认为实力是唯一的因素，但当提到道德、法律、文化、意识形态、宗教以及类似

---

[1] Richard Edes Harrison, "The Face of One World: Five Perspectives for an Understanding of the Air Age," *Saturday Review of Literature*, July 1, 1944, p. 5; Furniss, "The Contribution of Nicholas John Spykman to the Study of International Politics," pp. 382, 392 – 393; Kristof, "The Origins and Evolution of Geopolitics," p. 32, note 41.

[2] Michael Greenberg, "Review of *America's Strategy in World Politics*," *Pacific Affairs*, Vol. 15, No. 3 (September 1942), pp. 380 – 383; C. J. Friedrich, "Review of *America's Strategy in World Politics*," *The American Historical Review*, Vol. 48, No. 1 (October 1942), pp. 155 – 156.

的推动因素的时候，他通常都不热心，有时甚至还冷嘲热讽"。最后，厄尔强烈抨击斯派克曼所主张的现实主义政策。他指出，"如果我们听从斯派克曼有关欧洲和远东问题的建议，那么合乎逻辑的结果可能是，我们会摆脱德日同盟的威胁，但却导致了更具危险性和更为强大的俄中联盟所实施的压制的威胁。斯派克曼所建议的战略，可能不是一种确保均势的原则，而是一种会导致我们既失去物质也失去精神的原则"。在厄尔看来，"斯派克曼的现实主义，就是过去几个世纪的现实主义"，而斯派克曼所主张的均势，"很可能把我们全都送进火葬场"。①对于厄尔的行为，后人曾尖锐地评论说："虽然一些思想相对封闭的大人物在 1942 年和 1943 年试图抹杀他的名声，但斯派克曼精湛的理论使之能够抵抗住此种抹杀。"②

　　同《美国在世界政治中的战略》所引起的反响相比，1944 年出版的《和平的地理学》远没有引发那么多的讨论和分歧。多数评论认为，斯派克曼的这本遗著简明扼要，阐明了领土因素在政治行为中的极端重要性，强调地缘政治所具有的动态性，从而使地缘政治研究作为一门社会科学，摆脱了决定论的僵化。更为重要的是，这部书是对美国外交政策研究的杰出贡献，"应得到广泛的研究，特别是在这场战争结束之时负责创造和平条件的那些人，不管他们的责任是多么小"。③

　　在有关《美国在世界政治中的战略》的学术争论中，美国学术界之所以出

---

① Edward Mead Earle, "Power Politics and American World Policy," *Political Science Quarterly*, Vol. 58, No. 1（March 1943）, pp. 94 – 106. 有关厄尔对美国国际关系研究的贡献，参见 David Ekbladh, "Present at the Creation: Edward Mead Earle and the Depression-Era Origins of Security Studies," *International Security*, Vol. 36, No. 3（Winter 2011/12）, pp. 107 – 141.

② Gray, "Nicholas John Spykman, the Balance of Power, and International Order," p. 891.

③ Strausz-Hupé, "Review of *The Geography of the Peace*," pp. 144 – 145; Robert S. McCordock, "Review of *The Geography of the Peace*," *The American Political Science Review*, Vol. 38, No. 4（August 1944）, pp. 805 – 806; R. B. Frost, "Review of *The Geography of the Peace*," *The American Journal of International Law*, Vol. 38, No. 4（October 1944）, p. 756; Frank E. Williams, "Review of *The Geography of the Peace*," *The Annals of the American Academy of Political and Social Science*, Vol. 238（March 1945）, p. 200; Werner J. Cahnman, "Review of *The Geography of the Peace*," *American Sociological Review*, Vol. 10, No. 2（April 1945）, p. 320.

现如此大的反差，除理想主义学派和孤立主义势力之强大的影响之外，其关键原因就在于，由于纳粹德国对地缘政治研究的滥用，当时学界在很大程度上并不认同和接纳有关地缘政治的研究，甚至采取敌视态度。纽曼（Franz Neumann）在 1942 年出版的《贝希摩斯：国家社会主义的结构与实践》一书中就声称："地缘政治就是帝国主义扩张的意识形态⋯⋯地缘政治的内容就是关于伦理、军事、经济、种族、人口、历史、政治等多层考虑的大杂烩。"[1]正因为如此，这一时期美国政治学的一些学者还力图将地缘政治同政治地理学（Political Geography）严格区别开来，试图以此维护政治地理学的声誉。霍普金斯大学教授戈特曼（Jean Gottmann）指出，政治地理学是有着辉煌历史、令人尊敬的科学，研究政治组织（国家）同其地理环境之间的关系，对国家政策和军事政策非常重要；而地缘政治则是研究地理因素对政治行为的影响，"仅仅使用了一定数量的科学装饰，其目的是为国家的扩张辩护，同时也为了推动国家扩张"。在他们看来，称麦金德、鲍曼这些学者为"地缘政治学家"，那简直就是一种"侮辱"。还有评论者认为，斯派克曼理论观点的不足，就在于"边缘地带"这个术语极具灵活性和吸引力，"无法避免的普及化"就会脱离原来的文本，常常会被胡乱使用，"这样它们就会成为那些试图迷惑公众的宣传家的工具"，从而使人想到了德国的地缘政治是如何成为"一种伪科学的神秘口号"。[2]

也有学者肯定地缘政治在研究国家战略和国际关系方面所具有的价值和意义，他们只是抨击纳粹德国对这一研究的滥用。哈佛大学的黑根（Charles B. Hagan）在《政治学杂志》（1942 年）发表文章，分析政治地理学和地缘政治研究的差异。黑根认为：从广义上讲，政治地理学关注的是国家环境变化的历史和事实，静态地观察国家；地缘政治观察和推测地理条件对政治事件和国家政治形式变化的影响，把国家作为动态现象来观察。黑根强调指出，地缘政治由于为

---

① Franz Neumann, *Behemoth*: *Structure and Practice of National Socialism*, New York：Oxford University Press, 1942, p. 147.

② Jean Gottmann, "The Background of Geopolitics," *Military Affairs*, Vol. 6, No. 4（January 1942）, pp. 197 – 198, 205 – 206；Donald W. Meinig, "Heartland and Rimland in Eurasian History," *The Western Political Quarterly*, Vol. 9, No. 3（September 1956）, p. 555.

国际政治行为提供知识，搭建理论与行动之间的桥梁，因此可概括为试图找到控制国家发展的决定性原则。黑根批判地缘政治研究的德国学派，指出该学派"把大量的民族心理、历史和军事战略，同他们的地理情况交织在一起"，其研究的目的就是服务于"恢复德国由于第一次世界大战战败而丧失的强国地位"。因此黑根指出：这样的地缘政治是对当代强权政治的合理化，"相信民主与国际和平秩序的人，是根本无法忍受这种世界观的"。①

从更为重要的层面看，这一时期对斯派克曼研究的质疑和批评，本质上是国际政治研究中理想主义学派和现实主义学派在如何构建国家大战略等有关问题上的尖锐交锋。在当时的学术界和知识界，"挤满了崇尚法律、目光短浅的理想主义者，这些人提出的许多观点都确信，战争已经过时，因此地缘政治是一种古怪的返祖行为。就斯派克曼的研究而言，当第二次世界大战有效地使现实主义者从除了那些近乎理想化的美国观察家之外的所有人当中脱颖而出之时，地缘政治作为现实主义传统的一部分得以发展"。②因此，尽管有学者认为斯派克曼的研究及观点主要汲取了拉采尔（Friedrich Ratzel）、富勒顿、亨廷顿③（Ellsworth Huntington）以及豪斯霍费尔的思想，但斯派克曼的这些论著所体现的地缘政治现实主义思想，使他在国际关系思想史上占据了突出的地位。④更为重要的是，斯派克曼基于地缘政治现实主义对美国安全和世界秩序的认识和思考，对美国大战略的构建和实施产生了深远影响。

---

① Charles B. Hagan, "Geopolitics," *The Journal of Politics*, Vol. 4, No. 4 (November 1942), pp. 484 – 485, 489 – 490.

② Adam Garfinkle, "Geopolitics: Middle Eastern Notes and Anticipations," *Orbis*, Vol. 47, No. 2 (Spring 2003), pp. 263 – 276.

③ 埃尔斯沃思·亨廷顿（Ellsworth Huntington, 1876 – 1947），耶鲁大学地理学教授，以研究环境决定论、气候决定论、经济增长和经济地理而闻名。其与地理学和地缘政治相关的主要著作包括 *Civilization and Climate* (New Haven: Yale University Press, 1915); *World-Power and Evolution* (New Haven: Yale University Press, 1919); *Principles of Human Geography* (New York: John Wiley and Sons, Inc., 1921).

④ Roucek, "The Development of Political Geography and Geopolitics in the United States," p. 207; Francis P. Sempa, "The Geopolitical Realism of Nicholas Spykman," in Nicholas J. Spykman, *America's Strategy in World Politics: The United States and the Balance of Power*, New Brunswick, New Jersey: Transaction Publishers, 2007, p. xi.

四、冷战以来美国大战略的若干规划和实践

图阿泰尔（Gearóid Ó Tuathail）和阿格纽（John Agnew）在《政治地理学》（1992 年 3 月）发表文章，指出有关地缘政治论著的研究一直呈现"高度的意识形态化和极度的政治化"。在他们看来，拉采尔、麦金德、豪斯霍费尔、鲍曼、斯派克曼、基辛格的地缘政治理论，"从来都不是客观公正的理论，而是这些公共知识分子的政治哲学及其野心的有机组成部分"；虽然他们关于地缘政治的论著各有千秋，但都有一个共同主题，就是"为治国方略和提升国家实力出谋划策"。[1]因此，有关斯派克曼的地缘战略现实主义思想是否影响以及如何影响了冷战时期的遏制战略，美国学术界存在着以下几种不同的解释。一种观点认为，斯派克曼是美国最有影响力的地缘政治学者，开启了美国地缘政治理论的研究，为美国战略确定了一个真正意义上的全球地缘政治背景，是遏制战略的主要思想先驱之一。斯派克曼的著作在国务院和国防部被广为阅读，其理论观点广为人知，大受欢迎。凯南（George F. Kennan）等人主张西方国家应强化在边缘地带的力量，以遏制苏联利用其对心脏地带的控制去主导世界岛，正是斯派克曼的思想提供了主要的理论基础。而北约、东南亚条约组织、巴格达条约组织以及类似的同盟体系，其成立的目的都是防止苏联的势力扩展到欧亚边缘地带。"他如果不是众所周知的'遏制之父'，但也可能应是'遏制教父'。"[2]

---

[1] Gearóid Ó Tuathail and John Agnew, "Geopolitics and Discourse: Practical Geopolitical Reasoning in American Foreign Policy," *Political Geography*, Vol. 11, No. 2 (March 1992), pp. 190 – 204.

[2] Meinig, "Heartland and Rimland in Eurasian History," p. 555; James F. Dougherty and Robert L. Pfaltzgraff, *Contending Theories of International Relations*, New York: J. B. Lippincott Company, 1971, p. 54; Christopher J. Fettweis, "Sir Halford Mackinder, Geopolitics, and Policymaking in the 21st Century," *Parameters*, Vol. 30, No. 2 (Summer 2000), p. 62; Francis P. Sempa, *Geopolitics: From the Cold War to the 21st Century*, New Brunswick, New Jersey: Transaction Publishers, 2002, p. 166; Adam Garfinkle, "Geopolitics: Middle Eastern Notes and Anticipations," p. 266; Michel Hess, "Central Asia: Mackinder Revisited?" *Connections*, Vol. 3, No. 1 (March 2004), p. 96; Fettweis, "Sir Halford Mackinder, Geopolitics, and Policymaking in the 21st Century," pp. 58 – 71; John Bellamy Foster, "The New Geopolitics of Empire," *Monthly Review*, Vol. 57, No. 8 (January 2006), pp. 1 – 18; Gray, "Nicholas John Spykman, the Balance of Power, and International Order," p. 884.

　　另一种观点认为，是马汉、麦金德以及斯派克曼这些"最富影响力的地缘政治学家"的思想观点影响了冷战时期的美国大战略。这些研究者认为，从广义上看，他们三位的理论观点有很多共同之处，与凯南所构想的遏制政策也有共同之处。如果说地缘政治思想对遏制战略产生了影响，那也是他们三位的思想所产生的"最大影响"。这些研究者还有一个主要论点，那就是认为斯派克曼的主要思想来源于麦金德，他只是重申了麦金德的理论，从而"使麦金德的思想成为战后美国遏制苏联政策的核心"。①研究美国军事战略史的学者则指出，就军方战略规划者而言，尚不能确定参谋长联席会议的成员是否读过斯派克曼的著作，但由于该书的主要议题以及前述的耶鲁大学同军方的密切关系，那些受训于耶鲁大学国际关系研究所的国务院官员和军方的军官们很可能读过。因此，冷战时期美国外交的"具体政策并不总是明智的或有效的，但它们确实符合相当一致的地缘政治的考虑"。②

　　值得注意的是，美国学界在冷战结束后有关地缘政治的研究中，出现了忽视或否定斯派克曼理论思想的趋势。比如，格雷（Colin S. Gray）和斯隆（Geoffrey Sloan）2003 年在《战略研究杂志》推出了"地缘政治、地理学与战略"专栏，其中有专文论述麦金德和马汉的理论观点，而对斯派克曼几乎没有论及。③罗森博伊姆（Or Rosenboim）则认为，到 1950 年，斯派克曼的学术思想和理论在美国外交和国际关系研究领域就已被边缘化了，原因包括斯派克曼英年早逝、核武器的影响、冷战意识形态、非殖民化运动等；罗森博伊姆还指出，更为重要的是斯派

① Stephen B. Jones, "Global Strategic Views," *Geographical Reviews*, Vol. XLV, No. 4 (October 1955), p. 497; Gerry Kearns, *Geopolitics and Empire: The Legacy of Halford Mackinder*, New York: Oxford University Press, 2009, pp. 24 – 26; Geoffrey Parker, *Western Geopolitical Thought in the Twentieth Century*, New York: Routledge, 2015, p. 141.

② Mark A. Stoler, *Allies and Adversaries: The Joint Chiefs of Staff, the Grand Alliance, and U. S. Strategy in World War II*, Chapel Hill and London: University of North Carolina Press, 2000, p. 131; Sempa, *Geopolitics*, p. 77.

③ *The Journal of Strategic Studies*, Vol. 26, No. 1 (March 2003), pp. 156 – 174; Colin S. Gray and Geoffrey Sloan, eds. , *Geopolitics, Geography and Strategy*, London: Routledge, 2013. 尽管格雷 2015 年在《战略研究杂志》上发表文章指出：对斯派克曼在理解和认识世界秩序和国际安全方面所作出的贡献，学术界的研究几乎是空白。参见 Gray, "Nicholas John Spykman, the Balance of Power, and International Order," pp. 892 – 893.

克曼所设想的区域政治空间，忽视了有关战后两个起决定性作用的空间观念，即经济和意识形态的普遍性以及国家所具有的特定空间，这就导致其有关世界秩序的观点失去了政治上的关联，由此被排除在美国国际关系的学术圈和主流思潮之外。①

在分析斯派克曼的思想对美国大战略所具有的影响和意义时，首先必须强调的是，在斯派克曼之前，许多美国人还没有意识到，大西洋或太平洋彼岸之平衡或失衡的状况，会对他们的国家安全产生至关重要的影响。同时还应该看到，斯派克曼的论著发表出版之时，正值孤立主义对美国政治、外交和文化产生强大影响力之际，他试图通过这些论著影响美国的外交决策者和公众。②斯派克曼阐明了国际关系中永恒和持久的特点，以地缘政治为基础的现实主义，是其思考美国安全和对待世界政治的"最为深思熟虑的"方法。因此，斯派克曼的现实主义思想体系内含了美国大战略构建的四个相互关联的认识和思考：其一，从地理因素影响和地缘政治分析的视角，理解均势和边缘地带对美国安全和世界秩序的重大意义，充分论证了孤立不再是美国安全的有效途径；其二，必须承认欧洲和亚洲的均势直接影响了美国的安全，必须持续介入跨大西洋和跨太平洋的事务，而形成美英联盟和美日同盟，则是保障均势的重要战略目标；其三，必须采取现实政治的政策，承认实力是国际关系的真正主导力量，在必要的情况下，要准备打总体战，要有使用武力的决心；其四，"最理想的美国大战略"是实现一种"理想的均势"，美国在这种体系中"要压制其他国家，使自己的国家成为不受约束的决定性力量，具有决定性的发言权"。在斯派克曼看来，假如拥有可以自由使用的力量优势，那才有机会采取积极的外交政策；仅仅拥有同潜在的敌人相当的实力，那不会有真正的安全。只有比对手强大，才会有安全。换言之，"最理想的美国大战略"，就是要成为"发挥制衡作用的强国"，实现对国际体系的领导权或确保在国际体系中的主导地位。③这些重要的理论观点，对国际关系研究的现实主

---

① Rosenboim, "Geopolitics and Empire," pp. 380 – 381; Rosenboim, *The Emergence of Globalism*, pp. 56 – 98.

② Holmila, "Re-thinking Nicholas J. Spykman," pp. 1 – 16.

③ Spykman, *America's Strategy in World Politics*, pp. 20 – 22; Spykman, *The Geography of the Peace*, p. 6.

义学派的发展、对美国外交思想的演变，其影响是重大而深远的。斯派克曼所阐明的"最理想的美国大战略"的原则和目标以及所构建的大战略的若干路径，已超出了学术研究所具有的意义，成为二战结束以来美国大战略的若干政策设计和实践的主要内容。里根政府在 1988 年发布的《美国国家安全战略》（National Security Strategy of the United States）中曾明确指出，美国国家安全战略"保持惊人的一致性"，那就是美国的核心利益和目标是防止"敌对国家或国家集团控制欧亚大陆"，并为此打了两场世界大战。该报告强调："自 1945 年以来，我们一直在设法阻止苏联利用其地缘战略优势，支配其西欧、亚洲和中东的邻国，从而从根本上改变全球均势，使我们处于不利地位。"在美国战略规划者看来，"遏制战略就是实现这一目标的国家战略"。[1]为实现美国的核心利益和目标，二战以来美国决策者设计并实践了如下重要的战略规划。

（一）地理因素和地缘政治是规划和实施美国大战略的基础。

地理仍然对战略规划产生最为重要的影响。大战略的实施，最终取决于决策者如何使得国家利益最大化，这些利益几乎总是以某种形式与地理相关。国土规模和所处位置，是国家领导人和战略规划者在制定大战略时必须思考的至关重要的决定因素。地理影响或制约决策者在追求国家目标的过程中使用军事手段的决定，限制战略目标的实现。地理提供了国与国之间关系的环境，是国家间冲突的一个根源，几乎所有的领土主张都具有某种政治或军事战略意义。地理对世界政治运行其中的战略结构，具有深远而重要的意义，影响着美国大战略的规划和实施。[2]

毫无疑问的是，地理决定了美国大战略的基本层面，与国家利益、集体安全、联盟体系等密切相关。[3]二战以来，美国大战略的首要目标，是在保卫美国领土、国民及其财富免受外来攻击的基础上，利用独特的地理位置，防止一个有能

[1] *National Security Strategy of the United States*, Washington, D. C.: The White House, January 1988, p. 1.

[2] Williamson Murray, "Some Thoughts on War and Geography," *Journal of Strategic Studies*, Vol. 22, No. 2-3 (1999), pp. 211, 214-216; Bernard Loo, "Geography and Strategic Stability," *Journal of Strategic Studies*, Vol. 26, No. 1 (March 2003), pp. 156-174.

[3] Mackubin Thomas Owens, "In Defense of Classical Geopolitics," *Naval War College Review*, Vol. 52, No. 4 (Autumn 1999), p. 73; *National Security Strategy of the United States*, pp. 1-2.

力控制欧亚大陆、在海上挑战美国主导地位的国家的兴起，以建立和维持欧洲、中东和亚太地区的均势为手段，进而实现美国的领导地位。美国决策者决定在战后介入欧亚大陆的政治事务，坚决反对把孤立作为维持国家安全的政策。1950年4月的国家安全委员会第68号文件（NSC 68）声称：一旦美国处于孤立地位，极有可能要面对的是"苏联几乎没有遇到任何军事抵抗，就迅速控制了欧亚大部分国家。苏联由此将获得远远超过我们的潜力，并进而为消灭我们的实力而迅速发展此种潜力"。①二战结束后，在美国决策者看来，东南欧的地中海沿岸地区、波斯湾、红海、印度洋、东南亚、中国等，是决定战略支配地位的关键；欧亚大陆边缘地区所发生的重大事件，如伊朗危机、希腊危机、土耳其危机、朝鲜战争、越南战争等，既是美苏争夺国际政治之关键战略地区的展现，也是美国检验遏制战略有效性的战场。在土耳其危机期间，美国军方希望采取更为强硬的政策；参谋长联席会议主席李海（William D. Leahy）海军上将在1946年8月23日给陆军部长和海军部长的备忘录中强调，从战略上讲，土耳其是东地中海地区及中东地区最为重要的军事因素；苏联对土耳其进行"事实上的地理与政治控制"，"将对美国至关重要的利益产生最为严重的影响"。他建议采取措施，在军事上、经济上援助土耳其。②冷战结束以来，美国依然从地缘政治的角度构建大战略，北约的东扩体现了美国力图把联盟体系推进到欧洲"心脏地区"。当1994年布鲁塞尔会议表明北约的这一意图时，克林顿告诉叶利钦说，"自从民族国家出现以来，我们第一次有机会让整个欧洲大陆和平相处"。③美国在欧洲的地缘政治利益显露无遗。而美国近年来所推行的"亚太再平衡"、"印太战略"等，都是其地缘政治利益在东亚—太平洋地区的突出体现。

① A Report to the President Pursuant to the President's Directive of January 31, 1950, April 7, 1950, in U. S. Department of State, *Foreign Relations of the United States*, 1950, Volume I: National Security Affairs; Foreign Economic Policy, Washington, D. C.: Government Printing Office, 1977, p. 280.

② Memorandum by the Joint Chiefs of Staff to the Secretary of War (Patterson) and the Secretary of the Navy (Forrestal), August 23, 1946, *Foreign Relations of the United States*, 1946, Volume VII, Washington, D. C.: Government Printing Office, 1970, pp. 857-858.

③ M. E. Sarotte, "How to Enlarge NATO: The Debate inside the Clinton Administration, 1993-95," *International Security*, Vol. 44, No. 1 (Summer 2019), pp. 8-9.

（二）控制边缘地带，建立和维持欧亚大陆的均势，主导核心区域的安全秩序。

斯派克曼的边缘地带理论是植根于以历史为基础的地缘战略之审慎（geostrategic prudence），而非意识形态之偏好（ideological preference）。美国遏制战略的设计，考虑了以下关键的地缘政治假设，即如果欧亚大陆全部或大部分被敌对势力所控制，美国的安全将受到严重威胁；美国要确保欧亚大陆没有国家挑战美国的实力地位，危及美国的国家利益。为此，美国必须在"边缘地带"最为重要的主要地区，即西欧、以波斯湾为中心的中东和东亚这三个地区，建立起自己的主导地位或优势地位。因为控制这个"联合起来的边缘地带"，可使美国处于全球优势地位。①这种"前进－接触模式"（pattern of forward engagement）不仅是美国向三个关键地区的盟友进行投入的基础，也是美国外交政策的原则，体现了地理因素的地位和地缘政治的利益考虑。②当美国战略规划者判断，是苏联要在欧亚地区建立自己的霸权，是苏联要对边缘地带施加压力，那么，阻止苏联控制欧亚地区的企图并阻止其对边缘地带施加压力，便成为遏制战略所规划的首要目标。在欧洲，美国依靠英国扶植德国，以遏制欧亚大陆中心地区的苏联；在东亚地区，美国通过单独占领日本，实现重建日本的战略目标，以对抗中国力量的发展以及中苏同盟对东亚—太平洋地区均势的影响。正如肯尼迪总统后来所强调的，只有苏联或中国无法控制欧洲和亚洲，美国的安全才有保障。③

1945 年 3 月 8 日，邓恩、厄尔、沃尔弗斯、福克斯、科克（Grayson L. Kirk）、罗（David N. Rowe）、斯普劳特（Harold Sprout）等人参与完成的研究报告《战

---

① Gray, "Nicholas John Spykman, the Balance of Power, and International Order," p. 892; Spykman, *The Geography of the Peace*, p. 57.

② Melvyn P. Leffler, "The American Conception of National Security and the Beginnings of the Cold War, 1945 – 48," *The American Historical Review*, Vol. 89, No. 2（April 1984）, p. 356; Jakub J. Grygiel and A. Wess Mitchell, *The Unquiet Frontier: Rising Rivals, Vulnerable Allies, and the Crisis of American Power*, Princeton: Princeton University Press, 2016, p. 5.

③ Address in Salt Lake City at the Mormon Tabernacle, September 26, 1963, in *Public Papers of the Presidents of the United States: John F. Kennedy, 1963*, Washington, D. C.: Government Printing Office, 1964, p. 736.

后美国的安全政策》（A Security Policy for Postwar America）被递交给洛克菲勒基金会。该报告的结论是：防止一个强国或联盟控制欧亚地区，对美国而言至关重要，因为美国不可能抵抗一个控制了整个欧洲或欧亚地区的对手的进攻。他们虽然强调保持同苏联友好关系的重要性，但同时强调美国不能依赖苏联的良好意愿，"在这个世界上，只有苏联和前敌国有能力形成一个可对美国的安全构成威胁的核心"。因此，美国不能允许苏联无限制和无限期地向西方推进，无论是通过正式的兼并、政变或是渐进的颠覆。① 而纽约大学哲学系教授伯纳姆（James Burnham）在 1944 年为战略情报局（Office of Strategic Service）所撰写的准备供参加雅尔塔会议的美国代表团参考的秘密报告中强调：苏联作为心脏地带的第一强国，已威胁到世界岛，从而也威胁到全世界。伯纳姆认为，作为一种革命性意识形态，苏联共产主义不能被限制在传统的地理边界之内，因为苏联会通过在其他国家的代理势力发动政治战来扩张。② 1947 年 7 月，凯南在《外交》季刊（Foreign Affairs）上发表的题为《苏联行为的根源》的文章中强调：由于俄罗斯传统的不安全感和马列主义的意识形态，苏联总是不断向边界以外的薄弱地区进行扩张；因此，对苏联采取坚定而富有耐心的遏制政策，符合美国的国家利益。③

由于传统帝国或强国的殖民地区通常位于边缘地带，美国在战后支持法国重返印度支那，支持英国重返马来半岛，支持荷兰重返印度尼西亚。联盟体系是维持均势和保持美国领导地位的重要政策，体现在地缘政治、军事和经济三个方面。联盟的地缘政治利益，决定了战争防御机制、遏制手段、平衡手段、维持现

① Spykman, *The Geography of Peace*, pp. 53, 57 – 58; Joseph H. Willits, "A Security Policy for Postwar America," March 8, 1945, *100 Years: The Rockefeller Foundation*, accessed May 8, 2019, https://rockfound. rockarch. org/digital – library – listing/ –/asset publisher/ yYxpQfeI4W8N/content/a – security – policy – for – postwar – america.

② James Burnham, *The Struggle for the World*, New York: The John Day Company, Inc., 1947, pp. 114 – 115. 有关伯纳姆学术成果及其影响，可参见 Samuel Francis, *Power and History: The Political Thought of James Burnham*, Lanham, MD: University Press of America, 1984; Samuel Francis, *James Burnham: Thinkers of Our Time*, London: Claridge Press, 1999.

③ George F. Kennan, "The Sources of Soviet Conduct," *Foreign Affairs*, Vol. 25, No. 4 (July 1947), pp. 566 – 582; John Lewis Gaddis, *George F. Kennan: An American Life*, New York: Penguin Press, 2011, pp. 259 – 262.

状等重大的安全要素的构成。联盟体系可以在盟国间聚合力量和力量投送方面发挥重要作用。联盟关系同样有助于促进和保持美国的经济发展和繁荣，"如果没有这些联盟，贸易仍会发生，但由于缺乏规则以及由安全所提供的可预测性，交易成本会增加。与向不稳定性支付更高的溢价相比，对盟国的投资要便宜得多"。①在这一过程中，美国同欧亚地区及其边缘地区的重要国家和地区建立和维持以军事条约为基础的多边和双边同盟体系，发展同边缘地带沿岸重要国家和地区的政治、经济和军事关系，以达到控制这些地区的战略目标。美国在欧亚大陆及其边缘地区所组建的条约体系和军事同盟，如北大西洋公约组织、巴格达条约组织、东南亚条约组织、美澳新条约组织、美日同盟、美韩同盟、美台同盟等，是实施遏制战略必不可少的重要组成部分。因此，依托联盟体系，维持欧亚大陆地缘政治的多元化，是美国至关重要的利益。

作为主导国际体系的大国，美国以尽可能低的代价，在世界关键地区保持均势，对美国具有明确而强烈的战略意义。基辛格在担任尼克松的国家安全事务特别助理时坚持认为，均势是维持国际秩序稳定与保持和平的关键因素之一；他指出，"在基于共同价值观的保证下，均衡就会发挥最大作用。均势阻止推翻国际秩序的能力，而基于共同价值观的协议，将阻止推翻国际秩序的欲望"。②国际秩序必须在美国的主导下，以牢固的同盟体系、伙伴关系、经贸合作以及各项双边和多边安排为支撑。美国在世界关键地区保持"充足的战略存在"（sufficient strategic presence），以应对任何试图通过武力改变或推翻现有区域秩序的行为。更为重要的是，美国不能容忍其他强国在欧亚地区建立排他性霸权，即便是美国决定接受其他大国的崛起，最大限度也是在保持战略平衡的范围内，而不是允许其他强国取代美国的领导地位，也不是以牺牲美国及其盟国的利益为代价。在欧洲，美国以英美特殊关系为核心，北大西洋公约组织成为维持欧洲均势的战略依托。冷战时期美国战略规划者甚至相信，如果苏联在第三世界拥有太多的盟友，均势会不可避免地发生不利于美国的变动。这是冷战之所以"全球化"的关键动因之一。冷战结束后，美国同样不会允许潜在的敌手以类似苏联的方

---

① Grygiel and Mitchell, *The Unquiet Frontier*, pp. 117 – 154.

② Henry Kissinger, *Diplomacy*, New York: Simon & Schuster, 1994, p. 77.

式冲击已有的均势。①在东亚—太平洋地区，至于哪个国家将更有助于美国领导作用的发挥，美国决策者内部自二战以来一直存在着两种观点：一派主张依托日本，如凯南、舒尔茨（George P. Shultz）、阿米蒂奇（Richard Lee Armitage）等，另一派则视中国为"更天然的伙伴"，如罗斯福（Franklin D. Roosevelt）、基辛格、布热津斯基（Zbigniew Brzezinski）等。显而易见，日本的战略地位决定了美国的战略和美日同盟的必然性。在单独占领日本期间，美国精心谋划了对日政策；虽实行了非军事化和民主化，但其目的是尽快恢复日本在世界经济中的地位，不主张战后对日本的财阀进行惩罚。而这些计划在珍珠港事件的六个月之后就进行了规划。②美国同样不能容忍其他强国在亚太地区建立起排他性霸权，如果其他强国取代美国的领导地位，其结果将会如同斯派克曼评论二战时期的日本那样："如果日本人实现了其帝国梦想，那么美国在世界上的地位将受到严重影响，这将会导致失去菲律宾、关岛，可能还有萨摩亚，以及对华'门户开放'政策的终结。要获取这一地区的战略原料，也只能依赖日本人的善意。'大东亚共荣圈'将意味着跨太平洋地区的均势遭到不可改变的破坏，这将对我们在西半球的实力地位产生最终的影响"。③

同时值得指出的是，在确立和维持均势的重大决策过程中，美国战略规划者注重地缘政治的变动，现实主义是其考虑的关键因素之一。在他们看来，美国的战略应"建立在对我们的利益和其他国家的利益的现实评估的基础上……我们的利益形成我们的义务，而非其他情况"。基辛格在 1969 年 12 月明确表示："我们没有永久的敌人，我们对包括共产党国家在内的其他国家的评价是根据他们的行

①　Patrick Porter, "Why America's Grand Strategy Has Not Changed? Power, Habit, and the U. S. Foreign Policy Establishment," *International Security*, Vol. 42, No. 4 (Spring 2018), pp. 9 – 46; Gray, "Nicholas John Spykman, the Balance of Power, and International Order," p. 884; Sempa, "The Geopolitical Realism of Nicholas Spykman," p. xxix.

②　Michael J. Green, *By More than Providence: Grand Strategy and American Power in the Asia Pacific since 1783*, New York: Columbia University Press, 2017, pp. 7 – 8; Bruce Cumings, *Parallax Visions: Making Sense of American-East Asian Relations at the End of the Century*, Durham: Duke University Press, 2002, p. 211.

③　Spykman, *America's Strategy in World Politics*, p. 155.

为，而不是依据他们国内意识形态的基础。"①尼克松决定实施与中国关系正常化、结束越南战争等政策，正是基于这种战略考虑。

（三）在全球战略地区获得尽可能多的海空军基地，保障海上通道安全和航行自由。

二战结束以来，美国将战略资源投入海空军力量的"纵深防御"，保持在欧亚大陆沿海地区的存在。从经济战略的角度看，海上通道的安全，可使美国及其盟国自由地进入沿海地区的市场，获取东南亚和中东地区包括石油在内的战略资源。军事上，在保障使用相关海空军基地和必要设施的基础上，美军的前沿存在可沿着欧亚大陆的整个周边地区进入海洋，确保大西洋地区及东亚—太平洋地区海上航线的畅通。这样，即便是敌手在其沿海水域形成了海上力量，美国及其盟国也可使用安全的航线，并为美国的海空军基地所控制。美国特别注重东亚—太平洋地区的战略价值。在美国决策者看来，假如不能守住其在西太平洋的防线，就不能抵御亚欧大陆强国对这一地区的进攻，也就不能为这一地区的主要盟国——日本、韩国、澳大利亚等提供有效的安全保障。艾森豪威尔对此曾明确表示："太平洋必须是美国的内湖（an American Lake）。"②

海空军基地是保障海上航线和航海自由的关键，对美国大战略的实施具有无法替代的意义。二战期间美国军方进行的系统战略规划，旨在为战后"国际警察力量"寻找更多海空军设施。1943 年 11 月 15 日，参谋长联席会议第 570/2 号文件呈送罗斯福总统。文件认为，美国的利益首先是在"西半球、太平洋中部和远东"；参谋长联席会议使用不同的颜色在地图上标注对美国的利益具有不同重要性的地区。"蓝色地区"是美国拥有绝对军事权力的地区，包括阿拉斯加、菲律宾、日本托管的岛屿、美国在太平洋的属地、加拉帕戈斯群岛、中美洲、加勒比海地区。"绿色地区"是对防卫西半球必不可少的地区，包括加拿大的大部分、

---

① Henry Kissinger, *Years of Renewal*, New York: Little, Brown and Company Limited, 1982, pp. 97 – 98; Henry Kissinger, *White House Years*, Boston: Little, Brown and Company Limited, 1979, p. 192.

② Conference in the President's Office, June 2, 1954, in U. S. Department of State, *Foreign Relations of the United States*, *1952 – 1954*, Volume XII: East Asia and The Pacific, Part 1, Washington, D. C.: Government Printing Office, 1984, p. 531.

格陵兰群岛、冰岛、阿留申群岛、西非、阿松森群岛（Ascension Islands）、南美洲和克利珀顿岛（Clipperton Island）。"黑色地区"是美国作为大国"维持和平"的责任范围，包括西南太平洋、印度支那、中国的东半部、朝鲜以及日本。11月19日，罗斯福批准了这一文件，并将"蓝色地区"扩展到萨摩亚的南部和西部。①海军部在1943年6月10日完成了题为《战后美国海军的规模》的非正式备忘录，提出为"保持和平"所必须控制的海洋地区，包括西太平洋、中太平洋、南太平洋、欧洲水域、南大西洋以及加勒比海六大地区。1944年10月初，海军部又成立了代号为"F-14"的机构，并在12月26日提出了一份长达30页的报告；该报告对战后国际环境的评估，被视为"军方有关战后规划中最为敏锐和最为精细的"。F-14报告所界定的美国海军的势力范围，位于大西洋西部以及马来半岛以东的太平洋地区，大致包括以下地区：靠近北美洲的北大西洋地区、南美洲突出部和非洲之间的大西洋中部地区、靠近加勒比海的东部和南部地区、靠近巴拿马运河的太平洋地区、连接日本和菲律宾的水域以及靠近北美洲的极地和阿拉斯加的领空。F-14报告认为，如果使用海军力量对付苏联，那将会是在远东地区。②美国军方相信，战争一旦爆发将是长期的，具有工业和技术优势的一方将获胜；因此在和平时期，至关重要的是要阻止苏联间接控制关键的工业基地、熟练劳动力、原料以及前进基地。美国必须建立同英国、法国、德国以及日本的同盟关系。国家安全委员会第68号文件明确要求，美国的军力在集结克敌制胜所要求的进攻力量时，起码还应提供并保护军事前进基地，同时保护和维持交通线，以及拥有对执行这些任务必不可少的基地。③

---

① William Roger Louis, *Imperialism at Bay: The United States and the Decolonization of the British Empire, 1941 - 1945*, New York: Oxford University Press, 1987, pp. 271 - 272; Elliott Vanveltner Converse, *Circling the Earth: United States Plans for a Postwar Overseas Military Base System, 1942 - 1948*, Maxwell Air Force Base, Alabama: Air University Press, 2005, pp. 32 - 34.

② Converse, *Circling the Earth*, pp. 32 - 34, 60 - 64; Vincent Davis, *Postwar Defense Policy and the U. S. Navy: 1943 - 1946*, Chapel Hill: University of North Carolina Press, 1966, pp. 10 - 12.

③ A Report to the President Pursuant to the President's Directive of January 31, 1950, April 7, 1950, in *Foreign Relations of the United States, 1950*, Volume I, p. 283.

或许更为重要的是，美国在遭遇地缘政治挑战时，是"扩大其承担责任的范围，而不是退缩"。在东亚——太平洋地区，美国二战以来所形成的"充足的战略存在"，确保了可在军事上对抗任何强国对这一地区的控制。在实现这一目标的过程中，美国谋求具有战略影响力的区域国家的合作，这种合作将向美军提供必要的设施，以维持其前沿存在。美国在东亚地区部署了充足的海军力量，其目的在于可在海上遏制一个大陆强国。美国依靠其在东亚地区的经济影响力及不受挑战的海上力量，强化同这一地区沿海国家和地区的联盟关系，使用相关国家和地区的海空军基地，由此可沿着东亚大陆的整个周边地区进入海洋，对敌手施加空中及海上压力。可以肯定的是，美国将继续保持并加强在亚太地区的军事能力和军事存在，以应对任何试图通过武力改变或推翻现有区域秩序的行为。①

（四）国家实力是大战略的基础，总体战是实现大战略目标的必然选择。

在美国大战略的规划和实施中，决策者一直相信实力的重要性，特别是军事力量。凯南在1946年2月22日的"长电报"中主张，美国要有勇气和信心，只要"拥有足够的力量，并清楚地表明准备使用力量的意愿"，那就不必通过全面的军事冲突来解决美苏关系发展所面临的难题。国家安全委员会第68号文件指出："实力的重要组成部分之一是军事力量。遏制的理念要求必须保持强大的军事态势"，因为"这是我国安全的最终保证，是实施遏制政策必不可少的后盾"。冷战时期美国在军事力量上投入甚巨。20世纪50年代，美国的军事开支超过国内生产总值的10%，20世纪60年代保持在8.5%—9.4%。肯尼迪总统

---

① Robert S. Ross, "The Geography of the Peace: East Asia in the Twenty-first Century," *International Security*, Vol. 23, No. 4 (Spring 1999), pp. 100 – 101, 116 – 117. 有关美国在亚太地区军事存在的战略意义，还可参见 James E. Auer and Robyn Lim, "The Maritime Basis of American Security in East Asia," *Naval War College Review*, Vol. 54, No. 1 (Winter 2001), pp. 39 – 58; Robert S. Ross, "US Grand Strategy, the Rise of China, and US National Security Strategy for East Asia," *Strategic Studies Quarterly*, Vol. 7, No. 2 (Summer 2013), pp. 20 – 40.

表示："就整体军事实力而言，美国不会让世界上任何国家取代自己。"①先进武器装备是军事实力的突出体现。杜鲁门（Harry S. Truman）政府决定发展氢弹，里根政府实施"战略防御计划"（Strategic Defense Initiative），卡特（Jimmy Carter）总统也在其任期后期投入大量经费研发新式武器装备。冷战结束后美国历届政府在保持庞大的军费开支基础上，注重先进武器的研发，以增强军事力量。

　　美国实施大战略的手段和途径是多样化和多层次的，总体战是其战略规划的核心基础，除动用武力之外，经济战、心理战和意识形态战都是至关重要的政策措施。其中，经济战是常用的重要手段之一，在冷战时期突出表现为美国及其西方盟国对苏联、东欧及中国等社会主义国家的贸易管制和禁运。1947 年 12 月 17 日，国家安全委员会就"管制对苏联和东欧的出口"提交报告，明确指出"美国的国家安全要求立即无限期地停止向苏联及其卫星国出口美国短缺的一切物资或有助于增强苏联军事潜力的所有物资"，对包括苏联集团在内作为"复兴地区"的整个欧洲，对其出口也必须实行管制。随后经过美国与西方国家的反复协商，确定了贸易禁运清单。1950 年 1 月，巴黎统筹委员会正式成立，成为美国等西方国家实施贸易管制和禁运的机构。1952 年 5 月，巴统成员国会议决定对中国实行特殊管制，"巴统清单"上的所有物资全部对中国实行禁运，并决定成立"中国委员会"；中国委员会制定了针对中国的禁运清单，共计 295 种物资，比巴统对

① The Charge in the Soviet Union（Kennan）to the Secretary of State，February 22，1946，in U. S. Department of State，*Foreign Relations of the United States*，*1946*，Volume VI：Eastern Europe；the Soviet Union，Washington，D. C.：Government Printing Office，1969，pp. 696 – 709；A Report to the President Pursuant to the President's Directive of January 31，1950，April 7，1950，in *Foreign Relations of the United States*，*1950*，Volume I，p. 253；Statement by the President Concerning the Development and Testing of Nuclear Weapons，November 2，1961，in *Public Papers of the Presidents of the United States：John F. Kennedy*，*1961*，Washington，D. C.：Government Printing Office，1962，p. 693；John Lewis Gaddis，*Strategies of Containment：A Critical Appraisal of American National Security Policy during the Cold War*，New York：Oxford University Press，2005，p. 393.

苏联和东欧国家的贸易管制要严格得多。①美国对中国的禁运和制裁一直延续到 20 世纪 70 年代初期中美关系正常化之时。作为美国大战略的主要内容，贸易管制、禁运和制裁一直是经济战的关键措施。

心理战和意识形态战同样是实现大战略目标的重要手段。美国在冷战时期实施一系列计划，"加强并采取准确及时的秘密手段及行动"，发动公开的心理战，诋毁苏联的威望和意识形态，"瓦解苏联盟友对苏联的忠诚"，煽动和支持苏联盟国的"骚乱和起义"。除直接军事干预之外，美国在广大的第三世界地区更多地开展心理战、意识形态战和"隐蔽行动"。在艾森豪威尔总统任内，美国用于隐蔽行动的预算从 1949 年的 470 万美元，增加到 1952 年的 8200 万美元；有关人员从 302 人增加到 2812 人，海外活动站的数量从 7 个增加到 47 个。②1953—1954 年密谋颠覆危地马拉阿本斯（Jacobo árbenz）政府的"成功行动"计划、1973 年推翻智利阿连德（Salvador Allende）政府的"9·11"事件，都是美国实施隐蔽活动的典型事例。在冷战结束以后的美国大战略中，心理战、意识形态战和"隐蔽行动"依然作为总体战的有机部分，运用于同敌对国家和集团以及潜在对手的斗争中，其政策措施都是经过精心设计和周密实施的。中亚的"颜色革命"、中东的"阿拉伯之春"展现了美国推行心理战、意识形态战和"隐蔽行动"的战略意图和目标。

五、战略思想史研究的意义

斯派克曼在 1941 年 12 月 31 日举行的"美国地理学家协会"（Association of

---

① Alan E. Dobson, *United States Economic Statecraft for Survival*, *1933 – 1991*: *Of Sanctions and Strategic Embargoes*, New York: Routledge, 2002; Michael P. Malloy, *United States Economic Sanctions*: *Theory and Practice*, New York: Kluwer Law International, 2001; R. T. Naylor, *Economic Warfare*: *Sanctions*, *Embargo Busting*, *and Their Human Cost*, Boston: Northeastern University Press, 2001.

② A Report to the President Pursuant to the President's Directive of January 31, 1950, April 7, 1950, in *Foreign Relations of the United States*, *1950*, Volume I, p. 285; "Basic National Security Policy," October 10, 1953, in U. S. Department of State, *Foreign Relations of the United States*, *1952 – 1954*, Volume Ⅱ: National Security Affairs, Part 1, Washington, D. C.: Government Printing Office, 1984, pp. 592 – 593; Gaddis, *Strategies of Containment*, p. 155.

American Geographers）与"美国政治学协会"（American Political Science Association）联合会议上发表演讲时指出：美国将被赋予规划战后世界新秩序的任务；为实现这一战略目标，"美国必须找到一些途径"。而地缘政治的现实主义思想为认识国际体系和构建大战略的路径作出了较大贡献，"因为它使我们可以集中在一些关键的因素之上，而这些因素则为其他方法所忽视"。[1]斯派克曼所重点探讨的地理、边缘地带、均势、实力、总体战等重大问题，无疑都是制约和决定大战略的关键因素。大战略的目标是追求"安全、荣誉和自身利益"，二战以来美国大战略毫无疑问尊崇了修昔底德的这一教导。然而，大战略的目标并非仅仅是为了取得胜利，还要看为之付出的代价值不值得。[2]在追求国家安全和国家利益方面，美国大战略从地缘政治现实主义出发，推崇强权政治，赋予实力特别是军事力量作为国际秩序的主要推动力，在构建区域联盟体系的基础上，主导国际体系，阻止任何强国控制核心地区，以确立其世界领导地位。在维护自身利益方面，总体战是美国维持全球及区域秩序、打击敌手和应对挑战的战略基础，战争、武装干涉以及"隐蔽行动"等是常见的政策形态。更为重要的是，在实施"最理想的大战略"的进程中，美国在很大程度上忽视或无视了作为"发挥制衡作用的强国"的"荣誉"。可以预见，由于地理和实力在国际政治中所存在的根本关联，只要美国继续以传统的方式追求其国家利益，地缘政治的现实主义思想就会继续作为其大战略的智力基础。[3]

特朗普总统就任后在对外关系领域的若干政策措施，与美国外交传统相比呈现了一些变化；这些政策措施对美国大战略的长期影响，也激起更为广泛的争论。正如约瑟夫·奈（Joseph Samuel Nye, Jr,）所指出的，这一争论再次引发了

---

① Spykman, "Frontiers, Security, and International Organization," p. 437; Sören Scholvin, "Geographical Conditions and Political Outcomes," *Comparative Strategy*, Vol. 35, No. 4 (November 2016), pp. 274 – 283.

② Thucydides, *History of the Peloponnesian War*, Harmondsworth: Penguin, 1976, p. 80; B. H. Liddell Hart, *Why Don't We Learn from History?* London: George Allen & Unwin LTD, 1946, p. 43.

③ Stephen M. Walt, "The Case for Finite Containment: Analyzing U. S. Grand Strategy," *International Security*, Vol. 14, No. 1 (Summer 1989), p. 9; Porter, "Why America's Grand Strategy Has Not Changed?" pp. 9 – 46.

一个长期存在的问题，即"重大的历史性的后果，究竟是人们选择的产物，或主要是由于无法控制的经济及政治力量所产生的巨大的结构性因素的结果？"实际上，美国大战略所面临的现实，依然是"围绕着实力和影响力的地缘政治方面的激烈争夺"，美国依然要为"下一场国家之间的长期竞争未雨绸缪"。①由此，美国大战略的目标依然支配着决策者的选择，特朗普总统的"美国第一"并未从根本上修正和改变美国大战略的目标。

要认识美国大战略目标的延续性，不仅要分析决策者的思想，还应探讨其思想的来源。历史哲学家科林伍德（R. G. Collingwood）指出，"所有的历史都是思想史"。②大战略是智力的构建，需要对威胁、机遇以及实现国家目标的手段进行深谋远虑的评估。从历史上看，美国知识界和学术界积极参与这样的过程，提供了大战略的思想基础和若干政策预设。而负责大战略设计的决策部门规划人员的知识结构、价值取向、个人经历、情感、思想观念等，在很大程度上决定了对有关理论思想、假设和预案的取舍。"外交政策应是从战略蓝图出发，而非只是对各不相关的各种事件做出反应"。③然而最为重要的是，国家的生存和安全依赖于政治领导人和军事领袖的战略远见，这种远见首先是基于对历史的认识和理解，认识历史上的决策者所面临的危机、风险以及不确定性。因此，国家领导人是制定和实施大战略的"最为重要的因素"。正如斯派克曼所指出的：维护国际社会秩序需要政治专家的才能技艺，"学者可以阐明历史的教训，但只有政治家在日常处理国际事务时，才能使条约发挥作用，才能使国际机构发挥功效"。④

---

① Joseph Samuel Nye, Jr., "Trump's Effect on US Foreign Policy," *Project Syndicate*, September 4, 2019, https：//www. project－syndicate. org/commentary/trump－long－term－effect－on－american－foreign－policy－by－joseph－s－nye－2019－09？barrier＝accesspaylog；Hal Brands, "Grand Strategy for a New Twilight Struggle," in Emma Ashford, et al., *New Voice in Grand Strategy*, Washington, D. C.：Center for a New American Security, 2019, p. 14；Ben Sasse, "The End of the End of History：Reimagining U. S. Foreign Policy for the 21st Century," *Texas National Security Review*, Vol. 2, No. 2（February 2019）, p. 106.

② R. G. Collingwood, *An Autobiography*, New York：Oxford University Press, 1939, p. 110.

③ Winston Lord, *Kissinger on Kissinger：Reflections on Diplomacy, Grand Strategy, and Leadership*, New York：St. Martin's Press, 2019, p. x.

④ Spykman, "Frontier, Security, and International Organization," p. 447.

更为重要的是，对斯派克曼地缘政治现实主义思想的考察显示，战略思想史的研究有助于认识和理解大战略构建过程的复杂性。与军事战略不同，大战略必须全面融合外交、情报、军事及经济等手段。行之有效的大战略对国家利益的认知必须有明确的优先顺序，必须将短期目标同长期目标区分开来，至关重要的利益必须同次要的利益区分开来，必须精确地认识到力量的分配。当大战略遇到意想不到的挑战时，必须保持灵活性，国家意志和资源必须集中到同一目标。这些有关大战略的宏观及微观的研究领域，与大战略建构过程中的相关历史经验、理论和思想体系密切相关。大战略是国家战略思想史的反映和体现，研究美国战略思想史无疑具有重大的理论和现实意义。

〔作者戴超武，云南大学特聘教授。昆明　650091〕

（责任编辑：焦　兵）

图书在版编目（CIP）数据

中国历史研究院集刊. 2020年. 第1辑：总第1辑 /
高翔主编. -- 北京：社会科学文献出版社，2020.1
　　ISBN 978 - 7 - 5201 - 5914 - 2

　　Ⅰ. ①中… 　Ⅱ. ①高… 　Ⅲ. ①史学 - 丛刊 　Ⅳ.
①K0 - 55

中国版本图书馆 CIP 数据核字（2019）第 288458 号

中国历史研究院集刊 2020 年第 1 辑（总第 1 辑）

主　　编 / 高　翔
副 主 编 / 李国强　路育松（常务）
执行副主编 / 周　群

出 版 人 / 谢寿光
责任编辑 / 赵　晨

出　　版 / 社会科学文献出版社·历史学分社（010）59367256
　　　　　　地址：北京市北三环中路甲 29 号院华龙大厦　邮编：100029
　　　　　　网址：www. ssap. com. cn
发　　行 / 市场营销中心（010）59367081　59367083
印　　装 / 三河市东方印刷有限公司

规　　格 / 开　本：787mm × 1092mm　1/16
　　　　　　印　张：20　插　页：0.5　字　数：339 千字
版　　次 / 2020 年 1 月第 1 版　2020 年 1 月第 1 次印刷
书　　号 / ISBN 978 - 7 - 5201 - 5914 - 2
定　　价 / 300.00 元

本书如有印装质量问题，请与读者服务中心（010 - 59367028）联系